스토리의 기술

스토리의 기술

감정 전달 게임에서 승리하는 법

피터 거버 지음 | **김동규** 옮김

라이팅하우스

놀라운 통찰이다. 큰 밑천을 가지고 시작한 사람 중에도 완전히 실패하는 사람이 있는가 하면, 빈손으로 출발했음에도 눈부신 성공을 거두는 사람이 있다. 비전을 품고, 재능을 타고나는 것만으로는 부족하다. 위대한 성공을 위해서는 다른 사람들이 나와 같은 눈으로 세상을 바라보게 만들어야 한다. 나와 같은 꿈을 꾸게 만들어야 한다. 피터 거버는 그 점을 잘 알고 있다. 그리고《스토리의 기술》에 그 노하우를 모두 털어놓았다.

_이안 슈레이저, '스튜디오 54' 공동 창립자

내가 혁신을 시도하던 초창기에 이 책을 읽었다면 얼마나 좋았을까.《스토리의 기술》은 단순한 비즈니스 도서가 아니라 인생의 지혜를 알려주는 책이다. 당장 사라, 그러면 성공할 것이다. _퀸시 존스, 음악 프로듀서, 그래미상 27회 수상

위대한 기업에는 반드시 훌륭한 스토리가 있다. 기업의 잠재력을 꽃피우기 위해서는 스토리를 효과적으로 전달하는 법을 알아야 한다. 경영자에서 신입사원, 파트너, 고객, 의뢰인에 이르기까지 모두가 기업의 스토리 속에서 자신의 역할을 이해하고 받아들인다면, 성공은 오히려 피할 수 없는 운명이 된다.《스

토리의 기술》은 정말 황금 같은 책이다. 평생에 걸친 날카로운 통찰과 소중한 교훈을 불과 수백 페이지로 옮겨 놓았으니까.

_ 힐러리 슈나이더, 전 야후 미주 지역 부사장

순식간에 빠져드는 책이다. 강력한 핵심 개념을 소개한다. 거버는 정성 들여 만들어 낸 스토리는 생각을 행동으로 만들고, 원하는 결과를 얻으며, 심지어 산을 들어 옮길 수도 있다고 말한다. _ 팀 켈리, 내셔널 지오그래픽 글로벌 미디어 그룹 대표

피터 거버의 《스토리의 기술》을 결코 내려놓을 수 없었다. 소설처럼 흥미 있고, 영화처럼 재미있으면서도, 모두의 가슴에 와닿는 메시지를 던진다.

_ 알 리스, 《포지셔닝》 공동 저자

돈 주고 살 수 있는 조언 중 단연 최고다. 거버는 특히 숨겨진 패턴을 잘 파악한다. 우리는 그의 눈을 통해 모든 성공에는 훌륭한 스토리가 감춰져 있다는 것을 깨달을 수 있다. 나아가 그런 스토리를 만드는 방법도 배울 수 있다. 이 책에서 얻을 수 있는 가장 큰 보상이다. _ 프랭크 쿠퍼, 펩시코 최고소비자관리책임자

| 목차 |

결말로부터 시작하는 이야기

결말부터 미리 누설하겠다. 우리는 보물을 찾아야 한다. 그런데 그것은 이미 여러분의 마음속에 있다. 수만 년 전부터 우리 인간의 DNA에는 이야기를 전하고 듣는 본능이 있었다. 이야기를 존중하는 정신은 너무나 강력하고 오래가서 우리의 문화, 종교, 나아가 문명 전체를 형성하는 바탕이 되었다. 이제 이 책에서 소개하는 '먹히는 이야기의 힘'을 활용하면 우리가 가장 소중히 여기는 목표를 달성할 수 있다.

나는 오랜 세월 수많은 사람들에게 설득력 있는 이야기를 전하려고 애쓰는 과정에서 이 성공의 비밀을 발견했다. 그중에는 내가 몸담은 엔터테인먼트 업계에서 미처 깨닫지 못하는 사이에 배운 것도 있었다. 이 책을 통해 여러분의 코치이자 촉매제가 되어 스토리의 대가들로부터 얻은 지혜와 도구들을 여러분에게 전해 주고자 한다. 이 책에는 그 도구들을 얻기까지 필자의 과거 경험이 총망라되어 있다. 이 도구들을 제대로 사용한다면 즉각적인 삶의 변화를 경험할 수 있을 것이다.

그동안 비즈니스 세계는 말로 전하는 스토리의 힘을 너무나 간과하고 축소해 왔다. 대신 무미건조한 파워포인트나 객관적인 사실, 숫자, 데이터를 선호했다. 그러나 현대인의 삶에서 발생하는 소음이 점점 요란한 불협화음이 되어 가는 오늘날, 먹히는 이야기로 청중의 '마음을 여는' 능력은 더 중요해지고 있다. 더구나 기술 변화가 급격하고 경제적 불확실성은 극심해지는 이 시대에, 사람들로 하여금 두려움을 극복하게 하거나 그들에게 가치 있는 목표를 전달하는 유일한 방법은 0과 1로 이루어진 디지털이 아니라 마음에 감동을 주는 진정한 이야기일 수밖에 없다.

미디어 및 엔터테인먼트 업계에 몸담아 온 지난 40년을 되돌아볼 때마다 고객과 직원, 주주, 미디어 그리고 파트너들에게 먹히는 이야기를 전했던 것이야말로 나의 가장 큰 경쟁우위였음을 절실히 깨닫곤 한다. 이제 그 경쟁력을 여러분의 것으로 만들기를 소망하면서 이 책을 여러분에게 바친다.

Part 1

모든 사업은
스토리 비즈니스다

Chapter 1

'먹히는 이야기'가
궁극의 성공 도구인 이유

데이터 꾸러미와
스토리의 차이

라스베이거스의 호황은 우리에게 절호의 기회였다. 나는 오직 그 생각 하나로 스트립 거리the Strip in Las Vegas(라스베이거스의 중심가이자 최대 유흥지역 – 옮긴이)로 가서 이 도시의 대표적인 정치인 오스카 굿맨Oscar Goodman 시장을 만났다. 만달레이 엔터테인먼트 그룹Mandalay Entertainment Group의 회장인 나는, 환락의 도시가 가족 친화적인 곳으로 변모하는 움직임에 편승하기로 마음먹었다. 2000년대 초반에 수많은 인구가 라스베이거스로 유입되어 건설 붐이 일었다. 한때 이 도시를 상징하는 새는 건설용 크레인이라는 우스갯소리가 있을 정도였다. 성장세가 너무나 확고했기에, 우리 회사 프로야구 사업부를 통해 홈런을 치고 말겠다는 나의 야망을 이곳에서라면 분명히 실현할 수 있겠다고 생각했다.

우리의 제안은 분명했다. 전 세계 오락 산업의 중심지인 이 도시에 최신식, 최고급 야구 경기장을 짓겠다는 것. 목표도 분명했다. 우리 회사의 스포츠 오락 사업을 전국 무대로 진출시키겠다는 것. 이 목표의 성패는 과연 내가 라스베이거스의 정치적 수장을 설득해서 거액의 민간 프로젝트에 지방채 발행 지원을 끌어낼 수 있느냐에 달려 있었다. 사실 이 거대하고 상징적인 도시에는 변변한 프로야구 경기장이 없었다. 최첨단 시설이야 말할 것도 없었다. 그리고 이것은 만달레이 그룹이 가장 잘하는 일이었다. 그러니 시장으로서야 내 제안을 마다할 이유가 없었다. 적어도 내가 생각하기에는 그랬다.

당시 만달레이 야구 사업부는 전국적으로 싱글에이, 더블에이, 트리플에이에 소속된 다섯 개의 마이너리그 야구팀을 소유하고 있었다. 그리고 농구계의 슈퍼스타 매직 존슨Magic Johnson, 대학 풋볼 최우수 선수 아치 그리핀Archie Griffin, 텍사스 레인저스의 구단주 톰 힉스Tom Hicks 등이 우리와 파트너십을 맺고 있었다. 마이너리그 팀을 운영하는 일은 결코 시시한 사업이 아니다. 매년 4천만 명에 달하는 관중을 동원하며 그에 걸맞은 수익을 올리고 있다. 우리는 여러 차례 공적 자금을 유치했고 지자체의 지원을 얻어 냈으며 최첨단 경기장을 건설한 실적이 있다. 최근에는 저 유명한 LA 다저스 구단의 트리플에이 팀을 인수했다. 그래서 팀의 본거지를 지금까지 뛰어 온 낡은 대학팀 경기장 캐시맨 필드에서 다른 곳으로 옮길 계획을 세웠다. 바로 라스베이거스의 홈팀에 걸맞은 세계적인 수준의 21세기형 경기장을 지어 이곳으로 옮기기로 한 것이다. 시장실에 도착했을 때 마음속으로는 '좋아, 경기 시작이야!'라는 생각이 들었다.

약속보다 늦게 도착했음에도 나는 더 기다려야 했다. 굿맨은 권력을 능수능란하게 휘두르는 사람이었다. 대기실을 꾸며 놓은 모습만 봐도 그가 얼마나 쇼 비즈니스에 탁월한 사람인지 알 수 있었다. 어디를 보더라도 그가 벌이는 일이 금방 눈에 들어왔다. 라스베이거스를 상징하는 간판 복제품에는 "멋진 굿맨 시장 사무실에 온 것을 환영합니다"라고 씌어 있었다. 유리 진열장 속에는 셀 수도 없는 상패와 장식품들이 빼곡히 들어차 있었다. 빌 클린턴 대통령, 마이클 잭슨 그리고 토니 커티스, 스티븐 시걸 등의 배우와 함께 찍은 사진도 걸려 있었다. 심지어 무하마드 알리의 복싱 글러브도 보였다. 그곳의 모든 사물이 '여기는 메이저리그야!'라고 소리치는 듯했다. 그것은 누가 봐도 알 수 있는 메시지였다.

드디어 시장이 시간을 내주었다. 그런데 내가 말을 꺼내기도 전에 그가 먼저 분위기를 띄웠다. 그는 내가 제작·관리·감독했던 영화들, 그중에서도 라스베이거스에서 촬영한 〈레인맨〉과 〈벅시〉에 관해 이야기꽃을 피웠다. 그리고 당연히 그럴 만한 자격이 있는 이 도시에서 다시 한번 영화를 제작할 계획은 없느냐고 나에게 물었다. 그러더니 영화 〈배트맨〉이 올린 천문학적인 박스오피스 성적을 언급했다. 나는 이런 장황한 서론이 내가 전달할 완벽한 설명을 굿맨이 완벽하게 알아들을 징조라고 해석했다.

　나는 라스베이거스에 또 한 번의 엄청난 박스오피스 성적을 안겨 주기 위해 방문했다고 말했다. 그런데 이번에는 그것이 영화가 아니라 야구라는 점이 다르다고 덧붙였다. 이어서 그를 사로잡을 것이 틀림없는 근거를 술술 풀어 놓았다. 만달레이 그룹이 수행해 온 설계와 건축은 저비용, 고품질, 납기 준수를 꾸준히 실현했다는 점을 숫자로 제시했다. 가장 최근에 오하이오주 데이턴에 지은 신시내티 레즈 산하 싱글에이 팀 경기장에는 상단석과 초호화 특별 관람석을 설치했는데, 이 시설은 당시로서는 마이너리그 경기장 중 유일한 것이었다고 자랑했다.

　나는 창밖으로 시선을 돌려 이 도시 어디에서나 움직이고 있는 크레인들을 가리키며 말했다. "이제 이곳 라스베이거스의 홈팬들도 자랑스러운 팀과 내 것처럼 아낄 경기장을 가질 때가 되었지요."

　시장은 이 말에 대해 곰곰이 생각하더니 이렇게 질문했다. "그렇다면 이 도시에 메이저리그 팀을 유치해 줄 수 있습니까?"

　그가 '메이저'라는 말을 하지 않았으면 얼마나 좋았을까? 내 입에서 '마이너리그'라는 말이 나오자마자 그는 귀를 닫을 것이 뻔했다. 그러나 나는 내가 제시한 사실과 숫자에 깊이 사로잡혀 있었으므로 그가 잠시 혼동을 일으켰을 뿐이라고 생각했다. 나는 자신 있게 말했다. "이것도 분명히 프로야구입니다. 모두 메이저리그와 연계되어 있고요. 프로야구 역사상 가장 훌륭한 스토리를 가진 팀, 바로 로스앤젤레스 다저스의 등에 올라탈 기회입니다."

　그는 고개를 내저었다. "우리에게 필요한 건 진짜로 큰 건이에요."

나도 지지 않았다. "제가 말씀드리는 내용이 바로 큰 건입니다. 데이턴에 경기장을 지은 후 우리는 모든 경기를 매진시켰습니다. 지금까지 전례가 없던 수익을 거뒀죠. 여기서라면 더 큰 성과를 거둘 수 있다고 확신합니다."

굿맨은 나를 차갑게 쏘아보았다. "이봐요, 여긴 데이턴이 아닙니다."

그 후에도 시장을 몇 번 더 만났고, 그를 로스앤젤레스의 내 집에 초대해서 성공을 입증할 만한 데이터를 잔뜩 보여 주며 설득했지만, 첫인상을 뒤집을 기회는 영영 사라졌다는 사실을 깨달았을 뿐이다. 한마디로 나는, 홈런은 떼어 놓은 당상이라고 생각하며 타석에 들어섰지만 1루도 밟지 못한 꼴이었다.

이번 실패는 좀처럼 뇌리에서 떠나지 않았다. 도대체 내가 결정적으로 무슨 잘못을 저질렀기에 성공이 거의 확실했던 라스베이거스 건이 실패로 돌아갔을까? 계량적 수치에 아무 문제가 없다는 것은 분명했다.

굿맨에게 삼진 아웃을 당한 지 얼마 지나지 않아, 디트로이트에서 자동차 거래상을 하는 데릭 스티븐스라는 사람이 캐시맨 필드 경기장을 찾았다가 우리와 똑같은 비전을 발견하고 열광했다. 라스베이거스에 야구 경기장을 건설하겠다는 바로 그 꿈 말이다. 속으로 '잘해 보쇼!'라는 말이 절로 나왔다. 우리는 그에게 라스베이거스 트리플에이 구단을 매각했다. 당시로서는 기록적인 금액이었고, 만달레이 그룹은 상당한 수익을 올렸다. 그러나 나의 원래 목표는 라스베이거스를 무대로 우리 회사가 한 차원 높은 단계로 도약하는 것이었다. 금전적으로 뜻밖의 횡재를 했다고 해서 위안이 될 수는 없었다. 이기고 싶었던 경기를 진 것은 분명한 사실이었다.

그러나 실패는 성공을 향한 여정에서 어쩔 수 없이 마주치는 골목이다. 우리가 또 다른 전략을 모색하기 시작했을 때, 만달레이 그룹의 동료 한 사람이 이렇게 말했다. "스토리를 완전히 새로 만들어야 해."

그 순간, 머릿속에 번쩍하고 불이 켜졌다. '그렇구나! 스토리를 전달하는 걸 까맣게 잊었군, 바보같이!'

내가 굿맨에게 한 일은 사실을 있는 그대로 강력하게 쏟아부은 것뿐이었다. 데이터, 통계자료, 기록, 예측치 등등. 그런 사실들을 엮어 그의 감정을 건드리려는 노력은 하나도 하지 않았다. 그가 내 제안에 꿈쩍도 하지 않은 것은 너무나 당연한 일이었다!

정말 '바보'가 아닌가! 내가 몸담은 분야가 바로 엔터테인먼트 산업 아니었던가! 나야말로 데이터만 잔뜩 모아 놓은 것과 '설득력 있게 먹히는 스토리'의 전략적 차이를 구분할 줄 아는 사람이라고 자부해 왔다. 나는 수십 편의 영화와 TV 프로그램을 제작했다. 만달레이를 시작하기 전에 이미 컬럼비아 픽처스에서 사장으로 일했고, 카사블랑카 레코드에서 공동 회장, 폴리그램에서는 CEO, 소니 픽처스에서도 회장과 CEO를 맡았다. 내가 하는 일이 바로 '스토리를 이용해 사람을 움직이는 것'이었다! 뿐만 아니라 UCLA 필름스쿨의 전임 교수로 있을 때는 영화, 경영학, 법학 대학원생들을 대상으로 이 업계의 전 분야를 망라하는 내용을 강의했는데, 그중 가장 중요한 내용이 바로 '먹히는 스토리'와 '데이터 꾸러미'를 구분하는 법이었다. 이러이러한 것은 스토리가 '아니'라고 학생들에게 얼마나 많이 떠들었던가! 사실을 열거해 놓은 목록, 화려한 장식, 파워포인트, 플립차트, 강의, 호소, 설명, 규정, 선언문, 계산 수치, 강의 계획, 협박, 통계치, 증거 및 기타 일어난 사실만 가지고는 스토리라 할 수 없다. 물론 사람들이 나누는 모든 형태의 의사소통에 스토리가 포함될 수는 있지만, 대부분의 대화나 발언을 그 자체만으로 스토리라 할 수는 없다.

그렇다면 스토리와 데이터 꾸러미를 가르는 근본적인 차이는 무엇인가? 스토리가 아닌 것들은 정보를 전달하는 데 그치지만, 스토리에는 사람들의 마음과 정신 그리고 행동과 지갑을 스토리 전달자가 원하는 방향으로 움직일 수 있는 독특한 힘이 있다. 생각해 보라, 데이턴에서 사람들의 마음을 움직이기 위해 들려주었던 그 스토리가 없었다면, 만달레이의 이력을 입증하기 위해 굿맨 시장에게 보여 준 그 모든 실적 지표도 없었을 것이다.

사실 라스베이거스가 확실하다고 생각했던 것에 비하면, 데이턴에서는 처음부터 거의 무모한 도전이나 다름없었다. 오하이오주의 지역 언론은 이 도시의 낙후된 중심가가 어느 모로 보나 회생 가능성이 없는 폐허나 마찬가지여서 단 한 푼도 투자할 가치가 없다고 보도했다. 데이턴의 공직자들도 마찬가지였다. 교외에 거주하는 팬들은 어두워진 후에는 감히 시내로 나올 엄두도 내지 못할 것이고, 도심지에 사는 사람들은 야구 경기를 볼 정도의 여유가 없을 것이라고 했다. 게다가 언론의 보도 내용은 이 양쪽 사람들의 문화가 서로 섞일 리가 없다는 뉘앙스를 풍기고 있었다. 그런 환경에서도 우리는 완벽한 스토리로 그들의 마음을 돌려세웠다.

우리는 그들에게 영화 〈꿈의 구장〉의 핵심 줄거리를 들려주었다. 그 영화에서 케빈 코스트너가 연기한 레이 킨셀라는 옥수수밭 한가운데에 야구 경기장을 짓겠다는 무모한 꿈과 동일시된다. 이 이야기에 그들은 즉각 관심을 보였다. 여기에 더해 나는 우리가 지을 새 경기장이 도심의 재생을 불러일으키는 촉매제가 될 것이라고 말했다. 그들의 상상력에 불을 지피기 위한 발언이었다. 나는 이렇게 말했다. "경기장을 지으면 분명 사람들이 찾아옵니다."

우리의 스토리 때문에 심지어 반대론자들조차 도심지 상권이 우리 경기장 덕분에 되살아날 거라고 믿게 되었다. 우리가 힘을 합친다면 가족 단위의 종합 오락거리를 실제로 만들어 낼 수 있다. 그것은 다름 아닌 만달레이 그룹의 전문 분야였다. 그리고 그것이 성공한다면 이 도시만의 새로운 스토리와 브랜드가 생기게 될 터였다.

우리는 똑같은 스토리를 매직 존슨과 아치 그리핀에게 들려주며 이 프로젝트에 투자할 것을 설득했다. 당시 우리는 함께 스토리를 꾸준히 전파한 덕분에 데이턴의 유력 인사들이 정부 차원의 협력을 후원하게 만들 수 있었다. 라스베이거스에서도 바로 이런 일이 일어났어야 했다.

우리는 전혀 다른 스토리를 전달했어야 했다. 그랬다면 오스카 굿맨은 라스베이거스에서 우리가 무엇을 하려고 하는지 제대로 알았을 것이다. 당연한 일이었다. 그때는 미처 몰랐지만, 라스베이거스는 당시 도시 이미지가 막 바뀌기 시작하던 참이었다. 라스베이거스는 가족 친화형 휴양 도시로 변모하고 있었고, 여기에는 온 가족이 즐길 수 있는 오락 거리인 야구가 딱 어울렸다. 그러나 당시만 해도 이 도시에서는 '베가스에서 있었던 일은 남들에게는 비밀'이라는 문구가 유행하고 있었다. 그리고 슬프게도 나는 그의 마음을 움직일 제대로 된 스토리는 고사하고 미국식 비즈니스의 뻔한 절차, 즉 재정적 모델과 숫자를 나열하며 설득하는 방식에 머무르고 말았다. '이렇게 수치가 훌륭한데 어떻게 굿맨 시장이 감탄하지 않을 수 있겠어'라고 착각하면서 말이다.

나는 상대방의 관심을 사로잡지 못했다. 심지어 그의 말을 경청하지도 못했다. 그리고 결정적으로, 아무 스토리도 전달하지 못했다. 어쩌면 이렇게 멍청할 수가 있지? 곰곰이 생각해 보았다. 그 이유는 혹시 내가 굿맨의 마음보다 그의 머리와 지갑을 겨냥했기 때문이 아니었을까? 영화 산업에서 이런 전략은 거의 자살 행위에 속한다. 영화 제작자가 청중의 가슴을 열지 못하면, 남은 것은 오로지 자기 자신의 지갑이 열리는 일뿐이다. 스토리텔링의 가장 중요한 과녁은 언제나 관객의 가슴이다. 내가 라스베이거스에서 삼진 아웃을 당한 것을 보면 이 법칙이 단지 쇼 비즈니스에만 적용되는 것은 아니라는 것을 알 수 있다. 혹시 관객의 마음을 사로잡아야 한다는 원칙이 모든 비즈니스에 적용되는 것은 아닐까?

이야기가 먹힌다면
판을 뒤집을 수 있다

나는 지금껏 다양한 회사와 산업에서 여러 차례 성공을 경험했지만, 한편으로는 업무상의 실수와 경영 참사 그리고 예기치 못한 실패도 숱하게 겪어 왔다. 돈이 된다 싶어 시작한 사업 때문에 은행 계좌가 탈탈 털리고 창고에는 팔리지 않은 재고만 잔뜩 쌓인 적도 한두 번이 아니었다. 음악 회사를 시작했다가 망한 후에는 '라스베이거스 선더'라는 프로 아이스하키 팀을 인수했는데, 이마저도 5년 연속 적자를 내면서 관중의 외면을 받았다. 영화 〈허영의 불꽃〉을 보던 관객들은 도저히 참지 못해 자리를 박차고 나가려고 했다. 관람석이 다름 아닌 비행기 좌석이었는데도 말이다. 그리고 소니에 있었을 때도 여러 가지 부침을 겪었던 것이 사실이다. 이런 실패들은 재정적으로나 감정적으로 매우 고통스러운 것이었다. 게다가 이런 일일수록 대중 앞에 훤히 노출되는 일이 잦았다. 여러 차례 성공을 맛보았지만, 그때마다 다시 번번이 실패해서 훨씬 더 당혹스러운 처지에 놓이곤 했다.

나는 성공과 실패란 오로지 운에 달린 것이 아닌가 하는 의문에 오랫동안 시달려 왔다. 판도를 확 바꿀 만한 묘수는 없을까? 그래서 목표를 향해 화살을 좀 더 날카로운 궤적으로, 더 정확하게 날릴 수는 없을까? 과녁은 더 키우고, 목표까지의 거리는 더 줄일 방법 말이다. 이런 게임체인저Game-Changer가 있다면 기업을 경영하는 일이 좀 더 즐거워질 것이다. 정말로 멋진 일 아닌가! 누군가 이런 일을 실현해 줄 기술을 발명한다면 틀림없이 큰돈을 벌 것이다!

라스베이거스에서의 실패 이후, 불현듯 비즈니스맨이라면 누구나 똑같은 문제를 안고 있다는 생각이 들었다. 성공하기 위해서는 반드시 다른 사람에게 나의 비전과 꿈 그리고 대의를 설득해야 한다. 경영진을 움직이든, 주주를 모집하든, 언론을 상대하든, 고객과 소통하든, 투자를 유치하든, 일자리를 구하든, 비즈니스맨은 청중의 이목을 사로잡을 명쾌한 메시지를 던져, 그들이 진정으로 나의 목표에 공감하고 내가 원하는 방향으로 움직이도록 만들어야 한다. 상대방의 이성과 마음을 함께 사로잡아야 한다. 그러기 위해서는 반드시 스토리텔링이 필요하다!

그토록 찾아 헤매던 게임체인저는 바로 설득력 있는 스토리텔링이 아니었을까?

나는 30년이 넘도록 스토리를 통해 청중에게 교훈을 전달하고, 모범을 제시하며, 사람들을 서로 뭉치고 움직이게 만드는 비법을 가르쳐 왔다. 〈레인맨〉, 〈정글 속의 고릴라〉, 〈미드나잇 익스프레스〉를 비롯한 수많은 나의 영화들은 관객에게 오락을 제공하는 차원을 넘어 그들의 감정을 건드리고 행동을 촉구하는 뚜렷한 목적을 담고 있었다. 관객은 그 영화의 핵심 메시지에 가슴이 움직였기에, 영화를 본 자신의 경험을 주변 사람에게 끊임없이 전할 수 있었다. 영화의 스토리는 그런 입소문을 통해 수백만 명을 거치며 온 지구를 뒤덮었다. 스토리가 한 번씩 전달될 때마다 파급력이 확대된 것은 물론, 한 명 한 명이 자신의 감정을 덧붙여 전혀 새로운 이야기를 만들어 냈다. 굳이 전문가가 아니어도 감동적인 스토리를 남에게 전달하는 데는 아무런 문제가 없다. 누구나 그렇게 할 수 있고, 실제로 모두가 자연스럽게 그 일을 하고 있다.

나는 관객의 마음을 움직이는, 그야말로 '먹히는' 스토리가 성공의 비결이라는 것을 깨달으면서 점점 더 흥분하지 않을 수 없었다. 특별한 배움과 학위가 없어도 내 회사나 브랜드에 관한 스토리를 다른 사람에게 전달할 수 있고, 강력한 호소력을 발휘해 그들을 움직일 수 있다. 돈이나 특권이 필요한 일도 아니다. 이것은 누구나 사용할 수 있는 강력한 기술이며, 게다가 무료다! 그뿐만이 아니다. 스토리텔링은 성공과 함께 즐거움도 안겨 준다. 마치 스스로 좋아서 하는 일이 돈도 벌어 주는 것과 같다. 이보다 더 좋은 일이 어디 있겠는가!

그러나 만약 이것이 사실이라면, 과거에는 왜 일을 하면서도 이 중요한 사실을 깨닫지 못했단 말인가? 어쩌면 알고 있었는지도 모른다. 혹시 나는 미처 깨닫지도 못한 채 이 기술을 구사하고 있었던 것이 아닐까? 그 순간, 벼락을 맞은 듯 깨달음이 왔다.

빈껍데기 회사를 인수한 소니 이야기

1990년대 초반의 일이었다. 나는 당시 소니가 막 인수한 컬럼비아 픽처스 엔터테인먼트사의 CEO로 선임되었다. 수십억 달러 규모의 이 글로벌 미디어 그룹의 전신은 컬럼비아 픽처스로, 나는 그보다 20년 전에 그 회사에서 스튜디오 사장을 역임했다. 그래서 그 자리에 부임할 때 마치 고향에 돌아온 듯한 기분이었다. 그러나 머지않아 나는 이 회사가 가장 중요한 핵심을 잃어버렸다는 것을 알게 되었다.

소니 그룹에 합류하기 전까지 컬럼비아는 파산으로 치닫고 있었다. 모든 사업 부문은 조금이라도 몸값을 높이기 위해 구석구석 기름칠을 하며 버티고 있었다. 당시 영화 업계에서 가장 큰 수익을 보장하는 사업

은 비디오였지만, 컬럼비아와 트라이스타의 비디오 배급권은 이미 RCA
에 매각되었다가 이후 제너럴 일렉트릭으로 다시 넘어간 후에야 내가
CEO로 부임했다. 회사는 그 알토란 같은 자산을 잃어버린 후 사기와 생
산성에 큰 타격을 입었다. 남아 있던 여러 사업부를 한데 묶는 통일된 방
향이나 비전도 없었다. 소니가 인수한 자산은 두 개의 영화사(트라이스타
와 컬럼비아 픽처스)와 글로벌 TV 사업부, 로우스 극장 체인이 전부였다.
경영진들은 전국에 산재한 임대 건물에 뿔뿔이 흩어져 있었고, 영화사
의 제작 및 경영 부서가 있는 곳은 한때는 찬란했으나 이제는 다 허물어
져 가는 MGM 건물이었다. 아직도 MGM 소유인 옆 건물 간판 속 사자
의 표정이 우리의 미래를 골똘히 걱정하는 것만 같았다. 새로운 일본인
소유주들과 우리 사이는 1만 킬로미터나 떨어진 거리만큼이나 문화적
차이도 컸을 뿐 아니라, 최근 사례만 살펴봐도 소니와 같은 외국 회사가
미국의 엔터테인먼트 기업을 인수한 후 조만간 다시 팔려고 내놓는 일
이 언제라도 없으리라는 보장이 없었다.

　수익이 급전직하하는 상황에서 컬럼비아에 오랫동안 근무한 경영진
들은 회사가 소니에 매각된 김에 자신들의 주주로서의 이익을 모두 회
수한 뒤 좀 더 건실한 다른 기회를 찾아 나섰다. 컬럼비아는 이제 상장회
사도 아니었으므로 그들을 붙잡기 위해 주식을 제공할 수도 없었다. 나
는 소니뿐만 아니라 절박하고 불만이 가득한, 여전히 우수한 재능을 가
진 경영진을 설득할 만한 뭔가 창의적인 방안을 찾아내야만 했다. 이들
을 한데 묶어 미래를 준비하는 일이 나에게 주어진 사명이었다. 그러나
무슨 수로 그렇게 할 수 있단 말인가?

이 문제로 내내 골머리를 앓던 어느 날 오후 늦게, 나는 저 역사적인 솔버그 빌딩(이 건물의 이름은 당연히 1920~30년대에 MGM의 화려한 전성기를 이끈 최고경영자 어빙 솔버그Irving Thalberg에서 따온 것이다)에서 열리는 재무 관련 파워포인트 설명회에 전화 연결로 참석하라는 연락을 받았다. 당시는 아직 휴대폰이 없던 시절이었고, 가장 가까운 전화기는 지하실 창고에 있었다. 게다가 전화를 건 사람이 일본인 동료였던 터라, 통화 내내 참을성이 필요했다. 대화가 영어와 일본어를 오가며 자주 끊기는 바람에 제대로 집중하기 어려웠던 나는 벽에 걸린 영화 스틸을 죽 훑어보고 있었는데, 어느 순간 피터 오툴이 바람에 휘날리는 흰옷을 입고 있는 사진이 눈에 확 들어왔다. 그 사진은 컬럼비아 픽처스의 가장 소중한 작품 중 하나인 〈아라비아의 로렌스〉의 한 장면임을 금방 알 수 있었다. 그 장면에서 로렌스는 끔찍하리만큼 익숙한 도전을 앞에 두고 고민한다. "어떻게 서로 뭉칠 수도, 그럴 의지도 없는 다양한 집단을 한데 뭉쳐 함께 미래를 헤쳐 나갈 것인가?"

오툴이 연기한 T. E. 로렌스는 영국의 적 오스만튀르크 제국이 아랍을 점령했던 1900년대 초에 활약한 영국군 장교이자 아랍 문제 전문가였다. 로렌스는 튀르크를 이 지역에서 몰아내는 유일한 방법은 아랍 부족이 단결해서 제국과 싸우는 것뿐이라는 사실을 알았다. 그러나 각 부족은 서로 가치관과 신념, 원칙이 모두 달랐다. 게다가 로렌스 자신 또한 다른 제국의 대변자일 뿐이니 부족민들의 의심을 살 수밖에 없었다. 당시 아랍에 사는 영국인이란, 마치 컬럼비아 픽처스를 차지한 소니 사람들과 같은 처지였다. 참고 지낼 수는 있지만, 결코 마음을 열 수 없는 상대 말이다. 그러나 로렌스는 결코 포기하지 않았다. 만약 부족들을 설득해, 자신들이 서로 협력하기만 하면 불가능을 현실로 바꿀 수 있다는 확신을 준다면, 그들은 분명히 하나가 될 수 있다고 믿었다. 그때 그에게 마치 신탁과도 같은 깨달음이 왔다. 바로 '아카바Aqaba'였다.

아카바는 중무장한 요새와도 같은 항만 도시였다. 아라비아반도 맨 끝에 자리한 이곳의 북쪽에는 도저히 건널 수 없을 것 같은 네푸드 사막이 방패 노릇을 하고 있었다. 북쪽으로부터는 어떤 공격도 없으리라고 굳게 믿은 튀르크는 모든 무기를 홍해를 향해 배치해 두고 있었다. 그러나 로렌스의 계획은 불가능한 일을 실현하는 것이었다. 바로 사막을 가로질러 적의 후방을 기습하는 작전이었다. 그는 부족 리더들에게 이렇게 말했다. "당신들이 결심하면 내가 나서겠소."

그들은 행동에 나섰다. 무방비 상태인 아카바의 후방을 공격해 튀르크 요새를 함락하고 황금과 영광을 차지했다. 그 기적적인 스토리는 아랍 전역과 세계 곳곳으로 퍼져 나가, 무명의 전투를 불멸의 전설로 바꿔 놓았다. 불가능을 현실로 만든 이 마술과도 같은 이야기가 세계 질서를 재편하는 촉매제가 되었다.

이것이 바로 내가 찾던 해답이 아닐까? 나는 서둘러 통화를 마무리하고 영화를 다시 처음부터 끝까지 봤다. 역시나였다! 이 스토리야말로 회사의 모든 이들에게 전설과도 같은 유산과 수익성을 되찾겠다는 영감을 안겨 줄 완벽한 수단이었다.

나는 대규모 연례 크리스마스 파티에서부터 직원들에게 아카바 스토리를 들려주기 시작했다. 로렌스가 등장하는 저 유명한 사진을 모두에게 보여 주었고, 일부 경영진에게는 이 사명을 기억할 수 있도록 그것을 투명한 플라스틱 액자에 넣어 나눠 주었다. 나는 이렇게 말했다. "이것이 바로 우리의 모습입니다. 우리는 각자 전혀 다른 사업을 하는 것 같지만, 사실은 하나의 부족입니다. 우리는 불가능을 실현할 수 있다는 것을 믿어야 합니다."

아카바 스토리는 마치 컬럼비아가 새로 배운 주문처럼 전 직원들 사이에 퍼져 나갔다. 그것은 조직의 사고방식과 태도가 바뀌고 모두가 한마음이 되는 데 큰 역할을 담당했다. 로렌스의 스토리는 우리 부족이 한마음으로 미래를 꿈꾸게 했으며, 일본인들이 가진 자원을 끌어들이고 그들이 떠나지 않게 붙잡는 역할도 했다.

이제 나는 사람들의 행동을 촉구하고, 그들의 가슴과 행동과 돈지갑이 서로 일치하도록 만들어야 했다. 스토리는 행동을 향한 호소와 판을 뒤집는 계기가 되었지만, 이것은 단지 시작에 불과했다. 우리는 이 스토리에 따라 실제로 아카바를 향해 진격해야만 했다!

맨 먼저 할 일은 로렌스의 부족들이 아카바를 가장 중요한 목표로 삼았던 것처럼, 기초적인 작전 목표를 세우는 일이었다. 최신 엔터테인먼트 기술 제국을 건설한다는 소니의 사명에 발맞춰, 우리는 총 1억 달러를 투자해 컬버시티에 있는 컬럼비아 픽처스의 낙후된 시설을 개선하고 확장했다. 그 결과 이곳은 소니의 총체적인 기술력을 선보이고 우리 부족 전체를 한곳에 집결하는 최첨단 본부로 탈바꿈했다.

그런 다음 우리는 단결의 깃발을 내걸었다. 옆 건물을 사서 우리를 음흉하게 내려다보던 MGM의 사자 간판을 내리고, 그 자리에 소니의 상표를 내걸었다. 이것은 모든 방문객에게 컬럼비아와 소니는 하나라는 것을 선포하는 상징이었다. 더구나 우리를 같은 '부족'으로 인정하지 않는다면 폐쇄적이기로 유명한 소니의 일본인 이사진이 우리를 그들의 세계적인 브랜드에 포함해 줄 리가 없었으므로, 이 로고가 내걸렸다는 사실은 새 소유주가 우리 직원들을 전적으로 신뢰한다는 것을 보여 주는 일이었다. 경영진의 탈출 추세가 한풀 꺾였다.

곧이어 우리는 소니를 설득해서 회사 이름을 소니 픽처스 엔터테인먼트로 바꿨다. 그리고 잭 웰치의 GE로부터 비디오 라이브러리를 다시 사들인 다음, 모든 비디오와 우리가 소유하거나 제작한 모든 콘텐츠에 소니 상표를 통합 인증 마크로 부착했다. 아울러 뉴욕과 시카고, 샌프란시스코에 새로 문을 연 멀티플렉스 영화관에 소니의 최첨단 SDDS 사운드와 아이맥스 시스템을 갖춤으로써 쇠락해 가던 로우스 극장 체인이 소니 시어터Sony Theaters라는 이름으로 환골탈태했다.

부족이 힘을 합치자, 우리 영화사는 불가능을 현실로 이루어 내기 시작했다. 히트작이 잇달아 나왔다. 〈필라델피아〉, 〈시애틀의 잠 못 이루는 밤〉, 〈터미네이터2〉, 〈사랑의 블랙홀〉, 〈어 퓨 굿맨〉, 〈그들만의 리그〉, 〈보이즈 앤 후드〉, 〈사랑의 기적〉 등이 모두 이때 나온 작품이다. 4년 동안 컬럼비아와 트라이스타가 만든 영화 중 오스카상 후보에 오른 작품이 무려 100편이 넘었고, 이는 당시 한 영화사가 올린 것으로는 영화 역사상 신기록에 해당하는 실적이었다. 이 기세를 바탕으로 1991년에는 드디어 미국 내 박스오피스 시장 점유율 1위를 기록했다.

이런 변화의 결과, 소니의 라이벌 마쓰시다가 우리의 라이벌 유니버설 픽처스를 겨우 5년간 경영하고 철수했던 반면, 소니는 꾸준히 그 자리를 지켰다. 나는 비록 성공과 실패를 모두 맛보며 1995년에 물러났지만, 오늘날 소니 픽처스 엔터테인먼트의 세계 본사는 아직 뉴욕에 있고, CEO 자리에도 일본인이 아닌 하워드 스트링어Howard Stringer가 앉아 있는 등 어엿한 미국 회사로 정착했다. 연 매출은 70억 달러가 넘고, 보유 영화는 총 3,500편 이상으로 현재도 계속 증가하고 있다.

우리가 그 놀라운 여정을 이어 가는 동안 나는 꾸준히 경영진과 연락을 주고받으며 함께 아카바에 비견되는 승리를 이룩해 나갔다. 그들의 사무실에는 가족과 함께 찍은 사진들 사이에 아라비아의 로렌스로 분한 피터 오툴의 사진이 꼭 자리를 지키고 있었다. 이 스토리가 우리 회사의 방향을 정했다는 점에는 의심의 여지가 없다. 그 사진은 우리 부족의 모든 사람에게 우리가 힘을 합치면 안전과 기회, 성취, 자부심을 함께 얻을 수 있다는 느낌과 믿음을 안겨 주었다.

지금 와서 되돌아보면, 소니에서 경험한 일은 올바른 스토리를 적절한 장소와 시간에 정확한 방법으로 직접 전달했을 때 청중의 행동을 불러일으키고 말하는 사람도 다시 성공 가도에 오를 수 있음을 보여 주었다. 그런 경험 덕분에 나는 무려 20년 전에 설득력 있고 관객들에게 먹히는 스토리텔링의 기술을 알리는 전도사가 될 수 있었다! 그러나 나는 경력의 1막과 2막을 거치는 동안 우리 문화의 지배적인 가정, 즉 비즈니스의 중요한 의사결정은 오로지 숫자와 전술, 개념, 사실에 지배될 뿐이라는 잘못된 생각에 굴복하고 만 것 같다. 이제 3막이 오르고 나서야 비로소 나는 이 진리의 숭배자가 되어야 한다는 확고한 시각을 얻게 되었다. 의도된 스토리텔링이 어떻게 데이턴에서는 제 역할을 다했고, 라스베이거스에서는 아예 시도할 생각조차 못 했는지를 떠올리며 아카바 스토리에까지 생각이 미치면서 말이다.

그러나 나에게는 이런 몇 번의 경험 외에도 더 많은 증거가 필요했다. 효과적인 스토리텔링이 게임체인저가 될 수 있다는 사실을 내 친구와 동료들도 알고 있을까? 직접 만나 스토리를 전달하는 방법이 과연 다른 모든 업계에서도 똑같이 힘을 발휘할 수 있을까? 혹시 미처 파악하지 못한 위험은 없을까? 나는 스토리텔링의 위력에 관한 내 생각을 뒷받침해 줄 증거를 눈으로 목격하고 싶었다. 또 이 힘에 어떤 중요한 요소가 있는지 파헤쳐 보고도 싶었다. 그래서 내가 인생의 3막에 이르러서야 배운 진실을 다른 비즈니스맨들은 그들의 1막 또는 2막에 깨닫고 도움을 받았으면 하는 마음이었다.

나는 지난 시간을 이리저리 되돌아보며 업무를 통해 다른 사람들에게 들려주었던 또 다른 스토리를 찾아보았다. 그리고 그것이 성공으로 이어졌든 그렇지 않든 그 이유와 방법을 꼼꼼히 따져 보았다. 아울러 다른 사람들이 나에게 가르침과 설득 그리고 동기부여를 위해 들려준 스토리도 살펴보았다. 그것이 효과를 발휘했던 이유와 방법은 무엇인가? 이 스토리가 가진 힘은 과연 어디에서 온 것이었나? 이렇게 모아 놓은 스토리에서 나는 무엇을 배울 수 있을까?

나는 내가 아직도 이런 스토리들을 뚜렷이 기억하고 있다는 사실에 깜짝 놀랐다. 그중에는 심지어 40년이 훌쩍 지난 것도 있었다. 물론 정확한 일자와 세부적인 기억은 다소 차이가 있겠지만, 스토리 자체는 뚜렷하게 가슴에 와닿았고, 당장이라도 행동에 옮길 수 있을 것 같았다. 이 점만 보더라도 그 스토리가 얼마나 효과가 있었는지 알 수 있다.

그런 다음 나는 다른 비즈니스 리더들, 특히 엔터테인먼트 업계에 있지 않은 사람들이 나의 깨달음에 얼마나 공감하는지 알아보았다. 나는 사적으로나 직업적으로나 다양한 업계와 학계에 걸쳐 인맥을 쌓아 왔다. 그중에는 미국에서 가장 성공한 인물도 많이 포함되어 있다. 그래서 마치 형사라도 된 양 친구 및 동료들과 대화하면서 그들이 직접 듣거나 혹은 다른 사람으로부터 전해 들은 스토리가 그들의 일에 어떤 영향을 미쳤는지 자세히 조사했다. 나는 그들의 이야기에 귀 기울이며 이야기의 어떤 점이 가슴을 울리고 행동을 불러일으켰는지 질문하면서 자연스럽게 그들의 통찰을 하나하나 수집했다. 또 남들 모르게 여러 차례 회의를 열어 심리학, 이야기 치료, 조직 스토리텔링 분야의 전문가들로부터 그들의 연구 결과와 혜안을 청취했다. 나는 내가 강의하는 UCLA 수업에 그 전문가들을 초청해 다음과 같은 질문을 주제로 연설해 달라고 부탁하기도 했다. 고객에게 먹히는 스토리텔링은 과연 비즈니스계의 많은 이들이 무심결에 놓치고 있는 중요한 성공 수단일까? 만약 그렇다면 고객에게 먹히는 스토리의 핵심은 무엇이며, 그것을 어떻게 활용할 수 있을까? 스토리를 전달하려는 열망, 또 그것을 듣고자 하는 마음은 도대체 어디에서 올까? 누구나 설득력 있는 스토리를 구사해 성공에 이를 수 있을까, 아니면 그것은 특별한 재능을 가진 사람에게만 허락된 일일까?

이 질문에 대한 대답으로 스토리텔링의 전략적 힘에 관한 내 생각이 옳았음이 입증된다면, 비즈니스는 이 게임체인저 덕분에 훨씬 더 재미있고 흥미로우며 보람 있고, 아울러 훨씬 덜 고통스러운 일이 될 것이다. 그러나 우리는 다른 무엇보다 먼저 가장 시급한 질문에 답해야 한다. "스토리란 도대체 무엇인가?"

Chapter 2

스토리란 무엇인가

그때 나는 죽음의 위험을 무릅써야 했다. 우리는 그랜드캐니언 한가운 데에서 5일간 콜로라도강의 무시무시한 급류를 타고 내려가는 여행 중 이었다. 함께한 열 명의 친구들은 점점 아무도 못 말릴 행동을 하기 시작 했다. 제임스 본드로 유명한 배우 피어스 브로스넌, 동기부여 전문가이 자 작가 토니 로빈스, NFL 네트워크의 CEO 스티브 본스타인, 베어 스 턴스 투자은행의 상무이사 데니스 밀러, 투자관리 회사 오넥스의 CEO 제리 슈워츠, ESPN의 프로그램 책임자 마크 셔피로, 뉴라인 시네마의 회장 토비 에머리치, 갑자기 엔터테인먼트 채널을 시작한 제멋대로인 남자 조 프랜시스 등이었다. 이들은 여행의 첫 이틀 동안 서로 물병을 집어 던지고 이 배 저 배로 옮겨 다니는 등 대체로 여행 수칙을 무시하며 행동했다. 세계 7대 비경에 속한다는 그랜드캐니언의 1.5킬로미터 아래를 굽이쳐 흐르는 이 거대하고 거친 붉은 강에서 그들은 인생을 만끽하고 있었다. 그러나 나는 전에도 이곳에 와 본 적이 있었다. 나는 앞으로 어떤 곳이 나타날지 알았고, 이들 중에 누군가 목숨을 잃을 수도 있다는 위험을 뚜렷하고 생생하게 느꼈다.

또 다른 일행이었던 리처드 뱅스도 점점 소란스러워지는 그들의 모습을 유심히 지켜보고 있었다. 보트에 탄 다른 초보자들과 달리, 뱅스는 진지한 모험가였다. 그는 전 세계 35개의 강에 최초로 하강했고, 그중에는 중국의 양쯔강과 남아프리카공화국의 잠베지강도 포함되어 있었다. 미국 최고의 모험 여행 전문 회사 중 하나인 소베크 엑스퍼디션Sobek Expeditions의 설립자인 그는 1980년 우리가 제작하던 〈이중 추적〉이라는 영화의 아주 위험한 수상 액션 장면에 기술 자문을 제공하기도 했다. 이 영화는 보잉 727기를 납치하고 몸값 20만 달러를 챙겨 뛰어내린 후 자취를 감춘 실존 인물을 다룬 작품이다. 이 영화에서 급류로 가득한 강을 내려가는 추적 장면 때문에 로버트 듀발과 트리트 윌리엄스, 그들의 대역 모두 심각한 위험을 무릅써야 했지만, 뱅스의 도움으로 전원이 안전하게 촬영을 마칠 수 있었다. 그런 사람이 이제 나에게 이렇게 말하는 것이었다. "이 사람들 정신 좀 차리게 해 줘야 합니다, 빨리요!"

셋째 날이 되어 우리가 물가에 가까워졌을 때, 데니스가 멀리서 들려오는 희미한 굉음에 귀를 기울이더니 말했다. "다들 저 소리 들려요? 여기 기차가 지나다니는지 몰랐네!"

뱅스가 때를 놓칠세라 얼른 나섰다. "자, 기차의 정체가 뭔지 보여 줄 게요." 그는 우리를 협곡 가장자리로 데리고 가더니 벼랑 아래로 내려다 보이는 악명 높은 라바 폭포Lava Falls를 가리켰다. 그것은 10등급짜리 급류로, 바로 천둥 같은 굉음의 주인공이었다. 강을 따라 여기서 수백 미터만 더 내려가면 그대로 11미터 아래로 곤두박질치게 되어 있었다. 협곡 내에서 가장 세찬 물보라를 만난 이유가 바로 이 때문이었다. 굉음의 정체를 두 눈으로 목격한 사람들은 갑자기 쥐 죽은 듯 조용해졌다. 잠시 후 스티브 본스타인이 "갑자기 집에 가고 싶어지네"라고 말했다. 결코 농담으로만 들리지 않았다.

"하지만 여기를 통과하는 것 말고는 다른 길이 없어요." 뱅스의 이 말이 떨어지자 모든 사람이 정신을 바짝 차리고 그의 다음 말에 집중했다. "이 위험을 통해 여러분은 완전히 새로 태어나는 경험을 할 수 있습니다. 단, 살아남는다면요."

그것이야말로 내가 하고 싶었던 이야기였다. 나로서는 뱅스가 먼저 말해 줘서 고마울 따름이었다.

"제가 하는 일이 바로 이런 위험을 관리하는 사업입니다." 그의 말이 이어졌다. "제가 운영하는 모험 여행 회사의 이름이 소베크인데요, 나일 강을 건너는 배를 지키는 고대의 신 이름에서 따왔죠. 그 이름을 회사명으로 정한 이유가 있습니다. 내 이야기를 한번 들어 볼래요? 3천 년 전, 이집트의 초대 왕(〈출애굽기〉에 나오는 그 유명한 악당)이 어느 날 사냥을 나가 방탕하게 놀던 중 개들이 자신에게 달려들어 몹시 화가 났습니다. 왕이 개들에게 쫓겨 달아나다가 나일강에 도착해 보니 여기는 또 악어 떼가 득실거리고 있었죠. 그런데 강둑에서 햇볕을 쬐고 있던 커다란 녀석한 마리가 자신이 왕을 태워 강을 건너게 해 주겠다고 말했어요. 워낙 다급했던 왕은 그 제안을 수락했습니다. 놀랍게도 그 악어는 정말로 왕을 강 건너까지 안전하게 데려다주었습니다. 하지만 이야기는 여기서 끝나지 않았죠. 악어는 자신의 정체가 악어의 신인 소베크라고 밝히며, 자신이 왕의 목숨을 구해 주었으니 왕도 자신을 똑같이 대해 달라고 요구합니다. 왕은 그 말이 무슨 뜻인지 알아들었고, 모든 백성에게 나일강과 강에 사는 모든 생물을 귀하게 여기라는 명을 내렸습니다. 그때부터 사람들은 공물을 바쳐 나일강에 경의를 표했고, 비로소 강을 안전하게 건널수 있게 되었습니다.”

여기까지 말한 뱅스는 잠시 라바 폭포를 내려다보더니 으스스한 어조로 목소리를 높였다. “그 풍습은 2천 년 동안 계속되었죠. 그러다 단 한번, 이집트의 군선들이 소베크에게 공물 바치는 것을 깜빡 잊고 항해한적이 있는데요, 나일강은 그 배들을 침몰시켜 무려 천여 명의 목숨을 앗아 갔습니다.”

피어스 브로스넌이 눈치 없는 질문을 던졌다. “그럼 지금 이 콜로라도강에 악어가 살기라도 한다는 겁니까?”

“아니죠. 하지만 자연을 존중하는 마음이 없다면, 이 폭포도 악어처럼당신의 몸을 산산조각내 버릴 겁니다.” 이 말 속에는 자연이 언제라도흉포해질 수 있으며, 자연과 함께 살아가기 위해서는 환경을 존중해야한다는 메시지가 담겨 있었다.

터벅터벅 캠프로 돌아오는 내내 우리는 모두 깊은 침묵에 빠져 있었다. 뱅스가 결정적인 순간에 자신이 해야 할 말을 해 준 덕분에, 우리는 처음으로 함께 힘을 모아 다음 계획을 짰다. 그날 우리는 일찍 자야 했다. 그리고 이튿날 아침에는 다들 정신을 똑바로 차리고 묵묵히 짐을 챙긴 후 낭떠러지를 향해 천천히 배를 몰았다.

곧이어 폭포에 가까워지면서 물살이 커졌고, 우리의 아드레날린도 마구 솟구쳤다. 이윽고 벼랑 끝에 도달했을 때, 제리 슈워츠가 소리쳤다. "좋아, 악어들아, 우리가 왔다!" 그 외침과 함께 급류가 우리를 집어삼켰고, 우리가 탄 세 척의 보트를 아래로 끌어당겼다. 우리는 날카롭게 튀어나온 바위를 피하려고 일제히 오른쪽으로 방향을 틀었다. 보트의 앞쪽이 위로 들려 거의 수직이 되다시피 한 상태로, 잔잔한 회오리를 이루고 있던 수면에 배 측면부터 강하게 부딪혔다. 파도의 골짜기에 부딪힌 우리 배는 마치 새총으로 쏜 돌멩이처럼 강하게 튕겨 나갔다. 오른쪽으로 1인치만 더 갔더라도 엄청난 재앙에 맞닥뜨릴 뻔했지만, 우리는 목숨이 거기에 달려 있기라도 한 듯 서로에게 기대 죽기 살기로 노를 저었다. 소베크 이야기에 나오는 살아남은 사람들도 그렇게 했다는 것을 우리는 알고 있었다.

뱅스가 옳았다. 그 일이 있은 후 우리는 모험의 희열이 얼마나 강렬했던지 다들 전혀 다른 사람이 된 듯했다. 그래서 다음 날 오후, 뱅스가 1991년에 자신의 회사가 인수한 마운틴 트래블 사에 뱅스 자신이 파트너로 참여했을 뿐만 아니라, 아예 소베크라는 이름을 그대로 사용하기로 했다는 설명을 듣고, 다들 당연한 일이라고 생각했다. 그는 이렇게 말했다. "소베크의 전설은 그 거래의 판을 뒤집는 계기가 되었습니다. 저는 그들에게, 제가 하는 일이 단지 여행 사업이 아니라 사람을 바꾸는 일이라는 것을 이해시키고 싶었습니다. 그러기 위해서는 그들에게 소베크의 스토리를 이야기해 주는 것보다 더 효과적인 방법이 없었던 거죠."

악어의 신 이야기가 먹혔던 이유

5년이 지난 후 그때의 탐험 여행을 다시 생각해 봐도, 뱅스가 소베크의 전설을 말하던 장면을 하나도 남김없이 떠올릴 수 있었다. 그 시끄러운 폭포 소리 속에서도 뱅스의 말에 귀를 쫑긋 기울일 수밖에 없었던 우리 모습, 다음 순간 어떤 일이 일어날지 몰라 그의 말에 매달려야만 했던 우리의 태도가 모두 기억났다. 돌이켜 보면 우리의 변화는 그가 "내 이야기를 한번 들어 볼래요."라는 말을 꺼냈을 때 이미 시작되었다. 그 말은 우리로 하여금 그의 이야기에 귀를 기울이게 만든 경종과 같았다. 우리는 모두 어려서부터 이야기를 들으면 정신적 보상을 얻을 수 있다고 기대하는 법을 배웠다. 그래서 그 순간 우리는 그런 기대에 사로잡혔던 것이다.

그러나 소베크의 전설을 '스토리'로 만든 요인은 정확히 무엇이었을까? 과연 뱅스가 그 '왕'을 언급하지 않았어도 스토리가 될 수 있었을까? 그가 악어와 이집트인의 신 관념에 대해 한 시간 정도 장황한 설명을 늘어놓거나, 왕의 행동을 바꿔 놓을 소베크의 전략을 낱낱이 밝혔다면 어땠을까? 소베크가 다른 평범한 악어들처럼 그냥 왕을 잡아먹었더라도 그것을 스토리라 부를 수 있었을까?

나는 이런 의문에 대한 해답을 얻기 위해 UCLA 필름스쿨의 학장이었던 로버트 로즌Robert Rosen에게 자문을 구하기로 했다. 그는 나와 함께 '이야기 세계의 탐구'라는 강좌를 맡고 있었다. 로즌은 이렇게 말했다. "스토리는 모든 핵심 정보를 감정적 맥락 속으로 던져 넣습니다. 이로써 스토리 속의 정보는 논리적 제안서에 담긴 정보와는 달리 긴장감을 자아낸다는 특징이 있죠." 모든 설득력 있는 스토리의 구성 요소는 바로 '도전'과 '투쟁' 그리고 '해결'이다. 직접 말로 하는 것이든, 책에 씌어진 것이든, 배우가 스크린이나 화면에 나타나 보여 주는 것이든 상관없이 말이다.

그렇다면 스토리를 구성하는 방법은 무엇일까? 그것은 다음과 같다.

- 먼저, 예상치 못한 도전이나 의문을 사용하여 청중의 관심을 집중시킨다.
- 다음으로, 그 도전을 극복하거나 의문에 대한 해답을 찾기 위한 분투를 이야기해 줌으로써 청중에게 감정적 경험을 제공한다.
- 마지막으로, 놀랄 만한 해결책을 제시해서 청중의 경탄을 끌어내 그들이 행동에 나서도록 한다.

이 개념을 소베크의 전설에 적용해 보았다. 뱅스도 처음에 왕이 도전에 맞닥뜨려 자신의 안전을 도모하기 위해 길을 나섰다고 말했다. 이야기에서 왕은 셋 다 불가능해 보이는 선택지를 앞에 두고 갈등하게 된다.

악어를 믿을 것이냐, 아무런 보호 수단도 없이 강에 뛰어들 것이냐, 아니면 뒤돌아서 피에 굶주린 개들과 맞설 것이냐? 그리고 마지막에는 왕의 내적 갈등이 해결되는 것으로 끝난다. 자신이 기르던 개들에게 쫓기던 사람이 강직한 인품으로 변해 강의 원칙을 준수하고, 이후 그의 후손들마저 따르게 된 원칙을 세운 이야기가 된 것이다.

이 스토리의 처음과 중간 그리고 마지막이 서로 순서가 바뀌어도 여전히 효과가 있을까? 영화 제작자와 작가들은 정보를 제시하는 순서를 이리저리 바꿔 효과를 극대화하는 경우가 많다. 그러나 다년간 영화 사업에 몸담아 온 경험에 비춰 볼 때, 청중은 본능적으로 위에서 설명한 3단계의 스토리 청취 경험을 기대하고 있으며, 이를 제대로 전달하지 못할 경우 대단히 고생하게 될 가능성이 크다. 청중은 처음부터 '도전'이 설득력 있게 와닿지 않으면 웬만해서는 빠져들지 않는다. 그리고 중간에 도전을 극복하기 위한 '투쟁'이 제시되지 않아도 관심을 계속 주지 않는다. 더구나 마지막 '해결'이 충분히 놀라울 정도가 아니라면 그 스토리에 따라 행동하는 것은 고사하고 기억조차 하지 못하는 것이 보통이다.

리처드 뱅스가 소베크의 전설을 우리에게 이야기해 준 방식을 보면 스토리가 꼭 길거나 상세할 필요는 없다는 것을 알 수 있다. 그러나 스토리가 우리를 놀라게 해 주어야 한다는 것만은 분명하다. 소베크 전설의 초반부에서는 다들 왕이 개들과 맞서 싸울 것을 기대하지만, 왕은 그러기는커녕 오히려 도망치다가 악어와 마주친다. 그러면 당연히 악어가 그를 집어삼킬 것 같지만, 악어는 되레 왕을 지켜 주겠다고 나선다. 이제 우리는 왕이나 악어 중 누구 하나가 상대를 속여 넘길 거라고 짐작하지만, 이번에는 흉포한 악어의 정령이 사람의 가장 친한 벗이 된다. 물론 정당한 대우를 받는다면 말이다!

한 번이라도 소설을 읽거나 영화를 본 사람이라면, 반전의 놀라움을 안겨 주지 못하는 스토리는 끝까지 볼 필요도 없이 이미 실패라는 것을 알 것이다. 비즈니스에서 상대에게 스토리를 전달할 때도 똑같은 원칙이 적용된다. 그렇다고 모든 스토리에 전율을 주거나 오싹한 대목이 있어야 하는 것은 아니지만, 최소한의 놀라움이라는 요소가 없이는 듣는 사람의 관심을 끌기 어렵다. 왜 그럴까? 우리 두뇌에 원래 이렇게 충격을 갈망하는 뭔가가 있는지 알아보기 위해 UCLA의 내 친구이자 동료인 신경과학자 대니얼 시겔Daniel J. Siegel에게 해답을 부탁했다.

UCLA 마인드사이트 연구소의 공동 연구소장인 그는 놀라움이 일어나는 필수 단계를 '기대'와 '그 기대가 어긋나는 과정'으로 나눠 설명했다. 그는 인지심리학의 아버지라 불리는 제롬 브루너Jerome Bruner의 말을 인용했다. "기대가 어긋나는 대목에서 이야기가 나온다." 시겔은 여기에 다음과 같은 예를 덧붙였다. "당신 머리에는 당신이 기대하는 바가 있고, 저 역시 마찬가지입니다. 우리가 앉아서 아침을 먹는다고 해봅시다. 그때 제가 이렇게 말합니다. '오늘 아침에 일어나서, 욕실로 간 다음 칫솔을 집어 들고 이를 닦았고, 어쩌고 어쩌고……' 우리가 생각하는 것은 서로 완벽하게 똑같습니다. 기대에 어긋나는 것도 전혀 없죠. 지루해요. 그렇게 되면 기억에 남을 만한 것이라고는 하나도 없겠지요." 여기에 놀라운 일은 아무것도 없다. 그렇다면 그것은 스토리가 아니다.

뱅스가 우리에게 곧장 수상 안전에 관한 강의를 했다면 어땠을까? 당시 우리의 분별없는 태도를 생각하면 아마도 그를 강물에 집어 던져 버렸을지도 모른다. 강의는 개가 사람을 물었다는 이야기만큼이나 지루하다. 뱅스는 그런 따분한 방법 대신 '악어와 친구가 된 왕'이라는, 전혀 예상치 못한 스토리로 우리의 관심을 사로잡았다. 그의 이 놀라운 이야기는 정확히 그가 의도한 대로 우리가 쳐 둔 마음의 장벽을 뚫고 들어왔다. 짖어 대는 개나 위협적인 악어가 아니라 마치 '트로이의 목마'가 그랬던 것처럼 말이다.

트로이의 목마 신화를 잠깐 떠올려 보자. 고대 그리스인들은 트로이를 포위한 상태로 10년의 세월을 보내는 동안, 너무나 지친 나머지 한 가지 꾀를 생각해 냈다. 그들은 속이 빈 거대한 목마 하나를 만들어 트로이 성문 밖에 내버려 두었다. 그러고는 짐짓 배를 타고 떠나 버린 듯이 위장했다. 트로이인들은 그 목마를 전리품이라고 생각해서 성안으로 끌어들였다. 그날 밤, 그 속에 숨어 있던 그리스 군대가 몰려 빠져나와 성문의 빗장을 풀었다. 그러자 기다리고 있던 그리스군 전체 병력이 성안으로 밀고 들어왔다. 트로이인들을 혼비백산했고, 전쟁은 마침내 그리스의 승리로 끝났다.

트로이의 목마는 위장된 병력 운반 수단이었다. 설득력 있는 스토리도 마찬가지다. 먹히는 스토리에는 말하는 사람이 듣는 사람의 가슴과 머리에 몰래 넣어 두고 싶은 정보와 아이디어, 감정의 자극제, 가치관 등이 교묘하게 담겨 있다. 스토리는 마술과도 같은 구성으로 청취자의 감정을 움직여 그들이 숨겨진 메시지를 받는다는 사실조차 깨닫지 못하게 만든다. 상대방은 이야기를 다 듣고서야 행동을 촉구하는 화자의 의도를 깨닫게 된다.

먹히는 스토리가 촉구하는 행동에는 수없이 많은 종류가 있다. 만약 영업사원이라면 그 목표는 고객들이 더 많은 상품을 구매하도록 설득하는 것일 것이다. 인사 관리자라면 직원들이 회사의 문화를 수용하게 만드는 것이고, 광고 제작자라면 팀원들이 창의적인 생각을 하도록 이끄는 것이고, 변호사라면 판사가 자신의 의뢰인에게 무죄를 선고하도록 설득하는 것을 목표로 삼을 것이다. 정치인은 득표, 코미디언은 청중의 웃음이며, 비영리 단체는 기부금을 얻는 것이 목표가 된다. 어떤 경우든, 목표의 성취 여부는 나의 의도를 어떻게 청취자의 마음에 심어 넣어 그들이 행동에 나서도록 만드느냐에 달려 있으며, 그것이 바로 나의 능력이기도 하다. 그런 일을 성취하는 데 스토리텔링보다 더 나은 도구가 어디 있겠는가!

몇 년 전 집 근처에 있는 보더 그릴Border Grill이라는 식당에서 처음으로 식사를 한 적이 있다. 그 식당의 주인인 수전 페니거와 메리 수 밀리컨은 보더 그릴 브랜드의 조리 식품을 주로 소개하는 〈푸드 네트워크〉라는 TV 쇼를 직접 진행하고 있었고, 함께 다섯 권의 요리책을 펴내기도 했다. 그들의 식당은 로스앤젤레스에 여러 곳이 있고, 라스베이거스에도 한 곳이 있었다. 나는 그들이 이룩한 이 요리 제국의 차별점이 무엇인지 알아보자는 생각으로 생선 타코를 한 접시 주문했다. 과연 환상적인 맛이었다. 웨이터가 음식 맛에 완전히 사로잡힌 내 표정을 보더니 다가와서 말을 걸었다.

"사실 그 타코에는 우리의 음식 모험기가 담겨 있습니다." 그는 밀리컨과 페니거가 20년 전 유카탄 해변의 어느 마을에서 새벽 4시에 아무 데도 갈 곳이 없어 고생했던 이야기를 들려주었다. 딱 하나 작은 타코 가판대가 문을 열었는데, 거기서 파는 음식을 맛본 두 사람은 바닷가재와 연어, 채 썬 오이, 올리브기름 등 신선한 음식 재료가 어우러진 맛에 깊은 인상을 받았다. "그 사람은 커다란 손으로 이 조그만 옥수수 토르티야를 만들었습니다." 웨이터가 직접 손바닥을 움직이며 흉내 냈다. 그는 밀리컨과 페니거가 한 시간이나 수첩을 들고 그 앞에 서서 이 타코 아저씨가 어떤 행동을 하는지, 재료는 어떤 것을 쓰는지, 그 기막힌 맛의 비결이 뭔지 알아내려고 애를 썼다는 이야기를 들려주었다. 그러자 아저씨가 맥주 몇 병과 타코 두 개를 더 내놓았다. 두 사람은 결국 아저씨가 만드는 모든 음식을 맛보았고, 그는 그녀들에게 다음 날도 또 나와 보라고 했다.

그때쯤에는 이미 나도 이야기에 푹 빠져 있었다. 웨이터가 이야기를 이어 갔다. "다음 날은 일요일이었죠. 가판대는 닫혀 있었지만, 아저씨는 그녀들만을 위해 팥과 살사 소스로 이 놀라운 스튜를 만들었습니다." 그는 보더 그릴의 메뉴 중 하나를 가리켰고, 나는 즉각 고개를 끄덕이며 그것을 주문했다. "그녀들은 오후 내내 멕시코에서 이 가족과 함께 시간을 보냈답니다!"

마치 테이블 앞에 가만히 앉아서 세계 미식 여행을 다녀온 것 같은 기분이 들었다. 나는 그 스토리에 푹 빠진 만큼이나 음식 또한 충분히 음미했다. 그때 워낙 깊은 인상을 받은 나는, 나중에 수전 페니거에게 따로 연락했다. 그리고 웨이터가 그토록 뚜렷한 스토리를 전할 수 있게 만든 비결이 뭔지 우리 UCLA 강좌에 와서 이야기해 달라고 초청했다.

페니거는 직원 교육의 핵심 내용 중 하나가 바로 스토리텔링이라고 말했다. 그녀와 밀리컨은 함께 전 세계를 돌아다니며 독창적인 맛과 문화, 색상, 음식, 음악, 건축을 찾아내 보더 그릴을 차별화했다. 물론 나중에 만든 또 다른 식당 시우다드Ciudad에서도 마찬가지였다. 그리고 두 사람은 자신들이 겪은 모험 이야기를, 자신들의 음식 사업에 대한 열정을 직원들의 마음에 심어 넣는 데 사용했다. 마치 트로이의 목마처럼 말이다. "그들이 우리가 하는 일에서 열정을 맛본다면, 우리가 어디서 그 음식을 찾아냈는지, 또 거기서 어떤 영향을 받았는지 손님들에게 말해 주고 싶어 못 견딜 겁니다." 그러면 손님들도 밖에 나가 친구들에게 그 스토리를 전한다. 밀리컨과 페니거의 스토리는 이렇게 직원과 고객 모두를 입소문 마케터로 만들어 버린 것이다.

페니거는 보더 그릴이라는 브랜드는 단지 맛과 품질, 나아가 음식의 양, 심지어 식당의 분위기나 고객들만 의미하는 것은 아니라고 강조했다. LA에는 뛰어난 요리 솜씨와 높은 수준의 스타일을 자랑하는 식당이 수백 개도 넘게 널려 있다. 페니거와 그녀의 파트너가 항상 강조하는 것은 바로 그들이 식당에 쏟아 넣은 열정이다. 그들이 고객에게 호소하는 행동이란 단지 그 식당에 와서 음식을 먹는 것뿐만 아니라, 감정적 경험을 자신들과 함께 나누자는 것이다. 말로 전하는 스토리가 이 목적에 특히 적합한 이유는, 사람들은 실제로 스토리를 직접 들을 때 마음이 움직이기 때문이다.

감정을 전달하는
4가지 연료

무려 20년도 더 지난 시절, 다음과 같은 말을 나에게 처음 해 준 사람은 내가 다니던 회사의 대표였으며, 이후 유니버설 픽처스의 회장을 지냈고 지금은 드림웍스 스튜디오의 공동 회장을 맡고 있는 스테이시 스나이더Stacey Snider였다. "최고의 스토리는 머리가 아니라 가슴에서 나옵니다." 나는 이런 통찰 어린 말을 듣자마자 깊은 인상을 받았다. 물론이었다. 엔터테인먼트 업계는 끊임없이 최신 기술을 도입하려는 경향이 있지만, 감정적 동력이 없이는 디지털 효과나 장비를 아무리 동원해도 청중으로부터 진정한 감동을 끌어낼 수 없다.

'감정의 전달'이란 무엇을 뜻하는가? 그것은 듣는 사람의 마음과 행동을 움직이기 위해 스토리 속에서 작동하는, 행동과 반응의 복잡한 체계를 말한다. 그것을 통해 우리는 웃고, 울고, 놀라거나 실망하며, 공분의 함성을 지른다. 사실 스토리를 듣는 모든 사람은 본능적으로 이렇게 감정을 불태울 연료를 원하고 있다. 그리고 이것은 비즈니스 세계에서도 마찬가지다. 비즈니스맨도 사람이므로 다른 모든 사람처럼 어릴 적부터 스토리를 듣고 자랐다. 따라서 쇼 비즈니스뿐 아니라 다른 어떤 비즈니스에서도 듣는 사람의 감정을 움직이지 못하면 그의 관심을 얻을 수 없다. 청자의 관심을 얻지 못하면 아무리 트로이의 목마를 가지고 있다 한들, 내가 원하는 행동을 상대방에게 호소할 길이 없다.

그런데 앞서 설명한 도전, 투쟁, 해결이라는 3단계 구조가 스토리에서 차지하는 역할은 단지 형식에 불과하다. 그렇다면 스토리라는 자동차를 추진하는 연료는 무엇일까? 지금까지 비즈니스맨으로 살아오면서 나를 움직인 의도적인 비즈니스 스토리들을 곰곰이 되돌아본 결과, 감정의 전달을 좌우하는 핵심 요소는 크게 다음 네 가지라는 것을 알 수 있었다.

첫째, 진정한 영웅, 공감을 이끌어 내는 캐릭터

캐릭터가 한 명도 등장하지 않는 스토리를 상상해 보자. 도저히 불가능한 일이다. 도대체 누구를 응원한단 말인가? 스토리를 만들어 갈 누군가가 있어야 하지 않겠는가? 상황을 바꾸는 인물은 누구인가? 최소한 누군지는 알고 공감할 수 있는 캐릭터가 한 명이라도 있어야지, 그렇지 않다면 무슨 일이 벌어지든 신경 쓸 이유가 없지 않겠는가? 남자든 여자든, 동물, 집단, 부족, 상품, 심지어 초록색 거인이든 그 캐릭터가 바로 우리의 영웅이다.

스토리가 감정을 전달하는 도구라면, 영웅은 우리의 안내자다. 캐릭터에 공감하면 할수록 스토리에 더욱 끌리게 된다. 그렇다고 캐릭터가 꼭 귀엽거나 사랑스러울 필요는 없다. 심지어 착한 편이 아니어도 상관없다. 또 하나, 공감하는 것과 불쌍하게 여기는 것을 서로 혼동하면 안 된다. 공감한다는 것은 '당신의 고통을 나도 느낀다'는 말로 요약할 수 있다. 이야기를 듣는 사람은 캐릭터가 겪는 역경과 근심 때문에 그들을 마치 실존 인물처럼 애처롭게 여겨 그들에게 공감하는 것이다. 희망, 사랑, 의지, 갈망 등의 감정이 똑똑함, 외모, 체력, 멋짐 같은 요소보다 강력한 영웅을 만들어 내는 데 훨씬 더 큰 영향을 미친다. 내 말이 믿기지 않는다면 여러분의 일상에서 실제 캐릭터들이 펼치는 진짜 스토리에 여러분이 어떻게 반응하는지 생각해 보라. 그렇게 눈에 직접 보이는 사건은 우리에게 감정이 어떻게 전달되는지를 본능적으로 깨우쳐 줄 뿐만 아니라, 우리가 평생에 걸쳐 여러 가지 이유로 남들에게 수십 번 거듭 이야기하는 강력한 스토리가 되는 경우가 많다.

대표적인 사례를 하나 들어 보자. 내가 지금까지 만나 본 가장 영웅적인 캐릭터는 어렸을 때 보스턴 우리 집 근처에 살던, 치명적인 퇴행성 질환을 앓는 소년이었다. 그 아이가 하는 말은 도저히 알아들을 수가 없었다. 그는 걷지도 못했기 때문에 이웃에 살던 우리와 함께 학교에 갈 수도 없었다. 그러나 나는 우리가 동네에서 자전거를 타고 놀 때 그 아이가 매일 창가에서 지켜본다는 걸 알았다.

어느 날 그의 아버지가 보조 바퀴를 앞뒤에 매단 훈련용 자전거를 길가로 옮기는 모습이 보였다. 이 육륜 자전거는 코끼리도 너끈히 탈 수 있을 것 같은 외관이었다. 그의 아버지가 아들을 안고 나와 그 복잡한 기계에 앉히는 장면을 나는 창문을 통해 지켜봤다. 잠시 후 아버지는 집 안으로 다시 들어갔다.

아이는 페달을 밟기 시작한 지 1분여 만에 자전거를 넘어뜨리고 말았다. 아버지는 그저 창문 너머로 지켜보기만 했다. 아이 역시 마찬가지였다. 아버지는 아이가 누워 있는 것을 보기만 할 뿐 전혀 움직이지 않았다. 마침내 아이가 스스로 몸을 일으켰다. 그리고 세 발짝쯤 걷다가 이번엔 반대편으로 넘어졌다. 이번에도 아버지는 그저 지켜볼 뿐이었다.

그렇게 몇 주가 흐르도록 아이는 끊임없이 애를 쓰다 넘어지기를 반복했고, 아버지는 손가락 하나 움직이지 않았다. 나는 어머니에게 저건 너무 하지 않느냐고 물었고, 어머니는 남의 일에 신경 쓰지 말라고 했다. 사실 내가 할 수 있는 일도 없었다. 그러나 이 드라마와도 같은 장면을 도저히 외면할 수 없었다.

어느 토요일 아침, 그 아이가 도로 경계석을 들이받았다. 나는 달려 나갈 수밖에 없었다. 그러나 인도에 거의 다다르자 아이가 다가오지 말라고 손짓했다. 그리고 그 아버지도 창문을 두드리더니 손가락으로 나를 가리키며 뒤로 물러나라고 손짓했다. 나는 저 아저씨는 괴물이 틀림없다고 생각하며 혼자 일어서려고 애쓰는 아이를 뒤로한 채 집으로 달려왔다.

며칠 뒤, 아이가 다시 밖으로 나왔다. 그리고 넘어졌다 일어서기를 다시 반복했다.

그러다 갑자기, 그의 자전거가 앞으로 구르기 시작했다. 거의 20미터를 전진하는 데 성공하고는…… 뒤로 돌았다. 아이는 자전거를 몰고 아무 실수도 없이 원래 자리로 돌아갔다!

위를 쳐다보았더니 아버지가 아들을 바라보며 활짝 웃고 있었다. 다시 아이를 보았다. 아이도 아버지를 향해 미소를 짓고 있었다. 그리고 둘 다 큰 소리로 웃으며 미친 듯이 춤을 추기 시작했다. 나는 웬일인지 울음보가 터져 버렸다.

마침내 모든 상황이 이해되었다. 그 아이가 그 도전과 역경을 자신의 힘으로 감당해야 한다는 사실을 두 사람 모두 알고 있었다. 아이는 스스로 변화를 일으키고 자신을 직접 구해 내야만 했다. 아버지가 이 일을 대신 해 주었다면 아이는 결코 자신이 바로 영웅이라는 생각을 하지 못했을 것이다. 아이가 자신을 영웅으로 여겨야만, 이 대단한 승리에 힘입어 언젠가 다가올 엄청난 도전에도 당당히 맞설 수 있을 것이다. 자신의 이야기 속에서 영웅이 되는 것보다 더 나은 것은 오로지 자신의 인생에서 영웅이 되는 것뿐이다. 나는 그날 이 두 가지가 이렇게 서로 얽혀 있는 문제라는 사실을 배웠다.

나는 그 아이의 작은 육륜 자전거에서 엄청난 환희를 맛보았다. 나는 학교 성적이 떨어졌을 때나 남들에게 따돌림을 당했을 때, 또는 직장에서 좌절을 겪을 때마다 그 소년의 특별한 도전과 역경, 그리고 승리를 지켜본 경험을 떠올리며 스스로 되뇌는 인내의 전설로 삼았다. 그 아이의 자전거 스토리에서 나는, 실패란 성공을 향해 가는 길에 놓인 과속 방지턱에 불과하다는 교훈을 얻었다. 영웅은 절대로 포기하지 않는다. 그러므로 진정한 실패는 다름 아닌 일어서지 못하는 것이다. 이 스토리가 요구하는 행동은 바로 끊임없이 일어서는 것이다.

나는 그 스토리에서 얻은 교훈을 수많은 실패와 마주칠 때마다 실천했다. 특히 사회생활 초년기에 그랬다. 내가 갓 서른 살이 되었을 때 컬럼비아 픽처스는 나에게 경영자의 자리를 맡겼다. 내가 겁에 질렸던 것은 막중한 책임 때문이기도 했지만, 나에게 그 역할을 맡기고 기대를 걸었던 경륜 있고 노련한 분들의 원망을 사면 어쩌나 하는 걱정 때문이었다. 그중의 한 명이 당시 컬럼비아의 제작 책임자 존 바이치John Veitch였다.

존은 2차 세계대전 당시 태평양 전투에서 부상당한 진짜 전쟁 영웅이기도 했다. 그는 누군가가 조금만 두려움을 품어도 금세 눈치를 챘고, 그것은 지도자에게 결코 좋지 못한 신호라는 것을 알고 있었다. 그리고 영화 〈잃어버린 지평선〉이 개봉된 후 내가 불안과 두려움을 느끼고 있다는 것을 알아차린 것도 물론이었다. 풋내기 경영자였던 나는, 안타깝게도 당시로서는 슈퍼스타였던 버트 배커랙Burt Bacharach과 핼 데이비드Hal David가 만들어 낸 그 당황스러운 수준의 음악에 지지를 보낼 수밖에 없었다. 이것이 나를 제치고 회사의 수장이 될 기회라고 생각한 바이치는, 낭패가 된 시사회장을 빠져나오는 관객들 사이로 나에게 다가오더니 이렇게 물었다. "이제 앞으로 닥칠 일이 두려운가요?"

나는 존이 강인한 사람이라는 것을 알았지만, 다른 사람의 강인함도 존중할 줄 안다는 사실을 알고 있었다. "물론입니다." 나는 어릴 적 자전거 타는 소년을 지켜본 이야기를 그에게 들려주었다. 그리고 결론 삼아 말했다. "물론 제가 여기서 주저앉을 수도 있겠죠. 그러나 숨을 쉬고 계속 노력할 힘이 남아 있는 한, 저는 일어설 겁니다. 저는 저 자신이 어떻게 성장하고 결국 어떤 일을 성취하느냐에 신경 쓰지, 그 과정에 무슨 일이 일어나든 상관하지 않습니다. 이것이 제가 그 소년의 이야기에서 배운 내용입니다."

그 스토리 덕분에 존은 경쟁자에서 강력한 우군으로 바뀌었다. 그가 보기에 그 이야기는 내가 성공에 꼭 필요한 덕목을 존중한다는 것을 보여 주는 증명서와 같았다. 그리고 나는 이제 강렬한 영웅과 설득력 있는 스토리는 인생의 모든 고비마다 숨어 있어서 언제든지 누군가 말해 주기를 기다리고 있다는 사실을 알게 되었다.

둘째, 스토리에 감동을 더하는 드라마

나만의 영웅이 생겼다면, 감정을 움직이는 것은 무엇인가? 과연 무엇 때문에 우리는 이야기에 푹 빠져 온통 넋을 잃고, 더 듣고 싶다는 마음까지 생기는가? 마이클 잭슨이 이 문제에 대해 확고한 답을 내놓았다. 그것은 바로 드라마다.

1991년에 이미 잭슨은 무시할 수 없는 중요한 인물이었다. 소니와 6,500만 달러라는 기록적인 금액으로 재계약을 한 후, 그는 자신의 여덟 번째 앨범《데인저러스》를 내놓았고, 여기에 수록된 〈블랙 오어 화이트Black or White〉와 〈리멤버 더 타임Remember the Time〉은 인기곡 순위를 모두 휩쓸었다. 소니 픽처스의 CEO로서 그 앨범 제작에 참여한 나는, 마이클 잭슨이 보여 준 창의력과 완벽주의에 질려 버렸다. 그의 야망에는 한계가 없었다.

그러나 소니의 가장 큰 음악적 자산이라 할 그가 엔시노에 있는 자신의 집으로 나를 초대해 영화와 TV에 관한 자신의 계획을 들려주었을 때, 나는 깜짝 놀라지 않을 수 없었다. 마이클 잭슨은 팝 음악에 관해서야 모든 것을 아는 사람이었지만, 영화는 완전히 다른 세계였다. 그는 배우가 되는 것은 물론, 제작에도 참여하고자 했다. 그러자면 스토리텔링을 할 줄 알아야 하는데, 과연 그가 그럴 수 있을까?

그런데 내가 물어볼 새도 없이 그가 먼저 입을 열었다. "영화나 음악이나 드라마가 어디에 있는지, 언제 등장시키는지가 중요하죠." 그는 내 얼굴을 한참이나 빤히 쳐다보다 갑자기 자리에서 일어섰다. "보여 드릴 것이 있습니다."

그는 나를 위층으로 데려가더니 침실 앞 복도를 걸어갔다. 우리가 멈춰 선 곳에는 커다란 유리 사육장이 있었다. 그가 말했다. "전 이 녀석을 머슬Muscles이라고 부릅니다."

그 속에는 육중한 뱀 한 마리가 나뭇가지에 몸을 칭칭 감고 있었다. 그 녀석의 머리는 유리관 맞은편 구석에 있는 뭔가를 쫓고 있었다.

마이클은 머슬이 집요하게 추적하는 놈을 손가락으로 가리켰다. 작은 흰쥐 한 마리가 대팻밥 무더기 뒤로 몸을 숨기려 애쓰고 있었다.

나는 혹시나 하며 말했다. "쟤들은 서로 친군가요?"

"그렇게 보이세요?"

"아니요, 쥐가 오들오들 떨고 있군요."

마이클이 말했다. "머슬에게는 살아 있는 쥐만 줍니다. 안 그러면 거들떠보지도 않거든요."

"그럼 지금은 왜 빨리 잡아먹지 않는 겁니까?"

"게임을 즐기는 거죠. 먼저 쥐를 위협해서 놀라게 한 다음, 서서히 긴장을 고조시키는 겁니다. 그리고 쥐가 겁에 질려 꼼짝 못 할 때가 돼서야 비로소 마무리를 짓죠."

뱀은 쥐의 관심을 끌었고, 쥐는 뱀의 관심을 끌었다. 그리고 마이클 잭슨은 나의 관심을 끌어내는 데 성공했다.

"저게 바로 드라마입니다." 그가 말했다.

나도 맞장구쳤다. "그렇군요! 스토리가 갖춰야 할 모든 것이 다 여기 있네요. 이해관계와 긴장감, 권력, 죽음, 선악 대결, 무고한 희생자 그리고 위협 요소까지 모두 다요. 이건 참을 수 없죠. 지켜보지 않고는 못 견디겠군요."

"맞습니다. 그다음은 어떻게 될까요? 어떤 일이 일어날지는 충분히 예상되지만 어떻게, 언제 그렇게 될지는 알 수 없지요."

"어쩌면 쥐가 탈출할지도 모르고요."

마이클이 알 수 없는 표정을 지으며 크게 웃었다. "글쎄요."

내가 마이클 잭슨의 스토리텔링 실력을 조금이라도 의심했다면, 그날 하루는 시간 낭비가 되어 버렸을 것이다. 그의 설득력 있는 스토리 덕분에 나는 '그다음에 어떻게 될까?'라는 의문보다 우리의 관심을 더 빠르게 사로잡는 것은 없다는 사실을 깊고 분명하게 깨달았다.

UCLA로 돌아온 나는 대니얼 시겔에게 사람들이 드라마에 그토록 매혹되는 이유를 신경과학자의 관점에서 설명해 달라고 부탁했다. 시겔의 설명에 따르면, 감정은 결코 저절로 발동되지 않는다. 그리고 배우라면 누구나 알겠지만, 억지로 지어낸다고 쉽게 생기는 것도 아니다. 감정은 반드시 뭔가에 의해 촉발되어야만 한다. 시겔은 이렇게 말했다. "그리고 감정이 한번 촉발된 다음에는 점점 고조됩니다. 사자가 아직 저기 있는지 모르겠군, 우주선이 다시 돌아올지 알 수 없어, 그가 경주에서 이길지 확신이 안 서는데…… 하는 식으로요. 기대와 불확실성 사이에 긴장을 맛보게 되는 거죠. 감정이 고조되면서 이럴 수도 있고 저럴 수도 있다는 생각이 들고, 마침내 앞으로 어떻게 될까 하는 의문으로 이어집니다." 다음에 어떤 일이 일어날지 궁금해질수록 관심은 더욱 증폭된다. 그리고 관심이 더 커질수록 눈과 귀를 더 크게 뜬 채 이야기에 계속 집중하게 된다.

내가 마이클 잭슨의 쥐와 뱀을 지켜보면서 빠져들 수밖에 없었던 이유 중 하나는, 거기에서 원초적인 욕망과 두려움이 밴 스토리가 펼쳐지고 있었기 때문이다. 우리는 DNA의 깊은 어디엔가 이 스토리를 간직하고 있다. 비록 직접 경험하지는 않았더라도 우리는 모두 진화의 어느 단계에서 이 스토리와 같은 상황에서 살았던 적이 있기 때문이다. 우리는 검치호가 바깥에 도사리고 있을 때, 동굴 속에 숨어 바들바들 떨던 허약한 먹이 신세였다.

물론 스토리를 전하는 모든 비즈니스맨이 죽음이나 생존과 같은 심각한 드라마를 연출할 필요는 없다. 그러나 비즈니스 스토리라 할지라도 두려움과 욕망 사이의 갈등을 촉발할 수 있어야 비로소 큰 효과를 발휘한다. 욕망이야말로 인간의 가장 핵심적인 필요다. 이것이 비즈니스에서는 일자리 구하기, 직원의 동기부여, 거래 관계 유지, 상사의 눈에 띄기, 성공적인 제품 출시, 브랜드 구축 등으로 드러난다. 우리가 어떤 것에 대한 욕망이 클수록, 그것을 달성하지 못할지도 모른다는 두려움 또한 더욱 커진다. 이야기를 듣는 사람은 바로 그런 감정적 긴장에 빠져든다. 그들은 긴장 속에서 '그래서 주인공은 어떻게 되지?'라고 생각하기 때문이다.

말을 많이 한다고 이런 효과가 생기는 것이 아니다. 아주 간단한 스토리만으로도 극적인 긴장감을 조성할 수 있다. 예를 들어, 최근 찰스 콜리어Charles Collier는 AMC의 회장이 되었을 때 직원들에게 동기를 불어넣기 위해 했던 이야기를 나에게 들려주었다. AMC는 고전 영화 전문 채널로, 피터 바트Peter Bart와 내가 공동 진행한 〈숏아웃Shootout〉이라는 TV 시리즈가 장기 방영된 채널이기도 하다. 콜리어는 이 케이블 네트워크를 새로운 방향으로 이끌어 기존의 고전 영화뿐만 아니라 〈매드맨〉 같은 최신 원작 쇼를 함께 방송하고자 했다. 그러나 그에게는 풀어야 할 문제가 하나 있었다. 출근 도장이나 찍으며 살려는 직원들이 많았던 것이다. 그저 남에게 묻어서 슬쩍 넘어가려고만 하는 이런 태도를 뜯어고치지 않고는 도저히 조직의 체질을 개선할 수 없었다. 그래서 그는 직원들에게 아주 단순한 스토리를 하나 들려주었다.

자신이 어렸을 적 부모님이 피아노 레슨을 보내 주었을 때, 건성으로 건반만 두들기며 왔다 갔다 했던 이야기였다. 그는 손가락만 꼼지락거리며 시간을 흘려보냈다. 몸은 그 자리에 있었지만, 마음은 딴 곳에 가 있었다. 그는 오랜 세월이 지난 후에야 그 시절이 자신의 경험과 시간에 얼마나 큰 해악을 끼쳤는지를 깨달았다. 그때 열심히 했더라면 오늘날 음악 연주를 즐길 실력을 갖출 수 있었겠지만 그럴 기회를 날려 버린 것이다. 물론 이미 지나간 시간은 되돌릴 수 없었다. 그러나 그런 후회 속에서 교훈을 얻어 변화할 수는 있었다. 이제 그는 반드시 자신이 하는 일에 몸과 마음을 다 바친다. 콜리어는 직원들에게, 자신이 그렇게 하지 않는다면 실패자임을 스스로 인정하는 꼴이라고 말했다. 그리고 이 이야기에는 직원들 역시 지금까지 살아온 태도를 바꾸지 않으면 그들의 일자리와 AMC의 생존 모두 어떻게 될지 모른다는 뜻이 담겨 있었다.

콜리어는 '스토리가 중요하다'는 것을 잘 알고 있었다. 그리고 이 문구는 나중에 그의 케이블 네트워크의 핵심 브랜드가 되었다.

콜리어의 스토리는 스토리텔링의 가장 중요한 장점을 여실히 보여 준다. 그리고 이것은 스티븐 데닝Stephen Denning이 조직의 스토리텔링에 관해 연구한 결과 밝혀낸 사실이기도 하다. 데닝은 세계은행 지식 경영 프로그램의 책임자로 일했으며,《스토리텔링으로 성공하라》,《리더십에 숨겨진 언어The secret Language of Leadership》등의 책을 쓴, 리더십 전략 분야의 주목받는 권위자다. 나는 2008년에 스토리를 주제로 모인 비공개 회의에 그를 초청했고, 그는 거기서 스토리의 간결함은 리더가 조직을 구성하는 데 강력한 우위를 제공해 준다는 점을 지적했다. 그는 이렇게 말했다. "몇 분, 심지어 몇 초밖에 시간이 없을 때도, 직접 말하는 이야기로 필요한 일을 다 할 수 있습니다."

더구나 듣는 사람들은 그저 데이터 꾸러미만 나열하는 것보다 스토리가 전개되는 것을 더 좋아한다는 사실을 데닝은 발견했다. 사람들은 스토리가 나오면 긴장을 풀고, 금세 반응을 보이며 말하는 사람에게 집중한다. 나 역시 전략에 관한 강의나 파워포인트 발표가 시작되자마자 많은 학생과 직원들이 꼼지락거리거나 휴대폰 문자에 매달리다가도 스토리가 나오면 싹 멈추는 모습을 많이 봐 왔다.

듣는 사람도 이런 몰입 상태에 빠졌을 때 말하는 사람의 스토리 속 감정이나 인간적 진실을 훨씬 더 잘 받아들이는 편이다. 비즈니스 상황에서도 듣는 사람들은, 마치 자신이 절대로 오류를 저지르지 않는 경영의 신인 것처럼 행세하는 사람보다는, 콜리어처럼 자신의 약점을 인정하는 사람을 더 신뢰한다. 완벽함을 묘사하는 이야기는 결코 정말처럼 들리지 않기 때문에 보기 좋게 실패할 수밖에 없다. 그러나 리더가 실감 나는 드라마를 활용해 자신의 사업이 처한 문제의 숨은 진실을 보여 주면, 청중은 그의 안내에 힘입어 스스로 진실을 밝히는 것처럼 느낄 수 있다. 강렬한 드라마는 듣는 사람이 말하는 사람의 진심을 확신하도록 하는 힘이 있다.

셋째, 각성을 부르는 진실의 순간

스토리에서 '진실의 순간'이 찾아오는 때는 말하는 사람의 '아'와 듣는 사람의 '하!'가 만나 '아하!'가 되는 마술과도 같은 순간이다. 트로이의 목마가 그토록 폭발력 있는 이유도 바로 그것이다. 듣는 사람은 애초에 말하는 사람이 깨달음을 얻었을 때의 그 감정과 명분, 의미 등을 똑같은 흥분감으로 맛보게 된다. 말하는 사람이 전하려는 메시지는 그들이 "아하, 이제 알겠어!"라고 외치는 순간 가슴에 와닿는다.

나도 그런 강렬한 메시지를 받아 본 적이 있다. 1990년대 초 농구계의 슈퍼스타 매직 존슨과 그의 사업 파트너 켄 롬바드Ken Lombard가 제안할 사업이 있다고 해서 우리 COO의 초청으로 소니의 내 사무실을 방문해 함께 논의하던 때였다. 어떻게 감히 매직 존슨의 제안을 거절할 수 있었겠는가? 이것도 CEO가 누리는 특권이라면 특권이었다.

롬바드는 맨 처음에 이렇게 말했다. "눈을 감아 보세요. 어떤 외국 이야기를 하나 해 드리겠습니다."

나는 좀 특이하다고 생각하면서도 그의 말에 따라 눈을 감았다. 그의 말이 이어졌다. "자, 이제 이곳이 탄탄한 고객층에, 위치도 기가 막히고, 검증된 투자자들이 있는 곳이라고 합시다. 유럽과 아시아, 남미 지역에 극장을 세우는 일이라면 당신이 제일 잘 압니다. 그렇죠?"

나는 눈을 그대로 감은 채 고개만 끄덕였다. 소니는 전 세계에 그런 일을 감당할 지사를 확보하고 있었다.

롬바드는 말을 이어 갔다. "그렇다면 제가 만약 이미 영어를 사용하고 있고, 영화에 열광하며, 풍부한 입지가 있고, 경쟁은 전혀 없는 곳을 소개해 드린다면 어떠시겠습니까? 이 약속의 땅은 여기서 불과 10킬로미터 떨어진 곳에 있습니다."

나는 눈을 크게 떴다. 로우스 극장이 언제나 새로운 입지와 확장의 기회를 찾고 있다는 것은 누구나 아는 사실이었다.

켄 롬바드가 매직 존슨을 쳐다보자, 그는 예의 그 백만 불짜리 미소를 내게 지어 보였다. 롬바드가 말했다. "제가 바로 그곳에서 자랐습니다. 우리 가족은 그곳에서 작은 세탁소를 운영했지요. 큰돈을 벌지는 못했지만, 우리 집안은 증조할아버지 때부터 그곳에서 아이스크림 트럭을 운영했습니다. 당시부터 진지한 사업가 정신이 이어져 내려온 거죠."

그는 자신의 얼굴이 바로 내가 갈망하는 관객들의 얼굴이라고 말했다. 그리고 전체 영화 관람 인구의 4분의 1이 흑인이라는 사실을 나도 이미 알지 않느냐고 물었다. 이 청중(매직 존슨과 켄 롬바드의 이야기에 귀 기울일 사람들)은 이미 번성하는 지역사회를 이루고 있는데, 부유한 백인 비즈니스맨인 나에게는 그동안 그들은 접근할 수 없는 영역에 있었다.

"아하!" 내 입에서 외마디 비명이 터져 나왔다. 깨달음이 왔다! 이 약속의 땅은 바로 로스앤젤레스 한복판에 있었다. 그리고 켄 롬바드와 매직 존슨의 이야기는 그들이 바로 그곳에 우리를 위해 영화관을 건설할 적임자이며, 지역의 영웅이라는 사실을 보여 주었다.

"그런데 잠깐만요." 내가 말했다. 순간, 컬럼비아 픽처스의 〈보이즈 앤 후드〉가 떠올랐다. 존 싱글턴John Singleton 감독의 이 영화는 25세 이하의 흑인 남성을 주관객으로 삼아 소니에게 큰 성공을 안겨 준 작품이었다. "그런 도시 지역에 영화관을 지으면 금세 불량배들이 모여들어, 그곳에 입점한 상점 주인들뿐만 아니라 영화 관객들도 겁을 먹게 될 텐데요."

매직 존슨은 흑인 지역사회가 분노하는 주된 이유는 그런 시설을 외부인이 소유하고 있기 때문이라고 설명했다. 그가 이야기하는 브랜드 스토리의 근간에는 지역민들의 자체적 소유권을 향한 그의 신념이 자리하고 있었다. 그와 롬바드가 무엇을 짓든, 그것을 지역민의, 지역민에 의한, 지역민을 위한 자산으로 삼으려는 것이 그들의 목적이었다. 매직 존슨이 말했다. "귀사의 소유권은 완벽히 보장하겠습니다. 그것은 어디까지나 당신의 팀이니까요." 팀워크에 관해 논한다면, NBA 올스타 출신의 매직 존슨보다 잘 아는 사람이 어디 있겠는가. 크립스든 블러드든 Crips and Bloods(로스앤젤레스 지역의 유명한 두 라이벌 갱단 - 옮긴이) 그 누구라도 우리를 괴롭히는 사람이 나타나면 그 두 사나이는 불구덩이에라도 들어가서 "내 앞에서는 어림도 없어"라고 막아서겠노라고 그가 말했다.

우리는 거래에 합의했다.

이 스토리의 마지막은 다행히, 롬바드와 존슨이 말뿐만이 아니라 실제로 그들의(그리고 이제는 우리의) 약속의 땅을 지킬 준비가 되어 있었다는 것이다. 영화관 건설이 시작되자마자 갱들이 나타났기 때문이다.

몇 년 후 롬바드가 UCLA의 내 강좌에 초대되어 이 스토리를 소개하는 시간에 그는 당시를 이렇게 회상했다. "나는 최대한 정중하게 말했습니다. 갱단의 리더에게 '내 생각에 당신과 나는 대화가 필요합니다'라고 말했더니, 그가 '내 앞에서 썩 꺼져. 나는 내 할 일을 할 거야'라고 하더군요. 그런데 제 옆에 있던 안전 요원 가운데 전에 마이크 타이슨의 보디가드였던 사람이 한 명 있었습니다. 그가 일어서서 이렇게 말했죠. '이봐요, 당신! 이분과 대화해야 해요. 이분이 경영할 거니까.' 그러자 그 리더는 그의 말을 도전으로 받아들였습니다. 그리고 둘은 금방이라도 한판 맞붙을 기세를 보였고, 35명의 사내가 우리를 에워쌌지요. 그때 제가 말했습니다. '이봐요, 당신들이 원하는 것이 일자리예요? 그럼 우리 그 문제를 한번 이야기해 봅시다. 그게 아니라 지금 우리를 강탈하려는 거라면, 당신네가 35명, 내 쪽이 여섯 명이지요? 내 장담하는데, 당신들 중 절반은 병원에 실려 갈 거요.'" 그러자 그들이 알아들었다!

"우리가 우리 땅을 지킬 거라는 것을 확실히 보여 주자, 그들은 나중에 다시 와서 이렇게 말했습니다. '좋아요, 우리에게 일자리를 준다면야, 그 문제를 한번 이야기해 볼 생각이 있소.'" 롬바드는 갱단의 약 20명을 고용했고, 그들 중 절반은 극장 시설이 완공된 후에도 그 건설사에 계속 남아 일했다.

매직 존슨 시어터Magic Johnson Theater는 출범한 지 4주 만에 소니의 영화 체인 중 다섯 손가락 안에 드는 성장률을 기록했다.

롬바드는 이 스토리를 나중에 그대로 재현했다. 롬바드와 존슨은 스타벅스Starbucks의 창립자 하워드 슐츠Howard Schultz에게 나에게 했던 이야기를 똑같이 들려주었다. 그들은 세계적인 관점으로 생각하고 지역적으로 행동하며, 롬바드와 존슨이 지역에서 영웅의 역할을 맡아 줄 것을 믿어 보면, 스타벅스도 소니가 누렸던 성공을 그대로 맛볼 수 있다고 생각했다. 슐츠는 결국 스타벅스 체인점 중 유일한 공동 소유 매장을 여는 데 동의했다. 나아가 그들은 그 똑같은 스토리를 지렛대 삼아 TGI 프라이데이, 워싱턴 뮤추얼 등과 50 대 50 지분 계약을 맺고 기존에 그들의 서비스가 미처 닿지 않던 지역으로 식당과 대출 지점을 확장해 나갔다. 그들의 사업 모델이 어찌나 성공적이었던지, 2004년 하워드 슐츠가 켄 롬바드를 스타벅스 엔터테인먼트의 CEO로 영입했다.

넷째, '나'에서 '우리'로 승화된 유대감

가장 강력한 비즈니스 스토리는 말하는 사람과 듣는 사람의 공통된 관심사와 목표, 또는 문제를 드러낸다. 이런 스토리에는 듣는 사람이 직접 경험한 상황이나 느낌이 담겨 있다. 그것이 느껴지는 순간 너와 나의 관계는 우리라는 유대감으로 승화되며, 바로 여기에서 스토리의 힘이 나온다. 그런 유대감은 듣는 사람의 공감을 촉발하고, 말하는 사람에 대한 신뢰를 보장하며, 결국 구체적인 행동을 향한 관심으로 이어진다.

유대감 효과 덕분에 수십억 달러짜리 회사가 탄생한 유명한 이야기가 있다. 바로 유튜브YouTube 스토리다. 유튜브의 창립자 채드 헐리Chad Hurley가 우리의 스토리 회의에 참석해서 그 이야기를 해 준 적이 있다. 2005년 그와 그의 사업 파트너 스티브 첸Steve Chen이 벤처 기업을 창립하느라 고생하던 시절, 그들은 잠재적 후원자와 고객 그리고 미디어들을 설득하고 있었다. 그로부터 불과 1년 후에 그들은 회사를 구글에 16억 달러에 매각했다. "유튜브가 없던 시절이었는데, 한번은 우리가 샌프란시스코에서 파티를 열고 있었습니다. 그 자리에서 손님들의 멋진 비디오를 여러 편 틀었고, 우리는 그것들을 인터넷에 올려 다른 친구나 가족들에게 보여 줄 생각이었죠. 문제는 당장 그러고 싶었다는 겁니다. 그런데 업로딩을 하다 보니 시간이 많이 소모되었고, 작업도 복잡하기 짝이 없었으며, 결국 쓰레기 같은 결과만 나왔습니다. 우리의 열정은 사그라들었고, 그 순간의 즐거움은 온데간데없이 사라졌죠."

그들은 누구라도 이런 상황을 맞이하면 똑같은 기분을 느낄 것이라는 데 생각이 미쳤다. 기분 좋은 경험을 당장 그 자리에서 남들과 공유하고 싶어 하는 마음은 세상 누구나 마찬가지라고 생각한 것이다. 이 점을 깨닫고 나자, 그들이 안고 있는 문제 속에 숨어 있는 기회가 보였다. 양질의 비디오를 쉽고 빠르게 그리고 마음대로 업로드할 방법을 찾아내기만 하면 모든 사람이 사용하고 싶어 할 것이 분명했다.

그들은 곧바로 도전에 착수해 모든 사람이 어디서나 사용할 수 있는, 효율적이고 빠르며 사용하기 쉬운 도구를 세상에 내놓았다. 이 스토리의 행복한 결말은 바로 유튜브의 성공적 탄생이었다.

스토리에 유대감의 요소가 강하게 배어 있을 때 말하는 사람이 얻는 가장 큰 유익은 바로 공감이다. 헐리와 첸의 스토리는 바로 다음과 같은 메시지를 전하고 있다. "저도 여러분과 같은 사람입니다. 저도 당신과 똑같은 문제를 겪고, 당신과 똑같은 좌절감을 느낍니다." 그들의 이야기에 처음으로 귀를 기울였던 투자자들은 헐리와 첸이 여느 '보통' 사람들처럼 그들이 겪었던 좌절감을 이해하며, 따라서 두 사람이 만든 유튜브라는 해결책을 누구나 간편하게 사용할 수 있을 것이라고 믿었다. 유튜브가 출시된 후에도 파트너들은 계속해서 스토리를 전파해 새로운 기술에 대한 고객의 저항감을 해소했고, 새로운 해결책을 사용해 보려는 마음에 불을 지폈다. 2006년이 되자 유튜브에서 매일 조회되는 비디오 클립이 1억 편에 달했고, 하루에만 6만 5천 편의 신규 영상이 올라왔다.

유대감 요소가 주는 두 번째 이점은 스토리를 이해하고 받아들이기가 더 쉬워진다는 점이다. 말하는 사람과 듣는 사람 사이에 공통분모를 빠르게 형성하는 스토리일수록, 듣는 사람이 감정적으로나 지적으로 훨씬 더 잘 받아들인다. 내가 어떤 문제를 안고 있는지 듣는 사람이 잘 모른다면, 그들은 스토리가 내놓는 해결책에도 별로 관심을 기울이지 않는다. 반대로 내 이야기가 자신의 경험이라고 생각하면 그들은 저절로 관심을 보이게 된다. 누구나 유튜브 스토리를 들으면 거의 즉각적으로 반응했고, 또 그것이 워낙 보편적인 스토리인 까닭에 사용자들 사이에 계속해서 반복되었으며, 거의 모든 언론이 이 회사를 다루기에 이르렀다.

유대감이 중요한 이유는 설득력 있게 먹히는 스토리의 본질은 바로 '경험을 공유하는 데' 있기 때문이다. 스토리텔링은 제대로만 이루어진다면 말하는 사람과 듣는 사람 모두에게 유익을 안겨 주는 양방향 과정이다. 그러나 그렇다고 듣는 사람과 말하는 사람이 똑같이 스토리를 전할 수 있을까? 만약 그렇다면 먹히는 스토리란 누구나 사용할 수 있는 것으로, 운 좋은 소수에게만 유리한 수단이 되지는 않을 것이다.

이제 스토리가 무엇을 뜻하는지 조금 이해가 되었다면, 지금부터는 말하기의 실제적인 부분을 더 깊게 파고들어 보자. 말하기 기술의 근원은 무엇이며 누가 그것을 터득했는지, 그리고 그 이유는 무엇인지 밝혀 보자.

Chapter 3

스토리텔링의 원류 :
아하, 이제 알겠어!

파푸아뉴기니는 진화 과정에서의 이른바 '잃어버린 고리'를 지니고 있다. 그곳에서는 인구의 80퍼센트 이상이 아직도 석기시대의 조상들이 그랬듯이 원시적인 수렵·채집 생활을 영위한다. 2005년까지만 해도 그들 중에는 백인을 직접 본 적조차 없는 사람이 있었다. 또한 그곳에서 통용되는 토착 언어는 총 800개로, 이는 지구상 모든 언어의 5분의 1이나 되는데도 이들 부족 대다수는 문자언어를 가지고 있지 않았다. 이 모든 상황을 놓고 볼 때 뉴기니에 간다면 아마도 입에서 입으로 전해지는 구술 스토리텔링의 원류를 찾을 수 있겠다는 생각이 들었다. 나는 당장 짐을 꾸려 그곳으로 향했다.

그곳에서 경험한 일은 모두 내가 생각했던 것보다 훨씬 더 낯설었다. 파푸아 사람들의 전통 복장이라는 것이 코를 뚫어 뼈를 꽂아 둔다든지, 어마어마한 크기의 가발을 뒤집어쓰는 것 등이었기 때문이다. 거미를 잡아 별식으로 먹는 부족도 있었다. 어떤 부족은 진흙을 듬뿍 뒤집어쓰기도 했다. 불과 몇십 년 전까지만 해도 나는 이런 곳에 가서 편안한 기분이 들기는커녕, 식인종이라도 만날까 무서워했을 사람이었다. 그러나 막상 가서 보니 구식 폴라로이드 카메라만 있어도 충분히 친구를 사귈 수 있는 곳이었다. 나는 그들에게 즉석에서 인화되는 사진을 건네주었고, 그들은 사진 속에 서서히 자신들의 모습이 드러나자 너무나 놀란 나머지 서로에게 자신의 모습을 보여 주기 위해 머리띠에 그것을 붙였다. 그 모습을 보니 저 사진 이야기가 대대로 이어져 내려갈 것이라는 생각이 들었다.

알고 보니 뉴기니에서 스토리텔링은 하나의 생활 방식이었다. 각 부족은 저마다 독특한 복식과 습관, 음식, 사냥 의식, 영적 믿음을 가졌고, 이 모두는 스토리를 통해 하나의 문화를 형성하고 있었다. 즉, 각 부족의 생존은 젊은 세대가 이 스토리를 어떻게 학습하고 지켜 내느냐에 달려 있었고, 그중에서도 가장 중요한 스토리는 성년식을 통해 이어져 내려갔다. 나는 '검은 강' 유역에 살던 '악어족' 마을의 '영가Spirit House'에 초대되어 이 예식 중 하나를 지켜봤다.

이 부족이 치르는 성년식에는 섬뜩한 시련이 기다리고 있었다. 피부에 날카로운 상처를 내서 마치 악어가죽 무늬 같은 흉터를 남겨야 했기 때문이다. 소년이 피를 흘린 후 상처가 아물기를 기다리는 동안, 원로들은 그들에게 그 흉터의 의미를 이야기해 주었다. 대개 이런 이야기에는 해당 부족의 원시 신화가 담겨 있는데, 나는 그 설명을 듣자마자 리처드 뱅스의 이집트 악어의 신 '소베크'에 관한 전설이 떠올랐다. 그러나 악어 족은 그들의 신을 '나슈트Nashut'라고 불렀다.

부족의 추장이 그 예식의 중요성에 관해 이야기하는 것을 가이드가 통역해 주었다. 이야기에 등장하는 영웅은 그 부족의 조상 중 한 명으로, 어느 날 자신의 창을 강물에 빠뜨렸다. 뒤따라 물에 뛰어든 그는 강바닥 에서 마법의 집을 한 채 발견했다. 그 집에 들어서는 순간, 그는 악어 신 에게 붙잡힌다. 나슈트는 그를 한 달이나 붙잡아 두고 전쟁과 인간 사냥, 농사, 집짓기 등을 가르쳤다. 또 사람이 악어처럼 보이도록 피부에 상처 를 내면(즉 나슈트의 낙인을 찍으면) 나슈트의 힘을 얻어 강가에서 가장 강 력하고 난폭한 전사가 될 수 있다고 말했다. 그러고는 나슈트에게 배운 것을 모두 부족민들에게 가르쳐야 한다는 조건으로 그를 풀어 주었다.

나는 이 신화가 악어족의 트로이 목마라는 사실을 깨달았다. 이것은 단순히 부족의 역사를 이야기하는 것뿐만 아니라 수백 편의 속편과 스 핀오프를 거치면서 부족의 생존에 필요한 모든 기술을 전파하는 수단 이었다. 이들은 신화를 정보 기술의 한 방편으로 삼고 있었다. 그들은 스 토리 속에서 사고했고, 스토리를 통해 기억했으며, 스토리를 매개 삼아 의사소통과 인간관계를 영위했다. 실제로 그들의 언어에서 '말'이라는 단어는 곧 '이야기'와 같은 뜻이었다. 부족의 모든 구성원은 스토리 청취 자인 동시에 타고난 이야기꾼이었다.

이야기를 전하는 사람이 영가에서 한 말을 정확하게 알아듣지는 못했지만, 얼굴을 마주 보고 직접 나누는 대화에서 마술과 같은 분위기가 한껏 고조되는 것을 느낄 수 있었다. 그의 목소리에 고스란히 담긴 놀람과 고통, 갈망, 그의 달려들 듯한 몸동작과 팔을 크게 벌린 자세, 그리고 상대방의 두 눈을 똑바로 바라보는 시선 등은 듣는 사람을 완전히 사로잡기에 충분했다. 말하는 사람과 듣는 사람은 서로 장단이 맞았고, 함께 황홀해했으며, 같이 '아하!'의 순간을 경험했다. 말하는 사람 혼자 여러 명을 앞에 두고 온몸과 영혼을 바쳐서 그 스토리를 전했고, 그것은 듣는 사람의 가슴에 정확히 꽂혔다. 구술로 온몸을 다 써서 실시간으로 전하는 스토리야말로 문서나 영상, 또는 다른 매개체를 통한 스토리에 비해 더 뛰어난 설득력을 발휘한다는 사실을 깨달았다. 나에게는 일종의 충격이었다.

오늘날의 비즈니스 상황에서도 듣는 사람에게 직접 이야기를 전달할 때는 자연스럽게 온몸을 다 써서 말하게 되고, 듣는 사람도 본능적으로 말하는 사람의 의도를 간파할 수 있다. 그것이 자연스러운 반응이다. 그러므로 협상이나 면접, 또는 세일즈 회의 등에서 전하는 이야기가 비록 악어 신화와 같은 수준의 극적인 장치를 갖출 필요는 없겠지만, 모든 구술 스토리는 말 그대로 상호작용일 수밖에 없다. 직접 마주 보고 스토리를 전할 때는 어쩔 수 없이 말하는 사람과 듣는 사람 모두 상대방이 이야기에 소극적이 아니라 적극적으로 참여할 것이라고 생각한다. 이런 적극성은 심지어 침묵의 순간에도 여전히 유효해서, 미묘한 눈빛의 교환만으로도 서로의 뜻을 주고받을 수 있다. 이것은 마치 공을 주고받는 놀이와 같다. 말하는 사람과 듣는 사람 사이에 스토리라는 공이 끊임없이 왔다 갔다 하는 것이다.

나는 뉴기니를 떠나면서 우리 인간의 DNA에는 스토리를 듣고 말하는 기술이 깊이 새겨져 있다고 확신하게 되었다. 구술 이야기(실내에서 얼굴을 마주 보고 전하는 스토리)는 원초적이면서도 중대한 정보 기술로서, 우리는 모두 이미 이 기술을 가지고 있다!

그러나 혹시 우리가 스토리에 친숙하다는 생각이 뇌리에 지나치게 깊이 각인되어 있는 것은 아닐까? 이것은 《와이어드》 매거진의 편집장이자 《프리》, 《롱테일 경제학》 등의 베스트셀러 저자이기도 한 크리스 앤더슨이 UCLA의 내 강좌에 초청되어 왔을 때 제기한 주장이다.

우리의 대화가 열띤 논쟁으로 번진 것은 앤더슨이 다음과 같이 말한 직후였다. "우리가 이야기(시작과 중간 그리고 결말)를 좋아하고 갈망하는 것은 두뇌에서 일어나는 일종의 오류입니다." 그는 스토리에는 일정한 논리적 패턴이 있는데, 이것은 인간의 두뇌가 진화를 통해(무려 석기시대부터) 그것을 기대하도록 훈련되어 왔기 때문이라고 설명했다. 우리는 스토리가 전개되면서 우리가 공감하는 캐릭터에게 어떤 일이나 변화가 일어나기를 기대한다. 그리고 마지막에는 줄거리에 따라 무슨 일이든 일어날 것으로 생각한다. 우리는 그 스토리가 말이 되기를 바랄 뿐 아니라, 스토리가 끝난 후에 그 속에서 일어난 일들이 더 잘 이해되기를 바란다. 그는 이렇게 말했다. "우리가 서로를 가르치고 성장해 사회적 유대와 문화를 이루는 행동이 진화를 통해 습득된 것으로 생각하지만, 그것은 진실의 왜곡입니다."

그러나 나는 앤더슨에게, 스토리텔링이 만약 일종의 부채라면 진화를 통해 분명히 우리 사회 시스템에서 진즉에 제거되었을 것이라고 반박했다. "사실 우리는 스토리를 거의 타고난다는 것이 여러 연구 결과에서도 입증됩니다. 두 살밖에 안 되는 어린아이도 스토리를 전하고, 또 알아들으니까요."

앤더슨은 스토리가 우리에게 친숙한 이유가 구체적이고, 적극적이며, 시각적이어서 쉽게 이해할 수 있기 때문이라고 말했다.

나도 맞장구쳤다. "맞습니다! 스토리는 현실의 극히 일부만 다루면서도 감정을 마술처럼 움직여서, 사실만으로는 전할 수 없는 훨씬 거대한 진실을 환상처럼 보여 줍니다. 우리가 효과적인 스토리를 듣고 나면 확신을 얻게 되는 이유도 바로 이것 때문이죠. 물론 위험을 느끼는 이유이기도 하고요. 우리가 판단 내리기를 주저하는 순간, 듣는 사람은 말하는 사람의 의도에 따라 희망과 저주, 동정과 복수심, 건설적이거나 파괴적인 에너지 사이에서 갈등하게 됩니다. 스토리텔링을 하나의 기술이라고 볼 때 우리가 마주치는 역설이 있다면, 그 속에 담긴 메시지와 가치, 신념이 무엇일지 알 수 없다는 사실입니다. 스토리텔링은 마치 자동차나 자전거와 같습니다. 거기에 누가 탈지, 어떤 물건을 실을지는 상관없는, 그저 운반 장치일 뿐인 거죠."

앤더슨은 놀랍게도 내 주장에 동의했다. "저는 이야기가 중요하지 않다고 말하는 것이 아닙니다." 그러고는 좀 더 분명하게 말했다. "제 말은 우리가 스토리텔링에 너무나 본능적으로 이끌린 나머지, 현실 속의 무작위적인 특성을 망각하는 경우가 많다는 뜻입니다. 현실은 이야기대로 흘러가는 것이 아니니까요. 인간이 처한 비극은, 우리의 머리는 이야기에 익숙하지만 실제 몸은 무작위로 만들어진 세상에서 살아간다는 겁니다."

나는 더 이상 참고 있을 수 없었다. "그러나 진화 과정은 기술의 발전 속도보다 엄청나게 느립니다. 따라서 인류에게 이런 특성이 각인되어 있다면, 효과적인 의사소통을 위해서는 사실과 숫자를 전할 때도 여전히 이야기로 풀어야 합니다. 특히 비즈니스에서 사람들에게 데이터를 전달하기 위해서는 감정에 호소할 수단을 활용해야 합니다." 나는 더 나아가 못을 박듯 말했다. "앤더슨, 당신이 더 잘 알지 않습니까. 당신이 쓴 책과 운영하는 잡지도 스토리로 가득 차 있으니까요."

그는 어깨를 한 번 으쓱했다. "시장이 스토리를 원하긴 하죠. 물론 저도 복잡한 생각들을 사람들이 공감할 만한 스토리로 표현합니다. 이야기는 불완전하지만, 놀랍도록 강력한 수단이죠."

나는 앤더슨과 대화를 나누면서 그동안 탐색해 온 작업의 새로운 방향을 모색하는 데 큰 힘을 얻었다. 스토리텔링은 어떻게 그토록 중요한 진화의 도구가 될 수 있었던 것일까? 그 기원은 무엇일까? 나는 그동안 만나 온 비즈니스계의 인사뿐만 아니라 과학자와 심리학자 그리고 조직의 스토리텔링에 관한 전문가들을 만나 이런 질문에 대한 답을 구하기 시작했다.

거울 뉴런과 스토리텔링

나는 친구인 젠트리 리Gentry Lee에게 인류가 맨 처음에 어떻게 스토리텔링의 전문가가 되었는지 물었다. 그는 우주의 복잡한 특징을 누구나 알 수 있는 말로 설명해 흥미를 끌어내는 특별한 재능을 가진 과학자다. 나는 오래전에 영광스럽게도 그를 저 유명한 SF의 거장 아서 C. 클라크Arthur Charles Clarke에게 소개했고, 이후 두 사람은 공동 저자로 책을 한 권 집필하기도 했다. 젠트리 리는 지금 제트 추진 연구소에서 태양계 탐사국 수석 엔지니어로 일하고 있다. 그는 특히 행성 탐사용 로봇 시스템의 일관성을 책임지고 있으며, 2008년 5월 화성 북극 착륙에 성공한 피닉스 프로젝트, 2004년 1월 화성 착륙에 성공한 쌍둥이 탐사 로봇 프로젝트, 그리고 NASA의 딥임팩트 및 스타더스트 프로젝트 등을 수행해 왔다. 나는 그가 화성에 로봇을 착륙시킬 정도의 과학자라면 스토리의 기원이 어디인지도 충분히 알 수 있을 거라고 생각했다. 아마 그가 나에게 과학을 설명할 때도 십중팔구 스토리를 활용할 것이 틀림없었다.

젠트리는 말했다. "무려 30억 년이 지나도록 지구상에 살아 있는 것이라고는 단세포뿐이던 세월이 있었어요. 그리고 아마도 우리가 결코 풀 수 없는 비밀이 있다면, 어떻게 이 세포들이 어느 날 갑자기 결합해 각자의 기능을 공유하고 각기 다른 역할을 하며 서로 의사소통하게 되었는가 하는 점일 겁니다. 단세포가 생식하는 방법은 단지 세포분열을 일으켜 각자 살아가는 것입니다. 두 개의 세포가 어울려 생식하려면 일이 훨씬 더 복잡해지죠. 그런데 어떻게 된 일인지 원시 세포들이 서로 의사소통하기 시작하면서, 갑자기 그 일이 가능하게 된 겁니다. 다세포 동물은 각 세포의 기능을 공유해 더 높은 차원으로 진화함으로써 생존할 수 있었습니다."

젠트리는 그런 생식 방법과 기능 공유의 과정에서 스토리텔링과의 유사성을 엿볼 수 있다고 말했다. "우리는 생각을 공유합니다. 그리고 우리의 기능을 세분화해 각자에게 맡기죠. 그렇게 우리는 각자의 스토리를 교환하고, 집단으로서 더 나은 성과를 창출합니다."

그런데 은밀한 사적 대화에 불과했던 이야기를 전하고 듣는 행위가 어떻게 진화를 거치면서 인류의 위대한 서사로 발전할 수 있었을까? UCLA 정신의학 및 생물행동학 교수 마르코 야코보니Marco Iacoboni의 말이 이에 대한 대답이 될 수 있다. 그가 내 강좌에 초대되어 '거울 뉴런Mirror neuron'이라는 그의 선구적인 연구 분야를 설명하면서 한 말이었다. 두뇌 세포야말로 젠트리 리가 설명한 원시 세포들의 상호작용을 이어받은 오늘날의 대표적인 사례다. 우리는 두뇌 세포 덕분에 서로의 행동과 감정을 읽는다. 마치 다른 사람 속에 들어가 그의 삶을 같이 경험하는 것처럼 말이다.

거울 뉴런 때문에 우리는 공감과 교류라는 감정을 통해 서로의 목표를 모방하고 학습하며 직감할 수 있다. 야코보니는 이렇게 설명했다. "거울 뉴런이 없다면 우리는 다른 사람의 행동과 의도, 감정을 전혀 알아차리지 못할 것입니다." 거울 뉴런이 없으면 우리는 스토리의 의미도 이해할 수 없을 것이다. 스토리란 말하는 사람과 듣는 사람의 거울 뉴런

이 활성화되고 조율됨으로써 작동하는 것이기 때문이다. 야코보니는 "우리 두뇌는 이야기를 통해 학습하도록 진화했습니다"라고 말했다.

스토리의 효과는 입으로 말하는 동안 더욱 증폭된다. 왜냐하면 두뇌 세포는 방 안에 있는 사람들의 말소리와 표정, 냄새, 동작에 따라서도 함께 활성화되기 때문이다. 이 거울 효과는 말하는 사람과 듣는 사람이 모두 느낄 수 있다. 야코보니는 말했다. "우리의 몸짓과 표정 그리고 자세는 사회적 신호입니다. 상대방의 얼굴에서 미소를 보는 순간, 미소에 대한 거울 뉴런이 활성화돼 신경 작용의 연쇄반응이 일어나게 됩니다. 상대방의 경험을 나도 즉각적으로 그리고 저절로 경험하는 것이죠."

거울 뉴런의 이런 쌍방향 조율 작용은 스토리텔링에 필요한 최적의 상태를 조성한다. 스토리가 제대로 전달되었을 때, 말하는 사람과 듣는 사람은 이런 상태에서 함께 '아하, 이제 알겠어!'의 순간에 도달하고, 말하는 사람이 원래 맛보았던 각성을 듣는 사람도 똑같이 경험하게 된다. 상호 조율이 가져오는 부가가치를 생각할 때, 우리는 비즈니스맨들이 말로 전하는 이야기 대신 문서나 미디어 발표에 의존할 때 중요한 이점을 놓친다는 사실을 알 수 있다.

비즈니스의
잃어버린 고리

2009년에 내가 스토리 회의에 초청한 강사는 마이클 웨시Michael Wesch였다. 그는 캔자스대학교 문화인류학 교수이자 정보 기술 전문가로 토착 문화에서 뉴미디어에 이르는 해박한 지식을 갖추고 있었다. 웨시는 먹히는 이야기가 비즈니스의 잃어버린 고리일지 모른다는 나의 의혹을 말끔히 매듭지어 주었다.

웨시의 말에 따르면, 스토리를 말하고 듣는 행동은 거울 뉴런을 자극할 뿐만 아니라 의미를 처리하는 두뇌 영역을 활성화한다. 그렇다면 이것이 왜 중요할까? "인간은 의미를 추구하는 동물이기 때문입니다. 단지 정보를 얻는 것만이 중요하지는 않아요. 우리는 의미를 부여하지 않고는 아무것도 기억할 수 없습니다."

웨시는 스토리의 중요성을 언어의 방정식으로 표현했다. 즉, '의미 + 기억 = 지식 능력'이라는 것이다. 그는 우리가 여러 가지 정보를 서로 연결하는 과정에서 의미가 드러난다고 말했다. 지난 분기에 20만 달러의 손실을 본 이유는 무엇인가? 새로 부임한 CEO는 지난번 CEO와 어떤 면에서 다른가? 이번에 출시한 상품에서 지난번보다 1,200만 달러를 더 번 요인은 무엇인가? 먹히는 이야기 속에는 이런 연결 관계가 숨어 있다. 스토리는 이런 연결 관계를 한데 묶어 듣는 사람의 마음 깊은 곳을 건드리는 기술을 사용해 전해 줌으로써 그들을 움직인다. 스토리는 바로 감정을 건드려 이런 연결 관계를 더 기억하기 쉽게 만든다. 따라서 우리는 그 의미를 기억할 때마다 스토리에 숨어 있는 정보가 왜 중요한지를 피부로 깨닫게 된다.

이와 비교해서, 파워포인트에 들어 있는 숫자들 속에서 어떤 의미를 찾을 수 있는가? 전혀 없다! 단순한 숫자나 사실만을 잔뜩 열거해 놓은 것을 우리가 도저히 기억할 수 없는 이유가 바로 이것이다. 웨시는 이렇게 결론 내렸다. "사람들에게 어떤 생각을 전달해 영향을 미치고 싶다면 스토리를 전할 줄 알아야 합니다."

그런데 똑같이 조직 내에서 전하는 이야기라도 문서로 출력한 것이나 화면에 띄워 놓은 것보다 직접 대면해 말로 하는 것이 왜 더 설득력이 있는 것일까? 우리가 진행한 또 다른 회의에서 스티브 데닝은 자신이 세계은행 지식경영 책임자로 일했을 때도 똑같은 질문을 받았다고 말했다. 이 질문의 답을 얻기 위해 그의 팀은 25가지의 잘 짜인 혁신 스토리를 다양한 매체를 활용해 세계은행 직원들에게 전달했다. 스토리를 책자나 뉴스레터 또는 비디오로 본 사람들은 동료에게 내용을 제대로 전달하지 못했다. 그들은 그 내용에서 진정성을 전혀 못 느꼈고, 따라서 '시스템'에 따라 포장된 내용을 전혀 신뢰하지 못하겠다고 말했다. 그러나 똑같은 스토리를 사람이 말해 주었을 때, 듣는 사람들은 말하는 사람을 신뢰했다. 그리고 그 내용의 진정성을 신뢰하는 정도가 클수록 그들에게 미치는 영향도 더욱 커졌다. 데닝은 '영향력을 발휘하는 것은 어쩌면 스토리 자체가 아니라 그 스토리를 입으로 말하는 것'일지도 모른다고 말했다.

데닝의 말을 듣고 보니 언젠가 유명한 금융업자 마이클 밀컨Michael Milken으로부터 그의 월스트리트 성공담을 들은 기억이 났다. 그는 이렇게 말했다. "저는 늘 우리 팀에 데이터에 정통한 사람과 훌륭한 이야기꾼을 함께 둡니다. 그렇게 해서 많은 성공을 거둘 수 있었지요."

밀컨의 이 전략이 성공을 거둔 것을 보면, 누군가가 우리에게 데이터를 담은 이야기를 전해 줄 때, 우리 두뇌는 똑똑하게도 스토리를 들으면서 느낀 감정 속에 그 데이터를 안전하게 묶어 둔다는 사실을 알 수 있다. 그러면 특정 정보를 기억할 때마다 그것과 연관된 감정도 함께 따라오게 된다. 이야기에 관한 경험이 좋은 것일수록, 데이터에 관한 우리의 관점도 긍정적일 가능성이 커진다. 따라서 말하는 사람이 긍정적인 감정을 불러일으킬 줄 안다면, 그는 자신의 스토리에 담긴 정보를 듣는 사람들이 받아들이게 하는 데 큰 이점을 가진 셈이다.

나는 데닝에게 그렇다면 왜 그토록 많은 비즈니스맨들이 조직 내에서 강력한 잠재력을 발휘할 수 있는 이 도구를 평가절하하거나 심지어 완전히 무시하는지 물었다. 데닝은 우리의 교육체계가 감정보다는 지적 추론에 더 높은 가치를 부여하는 것도 이유가 될 수 있을 거라고 말했다. 높은 학위 과정으로 올라갈수록 학습의 성격은 점점 더 개념적·비인격적으로 변해 간다. 그런데 전문 직종의 대부분은 대학 졸업생들이 차지하고 있으므로, 오늘날 비즈니스맨들은 이론적·통계적 모델이 스토리보다 더 가치 있다는 생각을 당연하게 받아들인다.

그렇다고 해서 스토리가 사라진 것은 결코 아니다. 데닝은 이렇게 말했다. "학교나 회사 밖에서 편하게 친구들과 어울릴 때면 우리는 곧장 이야기의 세계로 다시 빠져듭니다. 우리는 원래 이야기가 더 편한 거죠. 그러니 평소 의사소통에도 차라리 이야기를 모국어처럼 계속 쓰는 편이 낫지 않겠습니까?"

나 역시 UCLA 수업에서 그의 말을 입증해 주는 놀라운 순간을 경험한 적이 있다. 그 학기에 내가 맡은 강좌는 프로덕션 매니지먼트였는데, 그 수업에는 다양한 분야로의 진출을 꿈꾸는 수강생들로 가득 차 있었다. 야망에 넘치는 작가, 감독, 프로듀서, MBA 학생들이 UCLA 수업 중에서도 가장 경쟁이 치열한 이 과정에 대거 수강 신청을 했다.

수업이 시작되기 전 어느 날, 나는 우연히 어떤 여학생의 말을 엿듣게 되었다. 그녀는 영화 제작을 꿈꿨고 그에 딱 어울리는 사고방식과 열정을 가지고 있었다. 그녀는 친구에게 자신이 이 분야를 택하게 된 이유가 아버지가 글을 읽을 수 없었기 때문이라고 말했다.

친구가 믿을 수 없다는 듯한 표정으로 물었다. "왜?"

그 학생의 목소리는 대단히 차분했다. 그녀는 그 질문에 바로 대답하지는 않았다. 대신 농부였던 아버지의 눈은 멀쩡하다고 말했다. 예컨대 그는 표지판의 형태를 보고 정지신호를 알아볼 수 있었다. "어려서 식당에 갔을 때, 아빠가 메뉴판을 들고 있다가 점원이 다가오면 약간 떠시는 모습을 봤어. 하지만 왜 그랬는지는 한 번도 말씀해 주시지 않았지. 그리고 우리에게 도와달라고 한 적도 없었어. 아빠는 그냥 손가락으로 메뉴판 맨 위에 있는 햄버거 그림을 가리킨 다음, 아래로 내려가 또 다른 그림을 짚은 후, 점원에게 보여 주시기만 했어. 엄마는 아빠가 너무 자존심이 세서 학교에 다시 가지는 않을 거라고 말했지만, 사실 아빠는 두려워하셨던 건지도 몰라. 하지만 아빠는 결코 바보가 아니었지. 내 교육에 대해서만큼은 대단히 열성적이기도 하셨고."

이 여학생은 아버지에 대해 느낀 아픔과 사랑 때문에 결국 시각문화를 공부하기로 했고, 더 나아가 아버지의 이야기를 통해 그분과 같은 처지에 있는 사람들을 도와주기로 결정했던 것이다. 그녀는 그 목표에 대한 의지가 확고했다.

대단한 스토리가 아닐 수 없었다! 여기에는 고통과 역경, 사랑, 열망, 긴장감의 요소가 모두 들어 있다. 나는 이 젊은이의 성공을 기원했다. 그렇게 진정 어린 열정을 가진 사람이 과연 어떤 일을 이룰 수 있는지 보고 싶다는 마음이 저절로 우러났다.

학생들은 학기 말이 되면 각자가 가진 전문적 소양과 예술적 목표 그리고 개인적 동기를 보여 주는 발표를 하게 되어 있었다. 나는 이 시간이 단지 학습 발표회 수준에 머물지 않도록 하기 위해 뉴라인 시네마와 파라마운트 픽처스의 간부 몇 명을 관객으로 초대했다. 그들은 평소에도 새로운 인재를 찾아내는 일에 늘 관심을 기울였으므로, 이런 자리야말로 전도유망한 학생이 창의적인 시장에 입문할 절호의 기회가 될 수도 있었다. 그리고 나는 그 여학생이 우리 모두를 놀라게 할 것으로 믿어 의심치 않았다.

그러나 그녀는 자신의 차례가 되자 앞으로 나가 그저 준비해 온 이력서를 읽는 것과 다름없는 발표를 하는 것이 아닌가! 지금까지 다닌 학교와 학위, 취득한 학점을 죽 열거했고, 자신이 발표한 몇 편의 논문을 간단히 소개했다. 그리고 학창 시절에 만든 영화에서 발췌한 비디오 클립을 보여 주었다. 그러고는 자리로 돌아가 앉았다.

나는 너무나 놀랐고, 마음이 아팠다. 그녀의 어깨를 부여잡고 소리라도 지르고 싶었다. "겨우 이 정도 이야기로 우리가 자네를 고용하길 바라는 건가? 여기서 어떻게 내가 자네를 칭찬할 수 있겠나? 친구들에게 자네를 고용하라는 말을 꺼낼 수나 있겠냐고!"

도대체 어떻게 된 일이었을까? 그녀는 분명히 깊은 감동과 설득력을 가진 스토리를 말하던 사람이었다. 그런데 막상 자신의 꿈을 실현해 줄 수 있는 사람들 앞에서 그녀는 자신이 가진 최소한의 신뢰와 자격을 모두 물거품으로 만드는 발표를 해 버렸다.

그녀는 비즈니스맨도 결국은 그녀의 친구와 똑같은 사람이라는 사실을 깜빡했던 것 같다. 이럴 수가! 이런 실수가 아무리 흔한 일이라지만, 어떤 경력을 쌓든, 인간관계야말로 가장 기본적인 토대라는 사실에는 변함이 없다. 인간관계는 두 사람 사이에 오가는 감정적이고 직관적인 교감을 바탕으로 한다. 공감이 없으면 인간관계도 없다. 이력서와 몇몇 중요 항목만으로 공감을 끌어낼 수 있을까? 아니다. 그러나 설득력 있는 스토리라면? 바로 그것으로 충분하다.

그러므로 타고난 이야기꾼이 비즈니스에서 설득력 있는 스토리를 말하지 못한다면, 그것보다 더 치명적인 실수는 없을 것이다. 그렇다면 이야기 실력을 타고나지 못한 사람은 어떻게 해야 할까? 아마 스토리텔링을 잘 못하는 사람 중에는 자신이 관련 업계에 있지 않기 때문이라고 말하는 경우가 많을 것이다. 그리고 그들 중에는 비즈니스계에 몸담은 사람이 많고, 일부는 업계 최고의 지위에까지 오른 경우도 있을 것이다. 그들이 과연 스토리텔링을 한 번도 하지 않고 성공할 수 있었을까? 나는 이런 궁금증을 해소하기 위해 내가 아는 가장 성공한 인물 중 자타가 공인하는 스토리텔링의 문외한을 만나 보았다.

이야기는 이야기꾼의
전유물이 아니다

비전 스토리 : 리처드 로젠블랫

수년 전에 언론계의 새로운 신동 리처드 로젠블랫Richard Rosenblatt과 내가 UCLA에서 '시인과 엔지니어의 만남'이라는 대학원 수업을 같이 진행한 적이 있다. 이 강좌는 기술과 창의성이 알고 보면 멋들어진 파트너가 될 수 있다는 생각에 바탕을 두고 개설되었다. 로젠블랫은 불과 서른 살의 나이에 아이몰iMall을 익사이트앳홈에 무려 5억 6,500만 달러에 매각한 사람으로 유명하다. 이후 그는 마이스페이스닷컴의 전신인 인터믹스 미디어를 설립해 37세가 되던 해에 루퍼트 머독의 뉴스 코퍼레이션에 매각했다. 그는 우리 학교의 영화와 비즈니스 그리고 법률을 전공하는 학생들에게 엄청난 주목을 받았다. 그러나 로젠블랫은 그 모든 업적을 이뤘으면서도 자신의 성공을 분석하는 데 시간을 쓰지 않는 직관적인 사업가였다. 그는 우리 수업에서 학생들만큼이나 배우는 점이 있다는 사실을 즉각 인정했다.

어느 날 밤 우리가 수업을 끝내고 함께 교정을 걸어갈 때, 나는 로젠블랫이 수업 시간에 했던 말을 생각하고 있었다. 그는 5억 8천만 달러에 인터믹스를 머독에게 매각하는 데 걸린 시간은 불과 20분이었다고 말했다. 나는 그에게 그 비결을 물었다.

로젠블랫은 그때 일을 떠올렸다. "저는 신경이 굉장히 곤두서 있었죠." 루퍼트 머독은 폭스 TV 네트워크, 영국의 스카이 TV 및 수많은 주요 신문을 비롯해서 거대 글로벌 미디어 제국을 거느린 세계에서 가장 힘센 사람 중 한 명이었다. 그리고 로젠블랫은 이전에 그를 한 번도 만나 본 적조차 없었다. 게다가 그때처럼 머독이 로젠블랫의 회사를 인수할 가능성이 작았던 때도 없었다. 1990년대에 잠깐 인터넷 사업을 해 보다 가 완전히 손을 뗀 지 오래된 머독은 뉴미디어 분야에 관해서는 마치 스 크루지 영감 같은 태도를 보이고 있었다. 로젠블랫이 인터믹스 거래를 성사시키기 위해서는 그가 인터넷을 대하는 사고방식을 바꿔 인터넷 기술이라는 게임에 다시 뛰어들게 만들어야 했다. 한마디로 그를 완전 히 다른 사람으로 만들어야 했다.

로젠블랫은 자신이 했던 일을 나에게 말해 줄 때까지만 해도 이런 사 실을 깨닫지 못하고 있었다. 그러나 나는 그가 머독에게 마치 찰스 디킨 스의 《크리스마스 캐럴》에 나오는 것과 같은 전형적인 '비전 스토리'를 말해 주었다는 것을 곧바로 알아챘다. 그는 본능적으로 머독을 '자신의 명예를 되찾아야 하는 고집스러운 영웅'으로 만들었다. 너무 늦기 전에 말이다.

"제가 그에게 말했죠. '머독 씨, 당신은 어느 모로 보나 전 세계 언론계 에서 가장 큰 거물입니다. 다이렉트 TV든 신문이든, 모든 분야에서 가 장 진보적인 행보를 보여 온 당신이 유독 인터넷에서만큼은 아무런 업 적도 남기지 않았다는 사실이 도저히 이해되지 않습니다.'"

로젠블랫은 멋쩍은 표정을 지어 보였다. "제가 생각해도 정말 대담하 기 짝이 없는 말이었지만, 저는 아주 겸손한 태도로 말했습니다."

이어서 그는 머독이 어떻게든 인터넷 분야에는 손을 대지 않으려고

해서 아주 애를 먹었다는 이야기를 이어 갔다. 새로운 콘텐츠 생산에 비용이 들어가고, 이 분야의 특성상 끊임없이 혁신을 만들어 내야 하며, 온라인 유통이 만만치 않다는 등의 핑계를 늘어놓았다는 것이다. 그러나 로젠블랫은 이 모든 문제를 수익으로 바꿔 놓을 방법이 있다고 끈질기게 설득했다. 물론 머독에게 위험을 기꺼이 감수할 용기만 있다면 말이다. "제가 말했습니다. '머독 씨, 인터믹스는 완벽한 미디어 회사입니다. 이 회사를 운영하면 콘텐츠 한 편을 만드는 데 100만 달러씩 쓸 필요도 없습니다. 왜냐하면 모든 콘텐츠는 사용자들이 알아서 만들기 때문입니다. 유통에 비용을 들일 필요도 없습니다. 사용자들이 친구를 불러들여 조회 수를 늘려 가니까요. 귀하가 할 일은 오직 광고를 파는 것입니다.'" 물론 광고를 파는 일은 머독이 가장 잘하고, 가장 두려움을 적게 느끼는 일이기도 했다.

그렇게 해서 그 스토리의 중반은 머독에게 인터믹스를 인수해 사용자들이 자발적으로 창의력과 유통 능력을 발휘하는 이점을 누리라고 결단을 촉구하는 이야기가 되었다. 로젠블랫의 이야기는 비로소 듣는 사람의 머리와 지갑을 일치시킴으로써 그의 가슴을 사로잡는 혁명적인 해결책을 제시하기에 이르렀다. 로젠블랫은 한 가지 예언을 내놓았다. "오늘부터 딱 1년 안에《와이어드》매거진 표지에 당신의 얼굴이 실리게 될 겁니다."

내가 고개를 절레절레 흔들었다. "그런데도 당신이 스토리를 전할 줄 모른다고요?"

순간 로젠블랫이 깜짝 놀라 나에게 환하게 미소를 지었다. "맞습니다.

결국 가장 중요한 건 스토리지요. 그는 이것이 자신의 사업에 어떤 결과를 가져다줄지 알아듣고 대담함을 발휘했기에 영웅이 될 수 있었던 겁니다. 그와 나눴던 대화를 떠올릴 때마다 도저히 말도 안 된다는 생각이 들어요. 그런데 어떻게 된 줄 아십니까? 정확히 1년 뒤에 그의 얼굴이 나온 《와이어드》 매거진에 그의 친필 서명을 받았습니다."

머독을 지난 시절의 오명을 떨쳐 내고 영웅이 되도록 만든 로젠블랫의 이야기는 그에게 5억 8천만 달러의 매각 수익을 안겨 준 지렛대가 되었다. 자칭 '스토리에 서툴다'는 사나이에게는 꽤 괜찮은 일이었다.

'아하!' 스토리 : 볼프강 퍽

"'마 메종Ma Maison'에서 처음 일을 시작할 때 저는 로스앤젤레스에 온 지얼마 되지도 않았기 때문에 이런 고급 식당의 셰프가 된 것을 다행이라고 생각했습니다." 볼프강 퍽Wolfgang Puck의 말이다. 2009년에 우리는 베벌리힐스에 있는 그의 대표 식당 스파고Spago에서 역시 그의 주력 메뉴인 훈제 연어와 캐비아가 올라간 피자를 앞에 두고 대화를 나누고 있었다. 그러나 나는 1970년대부터 그의 이름을 알고 있었다. 당시 마 메종은 영화, TV, 음악계의 모든 주요 스타뿐만 아니라 구경꾼들까지도 한잔하기 위해 즐겨 찾던 곳이었다.

볼프강이 말했다. "그때는 주인이 시켜서 어쩔 수 없이 고객들 앞에서서 대화를 나누기는 했지만, 정말 긴장이 되더군요. 나는 그저 부엌에 숨어 있고 싶었지만, 그는 '사람들이 다 먹기 전에 나가 봐!'라고 말했죠. 누군가 나에게 '볼프강, 아무것도 아니야, 그냥 네 이야기를 들려줘'

라고 말해 줬으면 좋겠다는 생각이 간절했습니다. 나는 이야기꾼이 아닌데…… 하는 생각이 들었습니다! 그들에게 무슨 이야기를 한담? 나는 그저 음식 만드는 데만 열중하고 싶었습니다."

오늘날 볼프강이 소유하고 운영하는 것은 네 개 부문 수상에 빛나는 고급 레스토랑과 수많은 지점이 전부가 아니다. 그의 회사는 볼프강 퍽 케이터링과 볼프강 퍽 월드와이드라는 두 개의 브랜드를 더 보유하고, 볼프강 퍽 비스트로, 볼프강 퍽 익스프레스, 볼프강 퍽 문화센터 카페 등을 운영한다. 또 셰프 퍽이라는 이름을 다양한 주방 용품과 요리책 그리고 완성식품 등의 소비재 상품에 라이선스로 판매하고 있다. 특히 여행을 다니다 보면 공항이나 쇼핑몰, 놀이 시설 등 어디에나 볼프강이 있다는 느낌마저 든다. 누구나 언제 어디서든 그를 볼 수 있다! 그리고 이 모든 사업체는 신선함과 높은 품질, 우수한 맛이라는 그의 평판을 그대로 드러낸다. 나는 그가 도대체 직원들과 상품 공급업자, 프랜차이즈 매장에 무슨 말을 하는지 궁금해졌다. 이렇게 다양한 지역에 퍼져 있는 이토록 다양한 식당을 그가 일일이 들러 보지 않으면서도 그 우수한 품질 기준을 유지하려면 말이다.

그가 대답했다. "글쎄요, 다소 역설적일지도 모르지만, 저는 프랜차이즈 업자들을 상대한 제 경험에서 배운 내용을 관리자들에게 말해 줍니다. 그분들이야말로 돈을 벌기 위해 그 일을 하는 거니까요. 보세요, 저는 이 일에 대한 사랑과 열정 때문에 여기에 있는 겁니다. 그런데 프랜차이즈 사장님들은 아마 이렇게 생각할 겁니다. '볼프강의 이름을 내걸면 고객을 끌어올 수 있을 거야. 볼프강 퍽의 식당이라는 것만으로 그들은 줄을 서니까 말이야.' 그러나 그들은 그런 생각이 양날의 검과 같다는 사실을 잊고 있습니다. 제 이름을 내건 식당일수록 고객의 기대가 높아진다는 사실 말입니다."

그의 말이 이어졌다. "그런 기대의 근거는 바로 우수함에 대한 저만의 기준이지요." 그 기준을 요약하면 바로 WELL이 된다. 볼프강Wolfgang, 먹기Eat, 사랑Love, 인생Live의 머리글자를 모은 말이다. "언젠가 출연했던 어느 라디오 쇼에서 제가 한 말입니다. 그분들이 저에게 '인생의 모토가 무엇입니까?'라고 물었고, 제가 '인생, 사랑, 먹기 그리고 좋은 와인 마시기'라고 답했죠. 그것이 저의 기준이자 열정이었습니다. 그리고 이제 저희는 그 기준을 바탕으로 가장 신선하고 자연 친화적인 유기농 재료를 사용하고, 지역의 농부와 제철 음식을 중시하며, 인도적 방식으로 기른 동물로만 음식을 만든다는 원칙으로 발전시켰습니다."

나는 거기에 만족하지 않고 계속 추궁했다. "그러면 그런 기준을 충족시키기 위해 프랜차이즈 업체에 뭐라고 말씀하십니까? 새 매장을 열 때마다 사장님들에게 바라는 기대 수준을 말씀하시는 겁니까?"

그는 놀랍다는 표정으로 나를 보며 말했다. "예, 그렇습니다. 그들에게 스토리를 들려줍니다!"

그는 그 스토리를 나에게도 들려주었다. 초창기 프랜차이즈 식당 중 하나인 애틀랜타 매장에 관한 이야기였다. "저는 아마 개점 첫 주간에 그곳에 머무르면서 모든 직원이 기준을 준수하도록 교육하고, 모든 일이 순조롭게 진행되도록 신경을 썼던 것 같습니다. 개점하자마자 가게 앞에는 사람들이 줄을 섰고, 그들 모두 우리가 생각했던 것의 거의 두 배나 되는 돈을 썼습니다. 그래서 저는 '좋아, 다들 잘하고 있구먼'이라고 생각해서 그냥 내버려 두었죠. 그런데 6개월 후 다른 일로 애틀랜타에 간 김에 그곳에 다시 들러 보고는 깜짝 놀라고 말았습니다. 조지아 아쿠아리움의 음식 공급 계약에 입찰하러 갔던 길이었지요."

볼프강이 잠시 숨을 고른 후 다시 말했다. "제 순서가 돼서 발표를 하고 있었습니다. 그런데 제 말을 듣던 나이 든 양반이 이렇게 말하더군요. '당신네 동네 프랜차이즈 매장 있죠? 거기 문 닫아 버려야 합니다. 열쇠를 문밖에 던지고 잠가 버리세요. 그 매장은 당신의 이름과 어울리지 않아요.' 그 말을 듣고 가만히 있을 수 없어 다음 날 아침 6시에 연락도 없이 가 봤습니다. 역시 샌드위치가 오래되고 말라 있더군요. 상추 겉에는 갈색 반점이 피어 있었고요. 가장 간단한 음식인 시저 샐러드조차 끝이 갈색으로 변해 있는 등 형편없었습니다. 그건 제가 하필 품질이 가장 낮은 음식을 주문했기 때문도 아니었습니다. 그들은 음식 재료를 매일 준비한 게 아니라 사흘에 한 번씩만 마련했던 겁니다. 그편이 더 싸고 편했기 때문이겠죠. 닭을 공급받은 업체도 전혀 예상외의, 바람직하지 못한 곳이었어요. 그 가게는 나와는 전혀 상관없는 매장으로 변해 있었던 겁니다. 정말 당장이라도 프랜차이즈 계약을 끝내 버리고 싶었습니다."

그의 말이 이어졌다. "제 브랜드를 사용하는 모든 매장에 전혀 다른 방식의 자극을 불어넣어야겠다는 생각이 들었습니다. 그래서 이렇게 말했습니다. '제가 왜 새 식당을 개점할 때마다 걱정을 하는지 아십니까? 저는 늘 걱정이 됩니다. 제대로 안 되면 어떻게 하지? 사람들이 어떻게 생각할까? 나는 왜 식당을 또 열려고 하나? 아무도 찾아오지 않으면 어떻게 하지? 그것은 매우매우 어렵고, 굉장히 불안한 마음이 드는 일입니다. 그런데 그런 걱정이 되는 것은 한편으로 매우 좋은 일이기도 합니다. 항상 긴장할 수 있기 때문입니다. 제가 한 말은 여러분에게도 똑같이 적용되는 이야기입니다. 개점 첫날에 모든 사람이 얼마나 긴장하는지 다들 아실 겁니다. 직원들은 모두 환한 얼굴로 손님을 대해야 합니다. 음식은 최상의 품질을 유지해야 하고, 서비스 또한 탁월해야 합니다. 평론가들은 아주 사소한 부분까지 짚어 내기 때문입니다. 개점 첫날에는 모두가 최선을 다해야 하고, 모든 일이 제대로 되어야 합니다.'"

볼프강이 정의하는 '개점 첫날'에는 직원과 고객에 대한 태도까지 포함된다. 그래서 그들 모두가 볼프강 퍽의 가족이라고 느낄 수 있어야 했다. 그는 직원 모두가 에너지와 열정을 품어야 그것이 고객에게 그대로 전달되며, 그들은 언제든지 마치 개점 첫날에 찾아온 평론가처럼 식당의 미래에 중요한 존재가 될 수 있다고 말했다. 그리고 그 손님의 중요성은 어느 한 식당의 미래뿐만 아니라 기업 전체에도 마찬가지라면서 이렇게 덧붙였다. "미시간에 사는 손님도 애틀랜타 매장에 찾아올 수 있습니다. 그러니 그들을 대할 때, 마치 오늘이 개점 첫날인 것처럼 그리고 그들이 평론가인 것처럼 대해야 합니다. 그들에게 이렇게 말하는 겁니다. '아, 미시간에 사시는군요. 저희 매장은 디트로이트 MGM에도 있답니다.' 그 말을 듣고 그 손님이 우리 식당을 찾는다면 아주 기분이 좋을 겁니다. 그것은 두 지역 모두에서 우리에게 좋은 일이 됩니다."

볼프강은 그들에게 또 이렇게 말했다. "우리 식당에서는 매일이 개점 첫날이 되어야 합니다. 우리는 항상 WELL이라는 우리의 기준을 고수하며, 모든 일을 이 기준에 맞춰야 합니다. 여기에 조금만 못 미쳐도 우리는 망합니다."

개점 첫날? 아하, 이제 알겠어! 변화에 대한 열정을 직원들 모두가 품었던 것은 아니지만, 볼프강의 애틀랜타 매장 이야기를 들은 사람들은 갑자기 그 속에 담긴 의미를 깨달았고, 행동에 대한 촉구에 응답했다.

볼프강은 이 스토리의 수혜자는 결국 고객이라는 사실을 깨달았다. 그들은 언제 식당에 들러도 음식뿐만 아니라 볼프강 퍽 레스토랑 개점 첫날의 모든 것을 경험하게 된다. 이 스토리는 단지 기준만을 말하는 것이 아니라, 평론가들이 떠나간 후에도 고객에게 그런 경험을 제공하려면 무엇이 필요한지를 보여 준다. 그들은 개점 첫날의 분위기를 경험하고, 음미하며, 다른 사람에게 전하게 된다.

볼프강은 이렇게 말했다. "많은 사람이 광고에 돈을 씁니다. 그러나 우리는 매일 밤 이 스토리에 따라 우리가 아는 사람들을 최선을 다해 대접해 그들이 다시 방문하게 만듭니다. 이것이 바로 우리가 그분들에게 광고하는 방법입니다."

내가 덧붙였다. "그리고 그들은 모두 당신의 스토리를 전하겠죠. 당신이 그들에게 개점 첫날에 방문한 느낌을 선사했으니까요."

그가 수긍했다. "아까도 말했듯이, 누군가 제게 이런 말을 해 주었으면 좋겠습니다. '볼프강, 그냥 네 이야기를 들려줘, 아주 쉬운 일이야!'"

영웅 스토리 : 노마 카말리
비즈니스 세계에서 내가 아는 사람 중 가장 예측 불허의 인물은 바로 하이패션 디자이너 노마 카말리Norma Kamali다. 그의 부티크 작품은 한 벌에 수백만 원(수천만 원까지는 아니더라도)에 팔린다. 나는 2008년 카말리가 월마트에 의류 상품을 입점하기로 했으며, 가격대는 20달러 이하로 책정했다는 발표를 보고 깜짝 놀랐다. 그 소식을 접하자마자 이런 일이 성사되기까지는 누군가가 다른 누군가에게 스토리를 제대로 전했음이 틀림없다는 생각이 들었다.

내가 카말리를 알게 된 것은 1970년대 중반 그녀가 맨해튼 북부에 작은 상점을 연 무렵이었다. 당시 나는 영화 〈디프〉를 제작하고 있었다. 나는 우리 영화의 스타인 아름다운 재클린 비셋과 함께 카말리를 찾아가 잠수 신에 필요한 수영복을 포함해서 의상에 관한 도움을 받고자 했다. 그러나 안타깝게도 카말리의 수영복은 호피 무늬에 일부러 여러 곳을 잘라 내고 모조 다이아몬드로 장식한, 금빛 찬란한 디자인이었다. 비셋이 맡은 역은 스쿠버 다이버였지 해변의 아름다운 아가씨가 아니었다. 그녀는 확고한 섹스 심벌의 이미지를 가지고 있었지만, 이번 영화에서만큼은 진지한 여배우가 되고 싶어 했다. 누가 봐도 그 비키니는 너무 야했다.

카말리는 스토리는 생각하지도 않고 이렇게 말했다. "아, 그 옷 위에 티셔츠만 한 장 걸치면 되죠, 뭐." 그러나 티셔츠 아래의 '그 옷'은 뚜렷이 눈에 띄었고, 그렇게 해서 역사에 남을 아름다운 여성의 이미지가 연출되었다. 재클린 비셋의 젖은 티셔츠는 너무나 유명해져서 '젖은 티셔츠 경연대회'까지 만들어졌고, 우리 영화가 전국적으로 인기를 끄는 계기가 되었다. 카말리는 패션계의 거물로 성장했고, 코티Coty와 CFDA(미국

패션디자이너협회) 등의 인정을 받아 화장품, 침낭으로 만든 코트에 이르기까지 자신의 브랜드를 확장했다.

그러나 월마트와의 협업은 그녀가 했던 어떤 일보다도 더 뜻밖의 결정이었다. 그녀가 밝힌 배경 이야기가 없었다면 도저히 이해할 수 없는 일이었다. 그녀는 내게 "제가 예쁘다거나 매력적이라고 생각한 적은 한 번도 없었어요"라고 말했다. 그러나 그녀는 패션을 통해 타고난 별난 스타일을 활짝 꽃피울 수 있으며, '예쁜 여자'라고 할 때 떠오르는 전통적인 이미지와는 다르지만, 자신이 그와 동등한 존재가 될 수 있다는 사실을 발견했다. 이런 기술은 그녀의 브랜드를 이루는 기초가 되었다. "나는 패션을 통해 여성들이 자존감을 갖는 데 도움을 줍니다." 그랬기 때문에 월마트가 저소득층 여성을 위한 상품을 디자인해 달라고 요청했을 때, 그녀는 남보다 혜택받지 못하는 사람들에게 도움을 줄 수 있게 되었다는 사실에 흥분을 감추지 못했다.

그러나 문제는 한두 가지가 아니었다. 어떻게 하면 기존의 최고급 고객과 유통업자들을 소외시키지 않으면서 이 가격대의 제품을 디자인할 수 있을까? 그녀의 이런 변신을 미디어에 어떻게 설명해야 할까? 카말리는 자신의 스토리를 곰곰이 되돌아보며 어렸을 적 깨달았던 교훈이 지금도 여전히 유효할 것이라는 결론을 내렸다. '다르지만 동등하다'는 새롭게 시작하는 이 사업의 신조가 되었다.

그녀가 월마트에서 팔기 위해 만든 옷은 기존의 최고급 디자인과는 완전히 달랐다. 급격하게 낮아진 가격대에 맞추기 위해서는 좀 더 유연한 스타일을 추구하고 더 저렴한 소재를 사용해야만 했다. 그러면서도 최고급 고객이 보기에도 훌륭해서 사고 싶은 마음이 드는 옷을 만드는 것을 목표로 삼았다.

그러나 다르지만 동등하다는 이 개념을 어떻게 월마트 공급업체 전체가 숙지하도록 만들 수 있을까? 그들이 하는 일은 그저 옷을 재단하고 봉제하는 것뿐인데 말이다. 그들이 지금까지 해 온 일은 옷을 값싸고 빨리 만드는 것이었다. 그녀는 그들에게 조금만 더 세심하게 공을 들이고 절차를 무시하지만 않으면 저렴한 가격에 높은 품질을 갖춘 상품을 만들 수 있다고 설득해야만 했다. 그러나 그들은 이 바닥에서 잔뼈가 굵은 기득권자들이었고, 기득권자는 좀처럼 변화를 원하지 않는다. 그들을 움직이려면 그들의 마음에 호소해야만 했다. 어떻게 그럴 수 있었을까?

그녀는 먼저 자신의 마음을 들여다보았다. 그녀는 구체적으로 어떤 경험 때문에 월마트용 의류를 디자인하는 이 기회를 받아들였던 걸까? 그녀는 맨해튼의 공립 고등학교에서 학생들이 자신만의 창의적인 비즈니스를 시작할 수 있도록 돕던 시절, 저소득층 어머니들이 해 준 이야기를 기억해 냈다. 그 어머니들은 자신이 입고 있는 옷이 부끄러워 학교 회의에 참석하기는커녕 아이들의 선생님을 만나는 것조차 엄두도 내지 못한다고 했다. 그녀는 그 말만 생각하면 마치 자신의 스토리처럼 생각돼, 이번에 새로 시작하는 '다르지만 동등한' 디자인이 분명히 여성들의 삶에 의미 있는 변화를 안겨 줄 것이라는 확신이 생겼다. 그녀는 새로운 옷을 만드는 공급업자들에게 이런 필요와 기회를 이야기해 주면서 그들이 이 여성들에게 영웅이 될 수 있다고 역설했다. 그들은 이 스토리를 듣고 그녀의 진정한 목적을 이해했다. 그리고 마치 자부심 넘치는 챔피언의 태도를 발휘해 변화를 꺼리는 자신들의 본성을 극복해 냈다.

카말리는 협력업체와 영업직원, 언론을 비롯해 이 새로운 브랜드를 마치 영웅처럼 느끼는 모든 이들에게 똑같은 스토리를 전해 주었다. 그녀가 사는 지역의 월마트에서 이 상품이 처음 선보이던 날, 나이와 체형, 신체 사이즈가 모두 제각각인 직원들이 스스로 인간 마네킹 노릇을 하며 이 상품이 진열된 구역에 서 있었다. 카말리는 이렇게 말했다. "그들은 그 상품을 판매한다는 사실에 엄청난 자부심을 느꼈습니다. 모두가 저소득층 어머니들의 영웅이었으니까요. 저절로 눈물이 흘러나오더군요." 이것이야말로 먹히는 스토리의 힘이다!

노마 카말리의 스토리는 우리가 직접 경험한 생생한 이야기가 어떻게 강력한 이야기가 될 수 있는지, 그리고 그것을 어떻게 비즈니스에도 적용할 수 있는지를 보여 준다. 그러나 개인적인 경험에서 나온 스토리라고 해서 모두 효과를 발휘하는 것은 아니다. 그중에는 전혀 먹히지 않는 것도 있다. 설득력 있는 스토리를 구사하는 사람은 이런 부정적인 스토리를 다루고 극복하는 방법을 안다. 한 발 더 나아가 큰 낭패를 볼 수 있는 이야기조차 유리하게 활용해 오히려 설득력을 끌어낼 수 있다면 금상첨화일 것이다. 이제부터 그 방법을 살펴보자.

Chapter 4

배경 스토리 :
내 이야기를 좌우하는 숨은 요소

1990년대 초 나는 소니 엔터테인먼트의 회장 자격으로 소니의 고위 간부들과 함께 방콕으로 날아가 태국 국왕 푸미폰 아둔야뎃Bhumibol Adulyadej을 만나러 갔다. 당시 태국 사람들은 소니의 광범위한 상품군에 대해 무차별적으로 저작권 침해를 하고 있었고, 이를 저지하는 데 도움을 줄 수 있는 사람은 태국 국왕뿐이었다. 나는 왕과 호흡을 맞춰야 했다. 그에게 우리의 대의명분에 동참해 줄 것을 탄원해야 했다. 태국은 글로벌 저작권 침해 행위에 대항하는 소니의 새로운 전략을 시험할 리트머스 시험지와 같았다.

소니의 수많은 자산 중에서도 내가 담당하는 엔터테인먼트 상품군이 저작권 침해에 가장 많이 노출되어 있었으므로, 이 케이스는 내가 직접 프레젠테이션해야 한다는 것을 알고 있었다. 그래서 비행기 안에서도 소니 코퍼레이션의 미키 슐호프와 과연 어떤 방법으로 접근해야 할지 내내 상의했다. 슐호프는 소니의 회장 오가 노리오의 절친한 벗이자 미국 사업에서 그의 오른팔과 같은 존재였다. 그는 수년 전 소니의 컬럼비아 레코드 인수 작업을 최선봉에서 지휘한 이래, 저작권 침해 문제 해결에 열정적인 관심을 보여 왔다. 이 문제야말로 소니의 음악 사업에 큰 영향을 미치는 일이었기 때문이다. 마침 국왕 자신이 음악가이기도 했으므로, 나는 이 문제를 그가 충분히 공감하는 방식으로 풀어서 이야기할 수 있으리라고 생각했다.

나는 국왕에게 몇 해 전 치앙마이에서 겪은 일을 말해야겠다고 마음 먹었다. 치앙마이 방문 당시 그곳의 한 영화관에서 내가 제작한 〈레인맨〉의 원작 포스터를 손으로 그린 모조품이 내걸린 것을 보았다. 더스틴 호프만과 톰 크루즈가 주연한 그 영화에 대한 태국 관객들의 반응이 궁금했던 나는 영화표를 한 장 사서 사람들이 가득 들어찬 상영관에 들어가 자리를 잡았다. 영상의 화질은 엉망이었다. 아무리 봐도 출처가 불분명하고 미심쩍었다. 완벽한 작품을 만들기 위해 노력한 배리 레빈슨 Barry Levinson 감독에 대해 안타까운 마음이 들었다. 그가 들인 노력이 무의미해졌기 때문이다. 그렇지만 극의 완성도나 뛰어난 연기에 대해서는 태국 관객들도 인정해 주리라 기대했다.

그런데 내 이야기의 클라이맥스는 〈레인맨〉의 오프닝 크레디트가 올라간 지 불과 몇 분 후에 일어난 한 사건이었다. 누군가가 영사기 앞에서 벌떡 일어선 것이다. 그런데 자세히 보니 화면을 가로막고 있는 사람은 영사기 앞에 선 것이 아니라, 바로 스크린 속에 들어 있었다. 알고 보니 누군가가 미국의 상영관에서 몰래 캠코더로 찍은 다음, 그것을 불법으로 복제해서 유통시킨 것이었다. 이런 행위는 한 편의 영화를 만들기 위해 수년 간 노력을 바친 모든 예술가와 제작자들의 경제적 이익을 훔치는, 그야말로 '해적질'이었다. 그런데도 정작 치앙마이 영화관 담당자를 만나 항의했을 때, 그는 그저 어깨를 으쓱하면서 "누구나 다들 그렇게 하잖아요"라고 말할 뿐이었다.

나는 그 이야기로 국왕의 마음에 호소할 생각이었다. 국왕 자신이 음악가이기 때문에, 예술가가 작품으로 자신을 지키지 못한다면 꿈을 포기할 수밖에 없다는 사실을 분명히 이해할 것이라 믿었다. '아직 늦지 않았습니다! 국왕 폐하께서 이미 발효 중인 국제 저작권 침해 금지 법안을 집행하도록 도와주신다면, 우리는 함께 해적 행위를 근절하고, 창작자들의 꿈을 지키며, 예술가와 제작자의 권리를 보호할 수 있고, 그러면 그들은 계속해서 훌륭한 영화와 음악 그리고 기술 혁신을 만들어 갈 것입니다.'

방콕에 도착할 때까지만 해도 나는 이렇게 왕에게 전할 최선의 스토리가 준비되었다고 확신했다. 그러나 국왕의 화려한 궁전을 처음 본 순간, 나의 확신은 한풀 꺾였다. 그것은 강력한 힘을 과시하는 무대와도 같았다. 엄청난 규모의 왕실 영빈관으로 안내되었을 때는, 금방이라도 한쪽에서 율 브리너Yul Brynner(미국 영화배우, 〈왕과 나〉에서 태국의 몽꿋 왕 역을 맡았다. - 옮긴이)가 걸어 나올 것 같았다. 이윽고 내 눈앞에 화려한 색상의 휘장으로 뒤덮인 채 풀을 빳빳이 먹인 흰색 옷을 입은 위대한 인물이 나타났다.

온몸에 식은땀이 좍 흘러내렸다. 저렇게 많은 휘장을 몸에 달고 있는 어른을 마지막으로 본 것은 내가 어린아이였을 때였다. 나는 새로운 학교로 전학 간 지 2주 만에 싸움을 네 번이나 하고 교장실에 끌려갔다. 교장 선생님이 부모님에게 내 싸움의 전후 사정을 자신의 관점에서 말하는 것을 들으며 30분이나 복도에 앉아 있었다. 그 이야기에 등장하는 나의 모습은 완벽한 불량배였다. "아주 못된 녀석입니다. 벌써 세 번이나 다른 아이들과 싸움질을 했어요. 태도 불량입니다. 아이들과 어울릴 마음도 전혀 없어 보입니다."

어울리려 하지 않는다고? 다른 아이들이 나를 괴롭히고 두들겨 팼는데도? 교장 선생님의 이야기에는 상급생들이 나를 패고 점심 값을 뺏어 간 내용은 쏙 빠져 있었다. 나는 그저 내 식판을 꼭 붙들고 있었고, 큰 녀석이 주먹을 휘두르다 제풀에 다친 것뿐이었다. 나는 손도 대지 않았다! 교장 선생님은 그 이야기도 역시 하지 않았다.

나는 도저히 참을 수 없어 감히 나도 할 이야기가 있다는 듯이 나섰다. 그러나 교장 선생님의 눈빛을 보자 그만 말문이 막히고 말았다. 그는 보이스카우트 단장복을 입고 있었고, 가슴에 두른 띠에는 수많은 공로 배지가 아로새겨져 있었다. 나는 그때 그 모습이 상징하는 권위에 주눅 들어 아무 말도 할 수 없었다. 내가 그저 멍하니 입만 벌리고 서 있는 동안, 그는 자신이 만든 스토리에 따라 나를 학교에서 쫓아내 버렸다.

그 일은 30년이 넘는 세월 동안 나의 무의식 속에 파묻혀 있다가, 권위 의식에 찌든 인물이 눈앞에 나타날 때마다 불쑥불쑥 뇌리에 떠올랐다. 그런데 그 기억이 하필 이곳 태국에서 사납게 되살아났고, 나는 어디로 도망갈 수도 없는 처지가 되었다. 이 상황에서는 현실을 어떻게든 이해하고 잘 소화해 내야 했다. 나는 속으로 이렇게 생각했다. '이봐, 이번만큼은 이겨 내자고.'

나는 미리 준비한 스토리를 전력을 다해 쏟아 냈다. 나는 몇 번이고 호흡을 가다듬으며 듣는 사람의 반응을 살폈다. 국왕은 대단히 공감한다는 듯이 내 말을 경청하며 고개를 끄덕이고 미소를 지었다. 오가 회장이 방 안의 반대편으로 고개를 돌렸지만, 중요한 사람은 내 말을 듣는 국왕이었으므로 나는 계속해서 이야기를 이어 갔다.

그때 오가가 내 소매를 잡아당겼다. 나는 속삭이듯이 그에게 말했다. "잠깐만요, 지금 국왕을 거의 설득하기 직전이니까……."

오가도 작은 목소리로 말했다. "거버 씨, 그 사람은 왕이 아니오. 그는 근위병입니다." 그가 눈짓으로 가리키는 곳을 바라보니 방 한쪽에서 구겨진 회색 옷을 입은 사람이 슐호프와 활기차게 이야기를 나누고 있었다. "저분이 국왕이십니다."

이런 맙소사! 순간, 머리를 세게 얻어맞은 느낌이 들면서 눈앞이 캄캄해졌다. 근위병의 제복에 달린 휘장은 마치 불쏘시개에 성냥을 갖다 대듯이 어린 시절의 트라우마를 상기시켰고, 주의력과 판단력을 마비시켰다. 나는 과거의 스토리에 사로잡힌 나머지 엉뚱한 사람에게 장황한 이야기를 늘어놓고 말았다.

다행히 나는 얼른 정신을 차리고 결례를 범했다고 진짜 왕에게 고백

했다. 그는 빙그레 웃음을 지었다. 그리고 불법 복제에 관한 치앙마이에서의 나의 경험담을 묵묵히 들어 주었다. 국왕은 한숨을 내쉬더니 이번에는 자신의 이야기를 들려주었다. 어떤 나라의 통치자가 자국의 전통 음악을 연주했고, 그의 자랑스러운 연주가 담긴 CD는 무려 6만 5천 장이나 팔렸다는 이야기였다. 그가 말했다. "안타깝게도 그중 5만 5천 장이 해적판이었답니다. 그리고 그 통치자는 바로 저 자신입니다. 내 나라에서 내 음반도 지키지 못했는데, 내가 어떻게 당신들을 도와줄 수 있겠소?"

아뿔싸! 완벽하다고 생각했던 내 이야기가 그렇게 완벽하지는 않았는지도 모르겠다. 어쨌든 이야기는 신기한 방향으로 흘러갔다. 결국 내 이야기는 효과가 있었다. 다만 천천히 진행되었을 뿐이다. 몇 달 후 태국 국왕은 정부에 지적재산권에 관한 법 집행을 지시했다. 그러니 내가 준비했던 이야기는 결과적으로 당초의 목적을 달성한 것이다. 그러나 개인적으로는 '어떤 사람의 무의식 속에 숨겨진 이야기는 그 사람의 집중력을 흐트러뜨리고 불안을 야기하며, 열정을 꺾고 성공을 가로막을 수 있다'는 뼈아픈 교훈을 얻었다.

배경 스토리의 잠재력, 시한폭탄인가 숨은 보석인가?

설득력 있게 먹히는 스토리에 관한 이 책에서 내가 태국에서 겪은 불운을 떠올리다 보니, 그날 내 머릿속에서

도대체 무슨 일이 일어났던 것인지 의문을 품지 않을 수 없다. 한 개인의 과거에 일어난 사건이 그렇게 깊이 숨어 있다가 수십 년이 지난 후에 갑자기 되살아나 낭패를 보게 만드는 일이 과연 어떻게 가능한 것일까? 그런 기억을 없애거나 진정시킬 방법은 없는 것일까? 나아가 다른 사람들도 내가 가지고 있던 시한폭탄과도 같은 기억을 가지고 살아가는 걸까? 만약 그렇다면, 거기에 굴복할 것이 아니라 오히려 그 배경 스토리를 긍정적으로 활용할 방법은 없을까?

이런 의문을 풀기 위해, 친분이 있는 디팩 초프라Deepak Chopra를 UCLA '서사의 세계 탐구' 강좌에 초빙해 무의식에 숨겨진 배경 스토리라는 현상에 관해 함께 토론했다. 베스트셀러 작가이자 초프라 행복 센터Chopra Center for Wellbeing의 창립자인 디팩 초프라는 이야기의 치유 효과를 인정하는 의사였다. 오늘날 주류 의학계에서도 널리 받아들여지고 있는 이 치료법은 인간 무의식의 배경 스토리가 모든 사람에게 영향을 미치고 괴로움을 안겨 준다는 과학적 증거를 근간으로 한 것이었다. 초프라는 정도의 차이가 있을 뿐, 배경 스토리는 언제나 존재한다고 말했다. 그러므로 스토리텔러는 자기 자신의 배경 스토리뿐만 아니라 듣는 사람의 배경 스토리까지 세심하게 살펴야 한다는 것이다.

그의 설명에 따르면 우리가 과거에 경험하고, 상상하며, 갈망했던 다양한 요소가 배경 스토리가 되어 우리의 기억 속에 자리 잡게 된다. "스토리는 바로 이런 생각을 중심으로 만들어집니다. 그리고 우리는 그 스토리에 따라 살면서 그것을 인생이라고 부르죠." 그는 배경 스토리만 알면 한 사람의 미래를 점칠 수도 있다고 말했다. "왜냐하면 우리는 과거의 경험에 사로잡혀 각자의 스토리를 반복하려는 경향이 있기 때문입니다." 그리고 이런 반복이 낳는 결과는 개인적 스토리의 속성이 어떠한지에 따라 긍정적일 수도, 부정적일 수도 있다.

초프라는 긍정적인 스토리의 예로 어린 시절 그의 어머니에게 들은 이야기를 전해 주었다. "'지혜의 여신이 있고, 부의 여신이 있단다. 네가 지혜의 여신을 따른다면, 부의 여신이 질투해서 너를 따라올 거야.' 저는 이런 상상 속의 신들과 사귀었고, 그들과 관련된 저만의 스토리에 따라 살아왔습니다." 이렇듯 신들과 맺은 관계는 그의 생생한 배경 스토리의 근간이 되었다.

오랫동안 초프라를 지켜본 나는 그가 결코 지혜의 여신을 추구하는 일을 포기하지 않았음을 증언할 수 있다. 그 결과 여러 차례 부의 여신이 그를 방문한 것도 사실이었다. 그러나 어린 시절에 들은 신화가 그토록 막강한 힘을 발휘한다면, 어째서 어린 시절에 비슷한 동화를 들은 사람들이 커서 모두 디팩 초프라처럼 성공하지 못하는 것일까?

그는 그 이유가 내가 교장 선생님 앞에서 느꼈던 무력함과 같은 부정적 기억이 상상력을 뒤덮는 것은 물론이고 행복한 삶을 향한 열망마저 압도하고 말살하기 때문이라고 설명했다. "새로운 이야기를 말하는 방법을 찾아낼 때 사람은 누구나 한계를 극복하고 비로소 비범해질 수 있습니다." 이것은 스토리의 바탕이 되는 경험을 바꾸는 것이 아니라, 마음속으로 배경 스토리의 패턴과 영향력을 무너뜨리는 새로운 맥락과 새로운 의미를 만들어 내는 것을 뜻한다. 그렇게 해서 새롭게 탄생한 스토리는 '현재의 상황과 미래를 이어 주는 가능성의 다리'가 된다.

초프라는 이런 일이 어떻게 일어나는지를 보여 주기 위해 의학에서 말하는 플라세보placebo 효과와 노세보nocebo 효과를 예로 들었다. 플라세보, 즉 가짜 약 요법은 만성 통증에서 암에 이르는 광범위한 질병을 치료하는 데 약 30퍼센트의 성공률을 보이는 것으로 입증되었다. 또 약효가 입증된 약물과 비교해도 약 3분의 1 정도의 효능을 발휘하는 것으로 알려졌다. 다시 말해, 약물에 대한 믿음은 실제로 입증된 가치와 상관없이 치료 효과를 눈에 띄게 증가시킨다. 반대로 노세보 효과란 약물이 아무 소용 없을 거라고 믿을 때 실제로 효능이 뚜렷이 감소하는 현상을 말한다.

초프라는 이렇게 설명했다. "환자의 치료 효과를 결정하는 것은 가짜 약 그 자체가 아니라 그것에 관한 스토리입니다. 약이 아니라 환자가 듣게 되는 스토리가 결과를 결정합니다." 초프라는 제약 회사들이 TV 광고를 제작할 때도 이런 효과를 염두에 둔다고 말했다. 그들은 플라세보 반응을 불러일으키기 위해 약물의 잠재적 효능에 관해 감정에 호소하는 스토리를 엮어 낸다. 그러나 FDA의 의무 사항인 부정적 효과에 관해서는 딱딱하고 무미건조한 방식으로 나열해 보는 사람의 눈에 잘 띄지 않게 배치한다.

개인적인 이야기가 신체에 얼마나 강력한 위력을 발휘하는지 보여 주기 위해, 초프라는 우리 수업에서 외과 의사였던 자신의 아버지가 영국령 인도 제국 군대에서 군의관으로 근무하면서 치료한 한 병사의 이야기를 해 주었다. 그 병사는 말하는 능력을 상실한 환자였는데, 의사들은 그가 뇌졸중을 일으킨 것으로 판단했다. "그러나 그 병사의 전후 사정을 자세히 살펴본 아버지는, 그가 몇 주 전에 고향에서 온 편지를 통해 어머니의 부고를 접했다는 사실을 알아냈습니다." 그 병사는 직속상관에게 가서 이렇게 말했다. "휴가를 내고자 합니다. 어머니께서……." 그러나 상관은 그가 미처 말을 끝맺기도 전에 병사의 요청을 거절했다. 병사는 소령, 대령, 그 위까지 찾아갔지만 결국 그 누구도 그가 어머니께서 돌아가셨다는 말을 끝까지 마무리하게 허락해 주지 않았다.

초프라가 말했다. "마침내 그 사나이는 말을 잃어버렸습니다. 그의 무의식은 '소용없어, 아무도 내 말을 듣지 않아'라고 말하고 있었던 거죠. 그래서 아버지는 그 환자에게 가서 이렇게 말했습니다. '어머니께서 돌아가셨다고 들었네. 어떻게 된 건가?' 그 말을 듣자마자 병사는 울음을 터뜨렸고, 그리고 이내 말문이 트였습니다. 그의 몸이 무의식 속 이야기에 사로잡혀 있었던 겁니다."

최근에 스토리의 효과에 관해 배운 모든 내용을 종합해 보았을 때, 우리의 의식과 신체는 하나로 연결되어 있으며, 우리가 그것을 인식하든 그렇지 않든 스토리는 그 연결 회로에 직접적으로 작용한다. 말하는 사람이나 듣는 사람의 배경 스토리는 언제든지 활성화될 준비를 한 채 의식의 표면 아래 감춰져 있다. 내가 태국에서 어려움을 겪은 것은 바로 이런 배경 스토리의 위험을 간과했기 때문이었다. 사실 배경 스토리를 부인하거나 피하려 할수록 우리는 거기에 더 큰 영향을 받게 된다. 그러나 초프라는 우리가 적극적으로 대처한다면 이 가장 위험한 시한폭탄도 소중한 보물로 바꿔 낼 수 있다고 말했다.

나를 좌우하는
배경 스토리 다스리기

　　　　　　　　초프라의 말을 듣자 커다란 장애로 작용할 수도 있었던 개인적인 배경 스토리를 극복하고 큰 성공을 거둔, 내가 아는 기업가와 리더들이 떠올랐다. 이런 뛰어난 인물들이 겪은 극심한 빈곤이나 가정 파탄, 추방, 상실 등의 스토리에 비하면 내가 학교 불량배들에게 시달렸던 경험은 아무것도 아니었다. 그러나 이들은 과거의 고통스러운 경험이 만들어 낸 부정적인 이야기를 차단하고 긍정적인 미래를 위한 새로운 이야기를 씀으로써 자신의 인생을 새롭게 개척했다. 디자이너 노마 카말리가 어린 시절에 자신을 긍정적으로 여기려는 열망을 품었던 것처럼, 이 리더들은 자신이 어린 시절 겪은 좌절의 이야기로부터 오히려 설득력 있는 새로운 이야기를 끌어내고 말하며, 이를 반복함으로써 자신만의 브랜드 스토리로 승화시킬 수 있었다. 이처럼 내가 아는 가장 강력한 리더와 기업가들은 젊은 시절 겪은 고난의 스토리를 오히려 성공의 근간으로 삼았다. 그들은 아픔과 좌절에 관한 자신의 배경 스토리를 조직 경영의 노하우로 바꾸고, 그것을 자신의 제국을 건설하는 원동력으로 삼았다.

구세군 이야기 : 존 폴 디조리아

연쇄 창업가 존 폴 디조리아John Paul Dejoria야말로 그런 경이로운 인물 중 한 명이다. 오늘날 그의 주력 회사 존 폴 미첼 시스템스는 전 세계에 존재하는 9만 개의 미용실을 통해 90여 종이 넘는 상품을 판매하며 연간 6억 달러에 달하는 매출을 올리고 있다.

그러나 약 60년 전, 어린 시절의 존 폴은 그리스 이민자 출신의 독신 녀인 어머니 그리고 형과 함께 로스앤젤레스 인근 에코파크에서 살았다. 어머니는 크리스마스 선물을 사 줄 형편도 되지 않았지만, 두 아들이 크리스마스 쇼윈도에 진열된 기계식 꼭두각시 구경하는 것을 좋아해 전차를 타고 불럭 백화점으로 갔다.

존 폴이 다섯 살 되던 해에 어머니는 네이비색 제복을 입고 백화점 앞에서 실버벨을 울리는 여성을 가리켰다. 그녀는 존 폴과 일곱 살 된 그의 형에게 말했다. "얘들아, 저기 종을 울리는 숙녀분이 보이지? 여기 10센트 동전을 하나 줄 테니 저기 가서 그녀 앞에 놓인 양동이에 집어넣으렴."

존 폴은 이해할 수 없었다. 1950년대에 10센트는 가진 것 없는 어린이에게는 엄청나게 큰돈이었다. 왜 그 돈을 주어야 한단 말인가?

어머니는 그에게 말했다. "저분들은 구세군이야. 저분들이 이 돈을 우리보다 더 궁핍한 사람에게 줄 거란다. 살다 보면 항상 우리보다 더 어려운 사람이 있게 마련이야. 아무리 힘들어도 언제나 이웃과 나누려고 애써야 한다. 우리한테 큰돈이라는 것을 엄마도 알지만 그만큼 그 사람들한테도 더 요긴하게 쓰이겠지."

존 폴은 어머니의 말씀을 듣고 곰곰이 생각해 보았다. 그리고 형과 함께 그 10센트 동전을 양동이에 집어넣는 순간, 결코 잊을 수 없는 전율을 맛보았다. 그때 이후로도 그는 힘겨운 어린 시절을 보냈다. 초등학생 시절부터 새벽 3시에 일어나 신문을 접어 배달했다. 아홉 살 되던 해에는 집집마다 돌아다니며 크리스마스카드를 팔았다. 나중에는 백과사전을 팔기도 했다. 그는 미 해군 예비대U.S. Naval Reserve에 입대하기도 했고, 자동차 연료 주입에서 자전거 수리까지 닥치는 대로 일을 하면서도 결국 노숙자 신세를 면하지 못한 때도 많았다. 그러나 이렇게 갖은 고생을 하면서도 어머니가 말씀해 주신 이야기, 즉 아무리 성공해도 남과 나누지 못한다면 실패나 다름없다는 메시지를 한 번도 잊은 적이 없었다. 그리고 30년이 흐른 후 하와이에 있는 내 집에 찾아왔을 때, 존 폴은 결국 그 배경 스토리 덕분에 자신이 가난에서 출발해 큰 부를 이룰 수 있었다고 말했다.

존 폴 디조리아는 30대 초반에 헤어스타일리스트 폴 미첼Paul Mitchell과 함께 새로운 모발 관리 제품을 개발한 후, 단돈 700달러를 빌려 상품을 출시했다. "첫 2주 동안은 자동차 안에서 잠을 잤습니다. 처음에는 스타일리스트를 사로잡을 상품과 스토리 단 한 가지를 가지고 사업을 시작했죠." 두 사람은 미용실에서 일했던 경험에서 핵심 스토리를 끌어내, 직접 미용실을 운영하며 열심히 일하는 스타일리스트들에게 들려주었다. 그들은 돈과 시간이 모두 쪼들리는 사람들이었다. 디조리아는 그들에게 말했다. "여러분은 세면대에서 고객의 모발을 컨디셔닝하고 머리에 바른 다음, 10분간 기다렸다가 헹궈 냅니다. 10분이 지나 물을 더 부으면 컨디셔너가 다 날아가 버리죠." 이렇게 그들과 경험을 공유하고 있다는 것을 보여 준 후, 어떻게 하면 이런 문제를 극적으로 해결할 수 있는지를 이야기했다. "저희 제품은 미용 업계가 오랫동안 기다려 온 잔류 컨디셔너 개념입니다. 머리를 자를 때도 가위질이 더 쉬워지죠. 모발이 훨씬 깔끔하게 잘립니다. 드라이할 때쯤이면 이미 컨디셔닝이 끝나 있어요." 이는 필요를 채워 주는 스토리였다. "제 필요가 아니라 그들의 필요를 말이죠."

그는 미용실 주인들에게 제품 매출을 보장하는 결정타를 날렸다. 판매하다 남은 재고는 반품하면 전액 환불받을 수 있다고 말했다. 그러니 그들로서는 이 제품으로 손해 볼 일이 전혀 없는 셈이었다. 물론 그 스토리는 디조리아의 어머니가 들려주고 자신이 실천한 10센트 동전 이야기를 그대로 물려받은 것이었다. 이 두 스토리의 바탕에 놓인 이상은 더 큰 대의를 위한 헌신이었다.

디조리아는 어린 자신에게 깨달음을 준 스토리를 자신이 만든 모든 상품에 다양하게 반영했다. 그 결과 탄생한 제품이 패트론 테킬라Patrón tequila(재활용 포장재를 쓰며 멕시코 수공예 장인들에게 일감을 제공한다), 존 폴 애완동물 제품(동물을 시험 대상으로 삼는 것이 아니라 동물에 의한, 동물을 위한 시험을 거친다) 등이다. 그러면 이 스토리가 디조리아에게 안겨 준 금전적 이득은 어느 정도일까? 〈포브스〉에 따르면, 그는 40억 달러가 넘는 순자산을 보유하고 있다. 자동차에서 숙식을 해결하던 사람치고는 꽤 괜찮은 결과 아닌가?

홀로코스트 이야기 : 진 시먼스

그룹 키스KISS의 '디먼The Demon'으로 더 유명한 전설적인 록스타 진 시먼스Gene Simmons는 배경 스토리를 극복해 낸 또 한 명의 인물이다. 최근 그는 괴성을 지르는 6만 명의 칠레 팬들 앞에서 찍은 사진을 휴대폰 이메일로 보내왔다. 이 남자는 수명이 짧기로 악명 높은 이 업계에서 예순을

코앞에 두고 있는 지금까지, 인생의 거의 절반이 넘는 기간 동안 세계적인 아이콘의 자리를 지켜 왔다! 그는 또 수십 편의 영화와 TV 쇼에 출연했고, 자신이 직접 리얼리티 쇼를 진행하기도 했다. 그러나 이런 왕성한 기업가 정신을 발휘하면서 실패도 여러 차례 맛보았는데, 안타깝게도 그중에는 내가 참여한 일도 있었다.

1970년대에 나와 함께 카사블랑카 레코드 앤드 필름웍스를 운영했던 닐 보가트Niel Bogart가 아주 멋진 아이디어를 제시했는데, 그것은 바로 키스의 멤버 네 명 모두의 솔로 앨범을 동시에 발매하자는 것이었다. 나도 그 생각이 마음에 들었다. 물론 그것이 키스 앨범 하나를 발매하는 것에 비해 네 배의 돈을 벌 수 있는 뻔한 술책이기는 했지만 말이다. 그런데 진 시먼스는 이 계획에 회의적이었다. 밴드 구성원 모두가 솔로 역량을 가지고 있지는 않았기 때문이다. 그러나 할리우드야말로 탐욕의 본고장으로서, 그 어떤 것도 우리를 막을 수는 없었다. 우리가 금을 가져다주면 대중은 그것을 백금으로 바꿔 놓았다. 다행히 시먼스는 손실을 입어도 어쩔 수 없다고 생각하고 있었다. 우리가 저지르는 도박이 잘못되면 후회할 것이냐는 내 물음에 그는 이렇게 답했다. "나는 위험을 타고난 녀석입니다." 그는 원래 홀어머니와 함께 이민해 온 아들이었고, 그 사실을 결코 잊은 적이 없었다.

키스가 아무리 흥망성쇠를 거듭해 왔다고 해도, 진 시먼스라는 사람의 명성이 앨범 판매와 라이센싱을 이끌어 가는 원동력이라는 사실에는 변함이 없었다. 그의 집에 있는 드넓은 사무실은 키스와 관련된 상품과 서비스를 보여 주는 살아 있는 박물관이었다. 그곳에는 코믹스에서 장난감, 생활용품, 책, 트로피 그리고 모든 형태의 수집품이 거대한 창고 크기의 구석구석을 가득 채워 보는 이들의 시선을 압도하고 있었다. 우리는 바로 그곳에서 만나 그의 성공 비결을 이야기했다.

시먼스는 단도직입적으로 말했다. "어머니가 자신의 삶을 통해 나에게 들려준 이야기야말로 내가 하는 모든 일을 서로 연결 짓고 걸러 주는 역할을 했습니다. 어머니는 헝가리에서 태어나, 열네 살에 나치 독일의 강제수용소에 갇혔습니다. 어머니는 저에게 가족 모두가 사망하는 끔찍한 과정을 모두 지켜보신 일과, 살아남기 위해 열네 살에 사령관 부인의 미용사 노릇을 했던 일을 모두 이야기해 주셨습니다."

그보다 더 어두운 배경 스토리가 없을 정도였다. 그러나 진 시먼스는 그 이야기에 파묻히기를 거부하고 오히려 그것을 자신의 의지를 더욱 결연히 다지는 계기로 삼았다. 그의 개인적인 사명은 '어떤 역경이 다가와도 살아남으리라, 내가 카멜레온이 되는 한이 있어도'가 되었다. 그는 이렇게 말했다. "제 인생은 좌충우돌의 연속이었습니다. 그래서 저는 유연한 태도를 보여야 했지요. 그러나 저의 정체성은 밖이 아니라 제 안에 있습니다. 저는 제가 가야 할 길을 잘 알고, 제가 확신하는 내용만 말할 것입니다."

시몬스는 고향인 이스라엘에서 미국으로 건너온 후 생존이 훨씬 더 흥미로운 양상으로 변한다는 것을 깨달았다. "TV와 영화는 엄청난 문화적 충격이었습니다. 미국에 오니 하늘을 날아다니거나, 마스크를 쓴 사람이 화면에 등장했지요. 만화책과 공포영화도 있었습니다. 이곳에서는 모든 것이 요란했어요." 시몬스는 성공하기 위해서는 자신도 요란법

석을 떨어야겠다고 생각했다. 그리고 이제 생존을 위한 그의 열망은 성공을 향한 야망과 맞아떨어졌다. "누군가가 내 앞길을 막아서는 것도 용납할 수 없지만, 내 잘못으로 성공에 이르지 못한다면 더더욱 참을 수 없다고 생각했습니다."

지금도 어머니가 겪은 홀로코스트 이야기는 시먼스의 삶을 이끄는 힘이지만, 그는 이미 오래전에 이 역경의 스토리를 자신의 장점으로 승화시켰다. 물론 그는 의도적으로 그 스토리의 영향을 받으면서 살아왔지만, 그것 때문에 완전히 주저앉은 적은 한 번도 없었다. 그는 새로운 일을 벌일 때마다 이 스토리를 주변에 이야기했고, 그것을 교훈 삼아 비즈니스에서 모든 달걀을 한 바구니에 담지 않으려고 노력했다. 그는 파트너에게 노골적으로 말한다. "이제 우리 둘밖에 없소. 앞으로 함께 울고 웃는 거요." 그러나 그는 그런 유대감을 강조하면서도 사업의 이익은 철저하게 구분했다. 진 시먼스는 자신의 노력을 상호 보증하거나, 한꺼번에 전부를 거는 일이 결코 없다. 이렇게 한다고 실패를 완전히 피할 수는 없지만, 어머니의 스토리에서 알 수 있는 위험의 불가피성을 인식함으로써 손해를 최소화할 수는 있다. 이 배경 스토리 덕분에 시먼스는 실패를 맞이해도 허물어지지 않고 다시 일어날 투지를 발휘할 수 있었다. 그리고 그런 회복력은 그의 브랜드와 경력에 도약대가 되어 주었다. 시먼스는 어떤 일을 겪더라도 다시 살아날 것이다.

사자가 자신의 스토리를 말하지 않는다면, 사냥꾼이 대신 말할 것이다

불행히도 우리의 앞길을 막아서는 배경 스토리 중에는 다른 사람이 이야기해 준 것들이 있다. 그런 이야기(대개는 과장된)는 우리의 통제를 벗어나 어찌할 수 없는 것처럼 보이기도 한다. 그러나 우리는 위험천만하게도 이 스토리 또한 무시한다.

'사자가 자신의 스토리를 말하지 않으면, 사냥꾼이 대신 말한다'는 아프리카 속담을 생각할 때마다 소니 시절에는 왜 이 교훈을 깨닫지 못했을까 하는 아쉬움이 든다. 1990년대에 우리가 맞서 싸워야 했던 사냥꾼은 미국 언론이었고, 그들은 내가 문을 열고 들어서기도 전에 이미 스토리텔링이라는 창을 날카롭게 갈아 두고 있었다.

그 시절에는 유튜브는 물론이고 블로그나 회사 홈페이지도 없었다. 미국의 거대 기업과 대중을 이어 주는 유일한 통로인 주류 언론이 모든 스토리의 내용과 유통을 장악하고 있었다. 그런 와중에 일본의 거대 기업 소니가 미국의 상징이라 할 컬럼비아 픽처스 엔터테인먼트를 인수하고 나를 CEO 자리에 앉혔으니, 나는 모든 언론에서 미국을 팔아넘긴 대표적인 인물이 되고 말았다. 나의 상사인 일본인 기업주부터 이 사건이 재계에서도 중요한 스토리라는 개념을 무시해 버렸으므로, 나는 언론이 말하고 싶은 대로 그냥 놔두는 수밖에 없었다. 거대 언론과 싸워 봤자 아무 소용 없다고 생각했지만, 그것은 나의 첫 번째 실수였다.

1995년, 나는 회사를 떠난 후 소니와 함께 멀티미디어 회사 만달레이를 설립했다. 그리고 15년이 지난 지금까지 이 회사를 이끌고 있다. 그와 동시에 나는 소니의 엔터테인먼트 분야 투자에 관한 언론의 스토리에서도 벗어난 줄 알았다. 그러나 내가 이렇게 물러났음에도 소니 코퍼레이션의 오가 회장은 자신이 소니라는 글로벌 제국의 회장으로 올라서는 기반을 마련하기 위해 기업의 회계를 정리하는 작업에 착수했다. 그는 "물러나는 분의 후임에게 건전한 환경을 마련해 주려는" 목적이라고 주장했다. 그래서 그는 회장 임기가 끝나는 시점에 27억 달러에 이르는 자산을 상각했고, 내가 소니를 떠난 지 불과 2주 후에 이 사실을 발표했다.

이 금액의 상당 부분은 소니가 6년 전 컬럼비아에 제공한 초과 지급액이 반영된 것이었다. 물론 나는 CEO로서 내린 결정에 모든 책임을 질 준비가 되어 있었고, 내 임기 말에 재정적으로 상당한 손실이 있었다는 사실도 분명했다. 그러나 상각액의 상당 부분은 소니가 우리 회사를 인수해 나를 합자 법인의 CEO로 임명하기 전에 발생한 인수 비용이었다.

그러나 내가 소니를 떠난 시점과 내가 지분에 참여했다는 사실, 그리고 상각 발생 시점이 공교롭게도 맞물린 탓에, 두 명의 작가가 언론에 의해 유명해진 스토리를 책으로 펴내 마음껏 활용하겠다고 마음먹게 되었다. 나는 그 내용을 부각하기도, 입증해 주기도 싫었으므로 그들의 계획에 협조하지 않았다. 이것이 두 번째 실수였다. 투 스트라이크를 당한 셈이다.

내가 별말이 없자 그 작가들은 내가 등장하는 부분을 자기들 마음대로 썼다. 그리고 이 일은 훗날 나에게 치명적인 손해를 끼치게 된다. 그 책은 나의 비즈니스 파트너였던 존 피터스Jon Peters와 나를 터무니없는 행동을 일삼는 자들로 묘사했다. 심지어 존 피터스는 소니에서 아주 짧은 시간 머물다가 바로 떠났는데도 말이다. 게다가 그 기간에 회사가 이뤄 낸 수많은 성공도 무시했다. 예를 들어, 1992년 소니 픽처스의 매출은 소니가 컬럼비아를 인수한 1989년에 비해 33퍼센트나 증가한 24억 달러에 이르는 등 높은 수익을 기록했다. 물론 4년간의 CEO 재임 기간 마지막 해에 손실이 있었던 것은 사실이지만, 엔화의 달러 대비 절상 같은 요인도 책에는 언급되지 않았다. 1993년 한 해에만 환율 변동으로 소니의 순수익이 70퍼센트나 감소했다. 이런 갑작스러운 금융위기를 상쇄할 정도의 박스오피스 흥행 성적을 거두려면 거의 슈퍼맨이 되어야 했다. 이뿐만이 아니었다. 기존 채무에 대한 이자 상환액은 연간 3억 달러에 달했고, 소니의 인수에 따른 '영업권 상각액'도 매년 1억 달러씩 40년간 상환해야 했다.

그런데도 나는 아직 이들이 퍼뜨린 스토리에 반박은커녕, 더 중요하게는 내 입장에서의 스토리도 밝히지 않고 있었다. 나는 그저 화만 내면서 그들과 언론, 출판사, 심지어 그 스토리를 사실로 믿고 계속해서 확산시키는 독자들에게까지 비난을 퍼부었다. 나는 그들이 이야기하는 배경 스토리에 나 자신을 그저 내맡기고만 있었다. 이제 삼진 아웃을 당한 것이다.

그제야 이런 사태가 벌어진 것은 오로지 내 탓이라는 사실을 깨달았다. 그들이 자신만의 스토리를 퍼뜨리고, 팔고 다니는 일을 막을 수는 없다 하더라도, 최소한 나의 스토리를 적극적으로 알리는 노력을 했어야 했다!

그 점을 깨닫고 나자 모든 일이 달라졌다. 나는 모든 질문에 당당히 응대하고, 앞으로의 사업 활동에 관해서도 내가 먼저 대화를 이끌었다. 분명하지만 침착한 태도로 잘못된 정보를 고쳐 나가면서도 사실상 나의 실수를 솔직히 인정하는 태도를 보이자, 나의 감정도 예전처럼 언론에 마구 휘둘리지 않게 되었다.

지난날 성공을 향한 길을 가로막았던 모든 일이 그랬듯이, 이번 일도 나에게 매우 유용하지만 뼈아픈 교훈을 한 가지 남겨 주었다. 그것은 바로 청중이 나에 대해, 또는 나의 상품이나 사업에 관해 부정적인 스토리를 가지고 있을 때는 거기에 당당히 맞서야 한다는 것이었다. 유명 작가 살만 루슈디Salman Rushdie가 이런 말을 한 적이 있다. "자신의 삶을 지배하는 스토리를 제어하고, 교정하고, 다시 생각하고, 재구성하고, 조롱하며, 그것을 바꿀 힘을 지니지 못한 사람은 사실상 무기력한 사람이다. 그들은 새로운 생각을 하지 못하기 때문이다." 한 번 사람들이 나를 제멋대로 말하게 내버려 둔 뒤에 다시 그 통제권을 되찾아 오려면 두 배의 노력이 필요하다.

이 교훈은 디지털 미디어가 지배하는 이 시대에 그 중요성이 더욱 두드러진다. 부정적인 스토리가 온라인에 돌아다니기 시작하면 반드시, 그리고 즉각 그 이야기를 바꿀 필요가 있다. 바로 그런 이유로 2009년 말, 블로거들이 리처드 로젠블랫이 설립한 디맨드 미디어Demand Media를 디지털 콘텐츠 제작의 악당으로 묘사하는, 자칫 치명적일 수도 있는 스토리를 퍼뜨리기 시작했을 때, 그는 즉각 행동에 나섰고, 팀을 결집해 자신의 회사를 다시 영웅으로 만드는 스토리를 전하는 데 전력을 기울임으로써 역전을 이뤄 냈다.

1만 명이 넘는 자유 기고가를 고용해 매일 4천 건이 넘는 창작 콘텐츠를 생산하는 디맨드 미디어의 역량을 두고 수많은 논쟁이 일어났다. 적대적 스토리의 핵심은 디맨드 미디어가 '콘텐츠 공장'이라는 것이었다. 이런 논쟁에 불을 지핀 것은 《와이어드》 매거진에 실린 한 기사였다. 거기에는 디맨드 미디어의 제작 시스템을 20세기 초 헨리 포드의 자동차 생산 공정과 비교하는 내용이 실려 있었다. 이 스토리는 각종 파티 석상에서 입에서 입으로 전해져 회사 전체에 퍼져 나갔다. 로젠블랫은 나와 달리 공세를 퍼붓는 사람들의 에너지를 사로잡는 기지를 발휘해 자신에게 유리한 방향으로 전세를 뒤집었다.

당시 로젠블랫은 나에게 이렇게 말했다. "헨리 포드는 회사 내부의 생산 공정을 비밀에 부쳤습니다. 저는 우리가 일하는 방식을 이야기하는 방법으로 그들의 비판에 맞설 겁니다. 우리 플랫폼에서는 매달 30억 건의 대화가 오갑니다. 디맨드가 운영하는 가치사슬의 한편에는 수천 명의 콘텐츠 제작자들이 있는데, 그들은 이구동성으로 디맨드 미디어가 자신과 가족 그리고 그들의 경력에 영웅과 같은 존재라고 말합니다. 저는 그들의 이야기를 성명서에 담아 비판에 대처하겠습니다."

로젠블랫은 성명서가 콘텐츠 제작자들에게도 자극제가 되었다고 말했다. 그것은 그의 팀이 말할 공식적인 스토리이기도 했지만, 그들 각자가 다른 사람에게 전할 스토리와 대화를 전혀 제한하지도 않았기 때문이다. 성명서의 첫 번째 목적은 물론 '헨리 포드의 생산 공장에 빗댄 스토리와 그들이 우리에게 뒤집어씌운 오명'을 반박하는 것이었지만, 동시에 그것은 디맨드 미디어라는 사업의 폭과 깊이를 온전히 반영하는 것이어야만 했다.

궁극적인 목적은 꼭 비판자들의 생각을 바꾸자는 것이 아니라 디맨드의 가장 중요한 청중, 즉 콘텐츠 제작자와 소비자들의 입에 오르내릴 새로운 이야기를 내놓는 것이었다. 로젠블랫은 말했다. "이 일은 두고두고 우리 입에 오르내릴 것입니다. 그리고 앞으로 있을 더욱 큰일의 기초가 되겠죠. 이 이야기는 세상에 퍼져 나갈 겁니다. 그러나 그들이 말하는 대로가 아니라 우리가 원하는 대로 퍼지는 거죠."

상대방의 배경 스토리에 올라타기

2008년 9월이었다. 벨에어 호텔Bel-Air Hotel 정원에서는 〈결혼행진곡〉의 선율이 흐르고 있었다. 그러나 신부도 신랑도 전부 남자였고 주례는 바로 앨리스 워커Alice Walker(미국의 여류작가, 시인 – 옮긴이)였다. 그리고 그 자리에는 퀸시 존스, 오프라 윈프리를 비롯해, 앨리스에게 퓰리처상을 안겨 준 작품 《컬러 퍼플》이 영화화되었을 때 함께 참여했던 수많은 스타가 하객으로 참석했다. 우리는 스콧 샌더스Scott Sanders의 결혼을 축하하기 위해 그 자리에 있었다. 그는 존스 및 윈프리와 함께 《컬러 퍼플》을 브로드웨이 뮤지컬로 만들어 토니상을 수상한 제작자였다. 나는 샌더스와 그의 파트너 브래드 램Brad Lamm을 만나 인사를 나누고 그들의 모습을 지켜보면서, 그가 앨리스의 소설을 무대에 옮기기 위해 그녀를 얼마나 어렵게 설득해서 승낙을 받아 냈는지를 떠올렸다. 스콧이 기억할지는 모르지만, 그 일의 가장 큰 방해물이 바로 앨리스의 배경 스토리였다.

1997년 스콧이《컬러 퍼플》의 무대 공연 저작권을 확보하기 위해 처음 나를 찾아왔을 때, 그는 만달레이의 TV 부문 사장직을 사임하고 억만장자 필립 앤슈츠Philip Anschutz와 크루즈 선박 회사 카니발 크루즈 라인Carnival Cruise Lines의 소유주 미키 아리슨Micky Arison의 재정 후원을 받아 자신의 TV 및 연극 프로덕션 회사를 막 차렸을 때였다. 스콧이 원하던 권리는 워너브러더스가 소유하고 있었고, 나는 당시까지도 워너브러더스 회장을 맡고 있던 테리 세멜Terry Semel을 기꺼이 찾아가 샌더스가 이 프로젝트를 맡을 충분한 전문적 역량과 열정을 가지고 있음을 보증했다. 세멜은 저작권 라이센싱에 동의했지만, 그 전에 먼저 스콧이 앨리스 워커의 허락을 받아야 한다는 조건을 제시했다. 그녀에게 법적인 권리는 없었지만, 누가 봐도《컬러 퍼플》은 앨리스가 낳은 아이였기 때문이다.

나는 스콧이 뛰어난 세일즈맨이라는 것을 알고 있었지만, 워커는 결코 만만한 사람이 아니라는 사실을 그에게 주지시켰다. 캘리포니아 북부에 있는 그녀의 집을 마치 순례의 길을 떠나듯 찾아갔던 경험을 그에게 들려주었다. 당시는 내가 아직 머리를 길러 뒤로 묶고 배낭 하나만 달랑 메고 다니던 시절이었다. 나는 그녀에게 당신의 스토리를 영화화할 수 있음을 믿어 달라고 애걸했다. 그러나 서부 흑인 여성의 영웅인 그녀에게 이 보스턴에서 날아온 백인 남자의 친한 척하는 태도는 오히려 미심쩍게만 보였다. 나는 그녀에게 할머니 이야기를 들려주었고, 지금 그 이야기를 스콧에게도 그대로 했다. 나는 할머니와 아주 가깝게 지냈다. 할머니는 가족이나 예전 지인들로부터 온 편지를 큰 소리로 읽어 주곤 했다. 나는 그 편지 내용을 들으면서 나의 뿌리를 확인했고, 그분들이 살아오신 인생의 진실을 존중하는 법을 배웠다. 앨리스의 소설 역시 그녀의 뿌리에 관한 편지 형식을 띤 것이었으므로, 나의 배경 스토리는 그녀의 소설과 맥이 닿았고, 내가 개인적인 서사의 힘을 이해한다는 것을 보여 주는 장치가 되었다.

나는 앨리스에게 말했다. "당신이 가장 존경하는 사람들이 영화에 출연해, 당신의 목소리와 당신이 만든 캐릭터를 그대로 되살리고, 소설과 똑같은 울림을 낼 수 있다면 어떻게 하시겠습니까?" 그러면 누구를 생각하고 있느냐는 그녀의 물음에, 나는 퀸시 존스라고 대답했다. 그는 1960~70년대부터 내가 제작한 영화에 참여했을 정도로 나와는 오랜 친구였고, 흑인 사회에서 가장 유명한 연예인이었다. 마침 앨리스는 내가 찾아가기 바로 전에 퀸시 존스의 음악에 푹 빠져 있었는데, 나로서는 그런 사실을 알 턱이 없었다. 그래서 앨리스가 나중에 말하기를, 내 입에서 그의 이름이 나왔을 때 마치 마술과 같은 충격을 받았다고 했다. 그리고 그 마술은 앨리스의 인생에 크고 귀중한 배경 스토리가 되었다. 우리가 함께 만든 영화가 오스카상 11개 부문의 후보에 올랐기 때문이다.

내가 스콧에게 말해 준 이야기의 핵심은 그가 자신뿐만 아니라 앨리스의 배경 스토리에도 주의를 기울여야 한다는 교훈이었다. 나는 앨리스에게 전화를 걸어 그와 만나 볼 것을 권유했다. 그리고 그는 그녀의 집을 직접 찾아가 그녀가 모든 사회적 역경을 이겨 내고 사랑하는 사람을 만난 스토리에 감동을 받았다는 이야기를 전했다. 그는 그녀의 소설에는 영화로 다 표현하지 못한 감동의 요소가 있음을 굳게 믿는다고 말했다. 아울러 이야기를 눈으로 보여 주는 것은 물론이지만, 그 속에 담긴 정신을 무대 위에서 음악으로 표현한다면 더욱 풍성한 스토리가 될 수 있다고 덧붙였다. 스콧은 최소한 영화와 같은 수준의 연극을 만들 수 없다면 애초에 시도할 생각도 하지 않았을 거라고 힘주어 말했다.

안타깝게도 스콧은 엉뚱한 음절에 힘을 주어 강조했다. 그리고 그것은 심각한 잘못이었다. 그가 미처 눈치채지 못한 것은 이때 앨리스의 뇌리를 사로잡아 계속해서 혼잣말처럼 되뇌던 배경 스토리는 영화가 예상치 못한 결과를 낳았다는 것이었다. 그녀는 나중에 스콧을 보자마자 호감을 느꼈다고 말했다. "그에게 꼭 있어야 할 열정이 있다고 봤어요." 그러나 그에게는 중대한 결점이 하나 있었다. 그는 흑인 사회가 그 영화에 보인 반응 때문에 그녀가 감정적으로 큰 타격을 입었다는 사실을 모르는 것 같았다. 흑인 비평가들은 그녀가 '할리우드의 백인' 세력과 결탁해 흑인을 악마로 묘사했다는 의혹을 제기했다. 그들은 그녀를 배신자로 몰아세우며 그 영화를 공격하는 운동을 시작했다. 심지어 그 영화를 인종차별주의로 악명 높은 무성영화 〈국가의 탄생〉과 비교하기도 했다. "그들은 5년, 6년, 7년이 지나도록 점점 더 목소리를 높이며 저를 비난하는 글을 쓰고 있지요. 스콧은 거기까지는 모르고 있었습니다."

스콧이 만약 알았다면 그는 앨리스를 처음 만났을 때부터 그런 민감한 사정까지 반영한 이야기로 그녀를 안심시켰을 것이다. 그녀가 거절한 것은 그 한 가지가 부족했기 때문이었다.

다행히 스콧은 마치 정말 난독증 환자라도 되는 듯이 그녀의 거절을 승낙으로 받아들였다. 그는 퀸시 존스와 다이애나 로스에게 자신을 보증해서 앨리스를 설득해 달라고 부탁했고, 앨리스를 뉴욕으로 초청해 브로드웨이의 주요 인물들에게 그녀를 소개했다. 그는 오로지 굳은 신념과 선의 그리고 인내심으로 그녀를 설득하는 데 성공했다. 오프라 윈프리가 세 번째 제작자로 참여했을 때, 스콧은 현명하게도 그녀의 영향력을 충분히 활용해서 흑인 관객들을 극장에 유치했고, 그들은 앨리스의 스토리를 직접 보고 지지하기에 이르렀다. 연극은 성공을 거듭해서 결국 토니상 음악 부문을 포함한 11개 분야의 후보에 올랐고, 무려 1억 달러가 넘는 총수익을 기록했다. 그러나 《컬러 퍼플》이 뮤지컬이 되기까지는 8년이라는 긴 시간이 필요했다. 앨리스는 최근까지도 나에게 이렇게 털어놓았다. "정말 여러 차례 그가 제 사정을 이해해 주었으면 하고 생각했어요."

상대방의 배경 스토리 이해하기 1 : 래리 킹

앨리스의 진짜 배경 스토리를 진작 알았다면 스콧이 성공의 지름길을 개척하는 데 도움이 되었을 것이다. 그러나 어떻게 그럴 수 있을까? 내가 살아오면서 비슷한 협상을 했던 상황을 되돌아보면서, 나 역시 스콧처럼 상대방의 배경 스토리를 몰라서 경쟁에 졌던 일이 떠올랐다. 그러나 그때 일을 통해 진정한 설득의 달인은 어떻게 심리적 서사를 직업적 이점으로 바꾸는지 배울 수 있었다.

1980년대 말의 일이었다. 내 비즈니스 파트너 스콧 스턴버그Scott

Sternberg와 나는 래리 킹Larry King이 CNN의 〈래리 킹 라이브〉를 넘어서는 새로운 기회를 모색하고 있다는 이야기를 그의 대리인 밥 울프Bob Wolfe 에게 전해 들었다. 그래서 스턴버그와 나는 래리 킹을 염두에 둔 글로벌 토크쇼 〈와이어드〉를 기획했고, 그에게 소유권을 제안할 준비를 하고 있었다. 그는 CNN 쇼에 관한 소유권을 갖지 못했으므로, 테드 터너Ted Turner를 위해 일만 했지 그다지 많은 돈을 벌지는 못했다는 사실을 우리는 알고 있었다. 어쨌든 이런 큰 거래를 성사시키기 위해서는 큰 미끼를 던져야 했다. 래리를 두고 우리와 경쟁하는 사람 중에는 ABC의 룬 얼레지도 있었고, 사실 테드 터너도 래리가 터너 네트워크를 떠나는 것을 원하지 않았다.

스콧과 나는 래리와 몇 번 만나 이야기를 나눈 후, 우리가 생각하는 쇼의 콘셉트를 제시했다. 그것은 〈래리 킹 라이브〉의 순수한 토크쇼 형식보다 훨씬 더 활발하고 다채로운 형태였다. 우리는 그가 CNN과 맺었던 것의 두 배에 해당하는 계약을 제시한다는 사실과 그에게 소유권을 제공한다는 점을 분명히 강조했다. 우리가 그의 주의와 관심을 사로잡았다고 너무나 확신했기에, 나는 그에게 스토리를 전해야겠다는 생각은 아예 잊고 있었다. 그가 우리 제안을 물리치고 CNN에 남아 있겠다고 선택하자, 나는 어안이 벙벙해질 수밖에 없었다. 터너가 도대체 어떻게 그를 설득했는지 궁금할 지경이었다.

나중에 나는 래리 킹의 베벌리힐스 집에서 커피를 마시며 그로부터 자초지종을 들을 수 있었다. 일단 터너도 래리를 잡기 위해 별다른 스토리를 전하지 않았다는 것은 알 수 있었다. 그러나 터너는 래리를 움직이는 숨겨진 배경 스토리를 잘 알고 있었고, 그 힘을 자신이 원하는 방향으로 이용하는 방법 또한 알고 있었다. 방법은 간단했다. 래리에게 딱 한 가지만 요구하면 됐다.

터너는 이렇게 말했다. "나에게 '굿바이'라고만 말하면 되네."

그런데 래리는 그 말을 듣자마자 자신의 기억 속에 잠자고 있던 온갖 감정들이 폭포수처럼 쏟아져 내리는 것을 느꼈다. 그는 도저히 그 말을 할 수 없었고, 결국 "그대로 남겠다"는 말을 대리인을 통해 전했다.

터너는 래리의 아버지가 너무 일찍 돌아가신 일이 바로 그를 사로잡고 있는 배경 스토리라는 사실을 알고 있었다. 래리의 마음 깊은 곳에는 항상 자신이 어렸을 때 돌아가신 아버지가 무책임하게 자신을 떠났다는 생각이 자리 잡고 있었다. 터너는 래리가 누군가를 무책임하게 떠나서는 안 된다는 생각을 품고 있다는 사실을 알았다. 터너는 그런 배경 스토리에 도사리고 있는 감정을 건드림으로써 자신이 의도하는 결과를 이끌어 낼 수 있었다.

상대방의 배경 스토리 이해하기 2 : 데이비드 베겔만

때로는 상대방의 배경 스토리를 아는 것이 나의 스토리로 그들을 설득하는 데 긍정적인 영향을 미치기도 한다. 내가 처음으로 이것을 경험한 것은 1970년대에 데이비드 베겔만David Begelman에게 〈미드나잇 익스프레스〉를 설득할 때였다.

당시 데이비드는 컬럼비아 픽처스의 회장이었고, 나는 컬럼비아의 스튜디오 사장 자리를 사임하고 직접 영화 제작사를 차리려던 때였다. 항상 나를 지지해 주었던 베겔만 회장은 내가 만든 첫 영화 〈디프〉를 배급해 달라는 요청에 동의해 주었다. 영화가 큰 성공을 거두자, 그는 좀 더 위험이 큰 프로젝트에도 기꺼이 자금 지원을 약속했다. 롱아일랜드 출신 청년이 터키에서 마약 밀매를 시도하다가 체포된 후 종신형을 선고받고 투옥된다는, 실화를 바탕으로 한 영화였다. 그러나 베겔만은 계약서에 서명하되, 나에게 상호 보증을 요구하는 조건을 제시했다. 다시 말해, 만약 〈미드나잇 익스프레스〉에서 손실이 발생하면 〈디프〉에서 거둔 내 수익으로 이를 메꿔야 한다는 것이었다. 영화 제작자 중에 그 누구도 이런 방식의 위험을 감수하지 않겠지만, 나는 다음 영화를 만들고 싶다는 마음이 워낙 간절했던 터라 그 조건을 수락했다.

프로젝트 개발 단계가 거의 끝나 갈 즈음, 베겔만에게 매우 좋지 않은 일이 일어나고 있다는 소문을 들었다. 1977년 초 배우 클리프 로버트슨Cliff Robertson은 자신이 지불 대상자로 표기된 1만 달러의 회사 수표를 베겔만이 위조했다고 폭로했다. 이에 따라 IRS가 출동해서 수사한 결과, 베겔만이 자신의 도박 빚을 숨기기 위해 몇 차례 위조수표를 발행했고, 그 총액은 4만 달러라는 사실이 드러났다. 이 정도 사건은 할리우드의 기준에 비춰 보면 별로 큰일도 아니었고, 그의 재임 기간 컬럼비아의 사업이 대체로 번창한 덕도 있어서 그는 회장직을 그대로 유지했다. 그러나 그때부터 정부는 그의 일거수일투족에 빨간 경고등을 켠 채 감시의 눈길을 보냈다.

1978년 초 베겔만은 컬럼비아의 국내 영업 부문 사장 노먼 레비Norman Levy와 함께 개봉에 앞서 〈미드나잇 익스프레스〉의 1차 편집본을 시사했다. 그는 내 앞에 앉아 영화의 모든 장면을 샅샅이 살폈는데, 한눈에도 불편한 기색이 역력했다. 상영이 끝난 후 레비는 승인한다는 뜻으로 고개를 끄덕였다. 그러나 베겔만은 다른 태도를 보였다. "아주 잔인한 영화로군. 개봉하기 힘든 수준이야. 마약단속국이 보면 뭐라고 할 것 같은가? 도저히 컬럼비아 픽처스가 상영할 만한 영화가 아니야." 이윽고 내가 아연실색한 것을 느꼈는지, 베겔만은 내가 컬럼비아와 맺은 유통계약을 해지하면 자신도 나에게 부과한 상호 보증 조건을 풀어 주겠다고 분명히 말했다.

그것은 이상하리만치 관대한 제안이었다. 내가 받아들이지 않으면 그 영화를 망칠 위험을 안게 될 판이었다. 그러나 위층으로 올라가면서 '절대 그럴 수는 없다'는 생각이 들었다. 나는 그의 사무실에 도착해서 이렇게 말했다. "베겔만 씨, 이것은 범죄 영화가 아닙니다. 불의에 고통받는 사람의 이야기죠. 이 청년에게 죄가 있을지도 모르지만, 그가 받은 벌은 그가 저지른 죄를 한참 넘어서는 수준입니다. 그들은 이 청년의 인생을 송두리째 앗아가 버린 겁니다. 관객들이 그의 처지에 공감하는 장면을 상상해 보셨습니까?"

나는 미처 깨닫기도 전에 베겔만의 배경 스토리를 정면으로 건드린 셈이었다. 그는 수표 석 장을 위조한 일로 인생이 완전히 망가질까 봐 마음속 깊이 걱정하고 있었으므로, 영화를 봐도 자신의 스토리가 거기에 투영되는 것은 어쩔 수 없었다. 나는 〈미드나잇 익스프레스〉의 범죄자를 불의를 견디는 영웅적인 희생자로 바꿔 냄으로써, 베겔만에게 자신의 처지에 대한 희망과 이 영화를 지원하는 데 따른 보상을 모두 제공한 것이었다. 설득력 있는 스토리를 비밀 무기로 활용한 셈이다.

다행히 레비도 내 말에 맞장구를 쳤다. 이 영화가 컬럼비아에 돈을 벌어 줄 것이라고 말한 것이다. 베겔만은 레비를 한참 쳐다보았다. 그러면서 그는 한 가지 계획을 떠올렸다. 그는 나에게 베팅을 해 보겠다고 했다. 아예 미국 시장에 내놓지 말자는 것이었다. 대신 되든 안 되든 칸 영화제에 출품해 보자고 했다. 칸의 반응이 신통치 않으면 모든 책임을 내가 져야 했다. 나는 마음을 독하게 먹고 베겔만의 도박에 찬성했다.

칸 영화제에서 관객들은 엔딩 크레디트가 올라갈 때까지 쥐 죽은 듯 침묵을 지켰다. 그리고 조명이 켜지자, 2천 명의 관객들이 일제히 일어나서 박수를 치기 시작했다.

안타깝게도 인생은 내가 묘사한 아름다운 그림대로 흘러가지만은 않았다. 그 후 베겔만은 오랫동안 우울증에 시달렸고, 결국 자살로 인생을 마감했다. 나는 그의 인생을 바꿔 놓지는 못했지만 〈미드나잇 익스프레스〉는 승승장구를 거듭해서 각본상과 음악상 등 2개 부문의 오스카상과, 작품상을 비롯한 6개 부문의 골든글로브상을 수상했다. 영화는 결국 데이비드 베겔만이 지켜보는 가운데 커다란 상업적 성공을 거뒀다. 그리고 마약단속국도 결국 그 영화를 지지하기에 이르렀다.

그러나 내가 사업 초창기에 시도한 수많은 스토리가 그랬듯이, 내가 베겔만에게 했던 이야기도 계산된 것이 아니라 즉흥적으로 나온 것이었다. 내가 찾아낸 먹히는 이야기는 미리 계획한 것이 아니라 우연히 떠오른 것이었다. 나는 상대방의 경청을 기대했을 뿐, 나의 설득력 있는 스토리라면 누군가의 주의를 끌 수 있다고 생각한 것은 아니었다. 한마디로,

그때까지의 나는 설득력 있는 스토리를 획기적인 성공의 도구로 바꿔내는 방법을 알지 못했다. 독자 여러분이 지금부터 알아야 하는 것은 바로 설득력 있는 스토리를 전하기 위한 방법, 스토리텔링의 기술이다.

Part 2

스토리텔링의 기술

Chapter 5

준비 :
스토리가 스스로 일하게 하라

'올림픽이 다가오고 있습니다! 올림픽이 곧 열립니다!'

1984년 하계 올림픽은 아직 2년 후의 일이었지만, 로스앤젤레스는 한껏 기대에 들떠 있었다. 이 도시의 사업가라면 누구나 이 대규모 사업에 한몫을 담당하려 했고, 나 역시 예외는 아니었다. 당시 우리 회사는 영화와 TV 프로그램 그리고 음악 콘텐츠를 제작하고 있었다. 평소에도 스포츠를 사랑했던 나는, 바로 내 집 안마당에서 열리는 이 역사적인 행사가 일생일대의 기회라는 사실을 알아차렸다. 그러나 그 기회를 어떻게 잡을 수 있을까? 정확히 무엇을 목표로 삼아야 하는 걸까? 나는 올림픽이라는 기회에서 어떤 일로, 무슨 목표를, 누구와 함께 성취하고자 하는

가? 나는 누구를 설득해야 할까? 어떻게 하면 그들의 이해에 적절하게 호소해 내 편으로 끌어들일 수 있을까?

아무리 참여하고 싶어도 나를 그 판에 끼워 주는 사람은 아무도 없었다. 게다가 굵직굵직한 건들은 이미 다른 사람들이 모두 차지한 뒤였다. ABC는 미국 전역의 TV 중계 프로그램 제작권을 독점 계약했다. 피터 위버로스Peter Ueberroth와 해리 어셔Harry Usher가 이끄는 LA 올림픽 조직위원회LAOOC는 개막식과 폐막식, 경기장과 올림픽 경기를 주관했다. 따라서 실제 경기나 방송 제작에 관해서는 나에게 어떤 기회도 없는 셈이었다.

그렇다면 음악은 어떨까? 나는 전 직장이었던 카사블랑카와 폴리그램에서 〈플래시댄스〉의 사운드트랙 앨범을 만들어 100만 장 판매 인증을 받았으며, 〈미드나잇 익스프레스〉는 앞 장에서 소개했듯이 아카데미 음악상을 받았다. 경력으로 보나 개인적 관심사로 보나 역시 음악이 나에게 딱 맞는 분야인 것 같았다.

순식간에 나에게 목표가 생긴 것이다. 적어도 내가 생각하기에는 그랬다. 우리 회사가 제23회 올림픽의 주제음악을 제작하게 된다? 그렇게만 된다면 우리는 이 역사적인 행사에 참여하는 것은 물론, 세계적으로 인정받는 회사로 한 차원 도약할 수 있을 것이었다.

나는 부푼 가슴을 안고 해리 어셔와 만날 기회를 마련했다. 그는 LAOOC의 총괄 관리자이자, 이 대회의 최고 실력자 피터 위버로스 조직위원장을 만나기 위해 꼭 거쳐야 할 사람이었다. 그가 내 말을 들어 줄 가능성이 컸던 이유는, 그는 나와 이미 안면이 있었던 데다, 내가 음악 분야에 경험과 명성이 있다는 사실도 알고 있었기 때문이다. 그럼에도 나는 그의 최대 관심사를 확실히 만족시켜 주기 위해 만반의 준비를 했다. 자세히 알아보니 LAOOC의 목표는 이번 올림픽을 역사상 가장 성공적인 대회로 만들고 가장 큰 수익을 올림으로써, 올림픽이 경제를 일으키는 강력한 원동력이 될 수 있음을 보여 주는 것이었다. 어셔의 이런 관심사에 호소하고 내 제안이 진정성과 적합성을 모두 갖추고 있음을 입증하려면, 우리가 만들 음악을 LAOOC에 무료로 제공할 필요가 있었다. 우리는 앨범을 팔아서 돈을 벌면 되는 것이었다.

상대를 제대로 골랐고 내놓을 제안도 완벽하게 준비했다고 확신한 나는, 어셔의 안마당인 LAOOC 본부로 찾아가 그를 만났다. 안타깝지만 당시만 해도 나는 정확한 데이터와 전략만 있으면 왕국에 입성할 열쇠를 확보한 줄로 알았다. 어셔는 불과 몇 분밖에 시간을 내주지 않았고, 나는 우리가 제공할 음악이 올림픽에서 추가로 창출할 수 있는 수익을 집계하고, 우리가 그런 일에 적합하다는 것을 입증하는 데 그 귀한 시간을 썼다.

어셔는 내 말을 진지하게 듣더니 이렇게 말했다. "글쎄요, 잘 모르겠습니다. 데이비드 울퍼David Wolper 사무실의 릭 버치Ric Birch를 한번 찾아가 보시죠. 그쪽에서 개막식과 폐막식 행사를 기획하고 있는데요, 거기서 아마 음악을 좀 사용할 겁니다. 그들이라면 그걸 받아들일 수 있겠네요." 다시 말해, 어셔 자신은 '그걸' 받아들이지 않겠다는 뜻이었다.

일단 물러설 수밖에 없었다. 한 방 먹은 게 사실이지만, 그렇다고 포기하지도 않았다. 생각해 보니, 어셔가 받아들이지 못한 '그것'이 문제인 것 같았다. 그는 내 제안에 감정이 동하지 않았다. 감정이 없는 사람을 설득하려 한 셈이다. 당연히 그의 마음도 움직이지 않았다. 그렇다면 내 제안에는 과연 감동이 담겨 있었던가? 물론 나는 감동을 안고 있었지만, 그것을 어떻게 전달하는지는 모르고 있었다.

한 달 뒤, 나는 아프리카의 한 오두막에 앉아 저지대 및 산지 고릴라 다큐멘터리를 제작하기 위해 사전 조사 작업을 하고 있었다. 갑자기 음향 엔지니어가 있는 옆방에서 불협화음이 울려 퍼졌다. 트럼펫 소리 그리고 드럼 소리가 들렸다. 듣자마자 찰스 폭스Charles Fox가 작곡한 ABC〈와이드 월드 오브 스포츠Wide World of Sports〉의 유명한 주제음악이라는 것을 알 수 있었다.

익숙한 운동선수들의 경기 장면이 지나가고 마지막에 스키 점프 선수가 하늘을 날아올라 눈밭에 착지하면서, 진행자 짐 매케이Jim McKay가 등장해 이렇게 말하는 장면이 마음속에 선명히 떠올랐다. "승리의 흥분과 패배의 아픔…… 스포츠가 선사하는 휴먼 드라마입니다." 나는 흥분과 기대를 가득 안고 나팔 소리를 따라 그 엔지니어의 휴대용 TV가 있는 곳까지 갔다. 그리고 곧장 지구 저편에서 벌어지는 드라마 같은 경기에 빠져들었다.

이것이 바로 내가 찾아낸 '그것'이었다! 저 멀리 아프리카에 앉아서도 음악 한 곡만 듣고 지구 반대편에서 벌어지는 스포츠 경기에 감정이 동할 수 있다는 것! 이것만 이야기해 주면 이번 올림픽의 음악 담당 책임자들이 전 세계 관중을 상대로 어떤 행동을 촉구할 수 있는지 보여 줄 수 있을 것 같았다. 나는 영화를 만들어 왔기 때문에, 제대로 된 음악 한 곡이 어떻게 시각적 이미지와 합쳐져 관객의 시선을 사로잡을 수 있는지 잘 알고 있었다. 위대한 음악은 영화의 전체 스토리를 하나의 이미지로 표현해 감정적 일체감을 만들어 낸다. 영화 〈록키〉에서 빌 콘티가 작곡한 주제음악(Gonna fly now)이 미친 엄청난 영향력을 생각한다면, 음악과 시각 효과가 서로 만났을 때 스포츠를 둘러싼 스토리가 더욱 큰 힘을 발휘한다는 것을 알 수 있다. 우리가 만드는 음악은 일관된 주제가 되어 1984년 하계 올림픽을 하나의 감성 드라마로 표현하고, 거기에 일체감을 부여할 것이다. 이것이 바로 나의 핵심 목표요, 내가 제시하는 '그것'이었다.

LA로 돌아와 좀 더 알아본 결과, 1930년대 이후 올림픽에서 음악의 역할은 제한된 범위에 머물렀을 뿐, 지금껏 그 누구도 특정 올림픽대회만을 위해 세계 수준의 주제음악을 따로 마련한 적이 없다는 사실을 파악했다. 우리가 만들려는 것은 엘리베이터에서 흘러나오는 음악이나 시시한 배경음악이 아니었다. 우리는 세계 최고의 작곡가를 모셔서 각 종목에 걸맞은 독특한 주제음악을 만들어, 사람들이 곡만 듣고도 자신이 보고 싶은 종목을 금방 머리에 떠올릴 수 있게 하려는 것이었다. 모든 곡은 그 종목에서 벌어지는 휴먼 드라마에 관객들이 물리적·감정적으로 참여하도록 이끄는 역할을 하게 된다. 음악은 대회 시작 몇 주 전부터 각종 홍보 매체를 통해 유혹의 메시지를 발신하며, 대회 기간 내내 모든 관객의 귀를 사로잡는다. 그리고 경기가 열리는 현장에서 관객을 향해 직접 호소한다. 대회가 끝난 후에도 관객들은 오랫동안 우리의 사운드트랙 앨범에 담긴 모든 주제곡을 들으며 이 올림픽을 떠올리게 될 것이다.

그렇게 내가 원하는 목표의 핵심을 파악하게 되자, 이제 스토리를 새롭게 재구성할 아이디어가 저절로 떠올랐다. 그런데 스토리를 가장 먼저 전해야 할 대상은 도대체 누굴까? 이 황금알을 전하기 위해서는 알을 품어 줄 여러 마리의 거위가 필요했고, 그들은 모두 서로 다른 이해관계를 대변하고 있었다.

나는 오륜 휘장이 새겨진 LAOOC 공식 인증서를 취득하기로 마음먹었다. 내 제안을 누구에게나 이야기하고 설득하기 위해서는 가장 먼저 그것이 필요하다고 판단했다. 그리고 어셔를 다시 찾아가기 위해 만날 사람은 이제 릭 버치뿐이었으므로, 나는 일단 버치부터 만나야 했다.

LAOOC 본부에서 버치와 만날 약속을 잡았다. 그곳에서 만나면 그가 나를 올림픽 관계자로 봐 줄 것 같아서였다. 나는 올림픽에 관한 아이디어를 아프리카에서의 경험으로부터 떠올렸다고 말했다. 그리고 내 스토리를 모두 이야기해 준 다음, 마지막에는 이런 말로 행동을 촉구했다. "다재다능한 인재들이 이 음악을 작곡하고 연주할 겁니다. 우리는 올림픽 정신을 드높이고, 이번 대회를 관전하는 모든 관객에게 한 차원 높은 경험을 선사하겠습니다."

버치가 미소를 지으며 말했다. "한번 해봅시다."

그렇게 일이 시작되었다. 릭 버치의 도움으로 우리는 해리 어셔에게 아프리카 스토리를 말할 기회를 얻었다. 이번에는 그도 받아들였다. ABC 스포츠 제작국의 로저 굿맨Roger Goodman에게도 내 스토리를 전했고, 그도 받아들였다. ABC 네트워크를 내 편으로 만든 후, 나는 CBS 레코드의 CEO 월터 예트니코프Walter Yetnikoff를 찾아갔다. 우리는 이미 비즈니스 거래를 하는 사이였고, 이 앨범의 수익도 서로 나누면 되는 문제였다. 따라서 그와는 쉽게 이야기가 풀렸다. 그런데 예트니코프는 이 앨범이 앞으로도 계속해서 팔릴 수 있는가에 관심이 있었다. 그래서 나는 우리가 함께 이 음악을 제작할 때 얻게 될 가치를 강조했다. 특히 세계 최고의 작곡가를 섭외한다면 어떻게 될지 생각해 보라고 말했다.

나는 예트니코프의 지원을 등에 업고 그래미와 오스카를 휩쓴 존 윌리엄스, 퀸시 존스, 빌 콘티를 만나 역시 똑같은 스토리를 전했다. 그들의 관심을 불러일으키기 위해 나는 올림픽 관객이 약 20억 명에 달한다는 점을 강조했다. 그들이 연주하면 그 모든 사람이 듣게 된다고 말이다. 한편, 나는 이 음악가들이 가지고 있을 '할리우드 시스템'에 대한 편견을 해소해 주어야 했다. 내가 그들을 이용해 올림픽에서 한몫 잡으려는 사람으로 보인다면 그들은 당연히 거절할 것이었다. 그래서 우리는 일반적인 관례를 뒤집어 그들에게 자신이 작곡한 음악에 관한 모든 판권을 부여하기로 약속했다. 그러자 그들은 순식간에 제안을 받아들이고 적극적인 참여 의사를 보였다. 우리는 계속해서 조르조 모로더, 밥 제임스, 버트 배커랙, 캐럴 베이어 세이거, 크리스토퍼 크로스, 록 밴드 토토Toto와 포리너Foreigner, 허비 행콕, 필립 글라스 등의 인재들을 모두 불러 모았다. 이제 남은 일은 작품을 만드는 것뿐이었다.

이후 10개월간 이토록 다양한 음악가들이 곡을 쓰고, 연주하고, 녹음했다. 그동안 나는 매일 밤 식은땀을 흘리며 잠에서 깨어났다. 관중이 빼곡히 들어찬 LA 콜로세움에서 지휘자가 지휘봉을 높이 들었는데, 음악이 전혀 울려 퍼지지 않는 꿈에 시달렸다. 그러나 시간은 흘러갔고, 마침

내 개막식과 폐막식 진행 책임자 존 윌리엄스와 데이비드 울퍼가 우리를 윌리엄스의 팡파르가 시연되는 MGM의 연주장으로 불렀다. 101명으로 구성된 오케스트라가 첫 음을 쏟아 내는 순간, 내 눈에는 눈물이 가득 고였다. 지금까지 우리가 겪어 온 그 모든 일이 드디어 결실을 보게 된 것이다. 그 음악은 나의 스토리가 약속한 그대로, 한 소절 한 소절이 모두 힘차고 감동적이었다.

우리 음악은 전 세계 관객의 귀에 들린 것은 물론이고, 그들에게 감동을 선사했다. 존 윌리엄스의 올림픽 주제음악은 그래미상을 받았고, 수록 앨범은 표지에 오륜 마크와 함께 '1984년 제23회 로스앤젤레스 올림픽 공식 음악'이라는 문구가 금박으로 새겨져 발매되었다. 그리고 그 후로 모든 올림픽대회는 각 대회만의 공식 사운드트랙을 갖게 되었다.

핵심 목표는 무엇인가?

나는 왜 해리 어셔에게 했던 첫 번째 설명은 실패하고, 두 번째 설명은 성공했는지 이제는 안다. 나는 스토리를 전하기에 앞서 누가 내 말에 귀 기울일 사람인지를 정확하게 선정했어야 했다. 나의 핵심 목표를 통해 그들이 과연 어떤 이익을 얻을 수 있는지부터 파악할 필요가 있었다. 내 스토리의 청취자를 움직여 행동에 나서도록 하려면 그들의 열정에 불을 지펴야 했다. 그러기 위해서는 그들에게 비즈니스 계획을 제시할 것이 아니라, 내가 제안하는 경험을 그들이 직접 느껴 보도록 해야 했다. 정보만으로는 결코 왕국의 문을 열 수 없다. 이것은 앞으로도 변함이 없을 것이다.

돌이켜 보면 이 일은 스토리의 기술을 터득하는 데 준비가 얼마나 중요한지를 깨닫는 계기가 되었다. 1983년에 내가 스토리의 중요성을 충분히 깨닫지 못했을 수는 있지만, 명사수가 총을 쏘기 전에 왜 '발사! 조준! 준비!'라고 거꾸로 된 순서로 외치지 않는지는 알고 있었다.

이런 말이 진부하게 들릴지도 모르지만, 최근에 인재 채용 전문가 빌 사이먼Bill Simon은 간부 후보가 채용 면접에 실패하는 가장 중요한 원인이 바로 준비 부족이라고 말했다. 사이먼은 콘 페리 인터내셔널Korn/Ferry International의 수석 클라이언트 파트너 겸 엔터테인먼트 및 멀티미디어 부문 전무이사로, 이 회사는 글로벌 인재 채용 및 인사관리 분야에서 고위급 인재만 전문적으로 상대하는 거대 헤드헌팅 업체다. 나는 우리 회사가 최고경영진 후보를 물색할 때 그에게 의뢰한 적이 몇 번 있었다. 따라서 그가 대변하는 인물이라면 최고의 자격과 경륜을 갖춘 것이 확실하다는 사실을 알고 있었다. 그런 만큼 그의 말 한마디가 지니는 무게는 컸다. 자기 스스로 준비가 안 돼 직장도 못 구한 사람이 어떻게 조직을 이끌고, 고객을 설득하고, 직원을 관리하고, 상품을 팔 준비가 되어 있다고 볼 수 있겠는가?

사이먼은 고위 간부직을 희망하는 사람이 오만과 독선에 사로잡히다 보면 따로 준비할 필요가 없다고 생각하는 오류에 빠지게 된다고 말했다. 자신의 태도와 자질을 돋보이게 해 줄 준비 작업은 하지 않고 그저 자신의 이력서만 믿는 사람들이 있다. 그는 이런 태도야말로 치명적인 실수라고 지적했다. 채용 담당자가 기억하는 것은 후보자의 이력서가 아니라 그들이 말하는 스토리이기 때문이다.

그러면 고객에게 어떤 준비를 하라고 조언하느냐고 내가 묻자, 사이먼은 먼저 목표를 설정한 후 그것을 구체화하라고 말해 준다고 했다. "오늘날 투명성은 진부한 말이 되어 버렸습니다. 직업 현장과 비즈니스에서 누구나 투명성을 말하지만, 사실 그것은 여전히 매우 중요한 덕목입니다. 스토리는 목적이 필요하고, 적합해야 하며, 결론을 제시해야 합니다." 그는 잠시 말을 멈췄다가 다시 한번 힘주어 말했다. "비즈니스 상황에서도 스토리는 반드시 필요합니다."

이때 '목적'이 무엇을 뜻하는지를 보여 주기 위해, 사이먼은 2009년에 우리가 UCLA의 신임 학장을 물색할 때 선정위원회의 감탄을 자아냈던 후보를 언급했다.

당시 우리 위원회는 미국 최고의 필름스쿨을 이끌 리더를 물색하고 있었다. 우리 학교의 동문 중에는 〈대부〉를 감독한 프랜시스 포드 코폴라와 같은 쟁쟁한 거장들이 있었다. 위원회가 몇 개월간의 물색 작업을 통해 세 명의 후보를 선정해 총장에게 추천하면 그가 최종 결정을 내리게 되어 있었다. 당시 빌 사이먼은 우리에게 테리 슈워츠Teri Schwartz를 추천했다.

테리 슈워츠는 로욜라 메리마운트 대학교 필름스쿨의 초대 학장을 지낸 인물이었지만, 우리가 깊은 인상을 받은 것은 그녀의 경력이 아니었다. 두 시간 동안 진행되는 면접의 서두에 그녀가 우리 학교를 미리 조사한 내용을 스토리로 풀어 내기 시작하자, 우리는 곧 그녀를 주목할 수밖에 없었다.

그녀는 이렇게 이야기를 시작했다. "UCLA가 봉착한 문제는 분명합니다. 바로 자금과 인재 면에서 계속 출혈을 보고 있다는 거죠. 그러나 그보다 중요한 문제는 이 학교에 생기가 사라졌다는 겁니다. 새로 부임하는 학장은 학교 문화를 혁신하고 새로운 스토리를 창조해야 합니다. 재정적 안정은 공동체의 대응 이후에 따라오는 것이지, 그에 앞서는 과제가 아닙니다."

그녀는 지금이야말로 우리 학교가 21세기를 내다보는 새로운 상상력을 발휘할 절호의 기회라고 말했다. 그러나 UCLA와 같은 기성 조직이 변화를 맞이하기 위해서는 어느 정도의 내부 갈등은 피할 수 없는 일이었다. 우리가 써 내려갈 스토리의 주인공, 즉 새로 부임할 학장은 학생에서 교직원에 이르는 모든 구성원이 새롭고도 특별한 길을 걸어갈 수 있도록 그들에게 활력을 불어넣을 수 있는 사람이어야 했다.

그녀가 말했다. "중요한 것은 제가 아니라, 위대한 학교를 향한 우리의 비전입니다. 졸업생들을 통해 업계의 리더를 배출하고, 더 나은 세상을 향한 변화의 길을 제시한다는 비전 말입니다." 테리 슈워츠의 스토리에 담긴 핵심 목표는 바로 비전이었다.

그러나 내 마음을 사로잡고 떠나지 않았던 것은 그녀가 자신의 목표를 이야기하는 방식이었다. 그녀는 마치 마술 같은 비유로 스토리를 결론지었다. 그녀는 우리 학교를 거울처럼 저마다의 모습을 비춰 보는 연못에 비유한 다음, 학교의 모든 구성원이 이 연못에 새로운 수준의 다양성과 혁신 그리고 기술을 던져 넣게 하자고 말했다. 이를 통해 연못에서 일어난 물결은 세상과 미래로 번져 갈 것이고, 거기에는 우리 각 개인과 공동체의 비전과 기여도가 투영될 것이라는 이야기였다.

슈워츠의 스토리는 면접을 훨씬 더 심도 있고 활기차게 만들었다. 면접이 끝난 후에도 그녀는 최종 결정이 내려지기 전에 몇 번 더 우리와 함께, 또는 각 위원과 개별적으로 만났다. 이 모든 과정에서 그녀가 서두에서 이야기한 스토리, 특히 그 연못 비유는 계속해서 모든 사람의 뇌리에 반향을 일으켰다. 자신의 핵심 목표를 우리가 처한 문제와 관련지어 너무나 분명하게 설명함으로써, 슈워츠 학장은 자신에게 유리한 감정적 연결 고리를 만들어 냈다. 그녀는 총장에게 올라가는 최종 후보 명단에 포함되었고, 몇 주 후 학장에 선임되었다.

1순위 목표 : 듣는 이에게 감정적 경험을 제공할 것

그러나 채용 면접에 필요한 스토리를 준비하는 원칙이 상품 판매에도 그대로 적용될까? 이 질문에 대한 답을 얻기 위해, 나는 브랜드 전문가 린다 레스닉Lynda Resnick을 찾았다. 그녀는 남편 스튜어트 레스닉과 함께 롤 인터내셔널Roll International이라는 기업의 소유와 경영을 책임지고 있었다. 이 회사는 4천 명이 넘는 직원과 텔레플로라Teleflora, 피지 워터FIJI Water, 폼 원더풀POM Wonderful 등 다양한 브랜드를 보유한 20억 달러 규모의 기업이었다. 그 모든 회사의 브랜딩과 마케팅을 책임지는 그녀가 언제나 잊지 않는 목표는, 자신의 회사들이 사업을 튼튼하게 일구어 고객들에게 혜택을 제공하고 경제적 이익을 달성하도록 만드는 것이었다. 그녀는 이 기업의 가장 큰 성공 요인으로 자신의 스토리텔링 기술을 꼽는 데 주저함이 없었다. 그녀는 이렇게 말했다. "저는 스토리가 없는 회사는 아예 시작하지도 않습니다. 스토리가 없으면 사업도 없는 거라고 믿으니까요."

린다의 부친은 할리우드의 원로 잭 해리스Jack Harris로 〈물방울The Blob〉, 〈공포의 눈동자The Eyes of Laura Mars〉 같은 컬트 영화의 고전을 제작한 인물이다. 따라서 그녀는 어려서부터 스토리를 듣기만 했던 것이 아니라, 그것을 만들어 내는 아버지를 보며 자란 셈이다. 그러므로 그녀는 스토리의 첫 번째 원칙이 '듣는 사람에게 감정적인 경험을 제공하는 것'이라는 사실을 몸으로 체득하고 있었다. 그녀가 이야기하는 모든 스토리의 핵심 목표는 바로 듣는 이에게 안겨 주고 싶은 느낌을 제대로 전달하는 것이다. 이런 감정적인 호소는 자신이 추구하는 더 큰 목적, 즉 듣는 사람들에게 자신이 기대하는 행동 변화를 유발하기 위한 수단이다. 그녀는 고객들에게 원하는 것이 상품에 대한 투자, 제작, 판매 혹은 구매 중 어떤 것이든, 가장 먼저 그들이 자기 회사의 상품 또는 서비스와 감정적인 관계를 맺고 교감하도록 해야 한다는 사실을 잘 알고 있었다.

린다는 나에게 자신은 청중에게 안겨 주고자 하는 느낌을 일부러 지어내는 일이 결코 없다고 말했다. 그녀는 모든 상품 속에서 마음을 움직이는 요소를 찾아내려고 한다. 그녀는 이렇게 말했다. "틀 안에서 생각해야 합니다. 문제에 이미 답이 있습니다." 그녀는 청중의 마음에 울림을 던져 주는 스토리를 전할 수 있다면, 그들은 그 스토리를 소유하기 위해서 상품을 구매할 것이라고 말했다. 가장 대표적인 사례로 재클린 케네디의 가짜 진주를 들었다.

1996년 린다는 재클린 케네디 오나시스의 유산에서 나온 모조 진주 목걸이가 하나가 소더비 경매에 나왔다는 사실을 알았다. 그녀는 그 목걸이를 사서 당시 자신이 소유하고 있던 프랭클린 민트 사를 통해 수집용 복제품으로 만들고자 했다. 그러기 위해서는 먼저 남편 스튜어트의 지지를 끌어낼 스토리를 찾아야 했다. 그는 그 목걸이가 300~700달러에 낙찰될 것으로 생각했지만, 린다의 생각은 달랐다. 그녀는 낙찰가가 최소한 25,000달러는 될 거라고 내다봤다. 그리고 그가 미처 반대하기도 전에 재클린이 백악관에서 그 목걸이를 한 사진을 여러 장 보여 주었다. 거기에는 그녀가 생각하는 목표의 핵심이 나타나 있었다. 그중에는 케네디 전 대통령의 어린 아들이 어머니의 목걸이를 잡아당기는 사진도 있었다.

린다는 남편에게 이렇게 말했다. "그녀가 나온 사진마다 모두 저 목걸이를 하고 있어요. 아이콘 중의 아이콘이죠." 그는 즉시 무슨 말인지 알아들었다. 그것과 똑같은 모양의 진주 목걸이를 건다면 그 어떤 여성도 미국의 전설적인 여왕이 된 듯한 기분을 느낄 것이다. 즉, 린다는 바로 재클린의 스토리를 사려는 것이었다. 그리고 이 스토리를 진주 목걸이 복제품에 담아 자신의 직원들과 미디어, 고객들에게 전함으로써 모든 사람에게 전설의 여왕과 관련된 경험을 선사하겠다는 것이었다. 그러면 그들은 이 스토리를 또 다른 사람에게 전하고, 그들도 같은 목걸이를 사게 될 것이다.

레스닉 부부는 결국 재클린의 목걸이를 211,000달러에 샀다. 세상에서 가장 비싼 모조 진주 목걸이가 된 것이다. 그러나 린다는 소유권과 함께 그 목걸이를 분석하고 복제할 권리, 그리고 "순은 걸쇠와 세 개의 작은 큐빅 지르코늄, 비단 끈과 17겹의 옻칠"을 사용할 권리까지 확보했다. 그리고 그들은 이것과 똑같이 생긴 복제품을 개당 200달러에 무려 13만 개 이상 팔아 수백만 달러의 순익을 남겼다. 이 모든 과정은 스토리를 통해 전달되고, 또 팔렸다.

린다가 보여 준 진정성을 확보하기 위한 절대적 헌신은 나에게 깊은 인상을 남겼다. 그녀가 진품을 소유하는 것이 그토록 중요하다고 생각했던 이유는, 그래야만 가장 진짜 같은 복제품을 표방하고 또 만들 수 있기 때문이었다. 그것은 목걸이가 전달하는 스토리를 소유하고 팔 수 있는 권한이었다. 비록 복제된 목걸이였지만, 거기에는 스토리에 대한 신뢰도 함께 복제되어 있었다. 그녀는 힘주어 말했다. "꼭 진품이어야 했어요. 스토리가 상징하는 약속을 전달해야만 했으니까요. 진정성이 담기지 않은 제품을 누가 거들떠나 보겠습니까?"

진정성이 담긴 스토리텔링의 대가를 한 사람만 꼽으라면, 그는 바로 팻 라일리Pat Riley일 것이다. 라일리는 전설적인 농구 코치로, 1980년대에 로스앤젤레스 레이커스에 네 개의 챔피언 타이틀을 안겨 준 뒤 마이애미 히트로 이적했다. 그는 아마도 지금까지 샴페인을 마신 것보다 우승 세리머니로 머리에 쏟아부은 양이 더 많을 것이다. 나는 오랫동안 그와 알고 지내면서 그가 수천 가지의 스토리텔링 기술을 발휘해 선수를 지도하고 동기를 부여하는 모습을 지켜봤다. 그중에서도 내 기억에 가장 오래도록 남은 것은, 그가 2006년 NBA 챔피언을 거머쥘 때 구사한 스토리의 기술이다.

마이애미 히트가 그해에 플레이오프에 진출할 것으로 예상한 사람은 아무도 없었다. 그러나 그들은 신인 드웨인 웨이드와 레이커스에서 이적해 온 슈퍼스타 샤킬 오닐의 활약으로 차근차근 올라가, 마침내 챔피언 결정전에서 댈러스 매버릭스를 3대 2로 앞서게 되었다(NBA 챔피언 결정전은 7전 4선승제로 치러진다. - 옮긴이). 마지막 두 경기는 매버릭스의 홈 코트가 있는 댈러스에서 열릴 예정이었다.

나는 이 역사적인 경기를 직접 보기 위해 자기 계발의 대가 토니 로빈스와 함께 댈러스에 가기로 했다. 로빈스 역시 라일리의 열렬한 팬이었다. 우리는 라일리에게 연락해서 7차전 티켓 구매를 도와줄 수 있느냐고 물었다. 그는 우리가 6차전을 보러 와야 한다고 고집했다. 내가 말했다. "하지만 나는 마지막 경기를 보고 싶은데요." 그랬음에도 그는 "그냥 6차전 티켓을 보내 드릴게요"라고 말했다.

우리는 도무지 이해할 수 없었다. 왜 7차전에 오지 말라고 고집을 피우는 걸까? 약간 짜증이 났지만, 어쩔 수 없이 6차전에 맞춰 댈러스로 날아갔다. 그리고…… 장엄한 광경을 지켜보았다. 바로 그날 밤 마이애미 히트가 우승을 차지한 것이다! 결국 7차전은 열리지도 않았다!

그런데 라일리는 그렇게 될 줄 미리 알고 있었단 말인가? 나중에 그가 UCLA의 내 대학원 강좌에 초빙되어 왔을 때, 나는 그에게 그때의 일에 대해 물었다. 그는 이렇게 대답했다. "제가 우리 팀에 전달한 스토리가 하나 있었거든요."

라일리는 자신의 팀이 매버릭스를 이길 거라고 굳게 믿는 한, 꼭 이길 수 있겠다는 확신이 들었다. 그러나 경기가 댈러스에서 치러지는 만큼 매버릭스에 엄청나게 유리하다는 점은 진작부터 알고 있었다. 통계적으로 볼 때, 플레이오프에서 홈 코트의 이점을 누리는 팀은 네 경기 중 평균 세 번 이상은 이긴다는 결과가 나와 있었다. 만약 7차전까지 간다면 히트로서는 극심한 핸디캡을 안게 될 것이 분명했다. 라일리가 말했다. "우리가 거기까지 가서 7차전을 치르고 싶은 마음은 분명히 없었습니다." 그래서 그는 선수들을 독려해 6차전에서 승부를 마무리하는 것을 목표로 삼았다.

그러나 어떻게 그 목표를 달성할 수 있었을까? 그는 본능적으로 선수들에게 6차전에서 승리한다는 긍정적인 경험을 미리 안겨 주어야 한다는 사실을 알았다. 그것도 단호하고 신속하게, 그리고 분명하게 말이다. 그 목표가 현실적이고 달성 가능하다는 느낌을 심어 주어야 했고, 그들의 사고방식을 자신의 목적과 일치시켜야 했다.

과연 어떻게 했을까? 그는 도박을 걸었다. 승리를 향한 모든 스토리를 한마디로 요약해서 팀원들에게 말해 주었다. "저는 팀원들에게 하룻밤 묵을 짐만 싸라고 말했습니다. 이틀도, 사흘도, 나흘도 아니고…… 딱 하루 입을 옷만 가져가자고요." 라일리의 의도는 이 단순한 스토리 속에 모두 담겨 있었다. 절대로 7차전을 하지 말자는 의지였다. 그의 말은 히트에게는 갈아입을 옷이 필요 없다는 뜻이었다. 6차전이 열리는 그날 밤, 그들은 NBA 챔피언이 되어 집으로 돌아갈 것이기 때문이다. 그는 말했고, 그들은 알아들었다. 그리고 그들은 결국 이루어 냈다.

지금 와서 생각해 보면, 팻 라일리는 7차전 티켓을 구해 줄 수 없다고 말할 때 이미 나와 로빈스에게 그 이야기를 한 셈이었다. 그때 왜 우리는 그 말이 무슨 뜻인지 알아듣지 못했던 것일까? 왜냐하면 우리는 당사자가 아니었기 때문이다! 라일리의 스토리가 겨냥했던 과녁, 즉 선수들의 몸과 마음, 그리고 영혼은 온통 목표 달성에 집중되어 있었던 반면, 우리는 그저 구경꾼에 지나지 않았기 때문이다.

블리자드 이야기 : 실패에 대한 감정을 180도 전환하기

그러나 코칭의 상대가 비즈니스 팀이라면 어떨까? 경영 분야에서 설득력 있는 스토리가 갖춰야 할 핵심 목표는 전혀 다른 차원을 띠게 된다. 게임 업계의 선두 주자 액티비전Activision의 한 사업부인 블리자드 엔터테인먼트Blizard Entertainment에서 게임 설계 부문 부사장으로 일하는 롭 파르도Rob Pardo가 말해 준 스토리가 바로 그런 것이었다. 그가 〈월드 오브 워크래프트World of Warcraft〉를 개발할 때 설계자들에게 해 준 이야기다.

파르도의 말에 따르면, 히트작이 중요한 그의 사업은 한 번 성공하면 수십억 달러를 움켜줄 수 있지만, 언제든지 실패할 수 있는 흥행 산업이었다. 게임 개발은 엄청나게 복잡하고 예측 불가능한 일이다. "게임 개발은 영화 제작과 비슷하지만, 거기에 더해 카메라까지 발명해야 하는 일에 비유할 수 있죠. 우리는 게임을 설계하는 동시에 그것을 뒷받침하는 신기술을 개발합니다."

파르도가 〈월드 오브 워크래프트〉의 설계 책임자로서 마음에 품고 있는 목표는 디자인 및 실무 팀이 진정한 혁신에 필요한 위험을 기꺼이 감수할 수 있도록 영감을 불어넣는 것이었다. 그런데 문제는 위험이 너무 크다는 것이었다. 그는 이렇게 말했다. "게임을 설계하고 개발해서 시장에 내놓기까지 너무나 많은 돈이 들어갑니다. 그러니 어떻게 안전한 방법을 찾아서 하지 말라고 하겠습니까? 그들로서는 짧게는 몇 개월에서 길면 몇 년의 시간과 에너지를 쏟아부었으니, 당연히 자신이 만든 상품이 시장에 나오는 모습을 보고 싶겠죠."

언뜻 앞뒤가 맞지 않는 것 같지만, 그는 팀원들에게 혁신적인 사람이 되라는 이야기를 하려고 고민하다가 자신의 스토리의 핵심 목표는 그들의 실패에 대한 감정을 완전히 뒤바꾸는 것이라는 사실을 깨달았다. "그들의 노력이 결코 헛되이 사라지지 않을 것임을 보여 주어야 했습니다. 또 우리가 언제나 그들의 노력으로부터 배우며, 그들의 지식과 경험으로 다른 사람을 도울 수 있다는 사실도요. 실패는 훌륭한 게임 설계자로 성공하는 데 필요한 일부입니다."

그렇다고 팀원들에게 무작정 실패하라고 권할 수도 없었다. 그는 팀원들의 신뢰를 얻어야 했고, 자신이 하는 말이 무엇을 뜻하는지 직접 몸으로 느끼게 해 주어야 했다. 파르도는 문득 완벽한 스토리를 떠올렸다. 수백만 달러가 날아가 버린 뼈아픈 실패를 딛고 일어선, 자신의 잘 알려진 이야기였다.

그는 설계자들에게 말했다. "몇 년 전에 우리는 실리콘밸리에서 〈디아블로〉를 처음 만든 한 회사를 인수했습니다. 1996년에 나온 초창기 〈디아블로〉는 미국 최고의 액션 롤 플레잉 게임의 모습으로 출발했지만, 〈디아블로 2〉가 나온 뒤로는 변변한 후속작을 만들지 못했습니다. 나는 '좋은 게임을 설계한다'는 회사의 비전을 실현하기 위해 열심히 노력했지만, 경영진이 교체되는 일이 일어났습니다. 설계자들은 회사를 떠났고, 그 건은 영영 진행되지 않았습니다." 결국 블리자드는 자신들이 인수한 회사를 폐쇄하기에 이르렀다. "저는 설계 인력 중 누구를 캘리포니아 남부의 '블리자드 사우스'로 선발해 갈지 알아보기 위해 회사에 남아 있는 모든 개발자와 면담을 진행했습니다. 그것은 단순히 게임 하나를 취소하는 문제가 아닌, 매우 인간적인 만남의 시간이었습니다. 그들은 이 신작 게임을 개발하기 위해 수년을 바쳤는데, 결국 실패하고 말았습니다. 그 모든 노력을 기울이고도 세상에 내놓을 만한 게 아무것도 없었던 것입니다. 모든 사람의 눈빛에서 그런 인간적인 상실감이 읽혀졌습니다."

하지만 파르도가 새로 꾸려질 개발팀에서 찾고 있는 것은 열정과 탐구심 그리고 자부심이었다. 그는 비록 실패로 끝난 노력이지만, 그것이 오히려 소중한 자산이라는 점을 알고 있는 설계자를 만나고 싶었다. 〈디아블로〉 설계팀 직원 중에도 실패한 자신의 아이디어와 통찰을 새로 개발할 게임에 적용하고자 하는 사람이 있을 것이었다. 바로 그들이 자신이 블리자드의 미래를 구상하는 데 도움을 줄 사람들이었다.

그는 다음과 같이 자신의 스토리를 결론지었다. "우리 회사의 흥행률은 아마 업계 평균 수준보다 그리 높지 않을지도 모릅니다. 다른 회사와의 차이점이 있다면, 실패가 눈에 뻔히 보이는 상황이라면 우리는 그것을 감수한다는 것입니다. 오랜 시간과 수백만 달러의 돈이 투입된 게임이라고 해도 출시를 취소한다는 거죠. 실패가 다음번에 더 나은 제품을 제대로 만들어 선보이기 위한 버팀목이 되는 겁니다."

파르도의 스토리에는 다음과 같은 메시지가 담겨 있다. 〈월드 오브 워크래프트〉가 만약 똑같은 운명을 맞이한다고 해도 설계자들이 혁신을 위해 최선을 다했다면 그것으로 되었다.' 그는 이렇게 말했다. "성공을 추구하기 위해 기꺼이 위험을 감수함으로써, 우리는 경제적으로는 어느 정도 손실을 봤습니다. 그러나 그 대가로 지적 자산을 축적했다고 볼 수 있습니다. 우리 목표가 일부러 실패하거나 실패를 즐기는 척하는 것은 물론 아니지만, 위대한 일을 성취하기 위해 실패를 기꺼이 감수한다는 태도가 포함된 것은 틀림없습니다."

팀원들은 그의 말을 알아들었다. 〈월드 오브 워크래프트〉는 2009년을 기준으로 전 세계 1,150만 명의 사용자를 보유했고, 미국에서만 총 860만 개를 판매함으로써 PC 게임 역사상 가장 빠른 판매 속도를 기록했다. 더 중요한 것은 1,200명 이상의 블리자드 직원들이 이 회사에서 일하는 것을 자랑스럽게 여기고 열심히 이야기한다는 사실이다. 〈오렌지 카운티 레지스터〉는 블리자드를 오렌지 카운티에서 가장 일하기 좋은 직장으로 선정하면서, 한 직원의 말을 소개했다. 그가 평가한 회사의 좋은 점은 '언제나 스스로 결정을 내리고 그 결과에서 배울 점을 찾을 수 있다는 것'이었다.

목표에 부합하는
동기가 있는가?

CEO든 세일즈맨이든 NGO의 운영자든, 청중은 먼저 신뢰하지 않는 한 결코 그의 말에 움직이지 않는다. 물론 공감하지도, 제안을 받아들이지도, 행사에 참여하지도 않는다. 청중은 그들의 동기를 존중하고 그들과 인간적으로 공감할 때만 신뢰를 느낀다. 따라서 설득력 있게 먹히는 스토리를 전하기 위해서는 목표에 대해 진정한 열정을 품어야 하며, 그 열정은 그의 경험 및 헌신과 일치해야 한다. 월리 아모스Wally Amos는 청중에게 그런 신뢰를 주는 대표적인 인물이다.

아모스 하면 '페이머스 아모스 쿠키Famous Amos Cookies(초코칩 쿠키로 유명한 미국의 쿠키 브랜드 – 옮긴이)'를 가장 먼저 떠올리는 사람이 많겠지만, 내가 그를 처음 만난 건 1970년대 그가 윌리엄 모리스 에이전시에서 텔런트 에이전트로 일하고 있을 때였다. 그는 고등학교를 중퇴하고 이 에이전시에 우편물 관리 직원으로 입사한 지 단 1년 만에 윌리엄 모리스 최초의 흑인 에이전트가 되었고 슈프림스, 사이먼 앤드 가펑클, 마빈 게이 등 그 시대의 전설적 음악가들과의 계약을 이끌어 낸 인물이다. 그는 약 30년이 지나 나에게 말했다. "그 시절 내 꿈은 일류 연예 매니저가 되는 것이었어요. 고객이 중요한 사람이면 저도 중요한 사람이 틀림없었죠. 왜냐하면 고객과 연락하기 위해서는 먼저 나를 거쳐야 했으니까요. 연예계 사람이라면 누구나 이렇게 생각하고 있죠."

그런데 문제가 하나 있었다. "저는 연예계 사람이라고 생각해 본 적이 없었습니다. 그 업계에 몸담고 있으면서도 한 번도 소속감을 느껴 본 적이 없었어요." 유명인들과 어울리면서 자신도 유명인이 되기를 그토록 원했지만, 아모스는 할리우드에서 끝내 진정성을 느낄 수 없었다. 그래서 그는 어떻게 했을까?

아모스는 자신을 길러 주신 숙모의 가르침을 그대로 실천했다. 숙모가 일러 준 조리법대로 쿠키를 구우면서 그는 살아 있음을 다시 느낄 수 있었다. "그것은 제가 긴장과 걱정을 해소하는 하나의 방편이었습니다. 그 순간만큼은 오직 나와 쿠키밖에 없었죠."

그때부터 그는 쿠키를 사무실에 가져가기 시작했다. "아시다시피 저는 캐스팅 디렉터나 제작자, 감독, 영화사 간부 등을 많이 만났습니다. 거버 씨를 만났던 것처럼요. 그때마다 제 에이전시 고객을 홍보하기 전에 먼저 비닐봉지를 열어 쿠키를 건네주곤 했죠."

나도 또렷이 기억하고 있었다. "그 쿠키 정말 맛있었지요."

그가 고개를 끄덕였다. "사람들이 저에게 그걸 팔아 보라고 하는 말을 5년 동안이나 들었습니다." 마침내 연예계 비즈니스를 할 만큼 했다고 생각한 그는 쿠키 하나에만 매달리기 시작했다. 그의 고객 마빈 게이, 가수 헬렌 레디Helen Reddy와 그녀의 남편 제프 월드Jeff Wald, 그리고 유나이티드 아티스트 레코드United Artists Records의 아티 모굴Artie Mogull 회장 같은 사람들이 그의 사업을 재정적으로 뒷받침했다.

아모스는 말했다. "제가 초코칩 쿠키에 몰두한 것은 유명해지기 위해서도, 체인점 사업을 하고 싶어서도 아니고, 오로지 그것이 재미있고 제가 원하는 인생이기 때문이었습니다. 그것만은 맹세할 수 있어요. 회사를 그만둔 다음 날 아침부터 저는 완전히 다른 사람이 되었습니다. 인생의 새로운 목적이 생겼다고나 할까요."

가장 달라진 점이 있다면, 그의 삶의 목적이 자신의 본연의 모습과 일치하게 되었다는 사실이다. 어린 시절 어려움에 빠진 자신을 거두고 돌봐 주신 숙모의 가르침대로 쿠키를 만들었기 때문에, 그는 비로소 삶에서 진정성을 발견할 수 있었다. 숙모는 그에게 사랑과 덕을 베풀었고, 이제 그는 숙모님의 그 마음을 온전히 쿠키에 쏟고 있었다. 그뿐만 아니라 그는 이제 자신의 몸과 마음을 바친 회사에 인생을 걸게 되었으므로 더더욱 삶에서 일관성을 체험할 수밖에 없었다. 그는 이렇게 말했다. "제가 인생을 어떻게 생각하는지를 모두 쿠키에 담았습니다. 쿠키가 바로 저인 셈이지요."

과거 연예계에 있을 때도 쿠키를 마치 자신의 명함처럼 다른 이들에게 나눠 주었듯이, 그는 이제 숙모가 자신에게 베풀어 준 사랑과 보살핌을 쿠키에 그대로 담아 미디어와 고객, 투자자에게 전달하고 있다. 그는 곧 '페이머스 아모스'라는 스토리의 영웅이 되어 사람들의 마음이 녹아 있는 쿠키를 구워 냈다. 이후 이 회사는 전국 규모의 브랜드로 성장해 켈로그에 인수되었고, 아모스가 회사를 매각한 지 30년이 지난 지금까지도 강력한 인지도를 그대로 유지하고 있다. 비록 지금은 아모스가 경영하던 시절처럼 값비싼 고급 재료가 들어가지는 않지만, 사람들이 그의 창립 스토리에 정서적으로 공감하기 때문에 아직도 전국적인 인기를 자랑한다. 아모스는 지금도 가는 곳마다 사람들로부터 '페이머스 아모스!'라고 불린다.

1993년에 나는 세계에 몇 안 되는 진정한 지도자를 모시고 며칠을 보내는 특권을 누린 적이 있다. 남아프리카공화국 인종차별 반대운동의 지도자 넬슨 만델라가 소니 엔터테인먼트의 CEO인 나에게 전화를 걸어, 로스앤젤레스에서 자신의 75세 생일 기념 행사를 주최해 줄 수 있느냐고 물어 왔다. 전화를 받은 것은 만델라가 소수 백인 통치에 반대하다 투옥되어 거의 30년 만에 석방된 지 불과 36개월 후의 일이었다. 그는 이후 1993년 말에 노벨 평화상을 수상하고, 이듬해에는 남아프리카공화국의 대통령이 되어 최초의 민주 정부를 수립하게 된다. 그러나 전화를 받을 때까지만 해도 남아프리카공화국의 정국은 한 치 앞을 내다볼 수 없었다. 만델라는 거국 중립내각 수립 계획에서 중추적인 역할을 하는 인물이었다. 물론 기존 체제에 속한 인물과 다양한 인종 및 정당을 대변하는 새로운 리더들을 포괄한다는 이 계획은 남아공의 당시 상황에서 매우 예외적이고 대담한 안이었다. 서구 사회는 45년간 지속된 인종차별 정책으로 무수한 유혈 사태와 증오가 얼룩진 남아공에서 과연 그런 정부가 성공할 수 있을지 강한 의구심을 갖고 있었다. 그러나 새 정부가 성공하려면 서방 국가의 외교적, 문화적 그리고 (가장 중요한) 경제적 지원이 꼭 필요한 상황이었다. 그래서 만델라는 서구 사회의 편견을 타개하고, 평화로운 새 남아프리카공화국이라는 자신의 비전에 대한 지지를 얻기 위해 미국을 방문하려던 참이었다. 당연히 나는 그 행사를 전폭적으로 돕겠다고 약속했다.

그는 또 내가 파티 주최뿐 아니라 몇몇 비즈니스 리더들과 만남의 자리를 주선해 줄 수 있느냐고 물었다. 덕분에 나는 며칠 동안이나 만델라를 곁에서 지켜보며 그의 이야기를 들을 수 있었다. 그중에는 특히, 남아프리카공화국의 미래에 참여해 달라는 도저히 외면할 수 없는 요청이 담긴 스토리가 하나 있었다.

"27년간 투옥되어 있으면서 제가 알고 지낸 교도관 중에, 틈만 나면 나에게 곧 풀려날 거라고 말하던 사람이 있었습니다." 만델라는 그 교도관이 자신을 열렬히 지지한다는 것을 알 수 있었다고 말했다. 그 사람은 승리의 날이 눈앞에 온 듯이 열광했지만, 정작 만델라가 보인 반응은 전혀 달랐다. "저는 그와 여러 차례 대화를 나눴는데, 그때마다 오히려 서글펐습니다. 저의 정신과 신념이 결코 감옥에 갇히지 않았다는 사실을 그는 전혀 이해하지 못했습니다. 비록 몸은 갇혀 있었지만 제가 꿈꾸는 스토리는 절대로 가둘 수 없었습니다. 한 사람의 꿈꿀 자유마저 앗아 가지 않는 한, 그를 가둘 감옥은 어디에도 없다는 진실을 그는 전혀 알지 못했습니다."

만델라는 이야기를 더 큰 무대로 옮겨 자신의 나라에 관해 말하기 시작했다. 그의 가장 중요한 목표는 그의 국민도 자신과 똑같은 자유를 맛보고, 그 꿈을 이룰 수 있다는 믿음을 갖게 하는 것이었다. 그러지 않으면 온 국민이 공허함과 절망의 감옥에 갇혀 나라를 잃게 될 판이었다.

이윽고 그는 행동을 촉구했다. "제가 미국에 온 이유는, 여러분에게 저의 조국에 재정 지원뿐만 아니라 여러분의 평판과 신뢰를 한번 걸어 주십사 요청하기 위해서입니다. 여러분의 친구와 이웃에게 그리고 국제사회에 우리의 스토리를 전해 주시고, 이 나라의 잠재력을 알려 주시기를 부탁드립니다. 우리 젊은이들의 꿈이 실현될 수 있도록 여러분이 계속해서 도와주시기를 부탁합니다."

만델라의 진심은 너무나 분명했고, 그의 이야기는 강한 호소력으로 듣는 이들의 가슴을 울렸다. 그의 말을 들은 사람들은 그렇게 얻은 영감과 동기에 힘입어 기꺼이 자신의 지적 자산과 평판 자본을 동원해 그의 꿈이 실현될 수 있도록 도왔다. 이후 그들은 나도 여러 차례 그랬던 것처럼 넬슨 만델라의 말을 들은 이야기를 다른 이들에게 알렸고, 남아프리카 공화국이 피의 복수와 정치적 혼란 없이도 민주주의를 실현할 수 있다는 그의 확신을 그대로 전했다. 그리고 마침내 넬슨 만델라가 높이 치켜든 깃발에 힘입어 평화로운 정치 혁명이라는 그의 비전이 실현되었다.

세상을 살다 보면 서로 너무 잘 아는 사이일수록 진심을 보여 주기가 더 어려울 때가 있다. 내가 이런 사실을 절실히 깨닫게 된 것은, 몇 해 전 딸 조디Jodi가 새로 의류 회사를 차린다고 나에게 투자를 부탁했을 때였다. 이미 30대에 접어든 딸은 석사 학위를 취득하고 교사가 될 준비를 해 오던 터였다. 그런데 갑자기 태도를 바꿔 요가를 주제로 한 패션 의류 제조업을 하겠다고 나선 것이다. 사업을 시작하는 데 수십만 달러가 필요하다고 했다. 그 말을 듣고는 '왜 하필 나한테?'라는 생각부터 들었다. 곧이어 '왜 꼭 이 사업을?', 그리고 '왜 지금 와서?'라는 생각이 꼬리를 물었다. 딸은 사업이나 유통, 소매, 심지어 의류 디자인 분야에도 아무런 경험이 없었다. 물론 그 녀석으로서는 다른 누구보다 아버지가 만만한 투자자라고 생각했을 것이다. 사실 나도 그 점을 너무 잘 알고 있었다. 그러나 나는 가장 까다로운 고객이었다. 딸의 생각은 처음부터 모든 것이 잘못된 것 같았다.

그러나 진심은 강력한 설득력이 있다. 전하는 스토리가 어떤 것이든, 진정성을 보여 주기만 하면 청중은 나의 말에 공감하는 것은 물론, 나와 똑같은 열정을 품을 수 있다. 누군가가 모든 역경을 극복하려는 진심을 보여 줄 때, 그것은 강력한 설득력을 발휘한다. 성공은 진정한 확신으로만 이룰 수 있기 때문이다. 조디의 스토리는 자신의 열정을 보여 주는 것이었지만, 자신의 경력이나 나의 투자 성향에는 전혀 부합하지 않았다. 어쨌든 딸아이를 응원하는 것과 그 아이의 사업에 자금을 지원하는 것은 전혀 다른 문제였다.

조디는 로스앤젤레스에서 보낸 어린 소녀 시절부터 주변에서 보아 온 화려한 인물들 틈에 자신도 끼고 싶었다고 말했다. 그러나 그 아이는 다른 사람들이 모두 자신보다 나아 보이고 또 그렇게 생각하며 사는 것 같아, 자신은 늘 방관자가 된 듯한 느낌을 받았다고 했다. 문제는 자신이 늘 끼고 살다시피 하던 잡지에 등장하는 날씬하고 유연한 몸매와 자신의 몸은 전혀 어울리지 않는다는 것이었다.

조디는 체중 때문에 엄청난 스트레스를 받았다. 자신의 몸은 전혀 모델처럼 완벽하지 않았고, 자신이 아는 대부분의 다른 사람도 마찬가지였다. 조디는 패션을 좋아했지만, 아무리 멋진 옷이라도 왜 키가 178센티미터 이상이고 체구가 4 사이즈를 넘지 않는 사람에게만 잘 어울리는지 의아했다. 딸아이는 체구나 체형, 사회적 지위에 상관없이 아무도 소외감을 느끼지 않을 포용성 있는 패션이 필요하다고 생각했다. 특히 활동에 간편한 옷은 누가 입어도 멋지게 보이고 편안하게 만들어야 한다고 생각했다.

안타깝지만 이 분야의 패션 디자이너 중에는 그런 생각을 하는 사람이 아무도 없는 것 같았다. 마침내 조디는 아무도 그런 옷을 만들지 않는다면 자신이라도 만들어야겠다고 생각했다. 마침 요가를 하고 있었기 때문에 그렇게 생각했을지도 모른다. 조디는 모든 여성이 입고 요가를 할 수 있을 정도로 편안한 옷, 그러면서도 매거진에 나올 만큼 멋진 옷을 만들어 보자고 결심했다.

딸의 말에서 전에는 한 번도 들어 보지 못한 목적의식을 발견한 나는, 그 말이 외부의 누군가에게 들은 것이 아니라 자신의 내면에서 우러나온 이야기라는 것을 알 수 있었다. 교사가 되겠다고 할 때는 보이지 않던 진심이 느껴졌다. 그리고 내가 그렇게 느꼈다면 고객들도 똑같이 느낄 수 있겠다는 생각이 들었다. 딸아이가 그들의 경험을 이해하고 공감해 실용적일 뿐만 아니라 정서적으로도 만족을 안겨 주는 옷을 만들 수 있다는 말이기 때문이다. 딸의 이야기는 그녀에게 전문성이 부족하다는 내 생각을 상쇄하고도 남았다. 특히 지금까지 많은 일을 진행해 왔고 이미 '비욘드 요가Beyond Yoga'라는 브랜드의 활동복을 출시할 준비도 마쳤음을 보여 주었을 때는 더욱 그랬다.

한번 일을 시작하자 그녀는 자신의 진심이 담긴 스토리를 전하면서 계속해서 상품을 팔아 나갔다. 조디는 똑같은 이야기지만 공급업자와 고객 그리고 미디어에 맞는 형태로 바꿔 각각을 상대로 이야기할 줄 알았다. 그래서 듣는 사람들마다 모두 그녀의 동기에 공감했다. 특히 조디와 같은 경험을 지닌 사람들에게는 강력한 호소력을 발휘했다. 예컨대 평생 체중 때문에 어려움을 겪은 오프라 윈프리는 조디의 철학에 공감해 조디의 옷을 입은 자신의 모습을 〈오 매거진O Magazine〉표지에 실었다.

8만 달러로 출발한 비욘드 요가의 매출은 단기간에 무려 500만 달러로 치솟았고, 이제는 요가 분야를 뛰어넘어 '아이 엠 비욘드i am BEYOND'라는 생활 의류 브랜드로 성장했다. 비록 처음의 나는 딸의 말을 가장 냉정한 태도로 듣는 사람이었지만, 지금은 그녀의 스토리 덕분에 가장 자랑스럽고 만족스러운 투자자가 되었다.

내 이야기의 청중은 누구인가?

　　스토리텔링에 가장 능한 사람은 남의 스토리에 귀 기울일 줄 아는 사람이다. 그들은 듣는 사람의 흥미를 불러일으키는 것보다 자신이 먼저 상대의 말에 흥미를 보이는 것이 더 중요하다는 사실을 안다. 왜 그럴까? 듣는 사람에 관해 잘 알아야만 자신의 스토리를 어떻게 전할지 정할 수 있기 때문이다. 똑같은 스토리도 회의장에 모인 2천 명의 청중을 상대로 말할 때와 마케팅 회의에서 50명의 직원에게 전할 때, 또는 휴가지에서 만난 경쟁사 CEO와 한잔 나누면서 말할 때가 모두 달라야 한다. 그렇지 않으면 지루해진다. 스토리텔링 기술에서 지루함은 곧 죽음과도 같다. 조직 리더십 전문가 워런 베니스의 말처럼 말이다. "상대방의 흥미를 끌어내지 못하면 반드시 지루함이 찾아옵니다."

청중의 흥미가 어디 있느냐에 따라 그들이 나의 말을 듣는 태도가 결정되므로, 그들의 흥미를 나에게 유리하게 활용하는 것은 나의 책임이다. 굳이 '청중'이라는 말을 사용한 이유가 있다. 듣는 사람을 청중이라고 생각하면, 그들이 내 말에서 '어떤 감정을 느끼게 할 것이냐'가 가장 중요하다는 사실을 잊지 않을 수 있다. 그리고 그 감정을 일으키기 위해서는 그들의 관심을 사로잡는 방법을 알아야만 한다. 비즈니스맨이 스토리를 전할 때는 청중의 생각에 영향을 미치기 위해 영화관에서처럼 불을 끄거나 사운드트랙을 동원할 수 없다. 그렇다면 듣는 사람의 머릿속에서 일어나는 정신적 불협화음을 끊어 내고 그들의 흥미를 사로잡을 수 있는 방법은 과연 무엇일까?

그들이 어떤 사람인지 아는 것이 가장 중요하다. 청중의 나이, 성별, 교육 수준, 성격은 어떠한가? 거주지와 출신지는 어디인가? 가장 중요한 사실, 즉 그들이 원하는 것과 필요한 것은 무엇인가? 이런 배경지식을 바탕으로 그들의 흥미를 포착한 후에야 비로소 '나의' 목표를 달성하기 위한 스토리를 준비할 수 있다.

그들은 어디에 흥미를 보이는가?

비즈니스 상대로부터 지지를 끌어내는 방법에 관해서는, 천문물리학자인 내 친구 젠트리 리보다 잘 아는 사람은 없다고 생각한다. 제트 추진 연구소JPL의 태양계 탐사국 수석 엔지니어인 그는 항상 사람들을 설득하는 일을 맡아 왔다. 그는 의회나 기업을 찾아다니며 JPL의 행성 간 로봇 탐사 프로젝트 예산을 따오고, 수많은 JPL 프로그램을 조율하기 위해 다양한 기술 그룹의 협력을 끌어내며, 미디어에 세부 사항을 알리고, 유능한 과학자들을 팀에 유치하며, 차세대의 천문학자가 될 어린 학생들에게 영감을 던질 줄 알아야 했다. 청중이 어떤 사람이든, 젠트리가 선택한 방법은 언제나 설득력 있는 스토리였다. 그리고 듣는 사람이 공감하는 스토리의 핵심은 그들의 가치관을 이해하는 것이었다.

그는 최근에 나에게 이렇게 말했다. "어떤 분야에서든, 내 스토리로 상대방의 관심이나 행동을 끌어내기 위해서는 상대방이 어떤 반응을 보일지를 미리 알아야 합니다. 내 말을 듣는 청중은 과연 어떤 이야기에 공감할까요? 그 정서에 맞춰 스토리의 틀을 미리 짜야 합니다."

어떤 때는 두려움이 가장 공감을 일으키는 정서가 된다고 젠트리는 말했다. "사람들은 미래에 대해 막연한 두려움을 가지고 있습니다. 그래서 우리가 행성 간 탐사 활동에서 얻은 정보를 보여 주면 그들은 미래에 대해 품고 있던 불확실성을 해소하면서 우리 프로젝트를 후원해야 할 이유를 깨닫게 되죠."

젠트리는 두려움을 어떻게 활용했기에 국회의원을 설득해서 화성 탐사 계획에 연방 예산의 지원을 끌어낼 수 있었을까? 젠트리는 그에게 이런 이야기를 해 주었다. "한때는 화성도 우리 지구처럼 초목이 우거진 행성이었습니다. 공기와 물이 있었고, 어쩌면 생명체도 있었을지 모릅니다. 그런데 지금은 황무지가 됐죠. 왜 그렇게 되었을까요? 도대체 무슨 일이 있었던 걸까요?" 그는 여기서 상대방의 두려움을 살짝 건드린다. "장차 우리 지구도 똑같은 운명을 맞게 될까요?"

그런 다음 화성 탐사의 내용이 무엇인지, 무엇을 발견할 것으로 기대하는지, 과학자들은 그 발견에서 지구의 미래와 어떤 관련성을 찾을 수 있는지를 설명했다. "우리가 화성에서 알아낸 사실이 인류 문명의 방향을 바꾸고, 우리 지구를 구하게 될까요? 우리 함께 거기 가서 한번 알아보시지 않겠습니까?"

젠트리는 스토리로 제안을 관철하기 위해서는 그 속에 자신이 제기한 두려움을 해소해 줄 해결책을 담아야 한다고 말했다. 그러나 학생이나 젊은 과학자들을 상대로는 똑같은 스토리를 말하더라도 두려움보다는 호기심과 모험심을 더 강조한다고 했다. "우리는 지구와 닮은 행성을 찾아내, 몇 세대에 걸쳐 여행하는 우주선을 타고 갈 수도 있다고 생각합니다. 그곳에는 지구와 유사한 물과 바다 그리고 공기가 있을 겁니다. 미국의 초기 개척자들의 마차 행렬을 생각해 보세요. 우리 인류가 수세대가 걸리는 이 여행을 끊임없이 시도해서 결국은 신세계를 개척하는 미래가 제 눈에는 보입니다. 여러분도 그 스토리의 주인공이 되시고 싶지 않습니까?"

요컨대 젠트리가 강조하는 가장 중요한 메시지는, 청중의 관심을 끌어내기 위해서는 그들의 관심이 무엇인지부터 제대로 알아야 한다는 것이었다. 그들의 관심은 가족, 사회적 지위, 가정, 모험 또는 안전 중 어느 것인가? 위협이나 약속, 또는 청중이 미처 생각지 못한 도저히 외면하지 못할 가능성 중 이야기의 중심을 어디에 두고 시작하느냐에 따라 그 이야기는 강력한 위력을 발휘할 수 있다.

젠트리의 말이 다시 기억에 떠오른 것은 UCLA의 안과 임상의학 교수이자 멀로니 비전 연구소Maloney Vision Institute의 이사 로버트 멀로니 박사와 스토리텔링에 관해 대화를 나눌 때였다. 멀로니는 북미 지역 최초로 FDA 공식 치료법의 일환인 라식 수술을 집도한 외과 의사였다. 내가 알고 싶었던 것은 그가 환자들에게 어떤 이야기를 해 주었기에 그들이 칼에 대한 두려움을 극복할 수 있었으며, 그 스토리를 어떻게 찾아냈느냐 하는 것이었다. 라식 수술이란 결국 레이저로 각막을 한 꺼풀 벗겨 내는 작업이다. 웬만큼 심장이 강하지 않으면 쉽게 내리기 어려운 결정이다.

그는 올바른 방법을 찾기가 결코 쉬운 일이 아니었다고 말했다. 수술의 상세한 내용을 전부 밝혀야 했는데, 그러다 보면 부정적인 가능성이 다른 이야기를 온통 집어삼켜 사람들이 꼭 필요한 수술을 거부할 수 있었기 때문이다. 처음에는 이 수수께끼 같은 과제를 풀기 위해 위험성을 완화해서 설명해 보기도 했지만, 그래도 여전히 의심을 거두지 않는 사람들이 많았다. 환자들의 말에 좀 더 자세히 귀를 기울이던 그는 마침내 그들의 진정한 관심이 바로 신뢰에 있다는 사실을 발견했다. 그들에게 필요했던 것은 어떤 보장이 아니라 바로 확신이었다.

그래서 멀로니는 그들이 현명한 결정을 내리는 데 필요한 의학적 사실을 다르게 말하는 대신, 환자들에게 이렇게 말하기 시작했다. "어떤 일이 일어나도 제가 끝까지 당신을 돌봐 드리겠습니다." 그런 다음 이 수술을 받으면 어떻게 되는지를 말해 주었다. 물론 지금까지 그래 왔듯이 그들이 겪을 수도 있는 문제, 즉 부정적인 정보도 똑같이 전해 주었다. 그러나 마지막에 가서는 꼭 그들의 감정적인 필요를 충족시키는 해결책을 제시하는 것을 잊지 않았다. 그는 이렇게 약속했다. "저는 절대로 포기하지 않습니다. 문제가 발생하더라도 우리가 함께 당신 곁에서 끝까지 돕겠습니다." 그는 이렇게 강조점을 살짝 바꿈으로써 자신의 스토리를 관계와 우정의 영역으로 옮겨 버렸다. 그의 호소에 따라 환자들은 불확실성을 기꺼이 감수할 정도로 그를 신뢰했고, 그런 사람들이 수천 명에 달하게 되었다. 로버트 멀로니는 지금까지 5만 명이 넘는 환자의 시각 교정 수술을 집도했다.

2009년, 위저드 엔터테인먼트Wizard Entertainment의 창립자 가렙 셰이머스Gareb Shamus가 자신의 파트너 피터 레빈Peter Levin과 함께 나를 찾아와 그들이 설립한 온라인 회사 기크 식 데일리Geek Chic Daily에 투자를 요청했다. 이 회사는 대중문화 팬들이 매일 볼 수 있는 온라인 매체로, 멋지지만 괴짜 같은 최신 코믹스나 장난감, 게임, 영화, 기술, 각종 장비에 관한 소식을 제공하는 서비스였다. 그들이 나의 개인적인 관심을 철저히 연구해서 맞춤형 스토리를 준비해 왔다는 사실을 나는 꿈에도 알지 못했다.

셰이머스는 〈위저드Wizard〉, 〈토이페어ToyFare〉, 〈펀페어FunFare〉 같은 매거진도 발간하고 있었는데, 그중에서도 〈위저드〉는 코믹북, 장난감을 비롯한 캐릭터 기반 장르에 막강한 영향을 미치고 있었다. 그뿐만 아니라 그는 뉴욕, 시카고, 필라델피아, 토론토, 애너하임 같은 도시에서 열리는 코믹콘 페스티벌의 소유와 운영을 맡고 있었다. 이것은 각 지역의 코믹스 팬들이 연례행사로 여기고 참가하는 성대한 대회다. 한마디로 셰이머스는 괴짜 대중문화 팬들의 스승과도 같은 존재다.

몇 개월 전에 피터 레빈이 나를 그에게 소개해 주었으므로 셰이머스는 내가 만드는 상품도 젊은이를 주 고객으로 삼고 있다는 사실을 알았다. 그는 또 내가 20대를 넘긴 지 수십 년이 되었기 때문에 젊은 고객들의 목소리를 직접 들을 통로를 가지고 있지 않다는 사실을 파악했다. 내가 이런 약점 때문에 고민한다는 것을 감지한 그는, 이 점을 정교하게 활용해 대중문화 광팬을 위한 자신의 디지털 뉴스레터와 웹사이트에 내가 관심을 기울이도록 유도했다.

그는 회의 초반부터 내가 광범위한 비즈니스 기회를 놓치고 있음을 입증하는 물리적 증거를 제시하며, 내가 평소에 걱정하던 내용을 말 그대로 테이블 위에 전부 펼쳐 보였다. 그는 자신이 운영하는 출판사 블랙불Black Bull이 발간한 코믹북과 그래픽 노블을 몇 권 보여 주었다. 또 〈위저드〉를 한 부 건네주기도 했다. 그가 대학을 갓 졸업하자마자 창간한 이 잡지는 이후 매거진 및 엔터테인먼트 업계의 제국으로 성장하면서 장난감과 롤 플레잉 게임, 인터넷 미디어 분야의 수많은 회사를 거느리기에 이르렀다. 그는 최근에 개최된 코믹콘 행사의 한 프로그램을 보여 주면서 "코믹북 및 팝아트 분야에서는 세계 최대의 행사입니다"라고 자랑했다.

그의 예상대로 나는 그가 보여 준 것 중 단 하나도 아는 것이 없었다. 즉, 나는 그동안 이 소중하고 흥미로운 시장을 완전히 놓치고 있었다는 뜻이었다. 내가 이 시장에 관심을 가져야 하는 이유는 무엇인가? 이 시장의 고객 중 다수가 바로 내가 만드는 영화와 음악의 구매자이기 때문이다. 셰이머스가 더 많은 자료를 보여 줄수록 나의 관심은 더욱 커져 갔다.

나의 관심을 끌어 이 거래를 통해 내가 무엇을 얻을 수 있는지 이해시킨 셰이머스는 자신의 배경 스토리로 진심을 보여 주었다. 그는 어린 시절이던 1980년대에 스포츠 종목의 카드를 사고팔다가, 부모님이 카드 가게에서 코믹스를 팔기 시작하면서 거기에 관심을 기울이기 시작했다. 그러면서도 늘 더 많은 정보에 목말라 했다. "저는 어떤 책을 누가 쓰고 그렸는지 전혀 몰랐습니다. 언제 어떤 책이 새로 나오는지, 무슨 책이 재미있는지 알 방법이 전혀 없었죠. 정말 아무것도 아는 게 없었습니다. 〈위저드〉를 만들어야겠다고 생각한 것도 바로 그때였습니다."

정말 유능한 사람이었다. 그가 말하는 그 순간에도, 아무것도 모르겠다는 내 속마음을 그가 훤히 꿰뚫고 있다는 것을 알 수 있었다. 그러나 곧이어 그는 우리 거래를 성사시킬 만한 천재적인 이야기를 내놓았다.

그가 질문했다. "영화 〈빅〉을 아십니까?" 물론이었다. 1988년에 개봉된 페니 마셜 감독의 작품으로, 톰 행크스가 연기한 어린 소년이 어느 날 어른의 몸을 지니게 된다는 줄거리였다. 셰이머스가 말했다. "저는 어릴 때 그 영화를 보면서 어른들도 모두 속으로는 어린아이의 마음을 지니고 있다는 것을 알게 되었습니다." 그러면서 톰 행크스가 나이 많은 사장과 함께 발로 밟는 피아노 건반 위에서 〈젓가락 행진곡〉을 연주하는 장면을 언급했다. 이 일을 계기로 사장은 동심을 되찾고 자신의 진정한 청중이 누군지 깨닫게 된다. 그리고 그와 톰 행크스 사이에는 동심을 매개로 한 정서적인 유대감이 피어난다. 셰이머스가 전하고자 한 메시지는, 나에게 필요한 것이 이 장면에서의 나이 많은 사장처럼 젊은 청중에게 접근할 인간관계이며, 셰이머스 자신은 마치 톰 행크스와 같은 역할을 할 수 있다는 것이었다. 또 기크 식 데일리는 바로 피아노 건반으로, 우리가 그 위에서 연주하면 각자의 세상을 한데 합쳐 시너지를 낼 수 있다는 뜻을 담고 있었다. 내가 그의 파트너가 되면 셰이머스 같은 사람들로 구성된 시장에 접근해서 돈을 벌 수 있다. 그것이 바로 내가 절실히 원하는 것이었다. 그 시장에 들어가기만 하면, 내 나이가 얼마든 그들과 같은 종족이 되어 내 상품을 마음껏 팔 수 있다.

셰이머스는 나의 관심사를 충분히 조사한 후에 내 사무실 문을 들어 섰기 때문에 나의 머리와 가슴, 그리고 지갑까지 충분히 열 수 있는 스토 리를 펼쳐 놓았다. 즉, 그는 나의 흥미와 욕구, 그리고 필요를 정확히 겨 냥했다. 나는 가렙 셰이머스와 피터 레빈에 이어 세 번째 파트너로 합류 했고, 기크 식 데일리는 2009년 10월에 출범했다.

2003년에 가렙 셰이머스를 만나 조언을 들었더라면 얼마나 좋았을 까 하는 생각이 든다. 당시 브루스 스테인Bruce Stein과 내가 함께 생각해 낸 사업 아이템은 스타벅스 제국을 환하게 밝혀 줄 기가 막힌 제안임에 틀림이 없었다. 스테인은 그 일에 딱 맞는 자격을 갖추고 있었다. 그는 마텔Mattel, Inc.과 소니 인터랙티브 엔터테인먼트 그리고 케너프로덕트 Kenner Products, Inc.에서 각각 고위 관리직으로 일했고, 1989년에 우리가 처 음 만든 영화 〈배트맨〉의 핵심적인 상품화 권리를 그가 취득하면서부터 나와 친분을 맺어 왔다. 나는 그가 유통업의 이해와 필요에 관해 천재적 인 감각을 지니고 있다는 것을 알고 있었다. 그러나 우리는 곧 유통도 유 통 나름이라는 사실을 알게 된다.

스타벅스의 회장 겸 CEO 하워드 슐츠에게 사업을 제안하기 위해 시 애틀로 날아갈 때만 해도 우리는 확신에 차 들떠 있었다. 슐츠와는 친분 이 전혀 없었지만, 유명 서점 인디고와 챕터스의 CEO 헤더 레이즈먼의 소개로 그를 만날 수 있었다. 그는 슐츠와 파트너십을 맺고 자신의 서점 에 스타벅스를 입점시킨 적이 있었다. 덕분에 슐츠는 우리를 그의 동료로 생각하고 맞아 주었다. 스타벅스 제국의 규모를 생각하면 그의 이런 태도에 불만을 가질 이유는 없었다. 스타벅스는 그해에만 1,300개의 매장을 새로 열었고 최종적으로는 전 세계에 4만 개의 매장을 연다는 계획을 가지고 있었다.

우리는 그의 소중한 시간을 생각해서 즉시 사업 제안 내용을 이야기하기 시작했다. 우리의 요지는 스타벅스는 아무런 비용 부담 없이, 모든 매장의 고객 동선이 방해받지 않는 위치에, 대형 플라스마 스크린을 설치한다는 아이디어였다. 즉, 현재 사용되지 않는 공간을 이용하자는 것이었다. 스크린으로 상영할 콘텐츠는 중앙 집중 시스템을 통해 공급되지만, 각 매장이 있는 지역과 일과 중 시간에 따라 맞춤형으로 준비한다. 따라서 프로그램의 내용은 아침과 저녁, 동해안과 서해안, 도시와 교외 지역에 따라 모두 달라진다. 콘텐츠 비용은 슐츠와 상관없으며, 바리스타를 비롯한 어떤 직원도 여기에 신경 쓸 필요가 없다. 모든 것은 중앙 시스템이 알아서 관리한다. 고화질 스크린에는 귀가 불편한 사람을 위한 자막이 달리지만, 원하는 고객은 이더넷이나 전화 연결을 통해 소리를 들을 수도 있다. 그리고 시간이 지나면서 지역 매장 관리자에 따라서는 스크린을 교육 목적으로 활용할 수도 있고, 이때 사용되는 콘텐츠는 스타벅스가 직접 제작·관리하게 될 것이다.

한 가지 덧붙이자면, 콘텐츠가 한 시간 상영되는 동안 광고 시간은 총 10분을 넘지 않으며, 모든 광고는 슐츠의 승인을 받아야 한다. 광고 수익을 스타벅스와 공유하는 것은 물론이다. 또 스타벅스 상품 광고를 프로그램에 포함할 수도 있다. 이야기를 마친 우리는 사람들이 TV를 보거나 야구장에 갔을 때, 또는 각 지역의 오락 행사에 참석했을 때 더 많은 음식을 섭취한다는 것을 입증하는 과학적 데이터를 보여 주었다. 요컨대 우리가 제안한 스크린은 다양한 방법으로 그의 수익을 증대시켜 줄 것이라는 이야기였다.

그러나 잠깐! 아직 더 큰 기회가 남아 있었다. 이 프로그램이 성공하면 슐츠는 프로세스 전체를 케이블 네트워크로 그대로 옮겨 가서 '스타벅스 라이브' 방송을 시작할 수 있다.

우리는 말하면서도 너무 좋은 아이디어라고 생각했다. 그러나 슐츠는 별다른 반응을 보이지 않았다. 그는 우리가 하는 말을 경청했지만, 며칠이 지난 후에 이렇게 말했다. "그 제안은 사양합니다. 저는 커피 파는 데 열중하겠습니다."

도대체 이게 무슨 말인가? 우리가 무엇을 놓쳤단 말인가? 그때부터 우리는 몇 개월을 바쳐 가며 어디가 잘못되었는지 알아내려고 애썼다. 마침내 나는 시애틀로 날아가기 훨씬 전에 했어야 할 일을 했다. 그제야 하워드 슐츠가 흥미를 보일 만한 일이 무엇일까를 그의 입장에서 생각해 본 것이다.

슐츠의 변치 않는 스토리는 스타벅스를 고객을 위한 '제3의 공간'으로 만드는 것임을 뒤늦게야 깨달았다. 집과 사무실을 떠나서도 내 집처럼 편안한 장소, 마치 '나의 공간'처럼 느낄 수 있는 곳 말이다. 이 스토리의 주인공은 바로 고객이다. 고객은 자신이 마실 음료를 고를 뿐 아니라 매장에서 무엇을 하며 시간을 보낼지를 결정한다. 독서를 하든, 노트북을 켜고 일을 하든, 친구와 수다를 떨든, 음악을 듣든…… 모두 자기 마음이다. 스타벅스는 선택안을 제시하지만, 그 경험을 선택하는 주체는 오로지 고객이다. 그리고 이것이 바로 슐츠가 전하려는 스토리다.

진작 내가 여기까지 생각했더라면, 자신의 고객을 수동적인 청중으로 취급하는 제안을 슐츠가 결코 받아들일 리 없다는 사실을 알았을 것이다. 그의 관심사는 고객이 스타벅스 스토리에 적극적으로 참여하는 것이었다. 우리가 실패한 것은 당연한 일이었다. 우리가 겨냥한 목표는 슐츠가 전혀 관심을 두지 않는 일이었다. 우리가 제대로 준비했더라면, 흥미 있는 제안을 내놓으려고 하기 전에 먼저 그의 관심사에 흥미를 보였더라면, 그래서 그의 스토리를 존중하고 그에 부합하는 제안을 내놓았더라면, 우리는 전혀 다른 성과를 낼 수 있었을지도 모른다.

그들이 가진 편견은 무엇인가?

흥미와 편견은 동전의 양면이다. 하나는 끌어당기고 다른 하나는 밀어낸다. 말하는 사람이 청중의 편견을 무시하면 재앙을 맞이할 수밖에 없다. 조심하라, 편견은 어디에나 도사리고 있다. 겉으로 보기에는 아무런 해가 없을 것 같은 세부 사항에조차 말이다.

지금까지 살아오면서 편견이 스토리텔링 기법을 무용지물로 만들어 버리는 장면을 몇 번이나 지켜봤다. 그중에서도 가장 기억할 만한 것은, 이상하게도 편견을 자신에게 유리하게 이용해 버린 괴물 같은 사나이의 이야기가 아닐까 싶다. 바로 아돌프 히틀러의 이야기다. 그는 증오라는 행동을 촉구함으로써 수백만 국민을 광란으로 몰아넣었다. 국민을 상대로 동맹국과 유대인, 집시, 장애인을 비롯해 아리안족의 우수성에 어울리지 않는 그 누구에 대해서도 편견을 조장하는 스토리를 만들어 전했다. 그러나 히틀러가 인류를 상대로 저지른 악랄한 범죄 때문에 오늘날 거의 모든 사람은 정반대의 의미로 히틀러나 제3제국과 관련된 어떤 일에 대해서도 그가 조장했던 것만큼이나 강한 편견을 품게 되었다.

1997년 우리 회사는 〈티벳에서의 7년〉 개봉을 앞두고 이런 편견 때문에 큰 상처를 입었다. 오스트리아의 등반가 하인리히 하러Heinrich Harrer의 실화를 바탕으로 만들어진 이 영화는, 그가 2차 세계대전 중에 장차 티베트의 영적 스승이 될 어린 달라이 라마를 만나 서구 문물을 가르치면서 가까운 친구가 된다는 이야기였다. 하러의 영적 각성을 그린 이 이야기는 평화와 상호 이해 그리고 인류애를 보여 주는 강력한 증언이기도 했다. 이 영화를 통틀어 주인공 브래드 피트가 나치의 스와스티카swastika 표장을 찬 모습이 딱 한 번 나온다. 그것도 젊은 시절 제3제국에 굴복하기를 주저하는 주인공의 심리를 그린 장면이었다. 그러나 영화가 개봉되기 전에 한 평론가가 이 한 장면을 무서운 상징으로 간주했고, 실제 영화는 한 장면도 보지 않은 채 〈티벳에서의 7년〉을 나치 영화로 분류해 버렸다. 유대계 언론 매체들이 이 영화에 대해 보이콧을 선언했고, 우리 배우들이 실제 줄거리를 아무리 이야기해도 그 한 컷의 이미지 조작의 위력을 이겨 낼 수 없었다. 스와스티카 표장을 찬 브래드 피트의 모습이 얼마나 강력한 편견을 몰고 왔던지, 우리가 전하려는 영화의 스토리는 온데간데없이 사라지고 말았다.

그로부터 10년쯤 후 나는 하와이의 내 집을 찾아온 마크 셔피로Mark Shapiro에게 〈티벳에서의 7년〉 이야기를 했다. 그는 미식축구팀 워싱턴 레드스킨스의 구단주 댄 스나이더Dan Snyder와 함께 톰 크루즈가 출연하는 2차 세계대전 영화 〈발키리〉의 제작비를 마련하고 있었다. 나는 그에게 사전 공개되는 사진에 포함된 톰 크루즈의 모습에서 만약 나치를 상징하는 표시가 조금이라도 노출되면, 우리가 당했던 것과 똑같은 편견이 걷잡을 수 없이 일어날 것이라고 경고했다. 불행히도 톰 크루즈가 나치 제복뿐 아니라 애꾸눈 안대까지 한 사진이 언론에 흘러나가 이 영화가 나치 옹호 영화라는 잘못된 소문이 이미 돌고 있었다. 다시 한번 관객의 편견이 고개를 쳐들었고, 이는 박스오피스 수입에도 당연히 부정적인 영향을 미쳤다.

이번에는 다른 사람이 나의 편견에 불을 끼얹은 일을 이야기해 보려고 한다. 1992년 소니 픽처스의 CEO로 일하던 시절, 나는 소니 코퍼레이션의 리더인 오가 노리오 및 미키 슐호프와 함께 소니 유럽 본부가 들어설 부지를 답사하러 갔다. 당시는 우리가 맨해튼에 소니의 최신 기술이 집약된 대규모 멀티플렉스 영화관을 막 건설한 직후였던 만큼, 오가 회장도 최신식 부동산 개발 계획에 푹 빠져 있던 시기였다. 그는 베를린에 중역실이 포함된 소니 본부를 짓고, 인근에 아이맥스를 포함한 멀티플렉스 영화관과 식당, 푸드 코트 등이 들어서는 대규모 엔터테인먼트 시설을 건설한다는 구상을 하고 있었다. 내가 이미 소니의 뉴욕 67번가 멀티플렉스 건설 계획에 핵심적인 역할을 했기에, 그는 이번 일도 내가 맡아서 진행해 주기를 원하고 있었다. 그때까지만 해도 모든 일이 순조롭게 흘러갔다. 베를린은 소니의 미래를 그려 가기에 완벽한 화폭이 될 것 같았다.

우리가 타고 간 회사 비행기는 항공 면허를 보유한 슐호프가 직접 조종했다. 비행기가 중소도시 공항에 착륙한 뒤 건물에 가까워질 때 보니, 짧은 활주로에 어울리지 않게 지붕 처마가 대단한 위용을 자랑하고 있었다. 혹시나 이 건물에 무슨 사연이 있는지 의아하다고 했더니, 오가 회장이 활기찬 목소리로 말했다. "이건 보통 공항이 아니고 템펠호프 Tempelhof 라고 아주 유명한 공항이오. 히틀러가 30대 시절에 지은 건물이라오!"

"히틀러요? 대단하네요." 내가 말했다. 별로 반가운 이름이 아니라는 말을 군이 할 필요는 없었다.

그것은 나의 실수였다. 오가 회장은 내가 빈정댔다는 것을 전혀 눈치채지 못했다. 그의 관심은 오로지 소니 센터뿐이었다. 과거 전쟁터였던 베를린의 잿더미 위에 빛나는 기술의 요새를 짓는 비전 스토리 말이다.

몇 분 후, 우리는 메르세데스 벤츠 본사 건물 바로 맞은편에 자리한 드넓은 부지 위에 서 있었다. 오가는 아직도 자랑거리가 남았다는 듯이, 소니가 벌써 이 부지에 대한 구매 계약을 완료했다고 말했다. 급속하게 팽창하는 도시의 한복판을 차지한 이 광활한 땅을 말이다. 우리가 달성하려는 성과를 생각하면 이곳이 오히려 뉴욕보다 더 크고 좋은 조건을 가지고 있었다. 이보다 더 좋은 곳은 없을 정도였다.

내가 물었다. "어떻게 이런 알짜배기 땅을 구하셨습니까? 원래 공원이었나요?"

오가는 그 공터 위에서 손을 내저으며 본격적으로 이야기를 시작했다. "아니, 공원이 아니오. 1945년도에 여기는 유명한 장소였소. 이 아래에 히틀러의 벙커가 있었거든."

"히틀러의 벙커요?" 나도 모르게 비명이 터져 나왔다. 잊고 싶은 과거의 스토리가 뇌리를 스쳤다. "히틀러의 벙커 위에다 소니 본사를 짓겠다는 겁니까? 지금 농담하시는 거죠?"

오가가 무덤덤한 표정으로 말했다. "거버 씨, 당신의 직장은 일본 회사요. 일본은 전쟁 당시 독일과 동맹 관계였소." 그러니까 지금, '나 오가는 히틀러에 대해 아무런 감정이 없다. 피터 거버 당신은 도대체 뭐가 불만인가?' 이런 말인가?

나는 다음과 같은 말이 목까지 차올랐지만 차마 입 밖에 꺼내지는 못했다. '회사의 장엄한 비전을 새롭게 보여 주는 곳으로, 어떻게 이런 최악의 장소를 골랐습니까?'

그때부터는 이곳이 대량 학살의 주범이 웅크리고 있던 장소라는 생각을 도저히 떨칠 수가 없었다. 오가가 무슨 말을 해도 내 머리에는 히틀러와 그로 인해 희생된 사람들의 이야기만 가득 찼다. 당장 그곳을 떠나야겠다는 생각밖에 없었다. 홀로코스트를 숭배하는 것으로 보이는 프로젝트에 털끝만치도 참여하고 싶지 않았다.

내가 할 수 있는 최대한의 정치적 의사표시는 고작 거기까지였다. 하지만 나는 오가의 새로운 취미 활동과도 같은 이 프로젝트에서 발을 빼는 데 성공했고, 이후로 다시는 거들떠보지도 않았다. 물론 나의 그런 태도와는 상관없이 계획은 그대로 진행되어, 그 땅에는 결국 총 19만 제곱미터에 달하는 소니 센터가 들어서서 2000년에 개장했다. 그러나 아직도 떠나지 않는 의문이 있다. 과연 오가 회장은 똑같은 스토리라도 내가 지지할 수 있게 말할 수는 없었던 것일까? 그러기 위해서는 오가 회장이 나의 히틀러에 대한 편견을 미리 알아차리고 어떻게든 그것을 해소했어야 했는데, 아무리 생각해도 쉽지 않은 일이었던 것은 분명하다. 어쨌든 그는 그렇게 하지 않았다. 오히려 나의 편견을 간단히 무시해 버림으로써, 자신의 스토리를 본격적으로 꺼내기도 전에 내가 적극적으로 협조할 기회를 스스로 걷어차 버린 것이다.

이야기를 들려줄 최적의 상황은 언제인가?

청중을 안다는 말에는, 그들이 어떤 상황에서 내 이야기를 가장 잘 들을 수 있는지를 아는 것도 포함된다. 골프를 함께 칠 때인가? 조용한 식당에서 같이 점심을 먹을 때가 좋은가? 아니면 집이나 사무실이 더 좋은가? 듣는 사람이 과연 어떤 곳에서 내 말에 최대한 집중할 수 있는지 파악하려면, 관찰과 경청을 총동원해 그들이 편안하게 생각하는 장소를 알아내야 한다. 언뜻 간단하게 들릴지도 모르지만, 생각보다 결코 만만한 일이 아니다. 내가 이 점을 절실히 깨달은 것은, 팀 버턴 감독과 함께 〈배트맨〉 1편을 만들면서 잭 니컬슨에게 조커라는 중심 배역을 맡기려고 무진 노력을 기울일 때였다.

〈배트맨〉을 만드는 과정은 우리 회사의 오랜 여정이었다. 지금 와서 생각하면 코믹북을 영화화한 모든 작품의 시조가 된 셈이지만, 당시만 해도 8년이라는 제작 기간에 우리가 마주한 것은 온통 불확실한 일들뿐이었다. 이 영화를 만드는 데 가장 중요한 요소가 있다면 그것은 '태도'였다. 당시만 해도 4천만 달러가 넘는 제작비는 정말 상상을 초월하는 규모였으므로, 도저히 아이들만 겨냥해서 영화를 만들 수가 없었다. 팀 버턴 감독을 제작자로 초빙한 이유도 바로 그 때문이었다. 그는 이미 〈비틀주스〉에서 결코 잊을 수 없는 강렬한 인상을 선보인 바 있었다. 팀 버턴 감독은 바로 그 비틀 주스, 즉 마이클 키튼을 설득해서 배트맨 역을 맡겼고, 1988년쯤에는 모든 일에 가닥이 잡히기 시작했다. 이제 남은 것은 세계 수준의 빌런(악당)을 구하는 일뿐이었다.

니컬슨은 거기에 딱 맞는 인물이었다. 그는 내가 사장으로 있을 때 컬럼비아 픽처스가 제작한 〈마지막 지령〉, 〈잃어버린 전주곡〉, 〈토미〉 등에 출연했고, 모두가 알다시피 조커 역을 기막히게 해낼 수 있는 배우였다. 그러나 일분일초가 아쉬운 판에 그는 분명히 관심이 있다고 말하면서도 좀처럼 결정을 내리지 못한 채 시간만 끌고 있었다. 마침내 그가 "좋습니다, 팀 버턴을 한번 만나 보죠"라고 말했다. 그는 나에게 애스펀에 있는 자신의 집으로 팀 버턴과 함께 와 줬으면 좋겠다고 말했다.

니컬슨이 제작자를 만나려고 한 것은 충분히 이해할 수 있는 일이었다. 이번처럼 감독의 역할이 중요한 영화라면 더욱 그랬다. 우리는 워너사의 비행기를 타고 애스펀으로 날아갔다. 섬뜩한 분위기를 좋아하는 변덕쟁이 팀 버턴은 조금도 주저하지 않고 자신의 안전지대를 벗어났다. 그로서는 애스펀 같은 시골이 낯설었을 뿐 아니라, 잭 니컬슨을 사로잡을 스토리를 생각해 내지 못하면 영화가 아예 무산될 수 있다는 점도 분명히 부담이 되었을 것이다. 버턴은 니컬슨에게, 지금까지 없었던 새로운 슈퍼 빌런, 즉 안티 히어로의 성격을 띤 복잡한 캐릭터를 창조해 냄으로써 영화계의 혁신을 이룩하겠노라고 말할 예정이었다. 관객에게 깊은 인상을 주는 것은 역할의 비중이 아니라 그 역이 얼마나 강렬한 영향을 미치느냐였다. 그런 빌런이 나타나면 관객은 분명히 응원할 것이고, 영화가 끝난 후에도 널리 회자될 것이 틀림없었다.

그런데 니컬슨이 먼저 판을 키웠다. 그는 우리가 비행기에서 내리자마자 전화를 걸어서는 대뜸 "같이 말 타러 갑시다"라고 했다.

내가 전화기를 내려놓자 버턴이 말했다. "나는 말 탈 줄 모르는데요."

나는 "무조건 타면 됩니다, 가시죠"라고 대답했다.

니컬슨이 버턴이라는 사람을 미리 알아보고 시험하려던 것인지, 아니면 같이 일하기에는 너무 변덕스러운 사람으로 생각했는지, 나로서는 알 길이 없다. 그러나 우리가 시작부터 거절을 당하고 싶지 않았다는 것만큼은 분명하다. 상대방이 나를 편안하게 느끼고, 저 사람이라면 끝까지 함께 갈 수 있겠다는 인상을 심어 주는 것이 중요하다. 어차피 니컬슨이 사는 애스펀까지 간 마당에 그가 말을 타고 싶다고 했으니 우리도 고집을 버리고 그가 원하는 대로 말을 타야만 했다. 버턴은 자신의 스토리를 전할, 자신에게 유리한 환경을 선택할 수 없었다.

다음 날 아침, 버턴은 자신이 탈 말을 앞에 둔 채 '이런, 세상에! 차라리 영화 만드는 일이 더 쉬울 것 같군' 하는 표정을 짓고 있었다. 그래도 그는 말에 올라탔다. 앞으로는 그가 다시는 말 근처에도 가지 않을 것 같다는 생각이 들었다. 그런데 막상 말을 몰고 니컬슨의 안마당 격인 목초지로 들어서자, 버턴은 열정적인 목소리로 자신과 힘을 합쳐 영화의 역사를 바꾸자고 니컬슨에게 이야기하는 것이 아닌가. 그 장소, 그 환경은 니컬슨이 버턴의 스토리에 마음을 열기에 딱 맞는 조건이었다. 말에서 내릴 때쯤에는 이미 니컬슨의 마음이 정해진 뒤였다.

자신의 스토리를 전하기에 딱 맞는 환경을 찾는 것은 생애를 통틀어 가장 큰 시도를 앞둔 마이클 밀컨Michael Milken에게도 똑같이 중요한 일이 었다. 그리고 그것은 1970년대에 시작되어 지금까지도 계속되고 있는 그의 자발적인 헌신이다. 최근 밀컨이 나를 집으로 초대해 자신의 스토리를 이야기해 준다고 했을 때, 과연 어떤 이야기인지 전혀 알 수가 없었다. 의학 연구 분야의 권위자이면서 월스트리트에서 가장 큰 성공을 거두고 지금도 강력한 영향력을 발휘하는 그가 가장 먼저 꺼낸 말은 내가 운영하는 마이너리그 야구팀에 관한 질문이었다. 그러나 그와 나의 관심사가 연결되는 지점이 뚜렷해진 것은 그가 자신의 스토리를 이야기하면서부터였다.

그는 과거를 회상하며 이렇게 말했다. "1993년에 저는 46세의 가장이었습니다. 종합검진을 받기 위해 의사를 찾아가서, 전립선암이 있는지 PSAProstate Specific Antigen(전립선 특이항원) 검사도 받아 보고 싶다고 말했습니다. 저는 20년이나 암 연구 지원 활동을 해 왔기 때문에 이 분야는 꽤 많이 알고 있었습니다. 그러나 최근 나의 절친이기도 한 타임워너의 CEO 스티브 로스가 65세에 전립선암으로 세상을 떴다는 것 외에는 전립선암에 관해 아무것도 몰랐습니다. 의사는 내가 아직 나이가 많지 않아 PSA 검사는 받지 않아도 된다고 했지만, 결국 내 고집이 먹혔죠. 아니나 다를까…… 저는 전립선암에 걸린 것은 물론, 림프절이 건강한 사람에 비해 무려 100배나 크다는 진단을 받아 들었습니다. 거기다 약 12~18개월 정도의 시한부 인생을 선고받았습니다. 제게는 아이들을 포함한 대가족이 있었고, 전립선 때문에 인생을 끝내고 싶다는 생각은 조금도 없었습니다."

밀컨은 호르몬 요법과 방사선 치료 그리고 공격적인 식이요법으로 병마와 맞서 싸웠다. 식습관을 바꾸고 전통적인 치료법에다 몇 가지 대안요법까지 적극적으로 받아들였다. 몇 개월 후 그의 PSA 수치는 0으로 떨어졌다. 전립선암이 차도를 보이기 시작한 것이다. 그러나 증상이 완화되면서 그는 자신의 사명을 뚜렷이 인식했다. 그것은 바로 이 질병의 진로를 바꿈으로써 자신의 오랜 꿈인 의학 발전에 더욱 박차를 가하겠다는 것이었다.

밀컨은 유방암에 대한 사회적 인식이 급속히 확산하는 데 비해 전립선암은 사람들에게 거의 알려지지 않고 있다는 점을 깨달았다. 그는 자신의 스토리를 직접 이야기함으로써 이런 상황을 바꿔야겠다고 결심했다. 그러면 중장년 남성들의 PSA 검사율이 증가할 것이고, 그들의 스토리를 통해 메시지가 더욱 전파될 거라고 생각했다. 그런데…… 그의 스토리를 말할 수 있는 최적의 환경은 과연 어디일까?

가장 다양한 세대가 모이는 곳이 어디일까 고심하던 그가 최고의 환경으로 선택한 곳은 바로 야구 경기장이었다. 우선 야구야말로 스토리 그 자체다. 야구라는 경기와 그 장소는 일종의 무대가 되며, 이닝과 이닝 사이에는 스토리를 전하고 들을 수 있는 여백이 있다. 행동을 촉구하는 메시지에 집중할 여유도 충분하다. 관중뿐만 아니라, 경기장이나 클럽하우스에서 뛰는 선수도 마침 남성이 대다수다. 밀컨이 스토리를 전하기에 아주 유리한 환경이 아닐 수 없다.

그는 이렇게 말했다. "저 혼자 말해 봤자 돌아오는 반응은 그저 그렇겠죠. 그러나 켄 그리피 주니어 같은 메이저리그 선수가 성인 남성들에게 검사를 받아 보라고 말한다면, 그 효과는 완전히 다를 겁니다. 게다가 통계상 각 팀의 감독들은 언제라도 전립선암 진단을 받을 수 있습니다. 그분들은 대개 고령이니까요. 따라서 모든 팀의 감독을 이 프로젝트의 후원자로 만드는 것도 전략이 될 수 있습니다. 예컨대 아버지가 전립선암을 앓고 있는 테리 스타인바흐 같은 선수를 내세워 같은 처지에 있는 다른 선수에게도 이 프로젝트에 동참하도록 독려하는 겁니다. 가장 중요한 것은, 평소에도 클럽 하우스에서 선수들에게 이런 이야기를 하는 사람이 있어야 한다는 겁니다. 팀의 시설 담당자나 트레이닝 코치가 나서도 좋지요. 그들이 나서는 유일한 방법은 자신의 스토리를 전하는 것입니다. 경기장의 주인은 바로 그들이니까요."

밀컨은 곧장 스토리의 슬로건을 만들어 냈다. '야구장의 아빠를 지켜주세요.' 그 자신도 아버지였지만, 세대를 초월한 관중이 모이는 야구장은 아버지에 관한 이야기를 아버지에게 들려줄 최적의 환경이었다. "아버지의 날에 맞춰 대미를 장식하는 이벤트를 마련해 보자고 생각했습니다. 저는 6월 1일에 시작해서 아버지의 날(6월 셋째 일요일 – 옮긴이)까지, 전국을 돌아다니며 명예의 전당 헌액자들이 매일 경기장에 방문하는 이벤트를 개최했습니다. 첫해였던 1994년에 우리는 총 열 개 도시를 방문했지요. 그때부터 토미 라소다Tommy Lasorda (LA 다저스의 전성기를 이끈 유명한 감독 – 옮긴이)가 매년 저와 동행하고 있습니다."

밀컨은 지난 15년 동안 자신의 스토리를 아낌없이 전해 왔고, 지금도 계속하고 있다. 그의 노력이 전립선암과 벌이는 사투에 미친 영향력은 믿기 어려울 정도였다. 1년 중 성인 남성이 PSA 검사를 가장 많이 받는 달은 6월, 즉 아버지의 날이 있는 달이다. 밀컨이 '야구장의 아빠를 지켜주세요' 운동을 펼친 이래, 전립선암으로 사망한 남성의 수는 과거 예측했던 수준의 절반으로 떨어졌다. 그리고 그는 지금도 더 많은 야구장에서 자신의 스토리를 펼쳐 놓고 있다. 그가 그 이야기를 다음번에는 마이너리그 경기장에서 하고 싶다고 나에게 제안한 이유도 바로 그 때문이었다.

한편 밀컨은 자신의 스토리를 통해 필생의 사명을 확장하고 있기도 하다. 마이클 밀컨이라는 이름이 주로 금융계를 떠올리게 하는 시절도 있었지만, 2004년을 기점으로 사정이 완전히 달라졌다. 경제 잡지《포천》에 마이클 밀컨의 전혀 다른 면모를 다룬 표지 기사가 실렸다. '의학계를 바꾼 사나이'라는 제목의 그 기사에는 그의 스토리가 야구장에서 아빠를 지켜 낸 모든 과정이 실려 있었다.

스토리를 전달하는 사람이 속한 환경은 어쩔 수 없이 스토리의 성격에도 영향을 미칠 수밖에 없다. 그러니 그 원리를 나에게 유리하게 활용할 줄도 알아야 한다. 니치 미디어Niche Media의 창립자이자 CEO 제이슨 빈Jason Binn은 이 원리를 완벽하게 터득해 스토리텔링이 이루어지는 환경을 수백만 달러 규모의 기업으로 바꿔 냈다. 매거진 업계의 다른 회사들이 모두 바닥으로 곤두박질치는 중에도, 빈은 상류층을 겨냥한 초호화 매거진의 진정한 제국을 구가함으로써 햄프턴, 애스펀, 로스앤젤레스, 맨해튼, 마이애미, 보스턴, 필라델피아, 워싱턴 DC 그리고 라스베이거스 등지에 탄탄한 독자층을 확보하고 있었다. 그의 사업 전략이 처음으로 내 눈에 들어온 것은, 1990년대 말 우리가 피지에서 열린 한 심포지엄에서 만났을 때였다.

당시 그는 나에게 이렇게 말했다. "라이프 스타일이나 럭셔리 브랜드에 관련된 어떤 상품이나 서비스든, 미국에서 중대한 변화를 주도하는 시장은 약 열 개 정도입니다. 그리고 그 시장마다 자신의 패션이나 행동으로 다른 사람들에게 영감과 동기를 선사하는 핵심 인물은 약 400명 정도지요." 그는 자사의 지역별 매거진을 통해 그 10대 시장의 '주도자'들을 확보하고 그들이 자신의 스토리를 발신하도록 함으로써 전국의 광고주들을 불러 모은다는 최종 계획을 구상하고 있었다. 그의 전략은 바로 '인사이더 중의 인사이더가 된다'는 것이었다.

그가 자신의 계획을 실현할 수 있었던 비결은 실제로 그들이 사는 곳으로 가서 그들의 관심사를 알아냈다는 것이다. 그는 말했다. "매거진을 창간하기 전에 먼저 그 도시에서 살아 봤습니다. 6개월간 계속 머물기도 하고 격주로 살아 본 적도 있지만, 어쨌든 그 지역사회에 철저히 녹아든다는 원칙은 확고히 지켰어요." 그는 단순히 그곳에 사는 것을 넘어, 그 환경을 매거진의 콘텐츠로 승화해 냈다.

한 가지 예로, 그는 어떤 미술 작품 수집가가 사는 캘리포니아주 베니스의 집으로 찾아가 그녀에게 〈로스앤젤레스 컨피덴셜〉에 기고하도록 설득했던 일화를 떠올렸다. 그녀의 집에 들어서자마자 지역 예술가 에드 루샤Ed Ruscha의 거대한 회화 작품이 눈에 띄었다. 빈은 그녀에게 이렇게 말했다. "당신이 LA식 라이프 스타일의 진수를 아시는 분임을 한눈에 봐도 알겠습니다. 귀하의 삶의 방식을 지역사회와 공유해 더욱 빛날 수 있도록 저희가 도움을 드리고 싶습니다." 그리고 그는 그녀의 허락을 얻어 그날의 만남과 그녀의 그림 그리고 그녀가 지역 및 전국 규모의 광고주와 연결되는 전 과정을 스토리로 바꿔 냈다. 그들은 그렇게 같은 인사이더 클럽에 속한 사람들로서 이익을 공유했다.

환경 자체를 콘텐츠로 바꿔 낸 그의 스토리는 큰 성공을 거뒀다. 이제는 광고주들이 먼저 제이슨 빈을 찾아와 이렇게 요청한다. "당신도 이 시장에 들어오는 게 어떻습니까? 그렇게만 하면 우리가 확실히 뒤를 받쳐 드리지요." 언뜻 생각하기에 좋은 일은 어디서나 통하기 마련일 것 같지만, 빈의 태도는 단호하다. "그렇지 않습니다. 모든 곳에서 다 효과가 있는 것은 아닙니다. 적어도 저는 그럴 생각이 없습니다. 저는 이 지역의 특정한 청중을 상대로만 제 이야기를 전하고 싶습니다."

제이슨 빈은 과연 어떤 이유로 먹이사슬을 모두에게 나눠 준다는 생각을 아예 하지 않는 것일까? 그것은 바로 청중의 무대야말로 내가 스토리를 전할 최고의 무대이며, 그 무대를 찾기 위해서는 먼저 청중을 알아야 한다는 것을 그가 몸으로 체득했기 때문이다.

그러나 자신의 목표와 청중의 흥미를 자세히 조사한다고 해도, 여전히 내가 원하는 스토리를 구체적으로 선정하고 다듬기까지는 다양한 과정이 존재한다. 사수는 "준비!"라고 외쳤지만, 곧바로 "발사!"로 넘어가지 않았다. 그 사이에는 중간 단계가 필요했다. 이 점은 스토리텔링의 기술에도 그대로 적용된다. 아무리 준비가 되었어도 스토리의 원재료를 찾는 과정이 아직 남아 있다. 이 재료를 가지고 어떻게 도전, 투쟁, 해결이라는 3부작을 구성할 것인가? 그렇게 만들어 낸 스토리로 청중의 감정을 움직일 수 있다는 보장은 또 어디에 있는가? 청중을 움직이기까지는 아직 스토리를 '조준'하는 단계가 남아 있다.

Chapter 6

조준 :
이야기의 진정한 주인공을 찾아라

빌 클린턴 전 미국 대통령은 정치란 '사람들에게 더 나은 스토리를 전하는 것'이라고 말한 적이 있다. 물론 정치적 의도에 관해서라면 클린턴보다 더 나은 스토리를 말한 사람은 없을 것이다. 실제로 그가 대선 출마를 선언했을 때 아내와 내가 적극적인 지지를 보냈던 데에는 그의 완벽한 스토리텔링 기술이 가장 큰 역할을 했다. 우리는 그가 아칸소의 '교육 주지사'로 유명했던 시절부터 그를 알고 지냈다. 당시 우리는 베벌리힐스 호텔에서 열린 오찬 행사에 그를 초대해 '에듀케이션 퍼스트Education First'라는 단체를 위한 연설을 부탁한 적이 있다. 그 단체는 국가 차원의 공교육 수준 향상을 위해 열심히 일하고 있었다. 저명인사들과의 만남이야말로 그가 가장 원하는 정치적 자산임을 잘 알고 있던 나는 로스앤젤레스 엔터테인먼트 업계에서 무려 600명을 불러 모았고, 클린턴은 공립학교의 개선이 이 나라에 얼마나 절실하고 큰 기회가 되는 일인지 역설했다. 그가 화려한 언변으로 내놓는 한마디 한마디는 모두 강력한 설득력을 발휘했다. 그의 말에서는 지성과 열정 그리고 감동이 묻어 나왔고, 우리는 빌 클린턴이 대통령이 된다고 굳게 확신했다.

그런데 1992년 민주당 예비선거가 시작되자마자 베트남전 병역 기피 의혹과 불륜 문제가 연달아 그를 강타했다. 그 결과 민주당 후보로서 당연히 확보해야 할 뉴햄프셔에서 덜컥 지고 말았다. 1952년 이후로 먼저 뉴햄프셔에서 이기지 않고 대선을 이긴 후보는 아무도 없었다. 게다가 정계에서 금과옥조처럼 여겨지는 '표가 있는 곳에 돈도 흘러간다'는 말처럼, 이 패배는 클린턴 캠프를 엄청난 재정 위기에 몰아넣고 말았다. 예비선거 다음 날 아침, 그의 수석 참모 중 한 사람이 전화를 걸어서는 클린턴이 다음 경합 주로 넘어가려면 그날까지 9만 달러를 모금해야 한다고 말했다. 그러고는 당시 소니의 CEO였던 내가 클린턴 주지사를 대신해서 할리우드 지역사회에 도움을 요청해 주었으면 한다는 뜻을 전했다.

그들이 말하는 액수만 봐도 상황이 얼마나 심각한지 알 수 있었다. 이 양반은 지금 다른 일도 아니고 미합중국 대통령에 출마하는 사람이다. 마지막 결승선을 앞두고 총력을 기울이려 하니 50만 달러 정도만 구해 달라고 했다면 이해라도 할 수 있었다. 그런데 겨우 다음 유세지로 가기 위해 막판에 고작 9만 달러를 부탁하다니, 이건 선거운동 자체가 심각한 위기에 봉착했다는 말이나 다름없었다.

"그런데 정말 이긴다는 믿음은 가지고 계시는 겁니까?" 나부터가 이미 의심을 가득 안고 이렇게 물었다.

그가 대답했다. "물론입니다. 아니라면 제가 왜 이런 부탁을 드리겠습니까?" 그러나 선거자금법은 한 사람당 최대 기부 금액을 1천 달러로 엄격하게 규정하고 있었으므로, 부탁받은 총액을 채우려면 수많은 사람에게 내 신용을 걸고 부탁해야만 했다. 그러려면 후보가 직접 정말 이길 수 있다는 자신감을 나에게 보여 주어야 했다.

클린턴이 전화를 바꿨다. "거버 씨, 안녕하세요. 클린턴입니다."

그리고 둘 다 한참이나 아무런 말이 없었다. 지금 생각해 보면 그때 전화기 건너편 클린턴의 머릿속에서는 상대방(즉 나)의 마음을 자신의 목적을 향해 옮겨다 놓을 스토리를 찾느라 한창 정신 근육을 단련하고 있었을 것이 틀림없다.

마침내 그가 말했다. "혹시 영화 〈하이 눈High Noon〉을 보셨습니까?"

당연히 알고 하는 질문이었다. 영화 제작자가 어떻게 그 영화를 모르겠는가? 프레드 진네만 감독의 1952년작 정통 서부극으로, 게리 쿠퍼가 영웅적인 보안관 윌 케인 역으로 출연한 영화였다. 줄거리는 주인공이 정오 열차로 도착하기로 되어 있는 악명 높은 갱에 맞서기 위해 준비하는 이야기였다. 케인은 마을 주민들이 자신의 결투를 도와주기를 바랐지만, 결전의 순간이 다가오기까지 그의 곁을 지켜 준 사람은 용기 있는 어린 소년 하나뿐이었다.

클린턴은 케인의 다급하고 외로운 혈투 스토리를 구구절절 꺼내지 않았다. 사실 그럴 필요도 없었다. 그는 거두절미하고 이렇게 말했다. "거버 씨, 지금 상황이 바로 하이 눈입니다."

아하! 그 말 한마디가 내 감성을 자극했고, 나는 즉각 요청을 수락했다. 영화에서 영웅은 정오를 알리는 호각 소리와 함께 자신의 내면과 외부에 모두 존재하는 악당에 맞서 이기기 위해 용감하게 나선다. 지금 우리의 영웅 빌 클린턴도 바로 그렇게 할 것이다. 만약 내가 어려움을 무릅쓰고 지금 후원자라는 나의 역할을 훌륭히 수행해 그를 도와준다면 말이다.

클린턴이 실제로 영화광이었는지는 잘 모르지만, 그는 엔터테인먼트 업계에 속한 사람에게 통할 만한 소재가 무엇인지 정확히 알았다. 나는 전화를 끊자마자 곧장 시드 개니스Sid Ganis를 찾아갔다. 그는 소니의 마케팅 총책임자로, 나중에 영화예술과학 아카데미의 회장이 되었다. 나는 허겁지겁 커피를 마시며 자초지종을 이야기한 후 어떻게 했으면 좋겠냐고 물었다. 그가 대답했다. "간단합니다. 우리에게 신세 지고 있는 사람들 모두에게 전화해서 방금 저한테 한 이야기를 그대로 하세요."

그리고 우리 둘 다 할리우드에서 가장 잘나가는 사람들에게 전화를 걸기 시작했다. "〈하이 눈〉 아시죠? 영화 말이에요." 모두에게 그렇게 물었다. 물어보나 마나였다! "자, 지금 빌 클린턴이 처한 상황이 하이 눈이에요. 귀하 부부께서 각각 1천 달러씩 기부를 해 주셨으면 합니다. 그것도 지금 당장요. 정오의 호각 소리가 울리기 전에 말이에요. 이번 경우로 말하자면, 호각 소리는 오후 4시에 울립니다."

너무나 친숙하면서도 전혀 예상치 못한 이 영화 이야기에 거의 모든 이들의 감정이 움직였다. 우리는 그날 오후 내내 모금 활동에 전념했다. 그리고 정각 4시에 클린턴의 수석 보좌관에게 전화해서 이렇게 말했다. "이제 하이 눈이 됐네요. 필요하신 금액을 마련했습니다. 그럼 나가서 악당을 물리쳐 주세요. 꼭 이기십시오."

클린턴은 그때부터 연전연승을 거듭했고, 그 기세는 한 번도 꺾이지 않았다. 5월에 그가 캘리포니아 경선을 위해 비행기로 날아왔을 때, 나는 수천 명의 지지자와 함께 공항에 나가 있었다. 그는 계단 맨 꼭대기에서부터 나를 알아보고 엄지를 치켜세웠다. 그게 벌써 언제 있었던 일인가 싶다. 클린턴의 선거팀은 백악관에 입성했고, 개니스와 나는 취임식에 초대되어 기쁨을 만끽했다.

클린턴 사건을 겪은 후, 나는 스토리텔링 기술에서 가장 중요한 것은 역시 콘텐츠라는 것을 절감했다. 그러나 스토리는 어디에나 숨어 있다. 우리는 모두 매일 생생한 스토리를 겪으며, 우리 머리에는 책에서 읽거나 영화 또는 TV에서 본 스토리의 보고實庫가 있다. 우리는 어떻게 그 많은 잠재적 콘텐츠로부터 주어진 목적에 맞는 것을 골라내 스토리를 구성할 수 있을까? 예를 들자면 빌 클린턴은 어떻게 그 많은 스토리 중에서 하필이면 〈하이 눈〉을 딱 집어내 나를 설득할 수 있었던 걸까?

물론 내가 영화를 만드는 사람이니 그가 영화 이야기를 한 건 당연하다고 볼 수 있다. 그렇다 하더라도 그는 코미디, 비극, 액션, 모험 등 수천 편의 다른 영화 중에서 선택할 수도 있었다. 〈하이 눈〉이 가장 완벽한 선택지였던 이유는, 클린턴이 이겨 내야 하는 상황과 똑같이 닮은 스토리였기 때문이다. 그가 굳이 긴 설명을 할 필요도 없었다. 제목만 듣고도 머릿속에서 연관성이 저절로 떠올랐다. 우리의 영웅은 케인처럼 모든 사람이 주저앉아 있는 중에도 결연히 일어날 것이다. 클린턴은 나쁜 놈들을 물리치고 끝까지 싸워서 이길 거라고, 자신의 능력을 굳게 믿었다. 더구나 충직한 소년의 도움으로 승리를 쟁취한다는 내용까지 있으니, 내가 무슨 역할을 해야 하는지도 저절로 알 수 있었다. 더구나 영화에서 케인이 역경을 극복하는 감정적인 드라마와 그 절박함 그리고 마침내 누리게 되는 흥겨움을 이미 알다 보니 클린턴이 선거 유세에서 겪는 일들을 곧바로 공감할 수 있었다. 나는 그를 지지할 수 있다는 사실에 크게 감동했고, 나중에는 우리 모두 그를 컴백키드Comeback Kid, 즉 '돌아온 아이'라고 부르게 되었다.

누가 진정한 영웅인가?

커뮤니케이션 컨설턴트로 〈설득의 기초 The Elements of Persuasion 〉의 공동 저자이기도 한 밥 디크먼Bob Dickman이 우리가 개최하는 스토리 회의에서 했던 말은, 먹히는 스토리에서 왜 영웅이 그토록 중요한지 다시 한번 생각해 보는 계기가 되었다. 디크먼은 이렇게 말했다. "아무리 열정이 있다고 해도 그것을 쏟아부을 대상이 없으면 아무 소용 없습니다. 그래서 영웅이 필요한 겁니다. 영웅이라고 해서 꼭 아이를 구하기 위해 불이 난 건물에 뛰어드는 슈퍼맨이나 할머니를 말하는 것이 아닙니다. 이야기를 듣는 사람들에게 관점을 제시해 주는 중심인물이 바로 영웅이죠. 영웅은 곧 우리의 대리인이자 안내자가 되는 겁니다."

다시 말해, 영웅은 청중이 이야기 속에서 자신과 동일시하는 인물을 말한다. 스토리텔링 기술에서 왜 이것이 중요할까? 청중이 영웅을 통해 스토리를 경험한다면, 영웅이 자신에게 행동을 촉구할 때 그들은 내가 하고 싶은 말이 무엇인지 저절로 알아듣기 때문이다!

쉽게 말해, 영웅이란 스토리가 어떤 변화를 약속하는지를 청중이 느낄 수 있게 해 주는 사람, 장소, 상품 또는 브랜드를 말한다. 기억해야 할 것은 비즈니스 스토리 역시 소설이나 영화와 똑같이 도전, 투쟁, 해결이라는 3요소로 구성된다는 사실이다. 영웅은 도전에 맞서 해결책을 찾기 위해 투쟁하는 인물이다. 너무 당연한 말 같지만, 때로는 영웅이 누구인지 정확하게 구별해 내기조차 어려울 때가 있다. 만약 끝끝내 영웅을 찾아내지 못했다면 아직 스토리를 제대로 만들지 못한 것이다. 나는 이 사실을 〈레인맨〉을 만들면서 뼈저리게 깨달았다.

1988년에 우리 회사가 제작한 그 영화에는 더스틴 호프만이 자폐증을 앓는 천재로 등장한다. 그리고 그보다 훨씬 어린 가짜 동생 역은 톰 크루즈가 맡았다. 나는 영화제작 초반부터 스토리의 초점은 한 자폐성 천재가 겪는 비범한 삶에 있다고 생각했다. 그러나 감독 후보를 세 명이나 만나는 동안 스토리를 어떻게 전개해야 할지 답을 내놓는 사람이 아무도 없다가, 마침내 배리 레빈슨과 계약을 맺었다. 그는 우리 영화가 오락 이상의 목적을 스토리에 담아내야 한다는 사실을 이해했다. 그는 심각한 장애를 앓는 사람들에 대한 우리의 태도와 관심에 큰 변화를 불러오는 것을 목표로 잡았다. 레빈슨은 동생 찰리가 처음에는 레이먼드를 이용하려 들지만 결국에는 형을 이해하게 된다는 스토리를 제시했다. 과히 나쁘지 않은 스토리였지만, 내 생각에는 여전히 초인적인 능력을 지닌 레이먼드가 주인공이 되어야 할 것 같았다.

레빈슨이 만든 감독 편집본을 보고 나서, 나는 딱 한 가지 의견을 제시했다. "훌륭해요. 그런데 마지막에 더스틴이 돌아서서 톰에게 윙크를 날리거나 뭔가 한마디 하면 좋지 않을까요? 마치 청중을 향해 '알아들었어요, 나는 앞으로 잘 살 겁니다. 한 줄기 빛을 봤으니까'라고 말하듯이 말이에요."

레빈슨이 나를 한참이나 바라보다가 입을 열었다. "아직 이해 못 하셨군요. 더스틴은 주인공이 아닙니다."

더스틴이 주인공이 아니라고? 그는 우리 모두의 스타였다(더구나 나중에 그 역으로 아카데미상을 타게 된다). 톰 크루즈는 당시 20대 중반의 애송이로, 내 눈에는 분명히 조연에 불과했다. 레빈슨은 참을성 있게 설명했다. 스토리의 영웅이란 스타 파워에 상관없이 어려운 결정을 내리며 내면에서 일어나는 중요한 변화를 '경험하는' 인물이다. 더스틴이 연기하는 자폐증 환자는 수동적인 인물이다. 그는 자신의 삶을 바꾸기는커녕, 감정의 변화도 겪지 못하는 인물이라는 것이었다. 반면 톰 크루즈가 연기하는 찰리야말로 모든 중요한 결정을 내리고 마침내 자신의 인생과 관점을 바꾼 주인공이었다. 형의 인생을 바꿀 수 있었던 것도 자신이 먼저 변화를 일으켰기 때문이었다. 따라서 그가 바로 이 스토리의 영웅이라는 이야기였다.

〈레인맨〉에서 얻은 교훈은 훗날 내 TV 프로그램 〈스토리메이커〉에 톰 크루즈를 초대해서 인터뷰할 때 다시 한번 뼈저리게 느껴졌다. 톰 크루즈는 배리 레빈슨이 자신에게 이런 말을 해 주었다고 했다. "이 영화의 성공은 자네가 얼마나 실감 나게 이런 심경 변화를 보여 주느냐에 달려 있네. 영화를 보는 사람이라면 누구나 자네의 심정이 되기 때문이지. 아마 누구나 이런 생각이 들 걸세. 아내가 사고로 뇌 손상을 입으면 어떡하지? 내 아들이나 딸이 이렇다면 어떨까? 아버지가 알츠하이머병에 걸린다면 어떻게 할까? 그런 문제가 생기면 나는 어떤 면에서 바뀌어야 할까?" 레빈슨의 말대로 영웅은 스토리가 의도하는 목적을 가장 잘 드러내는 인물이 되어야 한다.

레빈슨의 목적은 단지 영화 티켓을 많이 팔고 사람들에게 즐거움을 안겨 주는 것 이상이었다. 그는 신체적·정신적으로 어려움을 겪는 사람을 대하는 청중의 태도에 변화를 일으키고자 했다. 그리고 그는 목적을 달성했다. 〈레인맨〉은 작품상을 포함한 아카데미 네 개 부문을 휩쓸었지만, 청중은 이 영화에서 할리우드를 넘어서는 메시지를 들었다. 회사에는 팬들의 편지가 쏟아졌다. 그들은 이 영화 덕분에 주변의 자폐아와 알츠하이머 환자 및 기타 신체장애 또는 질병을 안고 있는 사람들에게 더 큰 공감과 지원을 보내고 적극적으로 다가가야겠다는 생각이 들었다고 말했다. 그들이 영화에서 얻은 교훈은 레이먼드처럼 카드를 셀 줄 알아야겠다는 것이 아니라, 자신의 태도와 자질을 바꿔야겠다는 것이었다. 우리는 자폐 환자나 천재로부터는 단 한 통의 편지도 받지 못했다. 우리에게 편지를 보낸 사람은 진정한 영웅의 모범을 따르던 이들이었다.

말하는 사람이 영웅일 때 : 매직 존슨

"모든 스토리에는 변화를 만들어 내는 단 한 명의 사람이 있습니다. 그 사람이 바로 영웅입니다." 최근 팻 라일리가 UCLA의 내 대학원생들에게 한 말이다. 전설적인 프로농구 코치인 라일리는 당연히 선수들을 영웅으로 묘사하는 스토리를 늘 전해 왔다. 그러나 때로는 스토리를 전하는 사람이 스스로 자신을 영웅으로 그려야 하는 경우가 있다. 젠체하거나 자기중심적인 태도를 보이지 않고 어떻게 그럴 수 있단 말인가? 라일리는 완벽한 예로 매직 존슨이 레이커스에서 선수로 뛰었던 첫 시즌에 있었던 일을 이야기했다. 때는 1979년으로, 당시 라일리는 레이커스의 코치로 일하고 있었다.

라일리는 당시를 이렇게 회상했다. "그 시즌에 우리는 결국 NBA 결승전에서 필라델피아 세븐티식서스와 맞붙게 됐어요. 그런데 로스앤젤레스에서 열린 5차전 후반전에 카림 압둘 자바가 발목을 삐어서 넘어졌습니다. NBA 역사상 가장 뛰어난 골잡이를 쓰지 못한 채 6~7차전을 맞이하게 된 겁니다. 그래서 우리가 시리즈 전적 3 대 2로 앞서고 있었음에도, 선수들이 저에게 다가오더니 '이제 꼼짝없이 지게 생겼어요'라고 말하는 것이었습니다. 매직 존슨이 그 말을 듣고는 펄쩍 뛰었습니다. 열아홉 살밖에 안 되는 그가 선수들의 전의를 북돋워야겠다고 생각했는지, 이렇게 말하더군요. '뭐가 문젠지 알겠네요. 다들 카림이 없다고 겁을 먹은 거잖아요. 그럼 이제부터 제가 카림 할게요.'"

그리고 다음 두 경기에서 매직 존슨은 말하고, 숨 쉬고, 연기하고, 직접 뛰면서 스스로 팀의 영웅, 즉 '카림'이 되었다. 라일리가 계속 말했다.

"필라델피아로 가는 비행기 안이었습니다. 가장 좋은 좌석은 카림의 자리였죠. 그가 부상으로 빠졌는데도 아무도 그 자리에 앉지 않았습니다. 그가 거기에 '내 자리에 앉지 말 것. 여기는 카림 자리'라고 써 붙여 놨기 때문이었죠. 그런데 매직 존슨이 거기 앉아 이렇게 말하는 게 아닙니까. '다들 보세요. 제가 카림이에요. 여기 이렇게요.'" 포인트 가드였던 매직 존슨이 필라델피아에서는 내내 카림의 포지션인 센터로 뛰었다. "6차전에서 어빙 매직 존슨은 NBA 역사상 신인이 보여 준 것 중 가장 뛰어난 경기를 펼쳤습니다. 그는 42개의 골과 15개의 어시스트, 그리고 7개의 스틸을 기록했습니다. 결국 우리가 123 대 107로 이겼죠. 그가 바로 카림이었던 셈입니다." 다음 날 〈로스앤젤레스 타임스〉는 이 스토리의 진정한 영웅 이야기를 1면 머리기사로 실었다. 제목은 바로 '이것은 마술이다'였다. 그해에 레이커스는 NBA 우승팀이 되었고 매직 존슨은 결승전 MVP에 올랐다.

정작 매직 존슨이 부린 가장 큰 마술은 그의 스토리를 통해 팀원들이 자신을 '그들의 영웅'으로 믿도록 만든 것이다. 신인으로서는 상당히 배짱 있는 행동이 아닐 수 없었다. 그러나 그렇게 할 수 있었던 것은, 그가 자신의 역할에 워낙 몰두했던 데다 모두에게 이로운 사람이 되자는 목표를 품고 있었기 때문이다. 그리고 우리는 바로 여기에서, 먹히는 스토리를 전하는 모든 사람이 자신을 영웅으로 묘사할 수 있는 근거를 찾을 수 있다. 스스로 영웅이 되고자 하는 진정한 스토리텔러는 관대하면서도 강인한 면모를 지니고 있다. 그들은 청중을 위해서라면 자신의 스토리에 무엇이든 담을 준비가 되어 있다. 그리고 그들이 자신을 영웅의 모습으로 보여 줄 때는, 자신에게 분명히 그럴 능력이 있음을 확신할 때뿐이다.

듣는 사람이 영웅일 때 : 세이브 더 칠드런

"나는 당신의 영웅이 아닙니다." 달라이 라마가 이런 말을 하다니, 뜻밖이었다. 수십만 티베트인의 마음속에서 그는 국내에 있으나 해외에 망명해 있으나 가장 고귀하고 성스러운 티베트 불교의 지도자이자 가장 위대한 정치적 영웅이었다. 그러나 그의 말은 자신이 내가 말하고자 하는 어떤 스토리에 관한 한 영웅이 아니라는 뜻이었다.

1996년 당시 우리 발등에 떨어진 문제는 중국 정부가 우리가 제작하고 있던 영화 〈티벳에서의 7년〉을 비난하고 나섰다는 점이었다. 내가 경영하는 만달레이와 소니가 처음으로 합작해 만든 이 영화는 티베트인들의 용기와 인류애를 기리는 실화를 바탕으로 한 작품이었다. 2차 세계대전 중 하인리히 하러라는 인물이 어린 달라이 라마 성하를 만나 1950년에 중공이 티베트를 침공할 때까지 그의 스승 역할을 충실히 감당한다는 내용이었다. 본 촬영에 들어가기도 전에 중국 관료들은 우리가 중공의 티베트 침공의 잔인성을 드러내면서도 그들의 적인 달라이 라마 성하에 대해서는 존경을 표하는 쪽으로 제작 방향을 잡았음을 눈치채고 길길이 날뛰었다.

그렇다고 중국 정부가 곧바로 우리 일을 간섭하지는 않았다. 우리 영화의 감독은 장 자크 아노였다. 〈불을 찾아서〉, 〈장미의 이름〉 등의 전작을 만들어 낸 그는 이미 남몰래 티베트로 가서 꼭 필요한 장면을 찍어 온 뒤였다. 나머지 촬영 작업은 인도에서 하기로 했다. 그곳에는 달라이 라마가 망명 정부를 이끌고 있었으므로 티베트인 배우와 엑스트라도 충분히 구할 수 있었다. 이미 그곳에 세트를 설치하는 데 수백만 달러를 쓴 데다, 브래드 피트도 하러 역을 맡겠다고 약속한 상태였다. 중국은 마지막 순간까지 기다렸다가 우리가 촬영을 시작하자마자 인도 정부에 우리를 막으라고 압력을 가했다. 그렇게 하면 이 영화가 영영 제작되지 못할 것으로 예상한 것 같았다.

우리가 최선을 다해 로비를 펼쳤음에도 인도 정부는 결국 견디지 못하고 처음에는 영화제작 허가를 내주지 않다가 급기야 우리에게 인도를 떠나라고 했다. 엎친 데 덮친 격으로 마틴 스코세이지 감독이 달라이 라마의 생애를 다룬 〈쿤둔〉이라는 영화를 만든다는 소식까지 전해졌다. 지난 50년간 달라이 라마에 관한 영화가 없다가 갑자기 두 편이나 나오게 된 것이다. 스코세이지 감독은 영화를 모로코에서 만들기 때문에 안전할 것으로 알고 있던 우리는 그와 비슷한 곳을 물색해 보기로 했다. 중국의 영향력이 미치지 않는 곳으로 멀리 벗어나자는 생각이었다. 우리는 아예 멀찍이 떨어진 아르헨티나에서 영화를 찍기로 했다.

그러나 비록 우리가 스코세이지 감독보다 몇 개월 정도 앞서고는 있었지만, 여전히 중국의 마수를 벗어나지는 못한 것 같았다. 그들은 인도를 무릎 꿇린 데 고무된 듯, 이번에는 소니 엔터테인먼트의 모기업이자 전자업계의 거인인 소니 코퍼레이션을 곧바로 겨냥했다. 중국은 우리가 어디에서 영화를 만들든, 만약 소니가 〈티벳에서의 7년〉을 배급하기만 하면 소니가 중국에서 전자제품 사업을 못 하도록 완전히 뿌리를 뽑아

버리겠다고 협박했다. 이것은 때마침 내가 달라이 라마에게 우리의 영웅이 되어 달라고 부탁하자마자 벌어진 일이었다.

나는 그전에도 운 좋게 달라이 라마와 함께할 기회가 몇 번 있었기에, 그가 우리를 대변해서 목소리를 내주기만 하면 언론이 그 스토리를 받아 중국에 물러서도록 영향력을 행사할 수 있으리라고 생각했다.

달라이 라마는 현명했다. 그는 "당신의 영웅은 소니가 되어야 합니다"라고 말했다.

그래서 나는 소니의 영화 스튜디오 사장인 존 캘리John Calley를 찾아가 우리가 안고 있는 문제에 대해 이야기했다. 그리고 이야기를 듣는 그에게 영웅의 역할을 맡아 달라고 호소했다. 그런 다음 그 영웅의 앞길에 놓인 스토리를 자세히 설명했다.

나는 그와 소니가 지금 긴박한 진퇴양난을 마주한 채 두 가지 선택지를 앞에 놓고 있는데, 양쪽 모두 위험하기는 마찬가지라고 말했다. 소니가 이룩한 전자 제국은 엔터테인먼트 사업부를 훌쩍 뛰어넘는 국가적 자부심의 원천이다. 소니가 어떻게 영화 한 편 때문에 중국처럼 중요한 무역 파트너를 잃을 수 있겠는가? 그러나 나는, 다른 한편으로 생각해 보면 만약 그가 소니를 설득해서 이 영화를 살리지 못한다면, 소니의 예술적 지조는 큰 타격을 입을 것이라고 말해 주었다. 캘리는 스튜디오 사장으로서, 굳이 중국뿐 아니라 그 어떤 정치적 압력에도 맞서서 예술적 정열을 지키고 살려 내는 것이 자신이 마땅히 해야 할 일이라는 것을 알고 있었다.

나는 장 자크 아노 감독이 자신의 영화 〈불을 찾아서〉에 관해 전해 준 이야기를 그에게 들려주었다. 선사시대, 아직 불을 피울 줄 몰랐던 어떤 종족에 관한 이야기를 담은 영화였다. 낯선 종족들이 자신들이 가지고 있던 유일한 불붙은 장작을 훔쳐 달아나자, 세 명의 전사가 이 종족이 잃어버린 불을 대신할 다른 불꽃을 찾아 나선다. 그들은 검치호와 매머드를 비롯해 숱한 위험에 맞닥뜨리지만, 자신들이 불꽃을 찾아 지켜 내지 않으면 종족 전체의 운명이 위태롭게 된다는 것을 알았다. 이와 마찬가지로 바로 지금, 소니 픽처스의 일본 본사도 예술적 열정을 지켜 내야 한다고 내가 말했다. 비록 지금은 중국의 위협에 시달리지만, 소니가 창작의 권리를 수호하겠다는 굳건한 결의를 보여 준다면, 지금도 앞으로도 음악, TV 프로그램, 영화를 제작하는 모든 이들의 영웅이 될 것이다. 나는 캘리에게 이번 위기는 오히려 소니가 역경을 장점으로 바꿀 수 있는 절호의 기회라고 말했다.

존은 내 이야기에 담긴 메시지를 알아들었다. 그리고 소니 경영진을 상대로 우리의 목소리를 대변할 마음을 품게 되었다. 그의 권고에 힘입어, 소니도 물러서지 않았다. 우리 영화는 1997년에 스코세이지 감독의 작품보다 석 달 먼저 개봉되었다. 물론 소니는 중국과의 비즈니스 관계에서 다소 타격을 입었고, 특히 전자제품 분야에서 그 영향이 두드러졌지만, 경영진은 뚝심 있게 견뎌 냈다. 그 결과 소니는 창작물에 대한 진실성만큼은 국제적으로도 널리, 그리고 크게 인정받았다. 사실 내 이야기를 들어 준 존 캘리야말로 우리 문제를 해결하는 데 혁혁한 공을 세운 영웅이었다.

사람들에게 자신의 영웅적 행동을 이야기해 주는 것으로 세상을 바꿀 수 있을까? 빌 하버Bill Haber는 그렇게 할 수 있다고 생각했다. 그리고 자신의 믿음을 증명하기 위해, 20년 전에 누군가와 함께 세운 자신의 회사를 과감하게 박차고 나왔다. 크리에이티브 아티스트 에이전시Creative Artists Agency는 최고의 연예 기획사로, 나도 이 회사와 초창기부터 거래해 오던 터였다. 그러나 1995년 그가 이곳을 떠날 때, 이 할리우드 기획사는 전 지구적 변화를 모색하는 기관이 되고자 하는 의지를 보여 주고 있었다. 그는 자신의 재능을 전 세계에서 가장 취약한 계층, 바로 아동을 돕는 일에 사용하고자 했다. 그래서 비영리 기관 세이브 더 칠드런Save the Children의 리더가 되었다.

그러나 그가 곧바로 마주한 문제는, 조직의 규모와 해야 할 일의 범위가 너무나 방대하다는 것이었다. 그가 말했다. "세이브 더 칠드런은 전 세계에 41개의 지부를 거느리고 있습니다. 유니세프를 제외하면 세계에서 가장 큰 비정부·비종파 성격의 아동 후원 기관이지요. 우리는 도움이 절실한 3,500만 명의 어린이들에게 나눔을 베풀고 있습니다. 하지만 잠재적 기부자들이 3,500만 명의 어린이들에게 관심을 기울이게 만들려면 어떻게 해야 할까요? 사람들에게 4,000명의 직원과 500만 명분의 음식, 그리고 6,000개의 연필이 필요하니 기부해 달라고 말해 봐야 아무런 감동이 없습니다. 사람은 원래 그렇게 크고 비인격적인 숫자를 대하는 순간 저절로 관심이 사라져 버리죠. 인간의 두뇌는 한 명 한 명과 개인적으로 마주할 때 감정적인 반응을 보이게 되어 있습니다. 따라서 우리가 전하는 스토리는 듣는 사람을 바로 그 한 명의 어린이를 위한 영웅으로 바꿔 놓을 수 있어야 합니다. 우리 이야기에 등장하는 모든 어린이는 저마다 스토리를 안고 있으며, 나의 행동으로 한 아이의 생명을 구하거나 아이의 인생 자체를 바꿀 수 있다면, 나는 대단히 중요한 변화에 기여하는 셈입니다. 그 한 아이의 삶을 통해 세상을 바꾸는 것이지요."

하버는 이런 스토리텔링 방식이 기부자와 정부 기관, 그리고 세이브더 칠드런의 직원 및 자원봉사자 모두를 상대로 한 스토리에 적용되었다고 말했다. 그의 목적은 모금, 직원 채용, 정책 조성, 그리고 정치적 지원 유발 등 다양했지만, 가장 중요한 스토리는 언제나 '내가 한 어린이를 구할 수 있고, 내가 바로 그 영웅이 될 수 있다'는 것이었다.

하버는 이렇게 말했다. "3,500만 명의 어린이를 말하는 것이 아닙니다. 레바논 트리폴리에서 만난 아홉 살 어린 소녀에게 영웅이 되는 것이 중요한 겁니다. 부모님이 교복을 살 5달러가 없어서 그 아이가 지금 학교를 못 다니고 있거든요. 또 한 편의 가슴 아픈 스토리도 있습니다. 크로아티아의 어떤 아이가 거실까지 날아온 폭탄 파편에 언니의 목이 날아간 장면을 보고 충격을 받아 머리카락이 모두 빠지는 바람에 모자를 써야만 했다는 이야기 말입니다. 저는 세이브 더 칠드런 직원들에게 종종 이렇게 말하곤 합니다. '여러분이 다른 곳에서 다른 일로 돈을 벌면서 더 편하게 살았다면 우리가 지난번 사라예보에 갔을 때처럼 총격이나 폭격을 당할까 전전긍긍할 필요도 없었을 겁니다. 다른 직업을 택해서 평범한 삶을 살 수도 있었는데, 여러분은 어린이들의 생명을 구하려고 이 일을 택한 것입니다.'"

그러나 하버는 아이들의 슬픈 이야기라고 아무 이야기나 다 할 수 있는 건 아니라고 말했다. 세이브 더 칠드런처럼 진지한 목적을 추구할 때는 사람들에게 감동을 주는 것과 충격을 주는 것 사이에서 아슬아슬한 균형을 잡아야 한다. "제가 처음 여기 왔을 때, 가장 흔하게 보이던 사진은 어린아이가 독수리 앞에서 죽어 가는 장면을 포착한 퓰리처상 수상 작품이었습니다. 그걸 보고 저는 '저 사진은 도저히 못 보겠어요. 너무 심한 장면입니다'라고 말했습니다. 그건 스토리를 전하는 올바른 방식이 아니었어요. 공포에 질리게 해서 사람들의 마음을 얻을 수는 없습니다. 누구나 그 사진을 보자마자 자신을 지키기 위해서라도 고개를 돌려 버릴 테니까요."

청중에게 영웅의 역할을 맡기기 위해서는 스토리에 희망을 담아야 한다고 하버가 말했다. 세이브 더 칠드런이 도입한 해결책은 후원이라는 매커니즘을 통해 스토리를 전하는 것이었다. "후원을 약정하고 24달러를 지불하면, 그 돈은 어린이 한 명에게 전달됩니다. 그리고 아이는 당신에게 편지를 쓰지요. 아이의 얼굴이 담긴 사진 한 장과 함께요. 내가 직접 참여한 스토리의 주인공이 나온 사진 말입니다. 이 스토리는 내가 바로 세상을 바꾸는 영웅이라는 사실을 분명히 보여 줍니다. 그 순간 큰 감동이 전해지면서, 이거야말로 모든 일을 해결하는 열쇠라는 깨달음을 얻게 됩니다. 그래서 가족과 친구에게 '나의' 어린이에 관한 스토리와, 내가 응답한 메시지, 그리고 그 행동을 통해 받은 느낌을 전함으로써 그들에게도 후원자가 되어 달라고 설득하는 겁니다. 그렇게 계속 이어져 가는 거죠."

이 방법이 계속해서 기부자를 유치하고 유지하는 데 효과를 발휘한 이유는, 영웅들은 자신들의 투자로 어린이들을 구해 냈다는 느낌이 자연스럽게 들기 때문이다. 2008년에 세이브 더 칠드런이 모금한 아동 후원금은 3,300만 달러가 넘었다. 영웅들의 기부를 모집한 이 방법은 기업 후원자를 확보하는 데에도 엄청난 효과를 발휘했다. 2006년에 세이브 더 칠드런을 후원한 기업 명단에는 《비즈니스위크Business Week》에 실린 세계 최고 기업 중 3분의 1 이상이 망라되었다. 하버가 말했다. "사람들에게 당신은 한 아이의 인생에 변화를 일으킬 수 있다고만 말하면 됩니다. 그것이 바로 세상을 바꾸는 일이죠."

내가 촉구하는 행동에 위험이나 희생이 포함되어 있을 때, 청중에게 영웅이 될 수 있다고 말하는 것은 충분히 타당한 일이다. 적어도 그들이 내 목적에 동의하기 위해 모종의 저항을 극복해야 한다는 것을 안다면 말이다. 스토리의 마지막에 청중에게 영웅이 된 느낌을 줄 수 있다면 그들 자신이 안고 있던 저항을 이겨 내는 데 필요한 동기를 제공할 수 있다. 그런데 사람들에게 단지 내 상품을 사라는 메시지를 주는 것이 목표라면 어떨까?

고객이 영웅일 때 : 언더 아머

1996년, 메릴랜드 대학교 미식축구팀의 비주전 풀백이었던 케빈 플랭크Kevin Plank는 여성의 속옷 소재로 티셔츠를 만들어 팔겠다는 기막힌 아이디어를 냈다. 플랭크는 면 소재의 운동복을 입고 뛰다 보면 옷에 땀이 한 바가지나 스며들어 어느새 몸이 무겁고 동작이 느려진다는 것을 알고 있었다. 그래서 생각해 낸 것이 캐필린Capilene 소재로 만든 속셔츠였다. 캐필린은 옷의 모양과 색상을 유지하면서도 피부에서 땀을 배출해, 여름에는 시원하고 겨울에는 따뜻하게 입을 수 있는 경량 소재였다. 그는 불과 스물세 살에 자신의 모든 돈을 쏟아부어 탁월한 속건성 소재 개발 및 시제품 제작에 몰두했고, 그렇게 해서 탄생한 제품에 언더 아머 Under Armour라는 브랜드를 부여했다. 그는 성능을 입증하기 위해 친구와 동료 선수들에게 제품을 무료로 제공했다. 110킬로그램이 넘는 이 거구의 라인 배커들만큼 거친 사나이들도 없을 테니, 그들이 이 제품을 인정한다면 이 소재에 대한 인식이 완전히 바뀔 수 있을 거라고 생각한 것이다. 그 결과가 어땠는지는 오늘날 이 의류가 얼마나 유행하고 있는지를 보면 알 수 있다. 실제로 오클랜드 레이더스의 쿼터백 제프 조지Jeff George 가 유니폼 아래 언더 아머 터틀넥 셔츠를 받쳐 입은 모습이 〈유에스에이 투데이〉 표지 사진에 나온 적도 있다. 심지어 제프 조지는 이 셔츠를 무료로 제공받은 선수도 아니었다. 제품을 문의하는 선수들의 전화가 쉴 새 없이 걸려 왔다. 그러나 이제 플랭크는 이 제품의 스토리를 어떻게 일반 대중에게 알릴 수 있을까?

2009년에 플랭크는 스포츠 엔터테인먼트 업계에서 내가 가진 인맥의 도움을 얻으려고 나를 찾아와서 언더 아머의 매력을 한껏 돋보이게 하는 이야기를 들려주었다. 그는 이렇게 말했다. "이제 저는 고객들을 제 영웅으로 만들어야 합니다. 거꾸로 제가 그들에게 슈퍼맨 이야기를 한다고 생각해 보면 말이죠, 그들을 정말로 돋보이게 만드는 것은 뻔한 슈퍼맨 의상이 아니라 클라크 켄트의 티셔츠라는 것을 깨닫게 해 주어야 할 겁니다."

그것은 무척 어려운 작업이었지만, 그가 이끄는 팀은 상품의 기능과 온갖 세부적 특성을 잘 알고 있었다. 플랭크는 직원들에게 야망을 불러 일으키는 스토리를 전하라고 말했고, 야망이야말로 고객들이 원하는 목표의 핵심이었다. 그는 이렇게 설명했다. "우리는 손님에게 다가가 '어떻게 도와드릴까요?'라고 말하지 않습니다. 우리는 이렇게 묻습니다. '어떤 모습을 원하십니까? 대학 축구팀에서 뛰고 싶으세요? 최고의 선수가 되고 싶으신가요? 아니면 체중을 10킬로그램 빼려고 하시나요? 언더 아머를 입으시면 그 어떤 것도 이룰 수 있습니다.'"

플랭크의 스토리에는 언더 아머의 모든 제품은 고객이 프로 선수처럼 움직이는 데 도움이 된다는 주제가 담겨 있었다. 언더 아머는 신체적인 도움과 감정적인 의욕을 제공해 주겠지만, 계속해서 자신의 기록을 경신하는 주체는 어디까지나 고객이다. 따라서 플랭크의 회사로서는 고객을 영웅으로 묘사하는 스토리야말로 게임의 틀을 바꿔 놓는, 획기적인 방법이 아닐 수 없었다.

오늘날 언더 아머는 10억 달러의 순자산을 확보한 대기업이 되었으며, 플랭크는 지금도 2,400명에 달하는 직원들이 매일 고객과 유통업자, 미디어, 운동선수들에게 고객이 곧 영웅이라는 스토리를 전해야 한다고 강조한다. 고객의 목표는 끊임없이 변화하기 때문에, 언더 아머가 전하는 스토리도 그들에게 영웅의 역할을 부여하기 위해 계속 바뀌어야만 한다. 그러나 플랭크는 개의치 않는다. 그는 이렇게 말했다. "저는 스토리텔링의 최고 책임자입니다. 그래서 제 역할은 단지 상품을 만들어 로고를 인쇄하고 포장하면 다 끝나는 것이 아닙니다. 우리 스토리는 계속

해서 살아 숨 쉬고 바뀝니다. 우리는 6개월마다 완전히 새로운 회사로
탈바꿈합니다." 그리고 그 스토리에 따라 지금도 수만 명의 고객이 그의
상품을 구매하고 찬사를 보낸다.

상품이 영웅일 때 : 석류 주스

도저히 어쩔 수 없을 때는 상품이 영웅이 될 수밖에 없다. 적어도 린다
레스닉이 폼 원더풀에 관한 스토리를 전할 때는 그랬다. 린다와 그녀의
남편 스튜어트가 운영하는 회사 롤 인터내셔널은 텔레플로라, 피지 워
터 같은 브랜드 마케팅 사업도 하지만 아몬드, 피스타치오, 귤, 석류를
생산하는 세계 최대 규모의 기업이기도 하다. 린다 레스닉이 말하는 폼
이야기를 들어 보면 여지없이 상품을 영웅으로 묘사하고 있음을 알 수
있다.

　1986년, 린다와 스튜어트는 캘리포니아주 샌 호아킨 밸리의 약 0.5제
곱킬로미터에 달하는 부지를 매입했다. 그리고 그 땅에서 찾아낸 나무
를 그들은 피스타치오 나무라고 생각했다. 그러나 사실은 석류나무였
다. 린다의 말에 따르면, 당시만 해도 대부분의 미국인은 석류가 뭔지도
몰랐으므로, 그것이 어디에 좋은지 아는 사람은 극히 드물었다. 레스닉
부부는 곧 석류라는 식물을 자세히 조사했고, 그 역사와 다양한 품종, 그
리고 건강에 미치는 효능을 알아냈다. 이 역사를 바탕으로 과연 석류를
항산화제의 슈퍼 히어로로 자리매김할 수 있었을까?

　4천 년 전부터 진행되어 온 전 세계 석류 재배의 역사를 추적한 그들
은 이 빨갛고 동그란 녀석이 페르시아 문화에서 강인함의 상징이 된 배

경에는, 기원전 480년에 크세르크세스 군대가 그리스를 침공했을 때 창 끝에 촉 대신 석류를 달고 싸웠다는 일화가 있었음을 알아냈다. 고대 이 집트에서는 석류 주스를 이질과 복통을 다스리고 회충을 없애는 데 쓰 기도 했다. 인도와 중국에서 석류는 번성과 다산의 상징이었다. 이스라 엘에서는 석류가 심장병 예방에 좋다고 알려져 왔다. 유럽에서는 석류 에 항암 효과가 있다는 것이 알려진 후, 이를 기리기 위해 영국 의사 협 회British Medical Association를 상징하는 문장에 석류 그림이 포함되기도 했다.

레스닉 부부는 이런 역사적 배경을 알게 된 후 석류나무를 18,000그 루까지 늘렸고, 이런 이야기에 등장하는 장점을 조사하는 데 자금을 쏟 았다. 그들이 2009년까지 의학 연구에 쓴 돈은 총 3,200만 달러에 달했 고, 그 결과 이야기에 나오는 장점이 모두 사실임을 알아냈다. 석류 주스 는 전립선암과 제2형 당뇨병, 심혈관계 질환에 특히 좋은 효능을 발휘 한다. 이제 그들은 석류의 역사뿐만 아니라 입증된 과학적 진실까지 더 해 고객과 유통업자, 언론을 상대로 그들의 상품을 영웅으로 묘사하는 스토리를 전하고 있다.

린다는 세계 최고의 영업팀을 꾸려서, 모든 슈퍼마켓 체인의 최고경 영진과 언제든 직접 연락할 수 있는 체계를 마련했다. 그리고 재키 오 프 랭클린 민트 사에서 거둔 성공 전략을 그대로 써서 모든 영업 책임자가 이 대단한 주스가 생명을 살릴 수 있다는 진짜 스토리를 매장 관리자에 게 직접 전해 주도록 했다. 린다가 말했다. "그런 다음 우리는 그들에게 이 주스가 얼마나 맛있는지 맛보게 했습니다. 우리는 그들에게 '이거 꼭 마셔 보셔야 해요'라고 한 다음, 매월 배달받을 손님 명단에 올리겠다고 말했죠. 그러자 그들은 맛을 보고 샀으며, 그 주스의 놀라운 스토리를 다른 사람들에게 전하기에 이르렀습니다."

린다의 말처럼, 때로는 '틀 안에서 생각하는' 방식으로 스토리뿐만 아니라 영웅까지 찾아내야 한다. 그런데 그 틀이 상품이 아니라 어떤 장소라면 어떨까?

장소가 영웅일 때 : 웨스트필드 몰

프랭크 로위Frank Lowy는 공개 매각된 세계 최대의 부동산 회사 웨스트필드 그룹Westfield Group의 현 회장이다. 웨스트필드는 전 세계 119개 지역에 최고급 쇼핑센터를 운영하며 620억 달러가 넘는 자산가치를 보유한 기업이다. 그러나 1980년대까지만 해도 로위는 자신의 수많은 다국적 기업들 외에도 우리의 공개 기업 배리스GPEC 엔터테인먼트의 회장을 맡고 있었다. 물론 나중에 우리는 이 회사를 소니에 매각했지만 말이다. 로위는 언제나 상황 판단에 기민하면서도 품위를 갖춘 인물이었다. 그는 고객 한 명 한 명과 개인적인 관계 맺는 것을 중시했으며, 그의 이런 정신은 웨스트필드 그룹의 전무이사이자 그의 아들 피터에게도 이어졌다.

나는 최근 샌 퍼낸도 밸리San Fernando Valley에 있는 피터 로위의 사무실에서 그를 만나 그곳에 마이너리그 야구 경기장을 건설하기 위한 합작 회사를 만들자고 제안했다. 이곳은 미국에서 열두 번째로 큰 시장을 형성하고 있으면서도 아직 프로스포츠 팀이 하나도 없는 지역이었다. 나는 그에게 만달레이가 마이너리그 야구장과 프로야구팀을 만들 경우, 단지 이기고 지는 것이 중요하지 않은 이유를 설명했다. 그렇게 되면 이

지역은 팬들이 모여들어 서로 만나고, 휴식하며, 가족 친화적인 편안한 환경에서 즐길 소중한 기회를 제공하게 된다. 피터 로위는 웨스트필드도 이미 그것과 유사한 전략을 바탕으로 기념비적인 성공을 거둬 왔으며, 그 결과 웨스트필드가 들어서는 곳마다 고객의 영웅이 되어 왔노라고 대답했다. 비록 우리가 만들 합작회사가 밸리 지역까지 자신의 관할 구역으로 포함하는 메이저리그 야구팀에 비하면 꼬마에 지나지 않겠지만, 그날 로위가 나에게 던진 통찰은 스토리텔링 기술에 새로운 빛을 비춰 주었다.

그는 우리 집에서도 멀지 않은 센추리 시티의 웨스트필드가 전하는 스토리에는, 고객이 이 쇼핑센터 주차장에 들어서자마자 갑자기 이 지역이 영웅으로 보이게 하는 힘이 있다고 말했다. "우리는 모든 주차 공간마다 위쪽에 빨간불과 파란불을 설치해 사람들이 보자마자 어느 곳이 비었는지 알 수 있게 했습니다. 그렇게 해서 사람들이 주차장에서 허비하는 시간이 8퍼센트나 줄어들었죠. 즉, 고객들은 더 여유가 생겼고, 그만큼 쇼핑에 쓸 시간이 늘어난 셈입니다." 나 역시 고객의 한 사람으로, 그곳에서 주차하는 즐거움을 한 번이라도 맛본 사람이라면 자신의 경험을 친구들에게 이야기할 때 이 지역을 영웅으로 묘사하리라는 것을 잘 알고 있었다.

로위는 영웅이 된다는 것의 의미는 청중의 삶에 긍정적 변화를 선사하는 것만이 아니라, 그들의 기대를 뛰어넘는 것까지 포함한다고 말했다. 그들은 자신의 그런 경험을 스토리로 전하게 된다. "우리가 식당처럼 매일 새로운 고객을 창출할 수는 없습니다. 그들이 우리를 경험한 스토리를 통해 우리의 지지자가 되고 계속 그 자리에 머물도록 하는 것이 바로 우리가 하는 일이죠. 그것 말고는 우리도 갭이나 블루밍데일 또는 다른 매장을 유치하는 등 다른 곳과 특별히 다른 점이 없습니다. 고객의 스토리 속에서 그들이 머문 장소를 영웅으로 느끼게 하는 것, 그것이 우리의 차별화 포인트입니다."

예컨대 웨스트필드가 조사한 결과 고객의 절대다수는 여성이며, 그중 절반 정도는 아이를 데리고 왔다. 그래서 웨스트필드는 육아실을 설치했다. 로위가 말했다. "우리는 어린아이를 데려와서 젖을 먹이거나 기저귀를 갈아 주기에 완벽한 환경을 갖추고 있습니다. 아이가 너무 어려서 잠시 쉬는 고객을 위해서도 우리는 TV와 부드러운 장난감, 바닥 매트 등을 설치해 두었습니다. 기저귀 교환실에는 기저귀와 휴지, 심지어 전자레인지까지 갖춰져 있죠. 물론 그 시설을 사용하는 비용은 영원히 무료입니다." 다시 말해, 웨스트필드의 모든 장소는 다른 어떤 쇼핑센터에서도 얻을 수 없는 경험을 고객들에게 제공한다. 그것도 무료로 말이다.

로위는 자신의 '웨스트필드를 영웅으로 묘사하는' 스토리를 건축가와 유통업자, 엔지니어, 그리고 전 매장의 고객 서비스 담당 직원에 이르는 모든 사람에게 가르쳤다. 왜 그랬을까? 영웅을 만난 고객은 그 스토리를 다른 사람에게 전하고 그들은 다시 웨스트필드라는 장소를 찾기 때문이다. 그리고 고객들이 영웅을 만날 수 있으려면 그 장소를 대변하거나 거기서 일하는 모든 사람이 똑같은 스토리를 말하고, 지지해야 한다. 고객이 가장 먼저 마주치는 사람은 대개 거기서 일하는 사람 중 지위나 급료 면에서 가장 낮은 단계에 있는 이들이다. 여기에 해당하는 대표적인 사람이 보안 요원이다. 따라서 보안 요원의 교육에 정성을 쏟는 편이 더 좋다. 그들에게 이렇게 말해 주는 것이다. '고객들이 당신에게 자신의 생각을 말해 줄 겁니다. 그러니 그들의 말에 귀 기울여야 합니다. 그들의 말에 이해와 공감을 표시해야 합니다. 이런 태도를 보이고 나면 그들이 무엇을 원하는지 보일 겁니다. 그들이 무엇을 원하는지를 알아야 그들의 기대를 뛰어넘을 수 있습니다.' 다시 말해, 우리가 청중에게 관심을 기울이지 않으면 그들의 영웅이 될 수 없다.

그러나 웨스트필드조차 다 잘할 수는 없다. 때로는 훌륭한 장소에서도 나쁜 일이 일어날 수 있다. 웨스트필드 몰이 더 영웅적인 행동을 추구하는 것도 바로 그 때문이라고 로위는 말했다. "가령 지갑을 잃어버린 손님이 있다고 하면, 웨스트필드는 택시 요금 정도의 금액을 손님 댁으로 보내 드립니다. 그러면 그 손님이 다시 우리 매장을 방문할까요? 물론입니다! 아니, 찾아오는 것은 물론이고 동네방네 자랑도 하지 않을까요? 당연한 일입니다! 제가 늘 제 아이들에게 들려주는 우리 매장에 관한 이야기입니다. 한 여성분이 편지로 노스리지의 우리 몰이 지저분하다고 항의했습니다. 그래서 이렇게 답장을 보내 드렸습니다. '불편을 끼쳐 죄송합니다. 우선 노스리지의 그 몰은 저희 매장이 아님을 알려 드립니다. 대신 토팡가Topanga에 있는 저희 몰을 이용해 주시기를 권합니다. 250달러 이용권을 동봉하니 그곳 대신 저희 몰에 꼭 방문해 주시면 감사하겠습니다.' 물론 그분은 저희 매장을 다시 찾아 저에게 고맙다고 말씀하셨고, 다른 사람들에게 이 이야기를 얼마나 많이 전했는지도 이야기해 주었습니다."

위치 기반 비즈니스에 종사하지 않는 사람들에게는 특정 장소를 영웅으로 묘사하는 스토리가 억지같이 들릴지도 모른다. 그러나 피터 로위는 입으로 전하는 이야기의 위력을 알고 있었다. 그는 고객을 청중이라는 관점으로 바라보았다. 그에게 유통업자는 무대 위에서 연기하는 조연일 뿐이었다. 그리고 자신의 몰, 즉 물리적 장소는 무대가 된다. 그의 목표는 청중에게 잊을 수 없는 경험을 선사해 그들로부터 공감과 신뢰를 얻는 것이었다. 그는 고객들이 웨스트필드라는 장소에만 오면 언제나 안심할 수 있다는 스토리를 전함으로써, 그들에게 언제나 그곳에 가고 싶다는 생각을 심어 주는 데 성공했다.

집단이 영웅일 때 : 미군

2000년대 초 뉴기니를 방문했을 때, 우리가 머물던 정글 오두막의 주인이 부족 전체가 영웅이라는, 아주 재미있고도 먹히는 스토리를 전해 주었다. 이 조그마한 캠핑장은 수 킬로미터에 달하는 세피크 강 유역에서 유일한 상업 시설로, 지역 경제에서 핵심적인 역할을 하는 곳이었다. 그중에서도 외국인은 이 지역에 현금을 유입하는 고객의 절대다수를 차지하는, 특별히 소중한 존재였다. 그래서 이곳에서 일하는 사람들이 9·11 사건을 처음 전해 들었을 때, 그들은 손님들이 공격받지나 않을지 매우 걱정했다. 직원 중에는 정규 교육을 받은 사람이 거의 없었으므로, 그들이 무엇을 걱정하는지 알아챈 사장은 그들에게 미국이 지구상에서 어디에 위치하는지 보여 주었다. "테러가 일어난 곳은 여기 뉴욕이고, 우리가 있는 곳은 여기 이곳이에요." 그는 그렇게 보여 주면 사람들이 좀 안심할 줄 알았다. 그러나 그것은 오해였다.

직원들의 목표는 테러리스트로부터 미국인을 지키는 것이었다. 테러리스트들의 공격은 그들 자신의 삶도 위협하는 것이었기 때문이다. 그들은 적극적으로 우리를 구해 내려고 했다. 물론 이 공격이 수천 킬로미터 밖에서 일어났다는 사실은 이해하지 못했지만 말이다. 그들이 지리에 대해 아는 거라곤 사장이 보여 준 지구본뿐이었다.

그들은 당장 각자의 마을로 돌아가서 9·11 이야기를 전파해 그들 나름의 행동을 촉구했다. 그리하여 다음 날 아침, 부족 전체가 창과 활로 무장한 채 오두막 앞에 나타나 캠핑장 주변을 철통같이 지킬 태세를 갖췄다. 그들이 내린 결론은 뉴욕의 테러리스트들이 사장이 보여 준 그 지구를 가로질러 이곳까지 몰려와서 오두막을 몰래 습격하리라는 것이었다. 그들은 미국인 손님들에게 이렇게 말했다. "우리가 당신들을 지키겠습니다. 우리 부족은 우리를 도와준 사람과 끝까지 함께합니다." 다시 말해, 그들은 우리의 영웅이라는 뜻이었다.

집단이 영웅이 된다는 스토리는 매우 강력한 설득력을 지닌다. 그 메시지가 해당 집단 전체에 유익을 미칠 때는 더욱 그렇다. 과거 2000년에 나는 전 국방장관 윌리엄 코헨의 초청으로 민간 교류 회의Joint Civilian Orientation Conference, JCOC라는 놀라운 프로그램에 참석한 적이 있다. 미군 소속 인사들은 군대라는 집단에 대한 대중적 지지를 위해 집단적 영웅 스토리를 전하는 기회로 이곳을 활용했다.

JCOC의 목표는 미디어와 일반 대중, 그리고 정부에 영향력을 미칠 수 있는 유력인들을 초청해 그들에게 군대의 가장 소중한 자산은 첨단 무기 기술이 아니라 바로 인간을 이해하는 기술이라는 사실을 일깨워 주는 것이었다. 이를 위해 국방성은 나를 포함한 24명의 인사에게 미국 군대의 핵심부에서 이 집단의 헌신과 영웅적 행동에 관한 생생하고 개인적인 스토리를 들을 기회를 제공해 주었다.

우리는 약 한 주간에 걸쳐 군사기지와 잠수함, 공군 수송기, 공군 기지 등을 방문했다. '국방'이라는 말을 들었을 때 내 머리에는 탱크, 대포, 탄환, 전투기 등의 이미지가 가장 먼저 떠올랐다. 그러나 현장에서 실제로 사람들을 만나면서 나의 그런 인식은 급격히 바뀌었다. 그들은 실제로 대포를 배치하고, 전함과 전투기를 조종하며, 포로를 심문하고, 음식을 조리하며, 트럭을 운전하고, 차량과 인력을 관리하는 사람들이었다. 그들은 나에게 수많은 이야기를 들려주었고, 그 모두는 저마다 독특한 방식으로 공통된 핵심 메시지를 전하고 있었다. 그중에서도 내 귀에 가장 뚜렷이 들린 것은, 대서양을 항해하는 엔터프라이즈 항공모함USS Enterprise에서 한 병사가 말해 준 가슴 아픈 스토리를 통해서였다.

장교 식당에서 내 옆에 앉은 사람은 나를 이곳에 비행기로 태워다 준 키 크고 잘생긴 히스패닉 조종사였다. 스물아홉 살의 그 청년은 대학을 졸업하자마자 곧장 해군에 입대한 후 지난 4년간 비행기를 조종해 왔다고 했다. 자신이 해 온 일과 업적에 대한 자부심은 그의 메달로도 다 설명할 수 없는 것이었다. 그러나 그의 다음 말에서는 서글픔이 묻어나왔다. "저는 내년으로 복무를 마치고 아마 민간인 신분으로 돌아가게 될 것 같습니다."

내가 몇 마디 격려를 건네자, 그는 자신에게 아내와 딸, 그리고 또 한 아이가 있다고 말했다. 가족들은 노포크의 군인 관사에서 살고 있었다. 그는 일찌감치 결혼했고, 이곳으로 배치되자마자 아내가 대학 공부를 그만둬야만 했다. 그녀는 햄버거 가게에서 최저임금을 받으며 아르바이트를 하기도 했지만, 아이가 태어나면서 그마저도 그만둘 수밖에 없었다. 그가 포크를 내려놓으면서 말했다. "보세요, 저는 비행기 조종사가 된 것을 자랑스럽게 생각합니다. 저의 비행기와 우리 비행 중대도 사랑합니다. 군대의 일원이라는 데 자부심도 느낍니다. 이곳에서 일하는 제가 너무 자랑스럽습니다. 이것이 바로 제가 할 일이라고 생각합니다. 그렇지만 저는 가족도 사랑합니다. 저는 아내와 아이들을 책임져야 합니다. 계속 지금처럼 살아서는 이 두 가지 의무를 다 수행할 수 없습니다. 둘 중 하나를 선택해야만 하는 상황입니다. 선생님, 저는 가족들이 계속 무료 식권으로 살게 내버려 둘 수는 없습니다."

"식권이라고요?" 나는 제대로 알아들었나 귀를 의심하며 물었다.

"먹고 살려면 뭐라도 해야 하지 않습니까, 선생님."

우리는 그 주 내내 다른 장병들로부터 우리가 찾아줘서 고맙다, 자신들이 실제로 하는 일을 더 많은 사람이 알면 좋겠다는 이야기를 들었다. 그들은 제대로 감사와 존중을 받지 못한다고 느낄 때가 많다고 말했다. 이 조종사의 이야기는 그들이 겪고 있는 첨예한 문제를 드러냈다. 그것은 미국의 군인들이 어떤 현실에 놓여 있는지를 대변하는 이야기였다. 중요한 것은 무기와 장비가 아니라 바로 살아 움직이는 사람이었다.

이 집단의 영웅적 스토리는 곧바로 행동을 촉구했다. 우리는 그 메시지를 들었고, 이 용감한 청년들의 헌신을 도와야 했다. 그것은 그들뿐만 아니라 우리를 위해서이기도 했다. JCOC가 우리에게 현장을 방문할 기회를 준 것도 그 때문이었다. 우리가 그런 이야기를 영웅들로부터 직접 듣게 된다면, 밖에 나가서 그 이야기를 전할 뿐만 아니라, 거기에 우리가 느끼는 긴박성을 더할 수밖에 없을 것이다. 그것도 대화와 전화 통화, 영화, 기사, 그리고 당시 마침 떠오르고 있던 인터넷까지 동원해서 말이다.

나는 그 메시지를 크고 분명하게 들었고, 집으로 돌아오자마자 이에 응답하기 시작했다. 내가 아는 상하원 의원들에게 전화를 걸어 내가 듣고 경험한 이야기를 전해 주었다. 각종 행사나 간부회의가 있을 때마다 영향력 있는 동료들에게 말해 주었다. 내 결론은 늘 똑같았다. "군대에서 가장 중요한 것은 사람입니다. 그들이 우리를 지켜 주고 있으니, 우리도 그들을 돌봐 줘야 합니다."

내가 전하는 스토리의 영웅이 집단, 상품, 장소, 고객, 청중 또는 말하는 자신 중 어떤 존재인지는 나의 목표가 무엇인지에 따라 달라진다. 청중에게 나의 개인적인 리더십에 대한 신뢰를 안겨 줘야 한다면, 내가 그 영웅이라고 생각해야 할 것이다. 상대방이 나서서 그들이 위험이라고 생각하는 일을 감당하도록 만들고 싶다면, 그들에게 영웅의 역할을 맡겨야 할 것이다. 청중이 다른 브랜드 대신 내 브랜드를 선택하도록 유도할 때는 나의 상품이나 장소를 영웅적으로 묘사하는 것이 당연한 일이다. 또 사람들이 내가 원하는 집단의 활동을 지지하고, 홍보하며, 선택하게 만들고 싶다면 그것이 미군이든, 나의 특정 조직이든, 그 집단의 영웅적 면모를 스토리로 만들어 띄우는 것이 가장 좋은 방법이다.

그러나 누구를 영웅으로 삼을 것인지 결정했더라도, 스토리를 완성하기까지는 아직 만들고 다듬어야 할 다른 과정이 남아 있다. 거기에 필요한 것이 바로 기초 자료다.

이야기의
기초 자료 7가지

오랫동안 UCLA에서 강좌를 이어 오면서 대학원생들로부터 많이 받은 질문 중 하나는, 이제 막 경력을 시작한 자신들의 처지에 설득력 있는 스토리를 전하기 위한 기초 자료를 과연 어디서 구할 수 있느냐는 것이었다. 그럴 때마다 나는 내 경험에 비춰, 이야기는 어디에나 숨어 있다가 감정에 정보를 제공하고, 경험에 형태를 갖춰 주고, 목적에 추진력을 보태 준다고 대답했다. 그러나 조직 스토리 분야의 대가 스티븐 데닝이 우리의 스토리 회의에서 말한 바에 따르면, 완전한 형태와 틀을 갖춰서 곧바로 사용할 수 있는 이야기를 찾는 것보다는, 스토리가 될 만한 파편들을 끊임없이 축적해 나가는 것이 가장 중요하다고 할 수 있다. "스토리가 될 만한 자료를 충분히 확보했다면, 이제 그것을 완벽하게 다듬는 일이 남아 있습니다."

그동안 내가 이야기해 온 수많은 스토리를 떠올려 보면서, 가장 효과적인 자료는 직접 체험했던 일에 있는 경우가 많았다는 것을 깨달았다. 나에게 실제로 일어난 일을 이야기할 때는 당시에 겪었던 감정의 기복과 굴곡을 이야기에 녹여 넣기가 쉽다. 내가 그 이야기의 주인공이든, 조연이든 상관없이 말이다. 나의 개인적인 감정은 청중의 공감을 불러일으키고, 그들을 내가 겪은 일에 끌어들여 같은 감정을 느끼게 만들어 준다. 더구나 개인적 경험은 내가 직접 겪은 일이기 때문에 기억하기도 쉽고 진술하게 이야기할 수도 있다.

직접 경험

사람들이 프랭크 시내트라Frank Sinatra를 회장님이라고 부르는 데는 다 이유가 있다. 그는 1998년 세상을 뜨기 직전까지 거의 자연의 섭리와 같은 힘을 발휘했다. 가수, 댄서, 배우로서 1960년대에 할리우드에서 딘 마틴, 새미 데이비스 주니어 등을 비롯한 이른바 랫팩(rat pack, 당시 험프리 보가트Humphrey Bogart 등을 중심으로 한 할리우드 배우들의 총칭 – 옮긴이)의 리더 격이었고, 그래미상을 총 11회 수상하고 후보에 30회 올랐으며, 1953년에는 〈지상에서 영원으로〉에 출연해 아카데미상을 수상했다. 그러나 내가 직접 경험한 바로는, 그는 꽤나 복잡한 성격의 인물이었다.

2006년에 내 아들이 학교에서 당황스러운 일을 겪었다고 말해 준 적이 있다. 평소 나도 품위 있고 명예로운 분이라고 생각했던 한 선생님으로부터 심한 꾸중을 들었다는 것이었다. 나는 사람이란 알 수 없는 존재여서 그 누구도 어떤 사람을 완전히 알 수는 없다고 말해 주었다. 그 말을 마치기도 전에 내가 프랭크 시내트라를 떠올리며 말하고 있다는 생각이 들었다. 그와 관련해 나도 아들이 선생님에 대해 느낀 것과 비슷한 일을 경험한 적이 있었다. 그때 일을 아들에게 이야기해 주면서, 나는 시내트라의 인간적 스토리를 영화로 만들어도 썩 훌륭한 작품이 되겠다고 생각했다. 생각이 난 김에 좀 더 알아보니 시내트라의 독특한 성격을 제대로 묘사한 영화가 아직 한 편도 나와 있지 않았다. 그래서 만달레이가 이 일에 한번 도전해 봐야겠다는 생각이 들었다.

게리 르멜Gary Lemel은 워너브러더스 필름의 음악 사업부를 수십 년간 운영해 온 인물로, 프랭크 시내트라와의 친분을 바탕으로 티나 시내트라와의 만남을 주선해 주었다. 그녀는 아버지의 유산을 더욱 훌륭하게 가꾸는 일을 책임지고 있었다. 그러나 티나는 결코 만만한 사람이 아니었다. 그녀는 시내트라라는 브랜드를 관리하는 책임자답게 음악 및 상품화 권리에 관한 진정한 제국을 감독하고 있었으며, 자신이 승낙한 어떤 작품도 아버지의 이름과 평판을 제대로 존중해야 한다는 원칙을 목숨처럼 지키려고 했다. 르멜과 나는 프랭크 시내트라의 삶과 음악을 영화화할 권리를 얻으려면 그녀에게 강력한 스토리를 제시해야 한다는 것을 알고 있었다. 다행히 나는 프랭크 시내트라를 직접 만난 적이 있었으므로, 스토리를 구성할 기초 자료를 그 경험에서 얻을 수 있었다.

나는 티나에게 1970년대 아주 젊은 나이에 컬럼비아 픽처스의 웨스트코스트 스튜디오를 경영하던 시절 이야기를 했다. 어느 날 컬럼비아의 레오 자페Leo Jaffe 회장으로부터 전화가 걸려 왔다. 당시 컬럼비아가 진행하던 〈매트 헬름Mat Helm〉 시리즈물 중 한 편의 일정이 주인공 딘 마틴 때문에 심각하게 늦어졌으니 당장 현장에 와서 그의 멱살을 잡아서라도 일을 시키라는 것이었다. 물론 당시 딘 마틴은 거물급 스타였기 때문에, 나는 존 바이치를 찾았다. 제작 책임자로 오래 일해 온 그야말로 이런 일을 능숙하게 처리해 낼 수 있었기에, 나로서는 그에게 부탁하는 것이 최선의 방책이었다. 그러나 바이치는 내가 직접 딘 마틴이 처박혀 있을 트레일러 하우스에 찾아가서 해결하는 수밖에 없다고 말했다.

나는 계속해서 그 후의 일을 티나에게 이야기했다. 당시 나는 머릿속에 마틴에게 던질 정중하면서도 분명한 질문을 준비한 채 촬영 현장으로 갔다. "당신이 이번 촬영을 마치도록 제가 어떻게 도와드리면 되겠습니까?" 현장에 도착해서 스태프와 배우들이 조바심을 내며 기다리고 있는 곳을 지나가면서도, 나는 그들이 기다리는 것이 바로 누군가(즉 내가) 나타나서 마틴을 달래 촬영을 시작하는 것이라는 사실을 미처 알지 못했다.

문을 노크했다. 또 한 번 했다. 그러자 갑자기 문이 확 열리더니 프랭크 시내트라가 나타났다. 그는 이렇게 말했다. "당신 도대체 누구요?"

나는 티나에게 말했다. "딘 마틴이 저를 보더니 말하더군요. '프랭크, 그 양반은 착한 사람이야. 스튜디오 사장이라고.' 내가 안으로 들어서려 하자 프랭크가 또 막아서면서 물었습니다. '원하는 게 뭐요?' 그래서 딘 마틴이 촬영을 마쳤으면 한다고 말하려는데, 말을 마치기도 전에 프랭크가 문을 활짝 열어젖히면서 나를 밀쳐내 버렸습니다. 밖에서 보던 구경꾼들은 모두 깔깔 웃어 댔죠. 그는 내가 아무 경험도 없고 그곳에서 쓸모도 없는 사람이니, 내 말에 귀 기울일 사람은 아무도 없다고 질책했습니다. 그리고 딘 마틴은 때가 되면 알아서 준비할 테니 걱정하지 말라고 하더군요. 저는 물러설 수밖에 없었죠. 모욕감과 분노도 느꼈지만, 그곳의 모든 사람이 저의 대실패를 지켜본다는 생각에 크게 기가 꺾이고 말았습니다."

나는 계속해서 티나에게 말했다. "이후 몇 달 동안 프랭크의 이름이나 음악이 들릴 때마다 그날 일이 생생하게 떠오르면서 온몸이 증오의 감정으로 뒤덮이는 것 같았습니다."

티나는 경계 어린 눈빛으로 나를 바라보았다. 아버지를 전혀 호의적으로 그리지 않는 이 이야기가 도대체 어떻게 끝날지 모르겠다는 표정이었다. 그러나 나는 약 1년 후에 열린 할리우드의 큰 수상식 이야기로 넘어갔다. 나는 우리 회사의 핵심 간부들 및 최고의 배우들과 함께 앉아 있었고, 바로 그 옆에 프랭크 시내트라의 자리가 있었다. "그는 몇 번이나 저를 바라보았습니다. 그때마다 그 당황스러웠던 기억이 다시 떠올랐죠. '다시는 그런 일이 없었으면……' 하는 생각밖에 없었어요. 그러나 행사가 끝나고 자리를 떠날 때는 그의 테이블 옆을 지나칠 수밖에 없었죠. 그때 갑자기 그가 팔을 크게 벌리고 나를 안다시피 했습니다. 순간, '또 시작이군'이라는 생각이 스쳤습니다. 그러나 프랭크는 나를 가리키며 주변의 모든 사람을 향해 큰 소리로 말했습니다. '이분이 컬럼비아의 사장이신데, 아주 똑똑한 양반이라오. 다들 지켜보세요. 업계에서 큰일을 하실 분입니다. 컬럼비아는 이분이 있으니 아주 복 받았지 뭡니까.' 그는 내 손을 토닥였고, 내 눈을 정면으로 바라보면서 녹는 듯한 그 특유의 눈웃음을 지어 보였습니다. 그의 말 한마디에 죽을 것처럼 무서웠던 내 마음이 한없는 자부심으로 바뀌고 말았습니다."

나는 티나에게 이야기를 하는 동안에도 나의 목표를 잊지 않았다. 아버지에 관한 영화를 만들 권리를 나에게 팔도록 그녀를 설득한다는 것 말이다. 그리고 나의 스토리는 내가 시내트라라는 사람의 참모습을 진정으로 존중한다는 사실을 보여 주었다. 또 내가 그의 나쁜 점까지 포함한 복잡한 성격을 이해하며, 그가 일과 놀이에서 보여 주는 어두운 면과 밝은 면을 모두 존중한다는 것을 입증해 냈다.

티나 역시 비슷한 상황에서 아버지의 복잡한 면모를 수없이 겪었으므로, 그녀는 내가 그를 이해한다는 사실을 즉각 알아챘다. 그녀가 말하길, 사실 자신의 경험에 비춰 봐도 딘 마틴이 절친에게 SOS 신호를 보내지 않았다면, 아버지는 마틴이 스튜디오에서 일할 때 그를 찾아갈 분이 절대로 아니라고 했다. "어쩌면 아저씨는 막 울기 직전이었는지도 모르죠. 아니면 생사를 좌우하는 어떤 중요한 문제를 말하고 계셨을 수도 있고요. 하필이면 그때 당신이 그곳에 들어선 거죠. 그러니 아버지는 그분을 보호하기 위해 당신을 쫓아낸 거고요. 그분이 당신을 하찮은 사람으로 생각했다면, 그러지 않으셨을 겁니다. 그분이 당신을 유력자로 여기셨다면, 자신이 망가지는 모습을 보이면서까지 그렇게 행동하신 걸 겁니다. 그렇게 해서라도 딘 아저씨에게 매우 심각한 그 순간을 지키겠다고 생각하신 거겠죠. 아버지는 결코 예의를 모르시는 분이 아닙니다."

그녀가 계속 말했다. "누군가 제게 아버지의 유산에 관한 일을 하고 싶다고 말할 때, 저는 사업가이기에 앞서 아버지의 딸입니다. 저는 다른 상속인, 이미 계약을 맺고 있는 다른 분들, 그리고 아버지의 유산을 책임져야 하는 사람입니다. 저는 원래 본능적인 감각이 있는 사람입니다. 아버지의 피를 물려받아서 그런지 헛소리를 하는 사람은 500미터 밖에서도 금방 알 수 있어요. 아버지가 돌아가시기 25년 전에 유산을 저에게 맡기신 이유도 바로 그 때문이죠. 그래서 저는 누가 저에게 무슨 말을 하든, 맨 먼저 그 사람의 성격과 진심을 판단하는 일부터 합니다. 저는 가슴과 귀를 모두 열고 듣습니다. 어쩔 수가 없습니다. 그 둘은 서로 떨어질 수가 없거든요. 그분이 살아계실 때 하신 일과 하지 않으신 일은 지금까지도 이어져 오고 있습니다. 그분의 이야기가 오늘까지 이어진 결과가 바로 저입니다. 당신은 제 말을 다 이해하시리라고 생각합니다. 그럼 한번 시작해 보시죠!" 우리는 티나의 허락을 얻어 유니버설 스튜디오가 권리 인수에 필요한 예산을 집행하고 영화도 제작하는 방향으로 일을 추진했다.

누구나 도전을 맞이하고, 그것을 해결하기 위해 투쟁한다. 다시 말해 우리는 매일 스토리를 써 내려가며 살아간다. 이런 경험을 주의 깊게 지켜보았다가 어떤 일이 있었는지, 더 나아가 그 일이 나에게 무슨 의미였는지까지 자세히 기억해 낸다면, 그것이야말로 스토리의 중요한 내용을 끊임없이 축적하는 행동이라고 할 수 있다. 그러나 직접 경험이라는 정보원은 나만 가지고 있는 것이 아니다. 설득력 있는 스토리는 내가 만난 사람, 또는 내가 목격한 사건을 통해 걸러질 수도 있다. 그 일에 내가 직접적인 역할을 맡지 않았더라도 말이다.

관찰

조지 로페즈George Lopez는 코미디언 활동을 막 시작했을 무렵, 잔인한 현실을 깨닫는 순간이 있었다. 그가 리처드 프라이어나 조지 칼린과 같은 유명 코미디언을 본뜬 스탠딩 연기를 선보인 후, 어떤 평론가가 그에게 말했다. "시끌벅적하게 항아리를 휘저으려고는 하는데, 그 항아리가 당신 것은 아닌 것 같네요. 자신만의 이야기가 하나도 없어요. 너무 뻔한 내용입니다." 로페즈는 사전에서 '뻔하다mundane'라는 단어의 정의를 찾아보고 강한 충격을 받았다. "아무 의미도 없는 내용을 말하다."

그 충격으로 일어난 불꽃은 로페즈에게 이내 모닥불이 되었다. "주변 사람들은 모두 '그런 미친 소리는 잊어버려'라고 했지만, 저는 그의 말에 귀 기울였습니다. 아니, 귀 기울이는 법을 배웠다고 할까요." 그리고 그가 최근에 말했던 것처럼, 그 경청이야말로 그가 미국 최고의 코미디언이 되기까지, 또 박애주의적 헌신을 베풀기까지의 스토리의 바탕이 되었다.

내 아이들도 마침 조지 로페즈가 졸업한 학교에 다녔기 때문에, 나는 스토리텔링 기술을 연구하기 시작하면서 자연스럽게 그의 스토리를 찾아보게 되었다. 2005년《타임》은 조지 로페즈를 미국에서 가장 영향력 있는 25명의 히스패닉에 포함시켰다. 그는 스탠딩 코미디로 수많은 관람석을 매진시켰을 뿐 아니라, 자신의 시트콤 방송에 주연으로 출연했으며, 자신의 TV 토크쇼를 운영했고, 자선사업 분야에서도 중요한 인물이 되었다. 나는 그가 어디서 기초 자료를 찾는지, 그것이 관객에게 울림을 주는 이유를 그는 무엇이라고 생각하는지 알고 싶었다.

로페즈는 오래전에 그 평론가의 말을 깊이 새겨들은 후부터, 관객들의 반응이라는 항아리를 정말로 휘젓고 싶다면, 그 항아리는 바로 내부, 즉 자신이 속한 멕시코계 미국인 사회에서 지켜본 것이어야 한다는 사실을 깨달았다고 말했다. 그리고 그가 청중에게 던지는 메시지로 그들이 웃든, 싸우든, 자신을 고용하든, 자신의 상품을 사든, 자신에게 목적을 주든 상관없이, 이제 그는 자신이 목격한 이 세계의 진실을 온전히 전달하는 스토리만 이야기하겠다고 결심했다.

로페즈가 나에게 말했다. "저는 처음부터 정체성을 찾는 일이 가장 힘들었습니다. 어렸을 때는 아예 없었다고 볼 수 있지요." 즉, 늘 자신의 모습과 자신이 사는 곳에서 벗어나려고 애썼다는 이야기다. 아버지가 누군지도 몰랐고, 어머니는 어린 자신을 버리고 떠났다. 변변한 외투 하나 살 돈도 없었던 그는 매일 눈앞에 보이는 광경을 외면하고만 싶었다. "그래서 남에게 이야기를 들려주기 시작했을 때, 그 이야기에는 아무런 바탕이 없었기 때문에 모두 제가 꾸며 내야 했습니다."

그러나 그 평론가가 던진 불꽃이 타오르기 시작하면서, 그는 비로소 자신만의 중심을 잡아야 한다는 것을 깨달았다. "저의 중심은 저를 길러 주신 할머니였습니다. 할머니는 어려운 순간에도 저를 떠나지 않으셨습니다. 남편과 자녀들이 모두 떠난 후에도 할머니는 결코 저를 떠나시지 않았습니다." 그러나 그는 할머니도 천사는 아니라는 사실을 알았다. "1971년 우리가 사는 곳에서 아주 가까운 샌 퍼낸도에서 지진이 일어났을 때, 다행히 우리 집에는 큰 피해가 없었어요. 그런데도 할머니는 매일같이 교회에 나가 무료 음식을 받아 오곤 하셨습니다. 우리 가족은 그렇게 받기만 할 뿐 좀처럼 남에게 베풀지는 않았던 겁니다. 제 눈에는 전혀 옳은 일로 보이지 않았습니다."

그뿐만이 아니었다. 로페즈가 할머니에게 그 음식은 다른 사람들에게 더 필요한 것 아니냐고 질문하자, 할머니는 오히려 면박을 주었다. "그게 무슨 상관이니? 아무도 안 보는데."

로페즈는 그래도 속으로 이렇게 생각했다. '제가 보잖아요, 할머니. 저는 아무도 아니라고요?' 그러나 그는 이런 생각을 행동으로 옮기지는 않았다. 그리고 중심을 잡는다는 것이 무엇을 뜻하는지 곰곰이 생각하기 시작했다. 그러다가 불현듯, 중심을 잡는다는 말은 자신이 지켜본 일들을 사실대로 말하고, 옳은 일을 할 수 있을 정도로 충분한 자존감을 지니는 걸 뜻한다는 것을 깨달았다. 그를 향한 평판은 다른 사람들이 자신을 지켜본 바에 따라 형성되겠지만, 자신의 성격은 다른 누구도 아닌 자신이 지켜본 자신의 행동에 따라 빚어지는 것이다. 그는 이 점을 깨달은 후 누가 보든 말든 매일 한 가지씩이라도 친절을 베풀자고 결심하게 된다. 이것이 바로 그의 박애주의가 싹튼 출발점이었다. 그리고 자신의 코미디가 다뤄야 할 주제에 중요한 변화가 일어난 계기이기도 했다.

유머에는 인생의 역설이 담겨야 한다는 사실을 깨달은 그는, 할머니에 관한 이야기를 코미디의 소재로 삼기로 했다. 먼저 스탠딩 코미디로 시작했고, 나중에는 TV 쇼로 이어졌으며, 마침내 자신이 펼치는 자선 활동에서도 그렇게 했다. 그는 또 어렸을 때 자신이 살던 고장에서 목격한 다른 이야기도 다뤘다. "동네의 남자들은 여자들을 때리기도 하고, 그녀들에게 선글라스를 사 주기도 했습니다. 술을 퍼마신 다음 주변의 아이들을 마구 부려 먹고는 다음 날이 되면 어젯밤에 아이들에게 무슨 짓을 했는지 까맣게 잊어버린 적도 있었습니다." 그의 말에는 조금도 꾸밈이 없었다. 그는 자신이 살던 동네에서 스토리의 기초 자료를 얻었고, 그 지역사회를 바꾸기 위해 나쁜 일과 좋은 일, 추한 일까지도 가감 없이 이야기했다. 그가 전하는 스토리는 마치 자신이 겪어 온 문화에 거울을

들이대는 것 같았다.

그러면서 그는 자신의 이야기가 지역사회를 훨씬 뛰어넘어 수많은 사람의 마음에 공감을 불러일으킨다는 사실을 깨달았다. 사실은 그들 역시 자신의 문화 속에서 똑같이 모순된 행동을 지켜본 것이다. 로페즈가 말했다. "제 이야기에 전 세계 사람들이 공감했습니다. 즉, 돈이 되는 이야기라는 뜻이었죠. 인도 사람이나 독일, 폴란드, 러시아에 사는 사람이나 하는 행동은 결국 똑같았습니다." 그는 비로소 자신의 항아리를 휘젓게 된 것이다. "라디오 시티 뮤직홀Radio City Music Hall(뉴욕 록펠러센터 빌딩의 음악 공연장 – 옮긴이)에서 열린 제 공연이 처음으로 매진됐을 때, 객석을 가득 채운 청중 중에는 각양각색의 사람들이 있었지만 모두 제 스토리에 깊이 공감했습니다."

꼭 배우나 코미디언이 되어야만 자신이 목격한 일에서 설득력 있는 스토리가 될 자료를 찾아내는 것은 아니다. 안 글림처Arne Glimcher가 세계에서 가장 유명한 미술관인 페이스 갤러리Pace Gallery를 지을 수 있었던 것은, 그가 자신이 대변하는 화가들을 이야기하는 데 뛰어났기 때문이다. 그 미술계 거장들의 면면을 훑어보면 척 클로스, 존 체임벌린, 짐 다인, 엘리자베스 머리, 키키 스미스, 루카스 사마라스, 조엘 셔피로, 로버트 라우션버그 등의 이름이 보일 뿐 아니라, 과거의 전설들인 알렉산더 콜더, 애그니스 마틴, 루이즈 니벨슨, 파블로 피카소, 애드 라인하르트, 마크 로스코 등이 망라되어 있다. 글림처는 이들과 개인적으로 친분을 나눈 것은 물론, 그들이 일하는 모습을 유심히 지켜보는 것을 자신의 업무로 여겼다. 그것이야말로 고객들에게 전할 스토리를 얻는 중요한 방법이었기 때문이다. 나도 몇 차례나 그의 이런 이야기에 넘어가 작품을 사들인 적이 있다.

최근 뉴욕에 있는 그의 갤러리에 들렀을 때 글림처는 이렇게 말했다. "나는 그림을 파는 사람이 아니라 이야기꾼입니다." 그는 그것이 중요한 이유가, 수집가들은 실제 미술 작품에서 얻을 수 없는 즐거움을 바로 그런 이야기를 통해 얻기 때문이라고 말했다. 그들이 미술품을 감상하고 관리할 수는 있겠지만, 아무리 많은 돈이 오가더라도 작품의 진정한 영혼은 언제나 수집가보다는 그것을 창조해 낸 작가에게 속해 있기 마련이다. 그 간격을 메워 주는 것이 바로 스토리다. "화실에 가서 작가의 창작 과정을 직접 지켜보고 있으면 그 장면을 보는 사람이 이 세상에 나 하나뿐이라는 사실을 문득 깨닫게 됩니다. 사람들은 작품이 완성된 후에야 그 과정을 미루어 짐작할 뿐이죠. 작가들의 이야기가 펼쳐지는 모습을 현장에서 직접 목격한 사람은 오직 저 하나뿐인 셈입니다." 따라서 글림처가 창작 과정을 직접 목격한 이야기를 수집가에게 들려줄 때, 그들은 특권을 누린다는 느낌과 함께 작품을 구매하고 싶은 마음이 일어난다.

글림처는 미술 작품을 이해하는 만큼이나 이야기의 속성과 효과를 이해했다. 그는 일곱 편 이상의 영화를 제작한 경험이 있었다. 1988년에 개봉된 우리 회사의 〈정글 속의 고릴라〉도 바로 그의 작품이었다. 그러고 보니 그때도 미술관을 운영하는 사람이 할리우드 사람들과 맞먹는 스토리텔링 감각을 지니고 있다는 사실에 깊은 호기심이 발동했던 기억이 난다. 그러나 나는 글림처에 대해 알면 알수록 스토리텔링 기술이 그가 하는 일에서 얼마나 근본적인 성격을 띠는지 이해할 수 있었다. 그리고 그의 이야기를 이루는 가장 중요한 기초 자료는 주변 세계를 바라보는 그의 꼼꼼하고도 놀라운 관찰력에서 비롯된 것이었다.

그는 스토리의 기초 자료를 찾아내기 위해서는 그저 보고 기억하는 것 이상의 무언가가 필요하다고 말했다. 내가 목격한 일을 이야기로 전하기 위해서는 대상을 꼼꼼하고 깊이 있게 지켜봐야 한다. 글림처는 미술가의 작업실에서 그저 지켜보기만 하지 않고 질문을 던지며 끊임없이 통찰을 얻으려고 노력한다. "그러다 보면 작품을 다른 방식으로 이해하는 데 도움이 됩니다. 이 작품은 어떤 시스템을 통해 만들어지는가? 작가의 창작 동기는 무엇인가? 그런 측면까지 완전히 이해해야 고객에게 온전히 전달할 수 있죠. 저는 작품만 팔지 않습니다. 작품과 작가의 뒷이야기까지 함께 파는 거예요." 수집가들은 작품을 구매하면서 그 스토리를 소비한다. 그리고 친구들에게 작품을 보여 줄 때도 스토리를 같이 들려준다.

그는 또 중국의 행위예술가 장후안에 관한 이야기를 들려주었다. "그는 상하이 근처의 절에서 향을 피우고 남은 재를 모았습니다. 그리고 알루미늄 주형틀로 약 6미터 높이의 불상을 만든 다음, 빈 형틀을 거꾸로 세워 몇 톤이나 되는 분향 재를 채워 넣었습니다. 그러고는 어느 순간 여섯 명의 사람들이 달려들어 형틀을 떼어 내 버렸습니다. 그러자 얼굴 부분의 형틀 하나만 막대기에 받쳐진 채 서 있는 형상이 되었죠. 재로 된 불상은 약 3초간 완벽한 형상을 유지하다가 무너지기 시작했습니다. 그들이 얼굴 형틀을 떼어 내자 머리도 3초 정도 제 모양을 유지했습니다.

그 후에는 머리가 녹아내리면서 재도 부서졌고, 마침내 머리도 떨어져 내렸습니다. 약 10분 만에 그 큰 불상이 잿더미로 변해 버렸습니다. 이 모든 과정은 부활, 불교 사상, 그리고 끝남은 곧 다른 무언가의 시작이라는 생각을 표현합니다. 즉, 마술을 보여 준 것이죠." 이 마술은 행위예술이 이야기로 전해지는 한 유효한 셈이었고, 글림처가 수집가에게 계속해서 전하는 이야기와 그 장면을 담은 작가의 영상을 통해 팔 수 있는 상품이 되었다.

그날 내가 갤러리에 도착할 때까지만 해도 나는 장후안이라는 이름을 들어 본 적도 없었다. 그러나 글림처의 설득력 있는 스토리 때문에 이 작가의 창의적인 열정과 위력을 도저히 외면할 수 없게 되었다. 그의 스토리에 힘입어 나는 장후안의 작품을 구매하는 데 관심이 생겼고, 급기야 2010년에는 그가 어떻게 마술을 부리는지 구경하기 위해 베이징 외곽에 있는 그의 갤러리까지 찾아가기에 이르렀다.

비유

내가 지금껏 들어 본 것 가운데 가장 기억에 남고 유익한 스토리는 비유로 표현된 것이었다. 1970년대 초반은 영화 산업 전체가 극심한 자금난에 시달리던 시기였고, 나는 아주 젊은 나이에 컬럼비아 픽처스에서 스튜디오 사장을 맡고 있었다. 당시 우리는 잭 워너를 상대로 그의 첫 영화가 될 연극 〈1776〉의 영화화 작업을 우리와 함께 하자고 협상하는 중이었다. 잭 워너는 워너브러더스의 전설적인 창립자로, 최근에야 회장자리에서 물러난 인물이다. 어느 날 저녁 우리는 워너의 집에서 피터 헌트_{Peter Hunt}를 감독으로 모셔 오겠다는 그의 계획에 관해 이야기하고 있었다.

대화가 소강상태에 접어들 무렵, 워너가 나에게 무심코 이렇게 물었다. "컬럼비아에서 지내 보니 어떻습니까?"

그때까지 워너 같은 할리우드 거물 앞에서 주눅이 들어 말도 제대로 못 꺼내던 나는, 그의 질문에 한순간 방심하고 말았다. 그는 내가 대학원을 졸업한 지 불과 몇 년밖에 안 된 신출내기이며, 컬럼비아의 고위 간부들은 대개 동부에 연고를 두고 있다는 사실을 알고 있었다. 나는 그가 정말 궁금해서 물어보는 줄 알고 솔직하게 대답했다. "매일 일과를 마칠 때쯤이면 거의 탈진할 지경입니다." 그때부터 마치 말문이 열린 것 같은 느낌이 들었다. "거대한 파도가 밀려오는 것 같습니다. 사람들이 저마다 문제를 안고 계속해서 제 방을 찾거든요. 정말 끊임없이 밀려듭니다."

워너가 말했다. "이야기를 하나 해 드릴게요. 혼동하시면 안 됩니다. 그 사장실은 당신이 잠시 빌린 것뿐입니다. 당신이 주인이 아니란 말이죠. 그곳을 동물원이라고 생각해 보세요. 당신은 동물원 관리인이고요. 그리고 사장실을 찾는 사람마다 원숭이를 한 마리씩 데리고 옵니다. 사람들이 안고 오는 문제가 바로 그 원숭이죠. 그들은 원숭이를 당신에게 떠넘기려고 합니다. 당신은 원숭이가 어디 있는지 찾아내야 합니다. 그들이 아무리 숨기거나 옷을 입혀 변장시켜도 당신은 동물원을 지키는 사람이라는 점을 명심하세요. 그곳을 깨끗하게 관리해야만 합니다. 그러니 그들이 나갈 때는 데리고 온 원숭이를 다시 데려가는지 꼭 확인해야죠. 원숭이를 사장실에 남겨 두고 가지 않게 해야 합니다. 다음에 올

때는 원숭이를 꼭 훈련시켜서 문제를 해결한 다음에 오도록 하는 것도 잊지 마세요. 그러지 않으면 퇴근 시간쯤 되면 그놈들이 비명을 지르며 사장실을 여기저기 뛰어다니고, 바닥은 온통 원숭이 똥으로 가득해지고 마니까요."

그가 덧붙였다. "제 이야기를 머리에 생생하게 떠올리세요. 그들은 반드시 원숭이 문제를 다시 가져가야 하고, 다음번에는 꼭 해결책을 가져와야 합니다."

그 후부터 나는, 내 방을 찾아오는 사람들이 누구나 예외 없이 마지막 순간까지 자신의 가방 속에, 주머니에, 또는 같이 온 사람의 손에 원숭이를 숨겨 두는 것을 알 수 있었다. 내가 지켜보면서 기다리다 보면 그제야 진짜 문제가 튀어나오곤 했다. 그러면 나는 은근슬쩍 나에게 문제를 떠넘기려는 상대방에게 얼른 그 문제를 다시 돌려줄 수 있었다. 워너가 일러 준 비유는 나에게 소중한 경영 지침이 되었고, 이후 회사 생활을 하는 내내 다른 사람들에게도 전해 주었다.

오랜 세월이 지나 론 메이어Ron Meyer가 유니버설 픽처스의 회장이 되었을 때, 어느 날 그는 나와 점심을 함께하는 자리에서 자신에게 조언해 줄 만한 교훈을 하나만 말해 달라고 했다. 그래서 나는 "원숭이 문제를 멀리하세요. 자초지종은 이렇습니다" 하고 설명해 주었다. 그때 메이어는 껄껄 웃어넘겼다. 그러나 시간이 흐른 후에 나에게 고맙다고 인사했다. 나는 고인이 되신 위대한 잭 워너에게 감사를 돌린다고 대답했다. 나는 그저 그의 이야기를 전해 준 것뿐이니까.

비유를 스토리의 소재로 쓸 때 좋은 점은 역시 경제적인 표현이 가능하다는 것이다. 비유를 제대로만 구사하면 내가 말하고자 하는 모든 감정과 의미를 단 하나의 이미지, 심지어 단 한 마디에도 담을 수 있다. 게임 디자이너라고 해서 스토리에 비유를 담아 말하는 데 특별히 독점권을 가지고 있을 리 없지만, 그런 경우를 워낙 많이 목격한다. 마침 최근에 만난 두 명의 게임 디자이너로부터도 이렇게 비유를 빌려 이야기하는 것을 들었다.

그중 한 명은 액티비전 블리자드의 20억 달러짜리 자회사 기타 히어로Guitar Hero의 CEO 겸 대표 댄 로젠스위그Dan Rosensweig였다. 그는 야후의 최고운영책임자COO를 역임할 정도로 업계 최고의 인기를 누리는 경영자였으며, 사모펀드 업계의 유력자이기도 했다. 나는 액티비전 블리자드의 CEO 바비 코틱Bobby Kotick이 어떤 말로 유혹했기에 그가 게임 업계에 발을 들여놓았는지 궁금했다. 알고 보니 코틱은 딱 한마디의 비유를 했을 뿐이었다. 그것은 바로 급류를 뚫고 지나가는 카누였다.

그 비유가 완벽하게 먹혀든 이유는 과연 무엇일까? 코틱은 로젠스위그가 COO였던 시절에 야후의 이사로 근무했기에 신나고 낯선 모험을 즐기는 그의 취향을 잘 알고 있었다. 로젠스위그는 한번 모험을 시작하면 그저 얹혀 가는 데 만족하지 않고 적극적으로 참여하는 성격이었다.

코틱은 그에게 이렇게 말했다. "카누에 올라타면 급류에 맞설 것이 아니라 거기에 올라타야 하는 법이라오. 급류를 만나면 벽에 부딪히게 마련이죠. 배가 뒤집히거나 누군가 밖으로 튕겨 나갈지도 모르고요. 그러나 카누를 잘 아는 사람들과 함께 타고, 물길이 제대로만 흘러 준다면 성공할 가능성이 아주 커지는 겁니다. 그리고 제가 바로 이 바닥을 잘 아는 사람입니다."

로젠스위그는 그 이야기를 듣고 어떻게 생각했을까? 그는 코틱에게 자신이 지금껏 일해 오면서 기술을 최대한 활용해 미래를 준비할 기회를 모색해 왔다고 말했다. 자신이 선택해 온 회사는 모두 기술의 흐름을 거스르기보다는 거기에 올라탄 곳들이었다면서 말이다. "요즘 젊은이들이 가장 많이 하는 활동을 두 가지만 꼽으라면 바로 인터넷과 게임입니다. 그런데 사상 최초로 인터넷과 게임이 서로 만나고 있습니다. 이것이 만약 변화의 물결이라면…… 당신 말이 맞네요, 저는 누구와 카누를 같이 타야 할지 결정해야 합니다."

로젠스위그는 그 비유에 담겨 있는 메시지를 알아들었다고 말했다. 그리고 그는 급류를 문제가 아니라 기회로 보았다. "오래된 기업일수록 도전자에게 따라잡히는 게 보통인데, 코틱은 오히려 액티비전을 업계의 리더로 바꿔 놓는 모습을 지켜봤습니다. 그는 게임 시장이 얼마나 더 커질지, 그리고 인터넷의 연결성이 게임 업계의 비즈니스 모델을 어떻게 바꿔 놓을지 미리 내다보고 나에게 말해 주었습니다. 코틱은 게임 업계가 크게 성공한 한두 편의 영화에 좌우되는 현실을 벗어나고 싶어 했습니다. 영화 시장 자체가 축소될 것으로 생각했으니까요. 물론 그의 생각과 달리 영화 시장이 줄어드는 일은 없었지만 말이죠. 어쨌든 저는 급류를 타는 카누의 비유를 듣고 우리가 인터넷과 게임을 함께 이용할 수 있다는 점을 깨달았습니다."

두 사람이 서로 협력하는 문제를 논의하던 당시, 코틱이 경영하던 기타 히어로는 5년 동안 4천만 개의 게임을 판매해 게임 역사상 여섯 번째로 많은 판매량을 기록한 회사였다. 액티비전은 기타 히어로를 인수하고 블리자드와 합병하기 전까지는 회사 규모가 경쟁사의 절반 정도에 불과했지만, 이후 4년 동안 코틱은 이 회사를 무려 두 배 반이나 성장시켰다. 1년 만에 온라인에서 기타 히어로 게임을 즐긴 사람의 수가 두 배로 증가한 일도 있었다. 코틱은 로젠스위그에게 단순히 그런 수치만 보여 줄 수도 있었지만, 그랬다면 상대방의 마음속에 자신이 원하는 만큼의 모험심과 흥분, 그리고 동지애를 불러일으키지는 못했을 것이다. 그가 비유를 선택한 이유도 바로 그것이었다. 이 카누를 타면 기술이라는 급류에 떠밀려 더욱더 빠른 경주에 내몰리지만, 제대로 된 사람과 함께라면 충분히 인생을 걸어 볼 만할 뿐 아니라 이 분야의 리더가 될 수 있다는 비유였다.

로젠스위그는 요청을 수락했다. 그는 2008년 5월 카누에 올라탔고, 2009년 인터넷으로 기타 히어로를 즐기는 게이머의 수는 매주 200만 명에 달했다.

몇 주 후, 나는 윌 라이트Will Wright를 만났다. 그는 사상 최고의 판매 기록을 보유한 PC게임 〈심스The Sims〉의 개발자이자 게임 개발 회사 맥시스Maxis의 공동 창업자였다. 맥시스는 현재 EAElectronic Arts의 자회사가 되었다. 그는 또 〈스포어Spore〉라는 게임도 제작했다. 전체적으로 진화론의 원리에 따라 진행되는 이 게임은 2008년 출시된 지 3주 만에 무려 406,000장이 팔렸다. 그러나 우리가 만났을 당시에 그는 막 EA를 떠나 스투피드 펀 클럽Stupid Fun Club이라는, 일종의 엔터테인먼트 업계의 컨설팅 회사를 차리던 중이었다. 한마디로 비디오게임, 영화, TV 프로그램, 인터넷, 장난감 등에 적용될 새로운 IP_Intellectual properties(특허 등을 포함한 지적재산권 - 옮긴이)를 개발하는 새로운 회사였다. 그는 자신이 원하는 인재를 설득하는 일은 한편 신나기도 하지만 매우 어려운 일이므로, 비유를 즐겨 사용한다고 말했다. 이럴 때 동원하는 비유가 바로 '스위스'였다.

라이트는 아주 뛰어난 프로그래머 한 명을 데려오기 위해 자신이 얼마나 어려움을 겪었는지 이야기해 주었다. "그는 오랫동안 우리와 함께 〈심스〉를 개발해 온 친구였습니다. 그러나 프로그래밍과 게임 업계를 떠나는 문제를 진지하게 고민하고 있었죠. 왜냐하면 독립 영화 제작과 장난감, 기타 웹 기반 기술 등에 두루 관심을 가진 유능한 인물이었기 때문입니다." 대기업에서 오래 일해 온 그는 창의성을 양자택일의 문제로 인식하고 있었다. "장난감이나 영화, 또는 게임 업계로 옮기면 프로그래밍은 할 수 없는 거겠죠"라는 그의 말에서도 알 수 있었다.

라이트가 말했다. "그의 말이 맞습니다. 이 업계의 대기업들은 IP 개발이라는 단 하나의 목적에 맞춰져 있고, 혁신이 일어난다고 해도 이 회사들이 거기에 참여할 겨를도 없이 다른 분야로 옮겨가 버립니다. 이런 분위기 때문에 아무리 창의적인 인재들이라도 자신이 맡은 분야에만 매달려 지내야 하며, 모든 분야를 다 경험해 볼 기회는 없다고 생각하는 경우가 많습니다."

라이트가 마주한 문제는 그런 생각을 뒤집고, 자신이 창조하는 영역에서는 TV와 영화, 게임, 장난감 분야를 가르는 경계가 없음을 보여 주는 일이었다. 이곳이 바로 무한한 상상력을 발휘할 수 있는 중립지대라는 사실을 보여 주어야 했다. "저는 이 분야들 사이에 존재하는 여백에 지적 자본과 상품을 투입해야 한다는 사실을 깨달았습니다. 그곳이야말로 우리가 이런 창의적인 인재들과 함께 가장 생산적인 방식으로 일할 수 있는 영역이었으니까요."

그래서 그는 그 프로그래머에게 자신이 정말 원하는 것은 중립국 스위스에서 IP를 만드는 것이라고 말해 주었다. "그렇게만 된다면 우리는 그 결과물을 스위스에서 빼내 다른 모든 영역에 적용할 수 있겠죠. 어떤 중개자도 다른 누군가에게 종속되는 일 없이 말입니다."

자신이 구상하는 사업을 스위스에 비유하자, 강대국에 둘러싸인 작은 나라가 뛰어난 실력으로 모든 나라와 교역하면서도 그 누구에게도 신세 지지 않는 이미지를 전달할 수 있었다. 그 프로그래머는 즉각 무슨 말인지 알아듣고 기꺼이 합류하기로 마음먹었다. "그는 자신이 수많은 스토리텔링을 전하고 원고를 읽으면서도, 동시에 프로그래밍을 병행할 수 있다는 것을 알게 되었죠. 따라서 그가 보기에는 이 일에 합류하는 것이 자신의 업무 능력을 극대화할 수 있는 가장 좋은 기회였습니다. 새로운 기술을 습득하기 위해 다른 기술을 포기할 필요가 없는 거죠."

아울러 라이트는 '스위스'라는 말은 상대방의 자존심에 아무런 부담도 주지 않을 뿐 아니라, 따로 운영 매뉴얼이나 번역도 필요 없는 표현이었기 때문에 가장 완벽한 비유가 될 수 있었다고 덧붙였다.

정보 시나리오

스토리가 될 수 있는 소재는 대개 우리가 일하면서 겪게 되는, 특별히 기억에 남는 어떤 대상인 경우가 많다. 그중에는 누가 봐도 휴먼 스토리가 될 만한 사람이나 관계도 있지만, 때로는 그것이 정보가 될 수도 있다. 단순한 통계 수치나 데이터가 아니라, 우리 주변에서 살아 숨 쉬고 갈등하며 분투하는 세상에 관한 정보 말이다.

최근에 나는 기쁘게도 셜리 폼포니Shirley Pomponi 박사와 만났다. 플로리다 애틀랜틱 대학교 하버 브랜치 해양 연구소Harbor Branch Oceanographic Institute의 상임 이사인 그녀는, 지난 수십 년간 자신과 같은 과학자들이 해양 생물이 인류에 어떤 쓰임새가 있는지 알아내기 위해 탐구하고 시험해 온 일을 이야기했다. 기본적으로 동물에 속하는 이 해저 유기체들이 화학무기를 발달시켜 온 이유는, 포식자로부터 자신을 지키고, 자신의 몸 위에 기생하려는 다른 생물을 죽여서 잡아먹기 위한 것이었다. 이런 해양 물질 중 일부는 심각한 불치병을 다스리기 위한 임상 실험에서 매우 효과적인 것으로 밝혀졌다. 폼포니는 지금까지 입증된 성과를 바탕으로 제약 회사와 바이오테크 기업을 찾아가 추가 연구에 투자해 달라고 설득할 예정이었다. 그러나 그러기 위해서는 모든 치료법은 연구실에서만 탄생한다는 그들의 고정관념을 깨뜨려야 했다. 즉, 바다 밑에서 치료법을 찾는 것은 말도 안 된다는 생각 말이었다. 과연 그녀는 어떤 방법으로 이 벽을 돌파할 수 있었을까? 그것은 바로 연구 내용을 스토리로 바꾸는 것이었다. 이른바 정보 시나리오를 쓰는 것이다.

폼포니의 설명에 따르면, 투자를 해 줄 수 있는 기업들은 애초에 하버 브랜치 같은 연구 기관이 수익성 있는 결과물을 내놓을 수 있다는 사실 자체를 믿으려 하지 않는다고 한다. "예를 들어, 특정 해면은 절대로 암에 걸리지 않습니다. 그렇다면 암 치료에 효과가 있는 화학물질을 해면으로부터 추출하지 못할 이유가 어디 있겠습니까?" 그녀는 어떤 심해 해면 연구를 위한 기금 마련에 나섰을 때 바로 이런 장벽에 부딪힌 적이 있다고 말했다. "그들은 도무지 알아듣지를 못하더군요."

그녀는 그들의 이해를 돕기 위해 효과가 검증된 다른 심해 생물 이야기를 꺼냈다. "태평양 심해에서 발견된 원뿔달팽이라는 생물이 있는데요, 이놈의 몸에 난 작은 가시는 일종의 줄을 통해 독샘과 연결되어 있기 때문에 매우 위험합니다. 그래서 먹이를 사냥할 때는 물고기의 몸에 가시를 찔러 넣어 독을 주사하지요. 심지어 물고기가 이 달팽이보다 덩치가 훨씬 큰데도 이 독을 맞으면 몸이 마비되고 맙니다. 독의 구성 성분 중 하나는 물고기가 경련을 일으키게 합니다. 다른 하나는 마취 작용을 하고요. 또 다른 성분을 통해 물고기에 주입되는 다른 화학물질은 몸을 분해하기 시작합니다. 그래서 결국 달팽이는 그 물고기를 꼼짝 못 하게 만든 후 천천히 먹는 겁니다."

그녀가 여기까지 이야기했을 때, 나는 이 달팽이의 열렬한 팬이 되어 있었다. 그녀는 사실상 골리앗 물고기를 이기는 바닷속의 다윗 이야기를 하고 있었던 셈이다. 물론 달팽이의 가시와 독에는 약간 사악한 구석이 있었지만, 나는 그 창의성에 흠뻑 빠져들고 말았다. 내 마음속에서 달팽이는 벌써 영웅이 되어 있었다.

폼포니가 계속 말했다. "이 동물의 목적은 그저 물고기를 죽여서 먹으려는 것뿐입니다. 그러나 그 목적을 위해 이 녀석이 만들어 낸 화학물질은 제각각 다른 역할을 하는 여러 가지 성분의 총합입니다. 과학자들은 이 달팽이의 독샘에서 독소를 추출했습니다. 그리고 다른 화학물질도 모두 따로 분리해 내 분석하기 시작했죠. 경련을 일으키는 물질도 있고, 감각을 없애는 물질도 있었지만, 어떤 물질은 진통제 역할을 하기도 했습니다! 그래서 연구자들은 제약 회사를 설득해 이 물질을 다른 동물에게 시험해 보도록 했고, 마침내 사람을 위한 약품을 개발하기에 이르렀습니다."

폼포니가 이야기한 모든 내용은 해양 생물학자들이 발견한 과학적 정보였지만, 그녀는 이 정보를 조그마한 달팽이가 주인공인 생생한 시나리오로 바꿈으로써 듣는 사람에게 도저히 잊을 수 없는 감정적 경험을 안겨 주었다. 폼포니는 제약 회사와 정부 기금 지원 기관을 비롯한 모든 잠재적 파트너에게 그녀의 해면 연구 이야기를 들려주었다. 왜 그랬을까? 바다에는 인간을 이롭게 하고 투자자들에게 멋진 보상을 안겨 줄 치료법이 가득하다는 메시지가 그 이야기 속에 숨어 있었기 때문이다. "그래서 저는 단순히 '암세포를 죽일 수 있는 것이 뭔지 알아봅시다'라고 이야기하는 대신, '이 해양 동물에 관한 이야기를 한번 들어 보세요. 그 속에서 인간의 건강에 도움이 될 정보가 나올 수도 있답니다'라고 이야기하는 겁니다."

그녀의 시도는 과연 효과가 있었을까? "우리는 바하마 해저에서 한 번도 본 적 없는 해면을 채취했고, 거기서 항암 작용을 하는 분자를 찾아냈습니다. 우리는 한 제약 회사에 그 개념과 연구 결과 사용권을 판매해서 임상 실험에 착수했습니다. 그 결과 실제로 췌장암을 앓던 한 여성이 완치되었습니다. 아직 다른 임상 실험 결과는 자세히 모르지만, 우리는 아주 낙관적으로 보고 있습니다." 이제 그녀는 그다음 심해 모험을 떠나기 위해 그 영웅적인 해면 이야기를 열심히 전하며 기금을 마련하고 있다.

책과 영화

빌 클린턴이 나에게 〈하이 눈〉의 줄거리를 떠올려 준 일에서도 알 수 있듯이, 영화와 TV 프로그램은 먹히는 스토리가 되기에 충분한 소재를 제공해 준다. 그 점에서는 원작 소설이나 단편도 마찬가지다.

베스트셀러 작가 노라 로버츠Nora Roberts는 소설을 값비싼 오락물로 바꾸는 법을 확실히 알고 있다. 지난 27년간 노라 로버츠의 책은 분당 평균 21권씩 끊임없이 팔려 나갔다. 그녀의 책은 155회 이상이나 〈뉴욕타임스〉 베스트셀러 목록에 올라 사상 최고를 기록했고, 총 3억 부 이상의 판매고를 올렸다. 몇 년 전 나는 그녀의 베스트셀러 소설 중 《천사의 추락Angels Fall》, 《캐롤라이나 문Carolina Moon》, 《몬태나의 하늘Montana Sky》, 《블루 스모크Blue Smoke》 등의 영화화 권리를 나에게 팔라고 설득한 적이 있다. 그러나 오락용 스토리를 쓰는 일과 그 이야기를 사업에 활용하는 것 사이에는 엄청난 차이가 있다. 그래서 나는 노라 로버츠가 메릴랜드 분스보로에 있는 자신의 집 근처에 작은 호텔을 열었다는 말을 들었을 때, 그녀가 사업가로 변신해서 어떤 말과 행동을 하는지 직접 가서 확인하고 싶다는 생각이 들었다.

나는 로버츠가 사는 작고 고풍스러운 마을에 도착했다. 중심가의 모퉁이에 자리한 아름답고 유서 깊은 건물을 호텔로 꾸며 놓은 것이 바로 그녀가 운영하는 인 분스보로Inn BoonsBoro였다. 이 건물은 원래 1700년대에 지어진 것이었다. 그러나 노라가 새로 시작한 사업을 찬찬히 살펴보면서, 이 건물의 건축양식과 역사는 그녀가 고객에게 선사하는 경험의 극히 일부에 불과하다는 사실을 바로 알 수 있었다. 가장 중요한 매력 요소는 그녀가 호텔을 방문하는 모든 손님과 언론 관계자들에게 전해 주는 스토리였다. 그렇게 말할 수 있는 이유는 무엇일까? 그것은 모든 객실의 구조가 그녀의 이야기를 떠올리도록 설계되었기 때문만은 아니었다. 그 허구의 이야기가 고객이 떠난 후에도 자신의 경험을 두고두고 이야기하는 데 필요한 열쇠기 때문도 아니었다. 모든 이야기가 해피 엔딩으로 끝맺는 것도 결코 우연이 아니었다.

인 분스보로가 품고 있는 엄선된 이야기들은 문학사의 위대한 작가들의 소설에 등장하는 로맨틱한 커플들의 사연에서 따온 것이었다. 그리고 이 호텔 직원들은 그 이야기를 모든 고객에게 일일이 전해 주고 있었다. 호텔에는《스칼릿 핌퍼넬The Scarlet Pimpernel》에 나오는 마거리트와 퍼시를 기리는 객실이 있었다. 더실 해밋이 쓴《그림자 없는 남자》의 주인공 닉과 노라를 위한 방이 있었고,《한여름 밤의 꿈》의 티타니아와 오베론의 방도 있었다. 윌리엄 골드먼 원작의《프린세스 브라이드》에 등장하는 웨스틀리와 버터컵 커플의 방도 있었다.《인 데스In Death》라는 소설에 나오는 이브와 로어크 부부를 위한 객실도 있었는데, 이 소설은 노라 로버츠 자신이 JD 롭J. D. Robb이라는 필명으로 내놓은 작품이었다.

그 이야기들은 모두 우여곡절을 겪지만 결국에는 행복한 결말을 짓는다는 공통점이 있다. 그리고 모든 객실은 마치 그 이야기가 전해 주는 문학적 로맨스를 재현하기 위해 꼼꼼히 마련한 무대와 같았다. 손님들은 각 시대에 맞는 가구와 장식, 심지어 비누와 향기까지도 그대로 경험할 수 있었다. 내가 묵었던 엘리자베스와 다아시의 방에서 은은히 풍기던 영국산 라벤더 향기는 제인 오스틴의《오만과 편견》이 펼쳐지던 시대로 되돌아간 듯한 착각을 안겨 주었다.

로버츠는 자신의 호텔에서 전할 스토리를 선정하는 데 있어 뚜렷한 목적과 기준을 가지고 있었다. 그 이야기들은 로맨틱 소설 작가라는 노라 로버츠의 브랜드와 어울리는 뚜렷한 차별화 포인트를 이 호텔에 부여했을 뿐 아니라, 각각의 스토리는 이 호텔에 묵는 모든 커플에게 모종의 영감을 제공하는 역할도 했다. 그녀의 목적은 호텔을 경영하는 것만이 아니라, 고객들에게 그들도 언제까지나 행복하게 살 수 있다는 메시지를 선사하는 것이었다. 그녀는 특히 자신의 호텔에 묵는 동안만큼은 그런 분위기를 경험하게 해 주고 싶었다.

나를 베서니 해밀턴Bethany Hamilton에게 투자하게 만든 스토리의 기초 자료는 매우 특별한 종류의 책, 바로 성경 속에 있었다. 나는 2003년 핼러윈데이에 해밀턴의 소식을 처음 들었다. 그때 나는 카우아이의 내 집에 있었는데, 그녀가 서핑에 나섰다가 상어에게 한쪽 팔을 물어뜯기고 말았다는 것이었다. 당시 겨우 열세 살이었던 그녀는 그런 일을 당하고도 살아남았을 뿐만 아니라, 몇 달 후에는 다시 바다로 돌아왔다. 그리고 불과 얼마 지나지 않아, 전미 서핑 챔피언십에서 5위를 차지하면서 미국 서핑의 국가대표 선수가 되었다! 그 뉴스를 보면서 아주 투지 있는 소녀라고 생각했지만, 이후로는 큰 관심을 두지 않은 채 시간이 흘렀다. 그러다가 2009년 데이비드 타이스Davis Tice라는 제작자가 찾아와 베서니의 자전적 스토리를 바탕으로 한 소규모 독립 영화 〈소울 서퍼Soul Surfer〉에 투자해 달라고 요청했다.

그러나 타이스는 이 영화에 관한 자신의 핵심 목표를 이야기하지 못한 채 계속해서 숫자와 예산만 설명할 뿐이었다. 그 상황에서 "좋아요, 그럼 AMC 극장에서 한번 개봉해 봅시다. 아주 예산에 딱 맞는 영화가 될 것 같군요"라고 말할 사람은 아무도 없었다. 그래서 그가 제안한 프로젝트는 내 관심에서 멀어지고 말았다.

그리고 얼마 후, 타이스는 마지막 기대를 안고 내가 카우아이에 머무는 동안 베서니가 우리 집에 방문해도 되겠느냐고 문의해 왔다. 그녀는 민소매 상의에 아무런 보조 장치 없이 팔을 드러내고도 전혀 거리낌이 없는 표정이었다. 나는 그녀의 모습에 깊은 인상을 받아 어떻게 그런 자신감을 가질 수 있느냐고 물었다. 그녀는 깊은 신앙심 때문이라고 대답했다. 자신과 자신의 가족은 예수 그리스도를 향한 믿음이 있었기 때문에 그 어려움을 겪고도 여기까지 올 수 있었다는 것이었다.

그리고 이렇게 덧붙였다. "이제 저는 인생의 더 큰 목적을 바라보고 있습니다."

"서핑 챔피언이 되겠다는 말이군요?" 그녀에 관한 스토리의 핵심이라고 생각하며 내가 물었다.

그러나 그녀의 대답은 달랐다. "아닙니다. 하느님이 제게 주신 목적,

즉 그분의 사랑을 사람들에게 알리는 것입니다." 그러면서 구약성경에서 어린 예레미야 선지자가 한 말을 인용했다. "여호와의 말씀이니라. 너희를 향한 나의 생각을 내가 아나니, 평안이요 재앙이 아니니라. 너희에게 미래와 희망을 주는 것이니라."

나는 나중에 〈예레미야서〉를 읽어 보고, 그가 앞선 수많은 선지자의 반열에 속한 사람이지만, 하느님으로부터 자신이 특별한 선지자가 될 것이라는 말씀을 들었을 때는 아직 어린 소년이었을 뿐이라는 사실을 알았다. 예레미야는 너무 어려서 머뭇거렸지만, 하느님은 그를 향해 두려워하지 말라면서 자신이 그의 방패가 되겠노라는 약속을 내려 주었다. 결코 쉬운 일이 아니었다. 이 소년은 왕과 백성 앞에 나아가 그들이 듣기 싫어하는 말을 설파해야 하는 사명을 안고 있었다. 그러나 예레미야는 하나님이 자신의 뒤에 계신다는 믿음에 힘을 얻었다.

그날 오후 카우아이에서 베서니는 〈예레미야서〉의 그 구절이 자신에게 희망이 되었다고 말했다. 신앙의 힘은 위기의 순간에도 서핑을 축복으로 바꿔 놓았다. (그녀의 삶이 바로 그 믿음의 증거였다!) "저는 다른 사람들에게 어떤 일이 있어도 포기하면 안 된다는 메시지를 안겨 주고 싶습니다. 그것이 바로 이 영화가 만들어지기를 바라는 이유입니다."

베서니는 자신의 스토리를 성경 한 구절로 말했을 뿐이지만, 그 메시지는 내 귀에 크고 분명하게 들렸다. 예레미야의 스토리는 제작자의 예산 수치보다 훨씬 설득력이 있었을 뿐 아니라, 우리 영화가 많은 관객에게 호소력을 발휘할 이유를 말해 주기도 했다. 나는 베서니의 스토리가 10대 청소년과 서퍼, 그리고 〈조스〉의 팬까지도 흡수하리라는 것을 알 수 있었다. 그리고 기독교인 관객이라는 거대한 팬층에도 강력한 영향력을 발휘할 것이 틀림없었다.

나는 "시작해 봅시다"라고 말했다. 그리고 소니 픽처스의 피터 슐레셀Peter Schlessel 대표에게 그녀의 이야기를 전해 주자 그도 역시 "우리도 하겠소"라고 대답했다.

2010년 봄, 나는 하와이로 돌아와 〈소울 서퍼〉가 제작에 들어가는 장면을 지켜봤다. 여기에는 대니얼 퀘이드Daniel Quaid, 헬렌 헌트Helen Hunt, 캐리 언더우드Carrie Underwood가 참여했고, 베서니 역을 맡은 젊은 스타 애나소피아 롭AnnaSophia Robb도 포함되어 있었다. 나는 퀘이드에게 전국에 방송되는 나의 TV 쇼 〈인 더 하우스〉를 위해 인터뷰를 해도 되겠느냐고 물었다. 그가 승낙하기에 이렇게 작은 독립 영화에 출연한 동기가 무엇이냐고 물어보았다. 그의 대답은 간단했다. 그것은 바로 그녀와 그녀의 가족이 시련을 이겨 낸 신앙 스토리였기 때문이었다. 그는 이렇게 말했다. "그럴 수 있었던 것은 오직 하느님의 인도하심뿐입니다. 그분은 모든 것이 합력하여 선을 이루게 하십니다. 저 역시 그런 믿음으로 삶에 위안을 삼았습니다."

베서니의 스토리는 퀘이드가 2007년에 겪은 위기를 떠올리는 계기가 되었다. 그의 쌍둥이가 태어나자마자 병원 측의 실수로 약물이 과다 투여되어 거의 죽을 뻔한 일이 있었다. 그 역시 베서니처럼 신앙의 힘으로 그 어려움을 이겨 낼 수 있었다. 그랬던 그가 어떻게 그녀의 스토리에 주연을 맡지 않을 수 있었겠는가?

역사

마지막으로 스토리의 소재가 될 수 있는 가장 풍부한 원천은 역사라고 할 수 있다. 여기에는 수많은 전설과 신화, 그리고 진정한 모험이 들어 있기 때문이다. 1988년 재계의 거물 커크 커코리언Kirk Kerkorian이 예술적인 이야기 솜씨를 나에게 선보였을 때도 그가 이 점을 십분 활용했다는 사실을 당시만 해도 나는 모르고 있었다.

커코리언은 라스베이거스의 스트립 거리에 가장 큰 리조트를 건설해서 자산을 축적했다. 그러나 1969년에 MGM, 그리고 이후 유나이티드 아티스트United Artists, UA를 인수하면서 영화 업계에 발을 들여놓았다. 내가 커코리언을 처음 만났던 당시 우리 회사는 〈레인맨〉을 제작 중이었다. 그 영화의 배급을 맡게 될 회사가 바로 UA였고, 커코리언은 그런 협력 관계를 바탕으로 우리가 다른 사업도 같이 할 수 있을 것으로 생각하고 있었다.

1988년 그는 MGM의 경영을 맡아 줄 누군가에게 자신이 소유한 지분 중 일부를 양도하고 나머지는 주식시장에 공개할 생각을 품고 있었다. 커코리언이 그런 생각을 나에게 말하기 위해 만나자고 했을 때, 나는 엄청난 영광으로 여기면서도 한편으로는 걱정이 되었다. 커코리언은 누가 뭐라 해도 억만장자였다. 그 '억' 자가 주는 무게가 상당했다. 그는 거의 20년이나 엔터테인먼트 업계에서 엄청난 규모의 사업을 운영해 오면서 거래의 큰손이라는 평을 들어 온 터였기에 나로서는 긴장하지 않을 수 없었다. 그런데 이상하게도 그는 자신의 사무실이 아니라 힐튼 호텔 커피숍에서 만나자고 했다. 게다가 거기는 전혀 고급이라고 할 수 없는 곳으로, 테이블보도 덮지 않은 포마이카 테이블이 놓인 커피숍이었다.

자리에 앉자마자 그는 그 유명한 MGM 사자 로고가 맨 위에 새겨진 메모지를 한 장 꺼냈다. 그가 "이 사자 포효하는 소리 잘 알지요?"라고 물었다.

내가 대답했다. "물론입니다. 지금까지 수천 편의 명작이 그 사자의 울음소리로 시작했을 테니까요." 그렇게 말하자마자 역사적인 MGM 영화의 장면들이 뇌리를 스쳤다. 〈오즈의 마법사〉, 〈벤허〉, 〈바람과 함께 사라지다〉, 〈파리의 미국인〉, 〈그림자 없는 남자〉, 〈사랑은 비를 타고〉 등.

커코리언은 편안한 말투로 MGM의 역사를 이야기하기 시작했다. 그는 MGM의 스토리를 시작한 사람이 루이스 메이어Luis B. Mayer와 어빙 솔버그Irving Thalberg 두 명이라는 사실을 상기시켰다. 그는 이 유서 깊은 회사의 장엄하고 화려한 유산을 보여 주는 일화를 끝도 없이 이어 갔다. 이제 그런 대단한 회사를 이 사람과 함께 운영할 기회가 내 눈앞에 다가온 것이었다.

커코리언이 말했다. "당신의 경력이 한 차원 달라지는 환상적인 기회가 될 겁니다. 물론 〈레인맨〉도 모든 사람이 환호한 좋은 영화였지만, 당신이 MGM의 역사를 이어받는다면 지금까지 이뤄 온 어떤 일보다 더 크게 성장시킬 수 있을 겁니다."

그 후에도 그는 MGM의 영광스러운 과거의 장면들로 나의 넋을 온통 빼놓더니, 메모지의 사자 로고 아래에다 거래 조건을 휘갈겨 쓰기 시작했다. 거기에 쓰인 숫자는 거의 눈에 들어오지도 않았다. 나는 우상과도 같은 그 회사의 로고와 역사에 사실상 눈이 멀어 버린 상태였다. 딱

한 번 이렇게 물었던 기억이 난다. "저, 그래도 금융 및 부동산의 현재 가치는 따져 봐야 할 것 같은데요." 말은 그렇게 하면서도 나는 사실 커코리언이 말하는 그 역사적 스토리와 그 유명한 로고 뒤에 숨겨 놓은 덫에 금방이라도 뛰어들고 싶어 못 견딜 지경이었다.

나는 거의 행복에 취한 상태로 힐튼 호텔을 나섰다. 사무실로 돌아온 나는 커코리언이 들려준 이야기를 파트너에게 해 주면서 이제 MGM은 곧 우리 소유가 된다고 말했다. 다행히 나는 커코리언처럼 이야기를 유창하게 하지 않았던 것 같다. 회장이 내 이야기를 유심히 들은 후 이렇게 말했다. "내가 보기에는 그 역사의 마지막 장을 한번 들여다봐야 할 것 같은데."

우리는 커코리언이 팔아넘기려고 한 회사의 실체를 알아보기 위해 MGM의 현 경영진 전원을 상대로 이틀간의 힘겨운 조사를 벌였다. 그리고 최근의 실태가 과거의 영광스러운 전설과는 전혀 어울리지 않는다는 사실을 곧 알아낼 수 있었다. 과거의 영광은 먼지처럼 사라졌고, 미래의 전망은 영광과는 거리가 멀었다. 더 심각한 것은, 이상하게도 이 시점에 이미 양사의 거래가 이루어지고 있다는 정보가 〈뉴욕타임스〉와 〈버라이어티〉에 새어 나갔다는 사실이다. 마치 우리를 MGM의 이야기에 묶어 두기라도 하듯이 말이다.

우리는 거래가 이미 만천하에 다 알려진 후에 없던 일로 되돌리느라 큰 굴욕을 당했다. 그러나 나는 그 경험에서 소중한 교훈을 얻었다. 그것은 바로 역사를 정교하게 이야기할 때 얼마나 큰 위력이 발휘되는지, 결코 과소평가해서는 안 된다는 것이었다.

감동의 원천
찾기

내 스토리에서 청중을 감동하게 하는 요소는 무엇인가? 이것은 스토리의 내용을 구성하는 가장 중요한 질문이다. 청중으로부터 내가 원하는 목적에 필요한 도움을 얻고 싶다면, 먼저 그들이 나의 메시지에 진심으로 공감하게 만들어야 한다. 베테랑 TV 뉴스 진행자 앤더슨 쿠퍼Anderson Cooper를 찾아가 그의 스토리텔링 스타일에 관해 물어본 적이 있다. 그는 단지 청중들이 내 말을 듣도록 하는 것이 목표라 하더라도, 그들의 감동을 끌어내야 한다고 말했다.

쿠퍼가 이런 교훈을 절실히 깨달은 것은 CNN에서 허리케인 카트리나를 취재하기 위해 뉴올리언스를 방문했을 때였다. 그곳에서 너무나 끔찍한 재앙을 직접 경험한 그는 도저히 객관적이고 엄정한 보도자의 모습을 보여 줄 수 없었다. 그래서 그가 취재한 스토리를 전할 때 괴로움과 좌절에 빠진 모습, 약해진 자신의 감정을 그대로 노출하고 말았다. 쿠퍼의 방송을 지켜본 수백만 명의 시청자들은 그 모습에 공감했다. 그리고 그들은 쿠퍼가 지켜본 내용이 아니라 그가 느낀 대로의 카트리나 이야기를 주변에 퍼뜨렸고, 결국 그들 역시 쿠퍼와 같은 감정을 느끼게 되었다. 그는 카트리나 보도로 CNN 순위가 급상승하는 바람에 일약 슈퍼스타로 떠올랐고, 이 일을 통해 새로운 스타일의 방송 보도, 즉 '감성 보도'가 시작되는 계기가 되었다. 이 흐름은 TV 네트워크 전반에 퍼져나갔을 뿐 아니라, 활자 매체와 라디오 뉴스에까지 영향을 미쳤다.

그러나 내가 보기에는 여성과 어린이들이 옥상에 매달려 있다는 이야기는 감정이 동하지 않기가 더 어렵다는 생각이 들었다. 반대로 살아 있지 않은 물건, 예컨대 자동차에 관해 보도하면서 시청자의 감정을 움직이기는 어려울 것 같았다. 하지만 나의 오랜 친구 알 기딩스Al Giddings 는 자동차야말로 가장 감정적인 스토리 소재임을 입증해 주었다.

내가 그를 처음 만났을 때 그는 영화계 최고의 해저 촬영 전문가로 명성을 떨치고 있었다. 우리는 〈디프〉를 제작할 때 같이 협력했으며, 이후 진짜 타이타닉호를 찾는 다큐멘터리도 함께 찍었다. 이 작품은 제임스 캐머런에게 영감을 주어 그가 기딩스와 함께 자신의 〈타이타닉〉을 완성하는 계기가 되기도 했다. 그들은 해저 3.6킬로미터 바닥에 녹슬어 있는 쇳덩어리에 감정을 불어넣었고, 그 스토리 덕분에 관객들은 총 20억 달러 이상이 들어간 이 영화에 깊이 감동했다. 그러나 몇 년 전에 기딩스가 귀에 손상을 입어 잠수를 할 수 없게 되자, 그는 기술에 대한 자신의 열정을 구형 자동차에 쏟아붓기 시작했다.

그중에서도 그가 특별히 관심을 보인 분야는 1914~1933년에 제작된 윌리스 오버랜드의 클래식 로드스터와 투어링카 차종이었다. 기딩스가 말했다. "예술적 형태와 실용적 기능이 완벽하게 조화된 그 자동차들을 보며 매혹되지 않을 수 없었어요. 게다가 이 차들은 거의 세상에 알려지지도 않았습니다. 저는 차를 직접 보고 굉장히 도발적인 모습이라는 생각에 광적으로 빠져들었습니다. 그 역사와 예술, 그리고 기술에 열광하게 되었죠." 이것은 굉장히 희귀한 차로 일부 모델은 현재 남아 있는 자동차가 한 대뿐인 경우도 있었다. 기딩스는 1930년형 윌리스 나이트

66B 플레이드사이드 모델을 하나하나 찾아내기 시작했다. 그리고 그 차들을 사들였다. 그중에는 심지어 원래 모습에 비하면 껍데기밖에 남아 있지 않은 것도 있었다. 그는 무려 6천 시간을 쏟아부어 그 모두를 양호한 상태로 복원했다.

마침내 기딩스는 그 자동차들을 지역 모터쇼에 출품하기 시작했다. 그런데 그는 판정관들이 내놓은 의견이 오직 기술적 사양에 관한 내용뿐임을 알게 되었다. 그들은 기딩스가 이 차의 디자인과 역사를 파고든 동기에 관해서는 전혀 관심을 기울이지 않았다. 그에게 이 자동차는 그저 금속과 가죽으로 된 덩치 큰 물건이 아니라 예술 작품이었다.

기딩스는 출품 경쟁에서 자신의 진입 분야를 차별화하려면 판정관들에게 이 자동차에 대한 감정을 불러일으켜야 한다는 사실을 깨달았다. 마치 제임스 캐머런 감독이 타이타닉호를 타고 처녀 출항에 나선 사람들을 존경했기 때문에 가라앉은 그 배에 감동할 수 있었던 것처럼 말이다. 기딩스가 할 일은 이 기계에 인간적 면모를 덧입혀 줄 도전과 투쟁 그리고 해결책의 스토리를 만드는 것이었다. 구형 자동차를 복원하는 사람은 누구나 그 정도 열정을 지니고 있으므로 자신의 스토리만으로는 그다지 큰 우위를 점하기 어려웠다. 그러나 원래 이 차를 설계하고 만들었던 사람들의 역사라면, 다른 경쟁자와 차별된 자신만의 이야기를 충분히 만들 수 있다고 생각했다. 이 자동차를 만드느라 피와 땀과 눈물을 흘린 사람들의 이야기가 진정한 힘을 발휘한다면, 판정관들이 기딩스에게 마음을 열 것이 틀림없었다.

그래서 기딩스는 모터쇼에 나가 발표할 때마다 두 사나이, 즉 아모스 노스업Amos Northup과 존 윌리스John Willys의 이야기를 빠뜨리지 않았다. "1920년대에 존 윌리스는 총 200만 대의 자동차를 생산해 이 분야에서 헨리 포드에 이어 2위를 기록했습니다. 윌리스는 뛰어난 전략가이자 선동가로서, 원래 뉴욕에서 스포츠 용품점을 운영하던 사람이었죠. 그는 우연히 1909년산 오버랜드 한 대가 가게 앞을 지나가는 것을 보고 거리로 뛰쳐나가 뒤를 쫓아가서는 차명을 적어 두기도 했습니다. 그는 스포츠 용품점을 그만두고 공장에 5천 달러를 송금해 오버랜드 여섯 대를 산 후 곧바로 팔았습니다. 다음 해에 그는 작은 오버랜드 공장에 엄청난 돈을 송금했습니다. 그 회사는 대략 50~60대의 자동차를 그에게 만들어 줄 예정이었는데, 그만 파산하고 말았습니다. 그는 기차를 타고 달려가 모든 직원을 다시 고용하고, 뉴욕에서 돈을 가져와 결국 회사를 살려냈습니다."

기딩스는 거기서 15년을 건너뛴 1929년으로 넘어갔다. "윌리스의 회사는 직원이 66,000명에 이를 정도로 성장했습니다. 그러나 이때쯤에는 극심한 경쟁에 시달리게 되죠. 그래서 그가 찾아간 사람이 바로 아모스 노스업이었습니다. 그는 세계 최고의 자동차 디자이너로 이름을 떨쳤지만, 조용하고 내성적인 인물이었습니다. 노스업은 우울증이 있었던 데다 성격이 아주 예민했지만, 뛰어난 두뇌의 소유자였죠. 존 윌리스는 노스업이 자동차의 선을 다루는 데 뛰어난 통찰력을 지닌 디자이너로, 직각형 일색의 1920년대 디자인에서 벗어난 1930년대 디자인을 구현할 장본인임을 알고 있었습니다. 그는 노스업에게 이렇게 말했습니다. '모든 사람이 깜짝 놀랄 충격적인 자동차를 만들고 싶습니다. 그러니

254

1930년형 66B 윌리스 나이트를 당신이 디자인해 주시면 좋겠습니다.'
그리고 노스업은 가장 아름다운 66B 자동차를 디자인했습니다. 바로
로드스터와 4도어 컨버터블 자동차인 페이튼이었죠. 그러나 이때 주식
시장이 붕괴했습니다. 핸들이 왼쪽에 있는 1930년산 페이튼은 뉴욕, 시
카고, LA의 모터쇼에 각각 출품하기 위해 만든 세 대가 전부였죠. 당시
미국을 휩쓴 경제공황 탓이었습니다."

　기딩스는 여기까지 말한 다음, 판정관들을 향해 손을 흔들었다. 그 세
대의 페이튼이 바로 모터쇼에 출품하기 위해 정성 들여 복원한 그 차들
이었기 때문이다. 이제 지구상에 남아 있는 페이튼은 이 세 대가 전부였
다. 기딩스는 자신의 스토리를 이렇게 마무리했다. "대공황 기간에 윌리
스 오버랜드는 파산했습니다."

　판정관들의 관심과 경이로운 시선을 끌어낼 수 있었던 것은 기딩스의
스토리를 통해 이 금속과 가죽 덩어리에 감정이 이입되었기 때문이다.
그는 그들에게 경외심과 존경, 걱정, 슬픔, 그리고 놀라움을 선사했다.
이후 그는 수많은 상을 받았다. 2009년 기딩스는 전미 앤티크 자동차 클
럽AACA으로부터 전국 최우수상을 받았다. 이런 포상 덕분에 기딩스의 사
랑스러운 자동차에는 잠재 고객들로부터 수백만 달러의 제안이 쇄도하
게 되었다. 그러나 그 순간에도 그는 자동차를 팔지 않았다. 그의 '자동
차 스토리'가 진정한 경제적 가치로 탈바꿈할 기회가 아직 남아 있음이
분명했기 때문이다. 그의 패기는 금속 덩어리를 수백만 달러로 바꿔 냄
으로써 감정에 호소하는 작전이 유효함을 입증했다.

그러나 어떻게 하면 '나의' 스토리에 사람들을 내가 원하는 방향으로 움직이는 힘을 담을 수 있을까? 이것이 바로 2006년 마크 셔피로가 세계 최고의 오락 및 테마파크 체인인 식스 플래그Six Flags의 CEO 자리에 오르자마자 마주한 질문이었다. 당시 그 회사는 20억 달러의 채무에 허덕였고, 관리 부실과 노쇠화 현상, 그리고 주로 이곳에서 시간을 보내는 10대 청소년이 점점 더 지저분하고 심지어 위험한 행동을 일삼는 현실 때문에 심각한 위기를 맞이하고 있었다. 그는 이런 희대의 문제를 벗어나는 길은 오직 정면 돌파뿐임을 알고 있었다. 물론 파산을 통해 구조조정 절차를 밟는 것이 불가피한 상황이었지만, 당장 직면한 문제들 때문에 회사의 장래성마저 죽일 수는 없었다. 그는 부채와 상관없이 회사를 다시 살릴 기회에만 집중해야 했다.

그리고 셔피로는 그 기회가 식스 플래그의 전 직원에게 스토리텔링 기술을 가르칠 수 있느냐에 달려 있음을 분명히 깨달았다. 직원들의 스토리와 놀이공원에서의 모든 경험은 10대 고객뿐 아니라 그 부모와 조부모, 쌍둥이, 어린아이, 언론, 이사진, 주주들에게까지 긍정적인 감정을 불러일으킬 수 있어야 했다.

셔피로는 ESPN의 프로그램 책임자 시절부터 스토리텔링의 사업적 가치를 잘 배워 왔다. 우리가 처음 만난 것도 그 시절이었다. 당시 나는 늘 만달레이 스포츠 엔터테인먼트에 소속된 하키팀과 야구팀에 관한 프로그램 아이디어를 그에게 설명하곤 했다. 한번은 그로부터 올랜도에서 열린 한 행사에서 ESPN 직원들을 대상으로 연설해 달라는 부탁을 받고, 감정을 전달하는 스토리텔링 기술에 관해 이야기한 적이 있었다.

셔피로 역시 스토리가 스포츠 오락의 핵심 요소임을 이해하고 있었으므로(스토리는 모든 경기에 숨어 있고, 팬들을 사로잡는 것도 바로 스토리다), 우리는 스토리텔링 기술에 관한 서로의 이해를 나누면서 금방 친해졌다.

식스 플래그를 향한 셔피로의 비전 스토리는 그 자신의 경험에서 온 것이었다. "어렸을 때 저는 식스 플래그를 우리 집 뒷마당에 들어온 디즈니랜드 정도로 생각했습니다. 그곳에만 가면 영화관에서나 만날 벅스 버니를 비롯한 장엄한 상상의 세계를 모두 경험할 수 있고, 또 놀이공원의 스릴 넘치는 탈것의 긴장감과 드라마도 그대로 있는 곳이었죠. 당시에는 그런 탈것과 기구에 풍부한 스토리가 녹아 있었습니다. 훌륭한 놀이공원이란 경이로움을 간직했던 시절과 장소로 나를 되돌려 주는 곳이라고 할 수 있지요."

2006년 마크 셔피로는 식스 플래그를 찾은 고객들은 탈것에서 탈것으로 옮겨 다니기만 할 뿐, 그 사이에는 아무것도 없다는 문제를 발견했다. "우리 공원에는 아무런 스토리가 없었습니다. 어떤 혁신도, 놀라움도 없었죠. 그런 요소가 모두 사라져 버렸어요. 시설이 낙후하다 보니 환상적인 동화나 훌륭한 스토리에 사로잡히는 것은 기대할 수도 없었습니다." 그러면서도 그는 어린 시절 꿈의 무대가 되었던 놀이공원의 그 스토리를 되살릴 기회는 여전히 있다고 보았다. 아니 오히려 더 크고 풍부하게 만들 자신이 있었다.

셔피로는 식스 플래그의 재탄생을 위해 직원과 고객 모두의 적극적인 참여를 끌어내는 것을 목표로 삼았다. 이 목표를 달성하기 위해 모든 공원의 전 직원은 관객에게 놀라움을 안겨 주는 요소를 창출하고 이를 강력하고 일관되게 유지해, 누구나 식스 플래그에 머무는 동안 그 매력에 사로잡히게 만들어야 했다. "탈것들 사이에서 비록 세 시간을 기다리더라도 그동안에 끊임없이 드라마가 펼쳐지도록 만들어야 했습니다." 셔피로는 예를 들어 고객이 배트맨이라는 탈것 하나에만 묶여 있어서는 안 된다고 설명했다. 그들에게 스토리를 전해 주어야 했다. 누가 배트맨인가? 그가 할 수 있는 일은 무엇인가? 배트맨은 누구와 결투하는가? 배트맨은 누구를 구해 주는가? 셔피로는 고객에게 스토리의 익숙한 장면을 계속해서 떠올려 주면서도, 예상치 못한 무언가를 보여 주어야 한다는 것을 알고 있었다. "한 가지 탈것이라도 그와 연관된 스토리를 계속해서 제시해 주면 고객은 훨씬 더 깊은 경험에 빠져들 수 있습니다."

셔피로가 맨 먼저 상대해야 하는 가장 어려운 관객은 바로 거대한 식스 플래그 조직을 구성하는 33,000명의 직원이었다. 그들은 셔피로가 "우리가 하는 일은 감정 전달 사업입니다"라고 하는 말이 무슨 뜻인지 도무지 알아듣지 못했다. 셔피로는 이렇게 설명했다. "그들이 오랫동안 일하면서 배운 것은 단지 축제를 운영하는 방법뿐이었습니다. 스토리를 전한다는 것은 그들에게 완전히 낯선 개념이었죠. 그 효과를 믿느냐의 여부는 차라리 그다음 문제였어요. 그들은 스토리텔링이 무엇인지조차 아예 몰랐습니다. 식스 플래그를 그저, '탈것을 크게 만들어 놓고 열심히 광고하면 사람들이 몰려온다'는 정도로만 알고 있었죠. 그들은 고객 한 사람 한 사람의 본능적인 감정을 끌어내는 것이 바로 우리가 해야 하는 일이라는 사실을 이해해야 했습니다." 왜 그래야 할까? 고객들이 계속해서 식스 플래그에 시간과 돈을 쓰게 만들려면 그 반응을 끌어내는 것

말고는 다른 방법이 없기 때문이다. 그리고 그것만이 회사가 번영할 수 있는 유일한 길이다. 또 고객들은 스스로 그런 반응을 보일 때에만 다른 사람에게도 스토리를 입소문으로 전파하게 된다.

셔피로는 직원들에게 단지 본능적인 반응을 끌어내라고 말만 해서는 소용없다는 것도 알고 있었다. 그들이 직접 그 감정적 카타르시스를 강하게 경험해 보도록 해야 했다. 그래서 그는 어렸을 때 자신이 식스 플래그에 갔을 때 느꼈던 놀라운 경험, 즉 마치 디즈니랜드가 우리 집 뒷마당에 들어온 것과 같은 느낌을 자주 이야기해 주었다.

셔피로는 어떻게 그 이야기를 생생한 이미지로 전달했을까? 그는 이렇게 말했다. "외관과 느낌, 감각, 정서 등의 모든 요소가 감정을 일으키는 데 한몫을 합니다. 그러므로 놀거리들 사이에서 줄을 서 있는 동안에도 스토리에 사로잡혀 있다면, 그 탈것이 훨씬 더 재미있는 경험이 됩니다. 거기 타기도 전에 벌써 동화 속에 빠진 셈이니까요. 제가 홍보 담당자들에게 자주 하는 말이 있는데요, 연구 결과에 따르면 고객들은 자신의 감각이 스토리에 열중할 때 메시지를 훨씬 더 깊이 받아들이거나 떠올리게 된다는 것입니다."

셔피로는 직원들이 감정적인 전달이 극대화될 때의 위력을 제대로 느낄 수 있도록 영화사에서 가장 감동적인 작품들을 모아 그들에게 보여 주었다. 거기에는 〈소피의 선택〉이나 〈욕망이라는 이름의 전차〉 같은 명작의 숨 막히는 장면도 포함되었고, 〈셰인〉이나 〈올드 옐러〉에 나오는 눈물샘을 자극하는 대목도 있었다. 그뿐만 아니라 〈투씨〉, 〈뜨거운 것이 좋아〉, 〈40살까지 못 해 본 남자〉 등의 코미디가 있는가 하면, 〈대부〉, 〈크림슨 타이드〉, 〈록키〉처럼 마초들이 좋아할 만한 장면도 들어 있었다. 모두 짧은 분량이었지만 눈물이 흐르고, 숨이 막히며, 웃음보가 터지고, 두려워 떠는 등 하나같이 인간의 본능적인 반응을 자극하는 장면들이었다. 그 모든 장면을 지켜본 관객들은 자신이 방금 두려움과 욕망 등을 포함한 감정의 롤러코스터를 경험했다는 사실을 이해했다. 그리고 그것이 바로 셔피로가 식스 플래그를 찾은 모든 손님에게 안겨 주고 싶은 감정적 경험이었다. 고객이 어떤 기구를 타더라도 물리적 긴장감뿐만 아니라 감정적 스릴도 함께 얻을 수 있어야 했다.

사피로와 직원들은 모든 기구에 감동적인 스토리를 덧입히기 시작했다. 한발 더 나아가 공원 내에 새로운 방식으로 감정적인 전달 요소를 더해 줄 수 있는 공급업체를 엄선하기 시작했다. 셔피로가 말했다. "예를 들어 공원 내에서 판매하는 아이스크림은 콜드 스톤 크리머리Cold Stone Creamery 제품으로 지정했습니다. 경험을 함께 제공해 주는 회사는 그곳밖에 없었으니까요. 고객들은 공원에 들어서는 순간부터 그들의 노랫소리를 들을 수 있었습니다. 아이스크림 속에 즐거움이라는 스토리가 담겨 있는 셈이었죠. 여러 가지 캔디를 골라 한데 섞어 먹을 수도 있어서 마치 윌리 윙카Willy Wonka(《찰리와 초콜릿 공장》에 등장하는 주요 캐릭터 – 옮긴이)가 된 듯한 기분도 느낄 수 있습니다. 그런 스토리는 우리가 구현하는 더 큰 스토리에 아주 잘 어울리는 세부 요소가 되었죠. 햄버거 매장 조니 로켓Johnny Rockets도 마찬가지였습니다. 그곳에 들어서면 노래가 들리면서 갑자기 1950년대나 60년대의 식당 분위기를 경험할 수 있습니다. 그러니 식스 플래그에서는 음식을 먹는 것도 즐거운 경험이 되는 거죠."

요컨대 사람들이 자신이 경험한 스토리에 감동하면, 돈을 더 쓰고, 더 오래 머무르며, 음식과 상품을 더 많이 구매한다. 그리고 그 경험을 다른 사람에게 전하기 때문에, 결국 다른 사람에게도 팔 기회가 생긴다. 셔피로가 식스 플래그를 맡은 지 두 시즌 반이 지난 후, 감정 전달이라는 그의 스토리는 멋진 성과를 내기 시작했다. 공원을 찾은 고객들은 과거에 비해 평균 45분 정도 더 오래 머무르며 21퍼센트의 돈을 더 썼다. 2008년 여름 시즌에 식스 플래그는 사상 최고의 실적을 만끽했다. 기업 손실은 최소화하고, 영업 매출과 방문 고객 수는 급격히 증가했다. 하지만 안타깝게도 외부 변수는 그 누구도 통제할 수 없었다. 2009년 경제 불황과 유가 상승, 거기에 신종플루 사태까지 겹치면서 전 세계적으로 테마파크 사업에 직격탄이 날아들었다. 이런 환경에서 셔피로를 포함한 이사진은 다시 한번 파산을 통해 기존 부채 부담을 해소하는 편을 선택했다. 그러나 그가 그런 결정을 발표했음에도 식스 플래그의 회장 대니얼 스나이더Daniel Snyder는 "우리가 3년 전에 세운 모든 경영 목표를 초과 달성했다"라는 말로 현 경영진을 치하했다. 곧이어 회사의 재무 구조조정이 완료되자, 셔피로는 그다음 목표를 추진하기로 결정했다. 감정 전달이라는 그의 경영 방침이 식스 플래그를 올바른 길로 인도하고 있음을 모든 지표가 보여 주고 있었다.

말로 전하는 스토리는 테마파크를 통해 구현하는 스토리텔링만큼 복잡하지 않을지도 모른다. 그러나 나는 마크 셔피로의 말에 귀 기울이면서 스토리를 구성하는 노력은 목표에 한 걸음 다가서는 중요한 방편이라는 사실을 다시 한번 깨달았다. 영웅이 누군지 파악하고, 기초 자료를 모은 다음, 그것이 과연 감동을 주는 내용인지 확인했다면, 이제 그 스토리를 구사해 목표한 상대방에게 전달할 차례다. 준비와 조준이 각각 스토리텔링 기술의 1단계와 2단계였다면, 3단계에 해당하는 기술은 과연 무엇일까?

Chapter 7

발사 :
스토리텔링의 힘

나는 워너브러더스 테리 세멜의 사무실을 찾아가면서, 마음을 가라앉히고 생각을 정리하는 데 집중했다. 1986년 당시 우리가 구상하던 〈정글 속의 고릴라〉는 당시 워너브러더스의 CEO 세멜에게 전하려던 나의 스토리에 그 운명이 달려 있었다. 우리 회사는 이미 3년이라는 시간을 투자해 중앙아프리카 비룽가산맥 꼭대기에서 펼쳐진 이 실화를 영화로 제작해 온 터였다. 시고니 위버가 저명한 영장류 동물학자 다이앤 포시 역을 맡아 출연하기로 했다. 포시 박사는 멸종 위기를 맞은 이 고산 고릴라를 보호하기 위해 이들과 같이 살면서 연구하다가 마침내 죽음을 맞이하는 인물이었다. 감독은 불과 수년 전에 〈광부의 딸〉을 감독해 오스카상을 거머쥔 마이클 앱티드가 맡았다. 제작에 필요한 다른 모든 준비는 이미 마친 상태였다. 그러나 우리가 워너브러더스에 요청한 제작 예산은 2천만 달러가 넘는 돈으로, 1986년 당시로서는 엄청난 액수였다. 게다가 세멜은 그때까지 이 프로젝트를 지원하겠다는 의사를 보여 왔으면서도, 막상 결정적인 순간이 되자 겁을 먹고 있었다. 할리우드의 모든 일은 돈을 가진 자가 규칙을 정한다는 황금률에 따라 돌아가는 법이었기에, 그의 이런 태도는 우리 프로젝트에 치명타가 될 가능성이 충분했다.

당시만 해도 나에게는 '먹히는 스토리'라는 사고방식이 없었지만, 세멜의 마음을 돌려놓으려면 그의 감정을 움직여야 한다는 생각을 본능적으로 했던 것 같다. 나는 세멜의 동료로부터 그가 몇 해 전에 〈그레이스토크 타잔〉이라는 영화의 제작을 승인했다는 이야기를 들었다. 그 작품은 엄청난 예산을 들이고도 상업적으로는 실패한 것으로, 사람이 원숭이 분장을 하고 고릴라 연기를 하는 수준의 타잔 영화였다. 우리 작품은 대본에 '고릴라'가 들어 있는 것 말고는 완전히 다른 차원의 동물 영화였다. 그러나 미리 알아본 결과 세멜은 우리 '고릴라' 역시 〈그레이스토크 타잔〉의 재판이 될 거라고 굳게 믿고 있다는 것이었다. 그의 두려움을 열정으로 바꿔 놓을 스토리를 동원해 그의 확신을 무너뜨려야만 했다.

그러나 그러기 위해서는 먼저 '몸을 만들어야' 한다는 사실을 알고 있었다. 그것은 운동 경험에서 터득한 교훈이었다. 나는 어떤 스포츠 경기를 할 때마다 미리 준비운동을 했다. 다시 말해, 미리 에너지를 끌어올리고 마음에서 일어나는 걱정이나 혼란을 가라앉혀서 세멜이 '노'라고 말하더라도 '예스'로 알아들을 정도로 민첩하고 유연한 태도를 갖추는 것이었다. 나는 심호흡을 하고 세멜이 나의 스토리에 공감하도록 만든다는 생각에 깊이, 그리고 천천히 집중했다. 내가 말하고자 하는 스토리의 핵심 메시지는, 우리가 만드는 영화는 사람이 원숭이 분장을 뒤집어쓰고 연기하는 그런 종류가 아니라는 것이었다. 그 점만 제대로 이해시키면 그의 자금 걱정을 해소할 수 있을 것 같았다. 또한 내 스토리는 우리 영화가 경제적인 이익뿐만 아니라 그의 평판에도 도움이 된다는 점을 전달할 수 있을 것 같았다. 멸종 위기에 다다른 지구상 가장 중요한 동물 종을 구하는 일에 그가 촉매제가 되는 셈이니 말이다.

문이 열렸다. 서로 알 만한 것은 다 알고 있었다. 나는 그가 거절할 생각을 품고 있다는 것을 알았고, 세멜도 내가 안다는 사실을 알고 있었다. 먼저 포기하는 모습을 보여서는 안 된다고 다짐했다. 나는 방에 들어서면서부터 당당한 자세로 나의 목적에 걸맞은 확신과 에너지를 보여 주려고 애썼다. 그러면서도 세멜의 마음을 재빨리 파악하려고 했다. 지금까지 상대방이 너무 허둥대고 딴생각을 하는 바람에, 다음에 다시 만나기로 하는 편이 나은 상황을 몇 번이나 경험한 적이 있었기 때문이다. 그러나 지금은 그런 상황이 아니었다. 세멜은 아주 침착하게 나를 맞았다. 어쩌면 나를 위로해 줄 준비가 된 것인지도 몰랐다. 지금이 아니면 또 다른 기회는 없는 상황이었다.

나는 그의 주의를 끌고 그의 의도를 피해 선제공격을 날리고자 직설적으로 스토리를 꺼내 놓았다. "누군가가 당신의 친척을 살해하고 있습니다."

"뭐라고요?" 그가 경계의 표정을 지어 보였지만, 나는 이미 그의 주의를 사로잡고 호기심을 끌어올린 뒤였다.

나는 말을 이어 나갔다. "귀하의 친척은 조상 대대로 수천 년 동안 살아온, 자신이 아는 유일한 곳에서 자신에게만 신경 쓰며 가정을 꾸려 왔습니다. 그들은 힘없고 선량한, 당신이 아는 가장 아름다운 종족일 것입니다. 우리 영화의 주인공인 이 고산 고릴라는 우리와는 유전자가 두 쌍밖에 차이 나지 않습니다. 그러나 그들의 땅과 식량원을 빼앗으려는 자들이 그들을 둘러싸고 있습니다. 그들은 자신의 심장을 쏘아 손과 발을 잘라 내 트로피로 삼으려는 살해자들의 위협에 놓여 있습니다."

나는 재킷에서 사진 몇 장을 꺼내 세멜에게 건넸다. 거기에는 고릴라와 내가 방금 설명한 잔혹 행위가 담겨 있었다. 그중에는 고릴라의 신체부위를 잘라 만든 기념품 사진도 있었다. 내가 말했다. "그들은 르완다의 길거리에서 이 물건을 팔고 있습니다. 저는 지난번에 갔을 때 결국 울수밖에 없었습니다. 한 가닥 위안이 있다면, 우리 영화가 이런 현실을 널리 고발하고 이 고릴라를 살려야 한다는 명분에 새로이 불을 지필 수 있다는 겁니다. 물론 그 중심에는 다이앤 포시 박사의 영웅적이고 비극적인 헌신이 있습니다."

세멜은 그 사진에 고릴라 발톱으로 만든 재떨이가 있는 것을 보고 움찔했다. 그 사진 때문에 그는 내가 말하는 스토리에 완전히 집중했다. 혐오감에 질린 표정으로 사진을 내려놓았지만, 그는 여전히 사진에서 눈을 떼지 않았다.

이제 나는 내가 그의 문제를 이해하고 존중한다는 것을 보여 주어야 했다. 그의 문제란, 이 영화를 제작할 때 안게 될 경제적 위험과 이 고릴라가 또 다른 '그레이스토크 타잔'이 되고 말 것이라는 개인적 두려움이었다. 나는 이 문제에 대해 대책을 내놓아야 했다.

나는 세멜에게 사실 그의 〈그레이스토크 타잔〉 덕분에 우리 영화를 어떻게 만들면 '안 되는지'를 배웠다고 말했다. 요즘 같은 세상에 방음 스튜디오에서 더워 죽을 것 같은 고릴라 분장을 뒤집어쓸 사람은 아무도 없다. 우리 영화는 가짜 주인공이 아니라 실제로 멸종 위기에 처한 동물의 이야기다. 진짜 고산 고릴라가 실제로 사는 곳에서 조연으로 출연한다. "관객들이 고릴라의 진짜 모습을 보고 나면, 그들의 입으로 직접 강력한 입소문 마케팅에 나설 겁니다."

세멜은 고개를 내저었다. "아니, 살아 있는 고릴라를 촬영하겠다는 말입니까?"

나는 비장의 카드를 꺼내 들었다. 우리는 이미 아프리카에 오래 머무르며 여러 장면을 찍었다. "사실은 고릴라들이 이 대본을 쓰고 있습니다. 우리는 그저 고산 고릴라들이 이미 연기한 스토리에 대사와 줄거리를 보텔 뿐입니다."

그의 눈동자가 흔들렸다. "고릴라가 대본을 쓴다고? 정신 나갔군!"

나는 침착하게 힘주어 말했다. "고릴라 분장은 절대 안 쓸 겁니다."

"아!" 세멜이 한숨을 내쉬었다. 그러더니 미소를 지으며 알아들었다는 듯이 말했다. "아하!" 드디어 분위기가 달라지는 것을 느꼈다. 나는 내 결심이 얼마나 확고한지 보여 주기 위해 영화가 성공하지 못하면 제작 수수료는 받지 않겠다고 제안했다. 보험이라기보다는 나의 확신이 어느 정도인지 보여 주는 차원이었다. 우리 수수료는 제작사 측이 안게 될 재정적 위험에 비하면 아무것도 아니었기 때문이다. 그러나 내가 여기에 모든 것을 걸었음을 보여 주기에는 충분한 내용이었다.

그는 나를 문으로 안내했다. "한번 생각해 보겠소. 또 다른 미팅이 있어서…… 그럼 이만."

시간은 내 편이 아니었다. 기왕 여기까지 왔으니 대답을 듣지 않고는 도저히 물러날 수 없었다. 이제는 이판사판이었다. 즉흥적으로 대응할 수밖에 없었다.

세멜은 전화로 비서에게 다음 손님을 들어오시게 하라고 말했다.

나는 몸을 바닥으로 숙이면서 팔을 축 늘어뜨렸다.

그가 이맛살을 찌푸리면서 말했다. "이게 무슨 짓이오?"

내가 말했다. "저는 상처 입은 고릴라입니다. 저에게 거절하시면 고릴라에게도 거절하시는 겁니다. 지금 당장 답을 주십시오."

위험한 도박이었다. 내가 아주 바보 같고 궁지에 몰린 사람으로 보였을 것이다. 그러나 비록 과장된 행동으로 보이겠지만, 그럴수록 내가 얼마나 간절한지를 보여 주는 모습이기도 했다. 승낙을 얻지 못한 채 이 방을 나갔을 때 고릴라나 우리 영화에 닥칠 위험에 비하면 바닥에 엎드리는 것 정도야 아무것도 아니었다.

그뿐만 아니라 이것은 계산된 위험이었다. 그것은 세멜에게 적극적인 참여자가 되라고 압박하는 행동이었다. 그에게 말만 할 형편이 아니었다. 그를 이 스토리에 끌어들여 직접 경험해 보게 해야 했다. 그래야만 내 메시지를 그가 진짜 알아들었는지 확인할 수 있었다.

다음 손님이 방에 들어와 자리에 앉았지만, 내 행동이 눈에 띄지 않을리가 없었다. 세멜은 마치 내가 없다는 듯이 말을 시작했지만, 마침내 그손님이 나를 가리키며 말했다. "저 사람은 왜 저러죠?"

"그 사람, 고릴라예요." 세멜은 천연덕스러운 표정을 지으려고 애썼지만, 도저히 못 참고 웃음을 터뜨렸다. "나보고 자기를 구해 달랍니다." 이번에는 손님도 폭소를 터뜨렸다. 이윽고 세멜이 말했다. "좋소, 그 영화만듭시다. 단, 당신이 장담했다는 걸 명심하시오."

할리우드에서는 오디션을 언제 멈춰야 하는지도 알아야 한다. 나는벌떡 일어나 세멜에게 경의를 표한 후, 그의 마음이 바뀌기 전에 얼른 사무실을 빠져나왔다. 2년 후, 〈정글 속의 고릴라〉는 아카데미에서 여우주연상과 각본상을 포함한 다섯 개 부문에 후보작으로 올랐다. 그리고 오래도록 작품성이나 경제적인 면에서나 대성공을 거뒀다. 가장 중요한점은 이 영화로 인해 고산 고릴라가 처한 곤경에 세계적인 관심이 집중되었고, 그것은 오늘날까지도 계속되고 있다는 사실이다. 20년이 지난지금, 비록 고산 고릴라는 여전히 위험에 처해 있지만, 그들의 서식지는보호구역으로 지정되었고 개체 수는 증가 추세로 돌아섰다.

스토리 전달자가 알아야 할 5가지

나는 스토리텔링 기술을 연구하면서, 모든 비즈니스에는 쇼 비즈니스 요소가 필요하다는 점을 알게 되었다.

비즈니스계의 모든 사람은 내가 말하는 스토리의 방관자가 아니라 적극적인 참여자라고 느낄 때 더 주의를 기울이고, 정보를 더 많이 받아들이며, 적극적으로 참여하고, 내 말을 훨씬 더 잘 알아듣는다. 그렇다면 그들은 어떤 방법으로 스토리에 참여할까? 웃고, 울고, 흥분하며, 기존의 관념에 의문을 제기하고, 가능성을 수용하며, 질문에 대답하고, 몸을 일으키거나 움직이며, 소품을 만지작거리는 등의 행동을 통해서다. 듣는 사람이 스토리를 자기 것으로 만들고, 그대로 행동하며, 다른 사람에게 전파하도록 만들기 위해서는, 스토리를 준비하고 조준하는 과정도 중요하지만, 스토리를 전하는 태도 역시 그에 못지않게 중요하다.

모든 쇼 비즈니스에는 상호작용이 일어난다. 스토리텔링 기술 역시 마찬가지다. "말하는 사람의 입은 듣는 사람의 눈보다 결코 빠를 수 없습니다." 내가 제리 와이즈먼Jerry Weissman을 만나 그가 기업공개 설명회를 준비하는 경영자들에게 왜 그토록 청중과의 상호작용을 강조하는지 질문했을 때 그가 대답한 말이다. 그가 창립한 파워 프레젠테이션Power Presentation의 고객에는 마이크로소프트, 야후, 인텔, 넷플릭스, 시스코 시스템스, 세쿼이아 캐피털 등의 최고 간부들, 그리고 골드만 삭스, JP모건, 모건 스탠리, 시티 그룹, 크레디트스위스 같은 금융사의 고객들이 망라되어 있었다. 그는 이렇게 설명했다. "발표자가 일방적인 방송 진행자처럼 말하는 순간, 청중으로부터의 반응은 기대할 수 없습니다. 순환 고리도 없고, 공감대도 없어지죠. 기업공개를 앞두고 벤처 캐피털에 투자 설명을 할 때는 반드시 상호작용이 필요합니다." 상호작용이 없이는 어떤 의사소통도 기대할 수 없으므로, 그럴 바에는 차라리 아무 말도 안 하는 편이 낫다고 그는 말했다.

와이즈먼을 찾아오는 고객 중에는 투자은행에서 일하는 사람이 많았다. 그곳은 잠재적 투자자에게 재무 데이터를 전달하는 능력에 따라 수백만, 심지어 수십억 달러가 오가는 업계였다. 그가 말했다. "파워포인트는 이 업계에서 거의 법정 화폐나 마찬가지가 되었습니다. 그런데 슬라이드를 띄워 놓고 거기에 있는 내용을 읽는 게 전부인 사람들이 많습니다. 저는 고객들에게 묻습니다. '슬라이드 내용을 읽기만 하는 발표자를 보면 어떤 기분이 드시나요?' 그러면 대부분 이렇게 대답합니다. '그냥 자료를 메일로 받아 봤으면 좋겠다고 생각하죠.'" 이때 와이즈먼은 파워포인트에 있는 내용은 스토리가 아니라는 사실을 알려 준다.

그는 그들에게 말한다. "스토리는 바로 당신입니다. 발표자 자신이 곧 스토리임을 명심하세요." 다시 말해, 어떤 사업에서든 스토리를 말하는 그 순간이 바로 쇼타임이다!

마음 자세는 말보다 더 큰 호소력을 발휘한다

경기장에 들어서기 전에 준비운동을 통해 올바른 자세를 갖추는 것은 운동선수만 하는 일이 아니다. 배우나 연기자도 마찬가지다. 그들에게 경기장은 곧 무대라는 점만 다를 뿐이다. 그리고 이것은 스토리텔링의 기술을 터득한 사람에게도 똑같이 적용된다. 그들의 경기장은 스토리를 전하는 모든 장소다. 자세를 갖춘다는 것은 정신이나 감정 또는 신체에만 해당하는 일이 아니라, 이 세 가지가 모두 관여하는 과정이다. 내 모든 존재를 목적을 달성하겠다는 의도에 바치는 과정이 바로 그것이다. 자세를 갖추는 것이 스토리텔링 기술을 구사하는 데 그토록 중요한 이유는, 나의 의도야말로 청중이 나에게 관심을 기울이게 하는 신호이기 때문이다.

UCLA의 신경과학자 대니얼 시겔은 이 과정을 상세히 연구해 왔다. 그의 연구는 자신이 '마음 통찰mindsight'이라고 명명한 연구 과정의 일환이었다. 즉, 그는 다른 사람의 마음을 들여다보는 인간의 타고난 능력에 관해 연구해 온 것이다. 그의 설명에 따르면, 두뇌의 거울 뉴런은 다른 사람의 의도적인 행동, 즉 의식적이고 적극적인 태도를 감지해야만 비로소 활성화된다고 한다.

시겔은 말하면서 팔을 움직이고 있었다. 나도 그 동작을 봤지만 별로 관심을 기울이지 않았다. 그러다가 그가 팔을 위로 올려 천장을 가리키며 큰 소리로 웃었다. 그제야 나는 그의 동작에 주목했다. 그러자 시겔은 자신이 천장을 가리킨 의도적인 행동을 내가 알아챘을 때 나의 거울 뉴런이 반응해서 그를 주목하라는 신호를 두뇌에 보냈다고 설명했다. 그리고 그 신호는 그가 활짝 웃었을 때 더욱 커져 마치 나도 천장을 가리키며 웃는 것 같은 장면이 떠오르면서 그의 감정에 공감하게 된다고 했다. 반면 그의 팔이 아무 의미 없이 무작위로 움직이는 것처럼 보였을 때는 거울 뉴런도 그것을 무시했다.

시겔은 이렇게 말했다. "우리는 어떤 사건을 볼 때 다른 사람의 의도를 감지하고 그가 속으로 어떤 생각을 하는지 상상합니다." 스토리텔링의 기술이라는 관점으로 볼 때, 이 사실은 청중이 귀를 기울이는지 여부가 말하는 사람의 마음 자세에 달려 있다는 뜻이 된다.

시겔의 설명은 마음 자세가 말보다 더 큰 호소력을 발휘한다는 것을 보여 주는 것이기도 했다. 사람들은 서로 보고 듣고 냄새 맡을 정도로 가까이 다가서면 그 즉시 상대방의 의도를 알아채기 시작한다. 즉, 스토리텔링 기술에는 비밀이 없다는 뜻이다. 우리는 말로 표현하지 않아도 상대방의 마음을 다 알 수 있다.

어려서부터 친구로 지내 온 조지 마커스George E. Marcus 는 현재 윌리엄스 대학의 정치학 교수로, 정치인들이 내비치는 무언의 의사표시가 그들의 성공과 실패에 미치는 영향을 광범위하게 연구해 왔다. 현대 정치인들의 언행을 신경과학의 최근 연구 결과에 비춰 살펴본 그는 말하는 사람과 듣는 사람 사이에 이루어지는 의사소통은 대부분 무언의 교감이며, 심지어 무의식적 과정으로 보이기도 한다는 결론을 내렸다. 따라서 그는 이런 기본적인 진실에 무지한 지도자들은 대부분 실패할 수밖에 없다고 했다.

마커스는 "우리가 사람을 알아보는 데 걸리는 시간이 1만 분의 5초인데 비해, 두뇌는 그 사람의 성별을 불과 10만 분의 8초 만에 구별할 수 있다"고 말한다. 우리는 두뇌에서 항상 가동 중인 감시 시스템을 통해서 이런 정보를 입수한다. 이 시스템은 주변 환경에서 오는 문제나 위험의 신호를 끊임없이 감지하는 역할을 한다. 오래전부터 존재해 온 이 생존 시스템은 우리가 다른 사람을 보자마자 성별을 알려 줄 뿐만 아니라 그 사람이 친구인지 적인지, 진짜인지 가짜인지, 믿을 만한 사람인지 위험한 사람인지를 구별해 낸다. 우리는 상대방의 모습에서 가식이나 산만

한 징후를 느끼자마자 즉각 방어 태세를 취한다. 그런 사람의 말에는 아예 귀를 닫아 버리든지, 최소한 경계심을 가지고 듣는 것이다. 우리는 상대방이 인상을 찡그리거나 시선을 마주치지 못하는 것을 보면 곧바로 경계심이 발동하고 불안을 느낀다. 마음에 상처를 입거나 거절당할 거라고 예상되기 때문이다. 반면 상대방이 미소를 지으면서 내 눈을 똑바로 바라볼 때는 마음이 편해지고 신뢰감이 싹튼다. 이 모든 신호는 우리가 미처 알아차리기도 전에 이미 전달된다. 마커스는 "두뇌는 통찰을 통해 먼저 안 다음, 의식을 사용해서 나중에 확인합니다"라고 말했다.

이상에서 알 수 있는 사실은 올바른 자세를 갖추는 과정이 청중을 만나기 전에 이미 끝나 있어야 한다는 것이다. 긴장을 풀고 호흡을 가다듬어야 한다. 나의 이런 모습이 바로 스토리의 바탕이기 때문이다. 스토리와 목표를 검토해야 한다. 청중에게 전달하고자 하는 감정에 집중해야 한다. 또 혹시 예상치 못한 방해 요소는 없는지, 자신을 점검할 필요도 있다. 긴장으로 목소리가 새면 안 되고, 혹시 입에서 마늘 냄새가 나서도 안 된다. 셔츠에 잉크 한 방울만 떨어져 있어도 상대방은 내 이야기와 핵심 메시지에 전혀 신경을 쓰지 못할 것이다! 그러나 무엇보다 성공을 향한 뚜렷한 목적의식으로 몸과 마음을 단련하는 것이 가장 중요하다. 리더십의 대가 워런 베니스가 우리 스토리 회의에 와서 설명했듯이, 올바른 자세가 필요한 가장 중요한 이유는 결국 내가 전하는 스토리의 궁극적 결과에 에너지를 집중하기 위해서다.

베니스는 유명한 경영학 교수이자 서던 캘리포니아 대학교 리더십 연구소의 초대 소장으로, 2007년 《비즈니스 위크》가 선정한 비즈니스계의 가장 뛰어난 사상가 10인에 포함된 인물이다. 그런 그가 우리에게 이렇게 말했다. "리더십의 가장 중요한 역량은 목적의식과 비전에 비춰 자신의 관심을 다스리는 기술입니다. 특히 미신이나 종교적인 측면이 아니라 성과와 목표, 방향이라는 관점에 집중해야 합니다." 그는 또 다른 리더십 역량으로 '자신을 다스리는 기술, 즉 자신의 기술을 파악하고 그것을 효과적으로 구사하는 법'을 언급했다. 올바른 자세를 갖추면 이 두 역량을 한데 결집하는 데도 도움이 된다.

베니스는 나와 점심을 같이하던 중, 한 사람의 목적의식이 얼마나 강력한 힘을 발휘하는지 보여 주기 위해 위대한 곡예사 칼 월렌다Karl Wallenda의 이야기를 꺼냈다. 그는 이른바 '하늘을 나는 월렌다 가족'의 가장으로, 고공 외줄에서 펼치는 죽음의 곡예를 50년 넘게 이어 가다 71세에 비극적인 추락 사고로 사망했다. 월렌다는 자신의 목적에 집중하는 능력으로는 전설적인 존재였으므로, 어떻게 그런 사고가 났는지 처음에는 아무도 이해할 수 없었다. 그러나 훗날 그의 아내가 밝힌 바에 따르면, 푸에르토리코 산후안에서의 마지막 날 아무런 안전장치 없이 외줄을 타기 전에 그가 불안한 마음을 안고 있었다고 한다. 그녀는 그 오랜 세월 동안 남편이 공연을 앞두고 성공에 집중하는 것이 아니라 추락할 위험을 염려하는 모습을 그때 처음 보았다고 했다. 그는 줄이 제대로 묶여 있는지 직접 확인했는데, 그것도 지금까지 처음 있는 일이었다. 그가 추락한 것은 다름 아닌 그의 두려움 때문이었을 가능성이 크다. 베니스는 성공만 생각하는 그의 집중력이야말로, 그 오랜 세월 고공 외줄에서 거둔 놀라운 승리의 자기실현적 예언일 것이라고 말했다. 이 스토리에서 얻어야 할 분명한 교훈은, 내가 신경 쓰는 일은 점점 현실로 변해 간다는 사실이다.

진심을 보여 주면 에너지가 전염된다

의도가 그렇듯이, 진심과 에너지도 결코 감출 수 없다. 자신도 믿지 못하는 이야기를 할 때, 청중은 곧바로 알아차린다. 그들은 그런 느낌을 말로는 설명할 수 없지만 그대로 느끼고 행동한다. 좋은 소식은 내가 진정한 열정과 확신을 지녔을 때도 그들은 똑같이 느낄 수 있다는 사실이다. 나의 열정이 진짜임을 보여 주기 위해 물구나무를 서거나, 소리를 지르거나, 노래를 부를 필요도 없다. 그 열정을 억누르지 않고 그대로 느끼기만 해도 된다. 진정한 에너지는 주변에 퍼져 나간다. 내 스토리에 진심으로 감동하고 그 감동을 표현한다면, 청중도 그 스토리에 공감할 수밖에 없다.

상품이 그다지 훌륭하지 못하거나, 시장 점유율이 3위 혹은 4위에 지나지 않을 때도 여전히 에너지와 열정을 보여 줄 수 있을까? 안타깝게도 이것은 많은 비즈니스맨들이 처한 현실이다. 그렇다고 이것이 꼭 극복할 수 없는 문제는 아니다. 한 가지 방법이 있다면, 그 상품이나 서비스에서 내가 정말 좋아하는 점을 찾아보는 것이다. 상품의 색상이나 해당 서비스의 웹사이트 디자인 같은 아주 사소한 부분이라도 괜찮다. 그 스토리에서 내가 정말 열정을 품을 수 있는 측면에 집중해 보는 것이다.

모든 비즈니스를 통틀어 설득력 있는 스토리텔링의 가장 열렬한 주창자는 내가 아는 한 마크 버넷Mark Burnett이다. 그는 리얼리티 TV 쇼를 개척한 인물이다. 2001년부터 지금까지 에미상의 총 48개 부문에 후보로 올랐다. 〈서바이버〉, 〈어프렌티스〉, 〈컨텐더〉, 〈마사 스튜어트〉, 〈당신은 5학년보다 똑똑합니까?Are You Smarter than a 5th Grader?〉, 〈MTV 어워드〉 같은 시리즈물이 바로 그 후보작들이다. 버넷은 개인적 열정을 자신의 일을 추진하는 연료로 삼았던 인물이기에, 나는 그에게 UCLA를 방문해서 우리 대학원생들에게 자신의 스토리 요소를 들려달라고 부탁했다.

버넷은 내가 기대했던 이상으로 비즈니스 스토리에서 열정이 차지하는 역할을 강조했다. 그는 단호하게 말했다. "성공과 실패는 우리에게 어느 정도의 에너지가 있느냐에 달려 있습니다. 저는 직원들에게 이렇게 말합니다. '사람들에게 영감을 주는 데는 창의력보다 우리의 에너지가 훨씬 더 큰 역할을 합니다.'"

왜 그런지 알려 주기 위해 그는 자신이 직원들에게 해 준 이야기를 학생들에게 들려주었다. "성공하는 비즈니스맨들의 문제는 사실 에너지를 어떻게 유지하느냐 하는 겁니다. 저는 하루에 열네 시간, 열다섯 시간, 심지어 열여섯 시간까지 일할 때도 있습니다. 그러려면 그만큼의 에너지가 필요하죠. 비유하자면 매일 아침 몸을 담그는 욕조에 물이 흘러 넘치도록 차 있는 모습을 생각할 수 있습니다. 그런데 마개를 빼서 물을 흘리면, 집에 돌아올 때쯤에는 마지막 한 방울마저 배수관으로 빠져나가 버리고 없겠죠." 그는 원래대로라면 아직 욕조에는 우리가 집으로 돌아갈 정도의 에너지가 남아 있어야겠지만, '에너지 도둑'과 마주친다면 정오가 되기 전에 이미 빈털터리가 되고 만다고 강조했다.

베넷이 말하는 '에너지 도둑'은 오직 자신만 생각하는 사람을 뜻하는 것이었다. 자신이 내놓는 결과물에는 전혀 신경도 안 쓰고, 아무런 열정도 열의도 없는 사람, 그리고 그가 어떤 말이나 행동을 하든 주변 사람의 에너지만 고갈시키는 사람들 말이다.

에너지는 생각뿐만 아니라 우리 몸의 자세를 통해서도 전달된다. 의자에 구부정한 자세로 앉거나 연단에 비스듬히 기대 있으면, 그 자체로 청중에게 나는 피곤하다고 이야기하는 것이다. 그렇게 피곤하니, 아마도 그들에게 정말 귀중한 이야기는 전해 줄 수 없을 것이다. 이와는 달리 올바른 자세로 서거나 앉아서 청중을 똑바로 바라보는 자세는, 정신을 차리고 주의를 집중하며 지금부터 하려는 말에 정말 열정을 지닌 내 태도를 그대로 보여 준다. 그런 에너지는 그들 역시 열정을 띠게 되리라는 무언의 약속을 전달해 준다.

설득력 있는 스토리를 전하는 가장 큰 목적은 나의 대의와 사명에 대한 청중의 에너지를 불러일으키는 데 있다. 그런데 나의 이야기가 오히려 그들의 에너지를 고갈시켜 버린다면 나의 목적은 결코 이루어질 수 없다. 그럼 과연 말하는 사람이 밝고 행복한 기분일 때에만 스토리를 효과적으로 전달할 수 있다는 뜻일까? 전혀 그렇지 않다! 에너지는 여러 가지 다양한 감정으로 드러난다. 그리고 약점을 그대로 드러내는 것이 오히려 가장 큰 설득력을 발휘할 때도 있다.

약한 모습을 보여 주면 마음이 열린다

인맥 관리 분야의 전문가이자 《혼자 밥 먹지 마라》와 《혼자 일하지 마라》의 저자인 키스 페라지Keith Ferrazzi가 우리 스토리 회의에 와서 이렇게 말한 적이 있다. "오늘날 비즈니스 세계에서 '약한 모습'만큼 제대로 인정받지 못하는 자산도 없습니다. 어떤 사람이나 다른 사람과의 공통점이 있기 마련입니다. 그런 공통점을 발견하는 방법은 단 한 가지뿐입니다. 내가 먼저 마음을 열고 자신의 관심사와 걱정을 표현하면 다른 사람도 따라 하게 됩니다."

페라지의 말을 듣자마자 떠오르는 장면이 있었다. 바로 2008년 2월 스티브 티시Steve Tisch가 아카데미 수상자로는 최초로 빈스 롬바르디 트로피(NFL 슈퍼볼 우승 트로피 - 옮긴이)를 획득했을 때의 일이다. 뉴욕 자이언츠가 뉴잉글랜드 패트리어츠를 이기고 제42회 슈퍼볼 우승자가 되자, 티시는 뉴욕 자이언츠팀의 공동 구단주 자격으로 경기장에 섰고, NFL 커미셔너 로저 구델Roger Goodell에게 그 트로피를 받았다. 티시는 관중석을 가득 메운 75,000명의 팬과 전 세계에서 TV로 지켜보는 수억 명의 시청자들에게 뉴욕 자이언츠를 향한 부친의 애정을 이야기하면서, 그날 밤 애리조나 글렌데일(이곳에 있는 피닉스 대학교 스타디움에서 42회 슈퍼볼 경기가 열렸다. - 옮긴이)에 마치 아버지의 영혼이 살아 계신 것 같다고 말했다. 그의 눈에는 눈물이 가득 맺혔고, 스피커를 통해 들리는 그의 목소리는 슬픔과 자부심이 뒤섞인 채 흔들리고 있었다. 관중도 그의 말에 공감하며 박수로 화답했다.

나는 그날 밤 티시의 모습을 지켜보면서 감동하기도 했지만, 한편으로는 그가 약한 모습을 보인 것이 약간 놀랍기도 했다. 티시는 바로 내가 사장이던 시절의 컬럼비아 픽처스에서 사회 경력을 시작했다. 내가 아는 그는 언제나 아버지의 후광을 멀리하고 자신만의 길을 걸어온 사람이었다. 부친은 그와 함께 뉴욕 자이언츠의 구단주였을 뿐 아니라, 미국 우체국 총장을 지냈고 스티브의 삼촌과 함께 로우스 앤드 로릴라드Loews and Lorillard 기업의 회장 겸 공동 소유주이기도 했다.

스티브는 할리우드에서 수십 편의 쟁쟁한 영화를 제작하며 자수성가해 왔다. 그중에는 〈위험한 청춘〉, 〈롱 키스 굿나잇〉, 〈스내치〉, 그리고 그에게 오스카 작품상을 안겨 준 〈포레스트 검프〉도 포함돼 있었다. 나는 그의 아버지가 몇 번이나 그에게 뉴욕으로 돌아와 자이언츠 구단 경영을 도와달라고 부탁했다는 것을 알고 있었다. 스티브는 그때마다 아버지의 성공에 무임승차하기를 사양했다. 그러나 그날 경기장에서 스티브가 흘린 눈물을 보면, 아버지의 역할을 물려받기까지 그가 얼마나 많은 마음고생을 했는지 충분히 짐작할 수 있었다.

나는 그가 이제 총 10억 달러 이상의 돈이 드는 새로운 자이언츠 스타디움 건설을 추진 중임을 알고 있었기에, 그가 이 기업을 끌어가기 위해 아버지의 스토리를 얼마나 많이 이야기하는지, 그리고 그날처럼 약한 모습을 보여 주는 것이 그 스토리에 도움이 되는지 또는 방해가 되는지 궁금해졌다.

우리가 뉴욕에서 만났을 때 이 질문에 답변하던 티시의 눈은 다시 그렁그렁해졌다. 그는 눈물을 닦으면서 아버지 이야기를 할 때마다 울었던 것 같다고 인정했다. 그 이야기는 2004년 부친의 뇌암 말기 판정 소식을 듣고 그가 48시간 안에 뉴욕으로 돌아와야 했던 상황을 말하는 것이었다. "처음에는 내가 할 일이 아버지가 최고의 치료를 받으실 수 있도록 하는 것이라고만 생각했습니다. 그런데 그 과정에서 아버지가 또 다시 '이제 돌아와서 나랑 일하는 거니? 나한테 필요한 건 파트너, 친구, 그리고 아들이란다'라고 말씀하셨습니다. 드디어 결단을 내릴 때가 온 것이었죠. 그제야 시간이 얼마 남지 않았음을 깨달았습니다. 웨이팅 서 클에서 기다리기만 하던 제게 타석에 들어서야 하는 순간이 다가왔던 겁니다. 말 그대로 몇 달 안에 말이지요. 그렇게 우리는 파트너가 되었 고, 저는 아버지의 절친 그리고 아들이 되었습니다." 마침내 부친이 쇠 약해지자 그들의 관계는 뒤바뀌었다. "이제는 제가 아버지 노릇을 하게 됐습니다."

스티브 티시에게 뉴욕 자이언츠는 이처럼 새로운 가족관계를 의미하 는 것이었다. 그는 NFL 소속의 뉴욕 자이언츠팀을 보면서 아버지가 맡 아온 회장과 공동 구단주라는 역할뿐 아니라, 가족의 유산이자 자신이 지켜야 할 불꽃으로 인식했다.

아버지의 가장 큰 꿈은 새로운 자이언츠 스타디움을 짓는 것이었다. 그러나 스티브가 주 정부로부터 건설 승인을 얻어 냈을 때는 이미 그가 세상을 뜬 후였다. 티시는 아버지의 꿈을 이루기 위해 파트너인 존 마라 John Mara와 건축가, 시공업자, 시 관계자를 독려해 스타디움 건설을 추진 했다. 티시가 말했다. "저는 아버지와 함께 걸어온 지난날과 그 목적을 그들에게 이야기했습니다. 그리고 그 기억의 여정을 완성하고 그분의 열정을 구현해 뉴요커인 그분의 상징이 될 만한 스타디움을 설계하고 싶다고 말했습니다. 그분은 미식축구 팬이자 자상하고 친절하며 힘찬 사나이의 상징이었지요. 물론 딱 꼬집어 말할 수는 없었지만, 그런 저의 생각을 경기장의 시멘트, 철근, 그리고 좌석 하나하나에 반영하려고 애썼습니다.”

나는 그에게 다양한 청중을 상대로 이야기할 때마다 감정을 어떻게 다스리는지 물어봤다. 그는 과연 모든 사람에게 속 깊은 감정까지 다 드러내는 걸까?

그가 대답했다. “저도 어쩔 수가 없더라고요.”

신축 경기장 건설은 2010년 개장을 목표로 착착 진행되었다. 그리고 자신의 약한 부분까지 서슴없이 드러내는 티시의 모습은 대체로 도움이 된 편이었다. 그의 솔직한 태도 덕분에 청중은 그의 이야기에 공감할 수 있었다. 그러나 주의할 점이 한 가지 있다.

2008년 말, 티시와 마라는 시즌 티켓 보유자에 대한 개인 좌석 라이선스 요금을 인상했다. 그리고 티시는 다음 시즌 개막전 하프타임에 또 한 번 아버지의 스토리를 말하려 관중 앞에 나섰다. 물론 이번에는 다른 목적을 위해서였다. 그러나 그는 8만 관중의 성난 야유 앞에서 연단을 내려올 수밖에 없었다. 그날 그는 아버지를 기리는 뜻에서 암 퇴치 모금 운동인 '스탠드 업 투 캔서Stand Up to Cancer' 캠페인 차 그 자리에 나간 것이었다. 심지어 그의 옆에는 유명 모델 크리스티 브링클리Christie Brinkley까지 와서 지원에 나설 예정이었지만, 관중들은 그의 이야기에 전혀 관심이 없었다. 그들의 감정은 오직 티켓 가격 인상에 대한 분노와 좌절로만 가득했기에, 그의 약한 모습도 이번에는 전혀 소용이 없었다.

이 대목에서 얻을 수 있는 교훈은, 내가 아무리 진심 어린 태도와 약한 모습을 보이더라도 청중의 관심사를 외면한 채 그들의 마음을 얻기를 기대해서는 안 된다는 것이다.

거절을 승낙으로 알아듣는 법

내가 자주 하는 말이 있다. 뛰어난 리더는 상대방이 '노'라고 해도 못 들은 척 '예스'로 알아듣는다는 것이다. 인내는 리더십뿐만 아니라 스토리텔링 기술에서도 가장 중요한 덕목이다. 그러나 나는, 스스로 포기하는 상황에 비하면 다른 사람에게 거절받는 편이 훨씬 더 인내하기 쉽다는 사실을 깨달았다.

인내심을 발휘하는 좋은 방법은 두려움을 없애는 것이 아니라 이용하는 것이다. 진화 신경과학자들의 말에 따르면, 우리의 원초적 본능은 두려움을 느낄 때 세 가지 선택지를 내놓는다고 한다. 즉, 두려움에 맞서 싸우거나, 도망치거나, 그 자리에 얼어붙는 것이다. 뒤로 물러서거나 꼼짝 못 할 때는 당연히 어떤 스토리도 말할 수 없다. 그렇지만 맞서 싸워야겠다고 생각할 때 나오는 그 아드레날린은, 스토리를 전하는 데 필요한 에너지와 열정 그리고 절박함을 고취하는 데도 똑같이 도움이 된다.

나는 미팅을 앞두고 긴장될수록, '두려움이란 진짜처럼 보이는 가짜 신호'일 뿐이라고 생각하곤 한다. 가짜 신호는 무시해 버리면 된다. 그리고 나는 걱정을 안겨 주는 신호는 대부분 가짜라는 것을 알고 있다. 그래서 테리 세멜에게 〈정글 속의 고릴라〉를 제안할 때, 나는 머릿속으로 목표와 스토리를 점검하고 상대방의 관심사와 나의 대처 방안을 미리 검토했다. 그리고 내가 할 이야기의 진실과 메시지의 장점을 다시 한번 확인했고, 나는 언제나 두려움을 기회로 바꿀 수 있다고 스스로 다짐했다. 물론 그렇게 해도 모든 사람이 세멜처럼 내 메시지에 귀 기울이지는 않을 수도 있지만, 거절당할지도 모른다는 두려움 때문에 스토리를 망치는 일만은 분명히 피할 수 있다.

물론 전에 한번 거절을 경험한 이야기를 가지고 다시 남 앞에 선다는 것이 말처럼 쉬운 일은 아니다. 그때 거절했던 사람들은 사실 내 이야기를 들을 준비가 안 돼 있었을 뿐인지도 모른다. 그러나 그런 환경에서 나는 어떻게 활기차고 결연한 자세를 유지할 수 있을까? 나는 이 질문을 상상을 초월한 인기를 누렸던 《영혼을 위한 닭고기 수프》시리즈의 저자 마크 빅터 한센에게 던져 보았다. 한센이야말로 1992년 이 시리즈의 첫 권을 내 주겠다는 출판사를 찾지 못해 엄청나게 고생한 장본인이기 때문이다. 사실 그와 그의 파트너 잭 캔필드는 무려 144번이나 거절당했다. 지금 생각하면 도저히 믿기지 않는 이야기다. 지금까지 이 시리즈가 무려 1억 1,200만 부나 팔려 나갔고, 그간 발표된 제목만 200종에 달하며, 전 세계에서 40개 이상의 언어로 번역되었다는 점을 생각한다면 말이다. 나는 한센이 그 많은 거절을 견딜 수 있었던 데는 뭔가 대단한 방법이 있었음이 틀림없다고 생각했다.

한센이 말한 첫 번째 비결은 뚜렷한 목표를 세우고 스토리도 분명하게 전하라는 것이었다. 그와 캔필드는 둘 다 연설가로 명성을 떨쳐 온 사람이었다. 그들의 연설에는 영감과 동기, 희망, 그리고 강력한 설득력이 있었다. 그들은 스토리가 인생을 바꿀 수 있다는 것을 몸소 증명해 왔기에, 보통 사람이 이뤄 낸 101가지의 특별한 일을 책에 담아 그들의 이런 경험을 전하고자 했다. 그리고 뇌리에 강하게 남을 만한 제목을 찾았다. 그러다 캔필드가 할머니께서 항상 당신이 끓여 주는 닭고기 수프를 먹으면 무슨 병이든 다 낫는다고 말씀하시던 것을 떠올렸다. 그와 한센은 자신들의 책도 할머니의 말씀처럼 영혼을 치유하는 힘을 발휘하리라고 굳게 믿었다. 그 순간 그들은 '영혼을 위한 닭고기 수프'를 제목으로 정했고, 이 책이 베스트셀러가 될 거라고 미리 직감했다.

한센이 말한 두 번째 비결은 자신의 책에 나오는 사례를 잘 살펴보고 통찰력 있는 스토리를 떠올려서, 상대방의 거절을 승낙으로 알아듣는 법을 연습하라는 것이었다. 그는 대통령 선거에 출마한 적도 있는 억만장자 로스 페로Ross Perot에게 이 책의 서문을 부탁했을 때, 그로부터 이 이야기를 들었다고 했다. 페로는 흔쾌히 승낙하면서 출판사는 구했느냐고 물었다. 한센은 아직 많은 출판사를 만나 보려고 한다고만 대답했다. 페로는 웃으면서 '많이'가 문제가 아니라 '하나라도' 있으면 된다고 말했다. 그러면서 데이터 처리회사 EDS를 세울 때 아내에게 1천 달러를 빌려서 시작한 자신의 이야기를 해 주었다. 그는 한센에게 자신이 77번이나 거절당한 끝에 첫 계약을 따냈는데, 그 계약이 400만 달러짜리였다고 자랑스럽게 이야기했다. 한센은 이렇게 말했다. "그는 그 액수를 거절당했던 횟수로 나눠 봤답니다. 그랬더니 한 번에 8만 달러라는 계산이 나왔죠." 페로는 나중에 자신의 EDS 지분을 매각해 무려 24억 달러를 거머쥐게 된다.

페로의 이야기는 결국 딱 한 번만 성공하면 된다는 말이었다. 그 메시지는 한센의 귀에 크고 뚜렷하게 들어왔다. 한센은 이렇게 말했다. "이 세상에서 가장 중요한 말은 바로 '다시 한번'입니다."

그러나 그가 말한 세 번째 비결은, 인내란 그저 같은 행동을 계속 반복하는 것을 뜻하지는 않는다는 것이었다. 거절을 당하더라도 거기에는 항상 내 스토리와 말하는 방식을 다듬고, 개선하며, 배울 점이 있다. 그와 캔필드는 핵심 스토리를 바꾸지는 않았지만, 다른 사람의 비판에 항상 귀 기울이며 그로부터 자신들의 스토리를 다듬고 제안을 개선할 점을 찾았다. 한센이 말했다. "승리자에게 피드백은 매일 먹는 아침 식사와도 같습니다."

그러나 주류 출판사들은 '단편 스토리 모음집'은 한센과 캔필드가 꿈꾸는 그런 베스트셀러가 된 적이 한 번도 없다며 여전히 냉담한 반응을 보였다. 한센은 그들에게 계속해서 말했다. "우리는 단편 스토리를 팔려는 것이 아닙니다. 우리는 세상을 바꾸려는 겁니다. 한 편 한 편의 스토리를 통해서 말입니다." 그러나 그의 노력도 그들의 머릿속에 들어 있는 기존 관념과 데이터를 뛰어넘기에는 역부족이었다. 마침내 그와 캔필드는 확신을 주어야 할 대상은 그 어떤 출판사도 아니고 바로 자신들이라는 점을 절감했다.

두 사람은 1993년 6월에 《영혼을 위한 닭고기 수프》를 자비로 출판했다. 그리고 16개월 만에 미국과 캐나다의 주요 베스트셀러 목록을 모두 석권했다. 그렇게 될 수 있었던 주요 동력은 그저 평범한 입소문뿐이었다. 보통 사람들이 그 책을 사서 읽고 좋아했고, 친구들과 이웃에게 이야기해 주었다. 그러자 언론이 이런 흐름을 포착했고, 한센은 곧 〈오프라 윈프리 쇼〉, 〈투데이 쇼〉, 〈래리 킹 라이브〉 등 전국의 주요 매스컴에 모습을 보이기 시작했다. 그 후 10년 동안 '영혼을 위한 닭고기 수프'라는 브랜드의 상품은 무려 13억 달러의 매출을 달성했다. 오늘날 이 브랜드는 여러 TV 방송국과 프로그램, 주요 인터넷 서비스로 확장할 계획을 세우고 있다.

　물론 한센과 캔필드의 제안을 거절했던 그 모든 출판사는 첫 번째 책이 날개 돋친 듯 팔려 나가자 일제히 태도를 바꿨다. 《영혼을 위한 닭고기 수프》의 속편들은 사이먼 앤드 슈스터Simon & Schuster를 통해 출판되었다. 한편 《타임》은 한센을 가리켜 '10년 만에 등장한 출판계의 경이로운 인물'이라고 평했다.

　나는 한센에게 물었다. "그럼 그 모든 거절은 성공을 향해 가는 우회로일 뿐이었습니까?"

　한센은 자신의 에이전트였던 제프 허만Jeff Herman의 말로 답을 대신했다. "작가가 자신의 꿈과 목표를 포기하지 않는 한, 거절은 큰 문제가 되지 않습니다."

밀어붙일 때와 물러날 때

내가 아무리 이야기할 준비를 마치고 자세를 갖춘들, 상대방까지 들을 준비가 된 것은 아닐 수도 있다. 말을 시작하기 전에 먼저 '현장 상황'을 점검해, 지금 행동을 촉구했을 때 성공 가능성이 있는지 확인해 보는 것이 좋다. 과연 상대방은 내 말에 귀를 기울일 것인가? 혹시 상대방은 온갖 물리적·심리적 방해 요소 때문에 내 말을 전혀 듣지 못하는 상태는 아닌가? 청중의 기분이 너무 좋지 않아 어떤 이야기도 귀에 들어오지 않는 상태라면, 아무리 좋은 이야기도 허공에 총을 쏘는 것과 같을 것이다.

　그렇다고 완벽한 조건이 갖춰져야만 이야기를 시작할 수 있다는 말은 아니다. 내가 좋은 스토리를 준비하고 올바른 자세를 갖췄다면, 대체로는 '청중'의 상태가 어떠하든 그들의 마음을 움직일 수 있다. 그러나 이야기를 하러 갔지만 전혀 기회를 잡지 못할 때도 있다.

1981년 내가 유니버설 픽처스 네드 타넨Ned Tanen 대표의 사무실을 찾아갔을 때가 바로 그런 경우였다. 나는 〈코러스 라인〉을 영화화하겠다는 대담한 계획을 설득하려고 그를 찾아갔다. 당시 나는 다국적 기업인 지멘스와 필립스가 함께 소유한 폴리그램PolyGram이라는 큰 회사의 회장이었고, 타넨이 대표로 있던 유니버설은 5년 전에 말도 안 되는 가격에 〈코러스 라인〉의 저작권을 사서 당시에는 이미 브로드웨이를 강타한 뮤지컬을 만든 뒤였다. 원래 유니버설이 먼저 착수했던 영화제작이 당시에는 멈춰 있었으므로, 권리를 우리에게 넘겨 영화에 들어간 투자금액을 만회하는 게 어떠냐고 설득했다. 대신 우리가 영화를 만들면 유니버설이 배급과 투자를 해 주면 좋겠다고 제안했다.

우리로서는 한 가지 문제가 있었는데, 그것은 바로 연극 〈코러스 라인〉이 너무나 큰 성공을 거뒀다는 사실이었다. 순회 극단이나 중소 프로덕션 업체들이 전국의 고등학교와 지역 극장, 심지어 시골 작은 마을까지 찾아다니며 이 연극을 무대에 올렸다. 그래서 이 작품을 영화로 만든다면 기존 관객의 호기심을 자극할 만한 뭔가 새로운 요소가 꼭 필요했다. 그래서 우리는 스토리의 틀을 다시 짜기로 했다. 우리는 〈토요일 밤의 열기〉, 〈그리스〉 등에 출연했던 존 트라볼타와 러시아에서 망명한 유명 발레리노이자 〈터닝 포인트〉의 주인공 미하일 바리시니코프 등과 함께 작업했다. 그들 모두 배우로서 최전성기에 올라 있었으며, 〈코러스 라인〉 출연에 지대한 관심을 보이고 있었다. 제작자이자 폴리그램 회장인 내가 할 일은 바로 네드 타넨을 끌어들이는 것이었다.

나는 타넨이 감정 기복이 큰 사람이라는 것을 알고 있었다. 그는 항상 도발적이고 대드는 듯한 말투였다. 그러나 그가 바로 유니버설의 사장이었기에 모든 일은 그를 거쳐야만 성사될 수 있었다. 게다가 우리는 트라볼타와 바리시니코프에게 빨리 답을 주지 못하면 이 절호의 기회를 놓칠 판이었다. 전화로 할 이야기가 아니라고 판단했다. 이런 이야기는 직접 만나서 해야만 했다.

나는 서부 로스앤젤레스에서 블랙록Black Rock까지 차를 몰고 갔다. 그곳에 자리한 건물 맨 위층에 유니버설의 전설적인 거물인 네드 타넨과 루 와서만Lew Wasserman, 시드니 쉐인버그Sidney Sheinberg의 사무실이 있었다. 내가 할 이야기에 엄청난 돈이 걸려 있다는 중압감은 차치하고라도, 그런 거물들이 한 장소에 있다는 것만으로 주눅이 들 정도였다. 그러나 타넨의 사무실에 들어서면서는 오로지 그에게만 집중했다. 역시나 그는 전화기 너머의 누군가에게 괴성을 지르며 흥분하고 있었다. 그는 비서에게 마실 것을 달라고 고함친 다음 나를 향해 말 그대로 으르렁거리듯 말했다. "원하는 게 뭐요?"

이제 내 제안을 내놓을 차례였지만, 그는 전혀 들을 준비가 되어 있지 않았다. 그래서 나는 "아, 그저 한번 뵈려고 찾아온 겁니다"라고 말했다.

그가 갑자기 일어섰다. "그럼 같이 드라이브나 갑시다. 시간 있어요?" 그러고 보니 사무실을 벗어나서 친밀한 분위기가 되면 이야기하기가 더 좋을 수도 있겠다는 생각이 들었다. 더구나 타넨은 자동차 수집광답게 드라이브도 꽤 즐기는 사람이었다.

차를 타고 출발하자, 그의 입이 자동차보다 오히려 더 빨리 움직였다. 곧 내 생각이 어리석었다는 사실을 깨달았다. 자동차가 사막지대를 향해 거침없이 질주하는 동안 나는 필사적으로 좌석에 매달리다시피해 있었다.

마침내 도시에서 한참 떨어진 오지에 들어서자, 그가 나보고 내리라고 했다. 나는 '드디어 마음이 좀 가라앉았나 보군. 이제 이야기를 꺼내야겠어'라고 생각했다. 그런데 그가 자동차 트렁크를 열더니 장총을 한 자루 꺼내는 게 아닌가.

내 머리에는 오직 한 가지 생각밖에 없었다. 그리고 그것은 〈코러스 라인〉이 아니었다.

타넨은 일단 깡통을 몇 개 맞춘 다음 산토끼를 쏘려고 두리번거렸다. 환경이 바뀌었지만, 그의 기분은 여전히 풀리지 않은 듯했다. 모든 상황을 감안할 때 그의 손에 들린 저 총이야말로 그의 사무실에서 받았을 그 어떤 대접보다 더 험악한 '거절'의 표시라고 생각했다. 그래서 나는 그와 어울려 총을 쏘면서 기분을 맞춰 줬다. 그러는 동안 아무 말도 하지 않았다.

마침내 사무실로 돌아온 나는 끙끙 앓는 심정일 수밖에 없었다. 그러면서 다시 그를 찾아가야 한다는 결론에 도달했다. 이틀 후 타넨에게 전화를 걸었더니 그의 기분이 한결 좋아져 있었다. 나는 "10분만 시간을 내 주십시오"라고 말했다. 그러고는 차에 올라타 최대한 속도를 올렸다. 그리고 그의 사무실에 미소를 띤 채 들어섰다.

"잘 지냈소?"라고 말하는 그는 이틀 전과는 완전히 다른 사람이 되어 있었다.

내가 "회장님, 〈코러스 라인〉에 나오는 러브 스토리 기억하시죠?"라고 묻자, 그가 고개를 끄덕였다. "마지막에 행복하게 잘 먹고 잘 살았다는 이야기로 끝나는 결혼 스토리는 항상 누구나 아는 뻔한 내용이라는 것도 아시죠? 〈코러스 라인〉에 뭔가 새로운 내용을 추가하지 않으면 영화는 성공할 수 없다고 생각합니다. 여기서 결혼하는 사람을 트라볼타와 바리시니코프로 하는 겁니다. 그들은 아직 확답은 주지 않았지만, 상당히 흥미를 보이고 있습니다. 두 사람이 출연하면 우리 영화에 투자할 사람을 국제 무대에서도 충분히 찾을 수 있습니다." 말을 마치고 나는 심호흡을 한 번 했다.

그가 말했다. "괜찮네요. 좋은 생각이에요."

나는 잠시 멈췄다가 다시 말을 이어 갔다. "말 그대로 트라볼타와 바리시니코프가 결혼하는 겁니다. 앤 레인킹Ann Reinking(뮤지컬 〈코러스 라인〉에서 캐시 역을 맡은 배우–옮긴이)이 브로드웨이에서 연기한 역을 트라볼타가 맡는 거죠."

"그거 재밌네요."

내가 말했다. "정말입니다. 엄청난 인기를 끌 겁니다. 〈코러스 라인〉의 핵심 스토리는 무대 위의 댄서들이 보여 주는 열정과 고난의 이야기죠. 그건 변함이 없습니다. 그렇지만 부차적인 러브 스토리를 원래 브로드웨이 공연처럼 남자와 여자가 아니라 두 남자 사이에서 일어나는 것으로 설정해서 좀 더 현대적인 감각을 불어넣는 겁니다."

그는 무서운 표정으로 한참 동안 나를 노려보았다. "뭐, 확실히 새로운 요소는 틀림없네요. 하지만 미친 생각이오. 정말 그런 짓을 했다가는 나한테 죽을 줄이나 아시오."

'세상에, 지난번에 사막에서 말했으면 큰일 날 뻔했군.' 나는 속으로 말했다.

타넨이 다시 말했다. "정말 그렇게 하겠다고 생각하는 거요?"

내가 말했다. "회장님, 저도 영화에 절반은 투자하는 셈입니다. 제 행동과 말, 마음, 지갑은 모두 한 방향을 바라보고 있습니다. 그러니 저나 회장님이나 같은 처지입니다. 우리는 함께 울고 함께 웃을 겁니다. 기왕이면 함께 웃는 게 어떻습니까? 좋은 일이 생길 겁니다."

그가 어깨를 으쓱했다. "정말 성공할 것으로 생각합니까? 그럼 한번 해보시오." 나는 이야기할 때가 언제인지 알았기에 마침내 승낙을 얻어낸 것이다.

그런데 슬프게도, 독일 쪽 재정 파트너가 우리의 새 스토리에 관심이 없다고 알려 왔다. 그들의 관심은 오로지 제작비를 낮추는 것뿐이었다. 그리고 그 점에 관해서는 우리가 전해 줄 스토리가 전혀 없었다. 유니버설은 영화 제작에 나서지 않았고, 판권도 결국 다른 곳으로 팔려 나갔다. 영화를 제작한 측은 원작과 똑같은 스토리를 따랐다.

아무리 스토리가 좋고, 말을 잘하고, 훌륭한 제안을 내놓더라도, 청중의 태도는 여전히 중요하다. 상대방이 내 말을 들을 준비가 되어 있지 않으면 내 메시지에 주의를 기울이지 않는다. 그러니 문을 들어서자마자 밀어붙일 것인지, 물러날 것인지를 재빨리 판단해야 한다.

6가지 소통의 기술

두 아들이 열네 살이 되었을 때, 라스베이거스 MGM 호텔에서 열린 스타 마술사 데이비드 카퍼필드의 쇼를 구경 가자고 졸랐다. 아이들은 TV에서 그의 환상적인 공연을 본 적이 있었고, 그가 전 세계에서 마술 공연 표를 가장 많이 판 사람으로 《기네스북》에 올랐다는 사실도 알고 있었다. 나는 아이들에게 그가 에미상을 21개나 수상했을 뿐 아니라, 지난 10년간 가장 많은 수입을 올린 유명인으로 《포브스》에까지 올랐다는 이야기도 해 주었다. 더구나 내가 그와 친분까지 있었으므로 아이들은 그를 직접 보고 싶어 했다. 내가 카퍼필드를 처음 만났을 때는 소니 픽처스의 사장으로 일하던 시절이었다. 호소력 있는 휴먼 스토리로 자신의 마술을 뒷받침하는 것이 그의 주특기였다는 사실이 기억났다. 그래서 아이들에게 공연만 보여 줄 것이 아니라, 끝나고 이 마술의 대가를 직접 만나 도대체 그가 어떤 이야기로 사람들의 마음을 움직여 불가능을 믿게 하는지를 알아보게 해 주자고 생각했다.

말하는 기술이라는 관점에서 그의 쇼를 보고 있자니, 청중의 반응을 끌어내는 카퍼필드의 기술은 오로지 그들과 나누는 쌍방향 소통에 달려 있음을 무대 커튼이 열리자마자 금방 알 수 있었다. 공연이 진행될수록 나는 그의 단순한 소통 기법이 화려한 손놀림보다 오히려 더 놀라웠다. 내가 그의 마술을 따라 할 수는 도저히 없겠지만, 이 소통 기법을 완전히 익힐 수만 있다면 어떤 비즈니스맨이라도 카퍼필드처럼 청중의 마음을 사로잡을 수 있겠다는 생각이 들었다.

카퍼필드는 청중에게 공연을 보여 주었을 뿐 아니라 그들이 물리적·감정적으로 참여할 기회를 조성하고 있었다. 그가 질문을 던졌다. "만약, 불가능을 실현할 수 있다면 어떠시겠습니까?" 그는 청중에게 불가능한 꿈에 도전해 보라고 하면서 사람들을 무대 위로 불러내, 그들이 지켜보는 바로 코앞에서 그가 연출하는 마술에 직접 참여할 수 있게 했다.

나중에 나는 그에게 혹시 곤란한 일을 겪거나 영어를 모르는 사람이 나올까 봐 걱정한 적은 없느냐고 물어보았다. 그랬더니 오히려 놀랄 만한 일이 일어나기를 기도하는 심정이라고 말했다. 그런 일이 일어나면 관객의 시선을 사로잡을 뿐 아니라 그의 행동이 자발적이고 진짜라는 증거가 아니겠느냐는 것이었다. "그럴 때가 바로 제 진짜 실력을 보여 줄 기회죠."

그러나 카퍼필드가 관객의 주의를 끌기 위해 보여 준 가장 효과적인 기술은, 그가 몸을 움직이고, 마술을 연기하며, 사람들의 참여를 유도하는 그 모든 과정 중에도 감상적인 이야기를 전했다는 것이었다. 우리가 간 그날, 카퍼필드의 중심 스토리는 할아버지에 관한 것이었다. 할아버지는 카퍼필드와 그의 아버지의 인생에 군림하면서도 그들의 간청을 끝내 허락하지 않은 고집쟁이 노인이었다.

물론 관중들은 카퍼필드가 몸풀기로 보여 주는 마술에도 흥미를 보이며 열광했지만, 그가 가족사와 거기에 얽힌 자신의 아픔과 욕망에 관해 이야기하면서부터 관심의 성격 자체가 확연하게 달라지는 것을 알 수 있었다. 사람들은 갑자기 그의 이야기에 몰입해서 말 그대로 시선이 고정되어 버렸다.

카퍼필드의 아버지는 어렸을 때 배우가 되는 꿈을 꿨지만, 여성용 속옷 가게를 차리라는 할아버지의 강요로 꿈을 포기해야 했다. 카퍼필드는 자신의 어렸을 적 이야기로 넘어갔다. 그저 멍청한 아이일 뿐이었던 그는 자신의 수줍은 성격을 극복하고, 친구를 사귀며, 여자아이들에게 다가갈 수 있는 훌륭한 수단이 바로 마술이라는 것을 알게 되었다. 그러나 할아버지는 어린 카퍼필드가 선보인 손재주를 보고서도 그 꿈마저 일축했다. 그 노인네는 그가 마술의 길로 들어섰다가는 완전히 실패할 것이 틀림없고, 손자가 실패하는 꼴은 도저히 볼 수 없다고 말했다.

무대 위의 카퍼필드가 그 이야기를 하는 동안 그의 슬픔이 모든 관객의 마음에 전해졌다. 관객들 역시 각자의 삶에서 그와 비슷한 경험과 느낌을 떠올렸기 때문이었다. 우리 모두 그가 어릴 적에 겪었던 좌절과 할아버지에게 자신을 증명하고 싶다는 갈망에 깊이 공감했다.

카퍼필드는 나중에 이렇게 설명했다. "제가 의도했던 진짜 목표는 관객의 감정을 건드리는 것이었습니다. 저는 처음에 등장해서 의자에 앉은 채로 5분 동안 할아버지 이야기만 했습니다. 그러면 관객들이 '마술은 언제 하지?'라고 생각할 것 같죠? 그러나 저는 제가 진지하게 이야기하면 그분들이 '이 친구는 지금 진심으로 이야기하는구나'라고 생각할 거라고 봤습니다. 그러면 그들은 이미 제 편이 되는 거죠."

카퍼필드는 그 5분 토크쇼의 마지막에서, 자신이 브로드웨이 변두리 극장에서 처음 공연했던 어느 날, 할아버지와 비슷한 어떤 분이 객석 맨 뒤쪽에 계신 것을 봤다고 이야기했다. 공연이 끝나고 그곳으로 가 봤지만 그분은 이미 그 자리에 없었다. 그래서 그분이 거기 계셨으면 얼마나 좋을까 하는 자신의 염원이나 상상이었나 보다 하고 생각했다. 이후 할아버지는 세상을 뜨셨고, 카퍼필드는 결국 마지막 인사를 드릴 기회를 놓쳐 버렸다.

나지막한 애도의 분위기가 공연장 전체에 번져 갔다. 사랑하는 사람이 세상을 떠났을 때의 그 안타까운 마음은 누구나 다 아는 것이었기 때문이다.

카퍼필드는 이제 관객에게 새로운 활력을 불어넣기 위해 또 다른 연기를 펼쳤다. 진행의 템포를 바꾼 것이다. 방금 전까지는 천천히 이야기했지만, 이제부터는 매우 빠른 동작으로 관객을 무대에 불러올려 질문을 던져 댔다. 그들에게 생일이나 전화번호 등 아무 숫자나 불러 달라고 한 다음, 그 숫자를 커다란 칠판에 써 놓았다. 그리고 할아버지가 평생 갖고 싶었던 자동차가 1949년산 링컨 컨버터블이었다고 이야기했다. 그의 뒤쪽에 펼쳐진 대형 스크린에 그 자동차 사진이 나타났다.

그는 더 많은 소품을 사용하기 시작했다. 무대 위에는 아까부터 자물쇠가 아홉 개 달린 작은 상자가 놓여 있었다. 카퍼필드는 할아버지가 돌아가신 후 가족이 그분의 집을 정리하던 중 자신이 공연했던 날짜가 찍힌 브로드웨이 변두리 극장 티켓을 서랍 뒤에서 찾았다고 이야기했다. 객석에서 탄성이 터져 나왔다. 그날 할아버지가 진짜 오셨던 것이다! 카퍼필드는 할아버지가 지금도 자신의 모습을 지켜보고 계셨으면 좋겠다고 말했다. 그 말과 함께 상자를 열고 꺼낸 쪽지에는 객석에 있던 많은 사람이 나와서 칠판에 적어 둔 숫자가 순서도 틀리지 않고 그대로 적혀 있었다. 그는 그 숫자로 자물쇠를 열었다. 그리고 상자에서 역시 그것과 똑같은 숫자가 적힌 자동차 번호판을 꺼내 들었다!

그것은 카퍼필드가 지금까지 해 온 이야기와 그의 마술이 서로 만나는 순간이었다. 무대 위에 부드러운 커튼이 드리웠다. 그리고 2초 후 그가 커튼을 열어젖히자 2톤 무게의 1948년형 링컨 컨버터블이 바닥에서 3미터 높이의 공중에 뜬 채 자태를 드러냈다. 역시 똑같은 숫자의 번호판을 단 할아버지의 드림카였다!

관객은 박수와 환호를 보내며 열광에 빠져들었다. 우리는 자동차의 등장에 경탄을 금치 못했다(나는 맨 앞줄에 앉아 있었는데도 자동차가 들어오는 순간을 전혀 눈치채지 못했다). 그러나 우리가 그 마술에 감정을 온통 바치고 목이 메기까지 한 이유는 자동차 때문이 아니었다. 물론 그 마술이 대단하기는 했지만, 나는 우리가 이 공연에서 기억하고 다른 사람에게 전할 스토리는 카퍼필드가 가진 할아버지에 관한 단순한 추억이라는 것을 극장을 떠나기도 전에 이미 알았다.

그날 밤늦게 카퍼필드는 나를 세계 최대 규모의 마술 관련 수집품이 전시된 자신의 개인 박물관에 초대했다. 그리고 그중에서도 어느 상점 앞에 전시된 코르셋과 브라에 대해 상세히 설명해 주었다. 이미 밤이 깊어 가는 시간이었다. 그가 브라를 하나 건드리자 숨어 있던 문이 열렸다. 그곳은 그의 아버지가 운영하던 상점을 그대로 재현한 곳이었다. 배우가 되려는 꿈을 포기하고 속옷 가게를 차려야만 했던 그분 말이다. 나는 그때까지도 여전히 그의 스토리에 푹 빠져 있었던 셈이다!

우리는 박물관 안을 걸으면서 벽에 걸린 후디니Houdini, 켈러Kellar, 만돌

리니Mandolini 등의 포스터와 그들이 사용했던 마술 도구, 조각상, 그리고 고대의 마술 기법 등을 구경했다. 카퍼필드는 그 전설적인 마술사들에 관해 상세히 설명했다. 그들이 누구인지, 어떻게 살았는지, 어떤 꿈을 꾸었는지 등을 말이다. "후디니가 마술사로 성공을 거둘 수 있었던 것은 이렇게 평범한 외모를 지니고 있었기 때문입니다. 주변에서 흔히 볼 법한 보통 사람이었던 그가 수많은 탈출 마술을 보여 주었던 것입니다. 누구에게나 속박에서 벗어나고 싶은 마음이 있습니다. 그래서 그의 스토리는 모든 사람을 자신의 마술에 끌어들이는 힘을 발휘했습니다."

다시 말해, 카퍼필드가 관객과 소통하는 스토리를 그토록 강조한 것은 결코 우연이 아니었다. 그것은 단순한 술책이나 겉치레가 아니었다. 그는 관객과의 소통을 가장 근본적인 거래 수단으로 보았다. 소통을 통해 관객의 주의를 '끌었을' 뿐 아니라, 그들의 불신을 유예하고, 그들이 그가 펼치는 환상의 작동 원리에 주의를 기울이지 못하게 방해했다. 나는 어떻게 그들의 관심이 완벽한 균형을 이루도록 통제할 수 있었느냐고 그에게 물었다.

그가 대답했다. "마술이라는 것 자체가 이렇게 주의를 빼앗는 기술입니다. 예를 들어, 자동차가 하늘을 날 수 없다는 사실은 누구나 압니다. 그런데 지금 눈앞에서 그런 믿을 수 없는 광경이 펼쳐지는 겁니다. 가장 중요한 것은 사람들이 그 수수께끼와 불일치를 잊어버리고, '좋아, 어디 한번 해봐' 하는 마음이 들게 만드는 겁니다. 여기서도 저는 스토리의 힘을 활용해 사람들이 각자의 마음에 집중하느라 눈에 보이는 것, 즉 환상에 주의를 기울이지 못하게 만든 겁니다. 생각해 보면 놀라운 오락거리에는 언제나 이것과 똑같은 과정이 있었다는 것을 알 수 있습니다. 시각 연출과 조명이 아무리 완벽해도 관객의 마음을 흔들어 놓을 스토리로 그들의 주의를 빼앗지 못하면, 그리고 그들의 소원을 성취해 줄 환상의 세계에 그들을 빠뜨리지 못하면, 결코 그들을 사로잡을 수 없습니다."

관객과의 소통이 없었어도 그가 과연 이런 세계를 만들어 낼 수 있었을까? 카퍼필드는 단호하게 고개를 내저었다. "저는 관객과 무대 사이에 놓여 있는 가상의 벽이 무너지는 것처럼 보이게 만들고, 그것을 지켜보는 것만으로 다시 원래대로 돌려놓을 수 있습니다. 제가 많은 관객의 참여를 끌어낸 이유는 오래도록 이어 온 똑같은 행동에 즉흥적인 변화를 주기 위해서였습니다. 마치 코미디의 달인이나 쇼 비즈니스맨처럼 보이게 만든 것이죠."

그는 몇 년 전에 있었던 에피소드를 이야기해 주었다. 어느 날 공연에서 그가 몸이 두 조각으로 잘리는 연기를 펼치는 도중, 무대 뒤에서 어떤 사람이 "발을 움직여!"라고 소리쳤다. 관객들은 모두 카퍼필드의 몸이 두 동강 난 줄 알고 일제히 정적에 빠져들었다. 그러나 그는 이런 예상치 못한 일 때문에 오히려 더 신이 났다. "제가 신났던 이유는 밖으로 튀어나온 것이 실제 사람의 발이었기 때문입니다. 제가 지켜보는 앞에서 그 발이 정말 움직이자, 관객의 함성이 터져 나왔습니다. 정말 놀라운 순간이었죠. 그래서 그 후부터는 공연 때마다 무대 뒤에서 누군가 "발을 움직여!"라고 소리쳤죠. 관객의 반응도 항상 좋았고요."

그런 즉각적이고 자발적인 소통이 효과를 발휘하는 이유는 무엇일까? 카퍼필드는 그것이 스토리를 진짜처럼 보이게 하고 환상을 더욱 돋

보이게 만들기 때문이라고 했다. 그는 이렇게 말했다. "사람들이 직접 참여해서 자신의 꿈을 실현하는 것처럼 느낄 때 마술은 훨씬 더 강력한 힘을 발휘합니다."

비즈니스 스토리를 전하면서 마술을 보여 줄 수 있는 사람은 흔치 않지만, 비즈니스맨이라면 누구나 카퍼필드의 소통 기법으로부터 자신의 스토리를 좀 더 기억에 남고, 공감을 불러일으키며, 실행 가능한 것으로 만드는 법을 배울 수 있다. 연구 결과에 따르면, 우리는 언제나 감정에 따라 결정을 내린 다음, 나중에 지적 알리바이를 동원해 정당화한다고 한다. 우리는 감정적으로 나한테 이익이 된다고 느끼지 못하면 다음 단계로 나아가지 못하는 경우가 많다. 우리 두뇌는 상대방의 몸짓만으로 그가 말을 꺼내기도 전에 이미 이런 결정을 내리기 시작한다.

청중이 내 스토리에 귀 기울이게 만들고 싶다면, 상대방에게 해 줄 이야기가 방에 들어설 때부터 이미 내 몸동작에 다 쓰여 있어야 한다는 이유가 바로 이것이다. 목소리의 리듬을 바꾸고, 음성을 키우거나 줄이며, 어떤 사람을 불러내 대화를 나누거나 상대방의 어깨에 손을 올리는 등의 행동 등은 모두 별다른 손재주가 필요 없으면서도 상대방에게 마술과 같은 힘을 발휘할 수 있다. 그것은 모두 상대방을 내 이야기에 끌어들이고, 마치 그들이 내 이야기의 당사자가 되어 그 결과에 이해를 건 것 같은 착각을 심어 주기 때문이다. 당당한 자세와 미소, 그리고 몸동작으로 내 이야기가 상대방에게 상처나 지루함은커녕, 기억에 남을 정도로 즐거운 감정을 선사할 것임을 약속해야 한다. 그리고 그 약속에 걸맞은 스토리를 처음부터 끝까지 전해 주어야만, 스토리의 방향을 그들에게로 돌렸을 때 비로소 상대방이 그 메시지에 응답할 수 있게 된다.

관심을 사로잡아라

1970년대에 내가 컬럼비아 픽처스의 스튜디오 사장이 되었을 때, 간부진 대부분은 나보다 적어도 30년은 앞서는 연령대였다. 그들은 내가 젊고 경험이 없다는 사실에 의구심을 보이며 나를 리더로 받아들이기를 꺼려 했다. 나는 처음부터 그들의 관심과 존중을 끌어낼 뭔가 극적인 일이 필요했다. 그래서 사장이 된 후 첫 회의를 하던 날, 나는 커다란 회의실로 들어가 테이블 가운데 자리는 비워 둔 채 평소처럼 한쪽 구석 의자로 가서 털썩 주저앉았다. 나의 자리 선택은 모든 사람의 눈에 금방 띄었다. 나는 사방을 둘러보며 회의실 안의 모든 사람과 눈을 마주쳤다.

두말할 필요 없이 나의 행동은 그들을 향한 존중과 겸손의 뜻을 보여 주는 것이었다. 그것은 내가 그들의 리더가 되고 싶지만, 나이가 어리다는 것도 알고 있고, 권위는 스스로 노력해서 얻어 낼 생각이라는 것을 보여 주는 행동이었다. 그런 리더십을 확보했다고 판단되기 전에는 테이블 가운데 자리에 앉지 않을 생각이었다.

그들은 내 행동에 주목했고, 회의실의 분위기는 즉각 잠잠해졌다.

돌이켜 생각해 보면 나는 그때도 행동이 아니라 말로 표현했더라면, 또는 테이블 가운데 자리에 앉아서 그런 말을 했더라면 어떻게 되었을까 상상해 보려고 했던 것 같다. 물론 나는 진심을 담아 말했겠지만, 아무리 그랬더라도 청중에게 그 메시지를 전달할 수는 없었을 것이다. 나는 그들의 예상과는 전혀 다른 자리를 선택함으로써 청중의 관심을 사로잡고 내 진심을 말로는 표현할 수 없는 방식으로 그들의 뇌리에 심어 놓았다. 내 행동은 회의실의 모든 사람이 암묵적으로 가지고 있던 사고 방식에 제동을 걸고, 그들이 품고 있던 무언의 억울함과 분노 그리고 불안함을 달래 주었다. 이 단순한 제스처에는 우리 모두 이 일을 함께 이루어 가자고 하는 나의 의도가 담겨 있었다.

청중의 관심을 사로잡는 데 있어 핵심은 먼저 '그들에게' 관심을 기울이는 것이다. 청중의 분위기나 그들의 생각도 모른 채 회의실에 들어섰더라면 십중팔구 나는 심각한 실수를 저질렀을 것이다. 그러나 나는 그들의 사고방식을 예측했고, 내가 어떻게 행동하면 그들의 부정적 예상을 금세 뒤집어 우리의 공통 기반을 마련할 수 있을지 미리 계획했다.

물론 중립적이거나 우호적인 청중을 상대로 스토리를 전할 때는 그런 전략적 행동이 없어도 그들의 관심을 얻을 수 있을 것이다. 그러나 여전히 그들의 뇌리에 떠오르는 가벼운 잡념마저도 차단해 주는 것이 중요하다. 그래야 그들이 나에게 전적으로 집중할 수 있기 때문이다. 그리고 그러기 위해서는 내가 회의실에 들어서자마자 했던 것 같은 무언의 신호를 보내는 것이야말로 가장 좋은 방법이다. 그리고 시선을 마주치고, 미소를 지어 청중의 긴장을 풀어 준다. 또 가능하면 악수를 나누는 것도 좋다. 목소리를 밝게 유지하고, 마치 배우처럼 높고 낮게 변화를 준다. 때로는 청중의 관심을 끌기 위해 목소리를 낮출 필요도 있다. 청중이 귀를 쫑긋 세우고 더 열심히 듣게 만드는 것이다. 또 중요한 대목에서는 한참 동안 침묵을 유지하는 것이 말보다 더 큰 메시지가 되기도 한다. 그러나 무엇보다 청중이 보내는 신호에 따라야 한다. 아주 드문 경우를 제외하고는, 내가 먼저 그들에게 관심을 기울여야 그들도 나의 말에 주의를 기울인다.

청중의 호기심을 부추겨라

1983년 내가 운영하던 제작사의 부사장이었던 제작자 린다 옵스트Lynda Opst의 추천으로 그녀의 친구이자 천문학자인 칼 세이건과 만나 그가 곧 집필할 책의 방향에 관해 이야기를 나눈 적이 있다. 당시에도 그는 이미 다방면에 걸친 해박한 지식으로 명성을 떨치고 있었다. 그가 제작, 출연한 13부작 다큐멘터리 〈코스모스〉는 수많은 상을 석권했으며 역사상 가장 높은 시청률을 기록한 TV 시리즈였다. 그는 NASA 고문을 역임했고, 코넬 대학교 천체물리 연구소의 소장을 지냈다. 1977년 작《에덴의 용, 인간 지성의 기원을 찾아서》로 퓰리처상을 받기도 했다. 그는 깊은 과학적 통찰과 감정적인 설득력, 그리고 도저히 거부할 수 없는 매력을 겸비한 놀라운 인물이었다. 그와 만나게 된 것이 나에겐 마치 마법사 멀린Merlin(아서 왕 이야기에 나오는 가장 유명한 마술사, 2008~2012년 BBC One에서 방영한 판타지 드라마의 주인공 – 옮긴이)이 LA의 누추한 우리 집에 찾아와 점심 식사를 함께하는 것만 같은 놀라운 경험이었다.

우리는 그해 봄날 오후 우리 집 뒤뜰에 앉아 외계 생명체 연구 계획Search for Extra Terrestrial Intelligence, SETI Program에 쏟아부은 세이건의 열정에 관해 이야기를 나눴다. 그는 우리가 만약 다른 문명권과 만나고자 한다면 우선 그들의 언어에 귀를 기울이는 것만이 유일한 방법이라고 굳게 믿었다. 그러나 그는 단지 그 이야기를 나에게 해 주는 데 그치지 않고, 수

많은 질문으로 내 호기심을 부추겨 나를 이야기에 끌어들였다.

"외계 생명체나 혹은 알 수 없는 어떤 힘으로부터 '안녕'이라는 인사말이 담긴 편지를 받는다면 답장을 보내실 건가요?" 그가 물었다.

내가 답했다. "물론이죠!"

"왜요?" 그가 되물었다.

"그들이 알고 있는 지식이 뭔지 궁금합니다. 그 지식으로 혹시 제가 남보다 앞설 수 있을지도 모르죠. 게다가 그런 기회를 어떻게 마다하겠습니까?"

세이건은 좀 더 가까이 다가와 특유의 그 친절하면서도 무섭도록 영리한 눈빛으로 나를 들여다봤다. "만약 인사말이 아니라 지시 사항이라면 어떻게 하겠습니까? 그들이 '뭔가를 건설하라'라고 한다면요? 그들과 대화는 할 수 없다고 칩시다. 그러면 외계 생명체가 지시하는 대로 따르시겠습니까?"

이제 나는 그에게 걸려든 셈이었다. 나는 위험과 흥분, 약속, 놀라움 등을 느꼈다. 우리는 서로 질문을 주고받으며 대화를 이어 나갔다.

내가 물었다. "그 '뭔가'가 뭘까요?"

"아마 뭔지 모를 수도 있습니다. 그런데 만약 당신이 미국 대통령이라고 해봅시다. 그러면 그 지시에 따르실 겁니까?"

내가 말했다. "그것이 어떤 일인지 먼저 알아내야겠죠. 혹시 그 일이 지구를 파괴하지 않을까요? 혹시 외계인을 불러들일 트로이 목마일지도 모르잖습니까?"

그가 말했다. "그들을 받아들이는 일을 왜 그렇게 두려워하시죠?"

"글쎄요, 우리 역사만 봐도 우월한 문명이 열등한 문명과 만날 때마다 약한 쪽이 늘 멸망했어요. 그러니 그런 상황을 떠올릴 수밖에요."

그는 스토리텔링의 대가답게, 만약 이렇다면 어떻게 하겠느냐는 질문을 쉴 새 없이 던져 댔다. "그것이 만약 현대판 노아의 방주라면 어떻게 하시겠습니까? 이 방주가 만약 우리 문명이 살아남을 수 있는 유일한 희망이라면요? 당신이 만약 건설에 착수한다면, 사람들은 어떻게 생각할까요? 그리고 그것을 완성해 보니 자리가 두세 개밖에 없다면요? 지시 사항에 그중 하나가 당신 자리라고 나와 있다면 어쩌실 겁니까? 거기에 타실 건가요?"

내가 대답했다. "저는 롤러코스터를 별로 좋아하지 않습니다. 그러나 제가 지금껏 봐 왔듯이 사람들은 거기에 올라타서 소리치고 비명도 지르지만, 결국은 즐겁게 시간을 보내다가 모두 안전하게 돌아왔습니다. 그런데 당신이 말한 이야기 속 그 미지의 시설은 안전한지, 심지어 마지막에 결국 돌아오는지에 관한 아무런 보장이 없죠. 즉, 제가 가진 두려움이 저의 호기심을 완전히 뒤덮고도 남을 만한 상황이에요. 모르겠네요, 제 안의 그 두 감정이 서로 싸우게 될 것 같습니다."

세이건은 몸을 뒤로 젖히며 두 손을 머리 뒤에 대고 손깍지를 꼈다. "그 이야기의 결말이 어떻게 되는지, 누가 그 자리에 앉는지 책으로 확인하고 싶지 않으세요?"

"물론이죠!"

그가 말했다. "그 이야기를 책으로 쓸까 합니다. 혹시 그 책을 영화로 만들어 볼 생각이 있으십니까?"

내가 말했다. "알겠습니다, 만들어 보고 싶네요."

세이건은 내 호기심만 잔뜩 일으켜 놓고 그 이상은 이야기해 주지도 않았지만, 어쨌든 나를 끌어들여 붙잡는 데 성공했다. 그는 심지어 이 프로젝트를 도저히 거부할 수 없는 이유를 내 입으로 말하게까지 만들었다. 그것은 바로 '안전'이었다. 나는 실제로 항성 간 여행에 나설 필요가 없었다. 우리 문명은커녕 내 목숨도 걸 필요 없이 나의 지적·감정적 호기심만 발동하면 환상의 여행을 다녀올 수 있었다. 그가 손에 땀을 쥐는 마지막 순간을 여운으로 남겨 놓았으므로, 나는 도저히 궁금해서 참을 수가 없었다. 그 일을 하다 보면 상당한 금액을 손해 볼 위험도 있었지만, 세이건이 말을 마칠 때쯤 되자 마치 돈은 전혀 문제가 아니라는 생각이 들기까지 했다. 나는 그 책의 저작권을 샀고, 린다 옵스트는 각본 제작에 착수했다. 그러나 슬프게도 칼 세이건은 이 프로젝트가 완성되는 것을 보지 못한 채 세상을 떴다. 그날 그가 이야기한 스토리는 결국 1997년 워너브러더스가 개봉한 로버트 저메키스 감독, 조디 포스터 주연의 영화 〈콘택트〉로 세상에 모습을 드러냈다.

세이건은 질문이야말로 이야기꾼의 가장 친한 친구라는 사실을 잘 알고 있었다. 청중이 질문한다는 것은 내가 스토리를 제대로 전달하지 못하고 있다는 뜻이 아니다. 오히려 그들의 호기심을 불러일으킬 만큼 내 이야기가 훌륭하다는 뜻이다. 충분히 축하받을 만하다! 질문이 나올 때 제대로 경청하는 것이 중요하다. 그것을 이용해 내 이야기의 요점과 청중에게 행동을 촉구하는 메시지를 더욱 강화할 수 있다.

말하는 도중에 질문을 받으면 이야기가 옆길로 샐까 두려워 대답하기를 주저하는 사람도 있다. 말하는 기술의 관점에서 보면, 그런 두려움도 일리가 있는 게 사실이지만, 이야기를 제자리로 돌려놓는 힘은 언제나 말하는 사람에게 있다는 점을 알아야 한다. 흐름에 맞지 않는 질문이 나왔을 때는 나중에 답하겠다고 약속하고 넘어가는 것이 좋다(그리고 그 약속은 꼭 지켜야 한다). 내 스토리를 무너뜨리거나 위협하는 내용의 질문이라면, 정중하게 받되 충분히 생각해 보고 왜 그런 질문이 나왔는지 이해하도록 노력한다. 그리고 질문자와 합의점을 찾아낸 다음 원래 하던 이야기를 이어 간다. 그 순간에는 잘 모를 수도 있지만, 원치 않는 질문조차 내가 하고 싶은 이야기를 새롭게 조명해 주는 소중한 가치를 담고 있는 경우가 많다.

온몸의 감각을 동원하라

과학자들의 연구 결과에 따르면, 인간의 의사소통에서 말이 차지하는 비중은 극히 미미한 수준에 그친다고 한다. 나머지 대다수는 비언어적인 표현으로서, 그중 절반 이상은 시각적인 언어로, 3분의 1 이상은 말하는 사람의 어조로 표현된다. 다시 말해, 우리는 오감을 사용해 여러 가지를 말하는 셈이다. 말을 잘하는 사람들은 언어와 비언어를 모두 동원해 자신의 메시지를 전달한다. 그들은 청중이 자신의 이야기를 온몸으로 느낄수록 그것을 더 잘 기억한다는 것을 알기 때문이다. 나는 그 원리를 철저히 믿는다. 나 역시 그런 입체적인 스토리를 들은 적이 있고, 그 이야기를 30년이 지난 지금까지도 생생히 기억하고 있기 때문이다.

그는 다름 아닌 헤비급 세계 챔피언 무하마드 알리였다. 1970년대 중반 내가 컬럼비아 픽처스의 세계 총괄 사장을 맡고 있던 시절, 알리는 자신의 자서전《더 그레이티스트》의 영화화 작업에 푹 빠져 있었다. 그리고 우리는 그 영화를 배급할 예정이었다. 아직 영화가 제작에 들어가지도 않았지만, 그는 이 프로젝트가 자신의 위상에 걸맞은 대접을 받아야한다는 점에 대단히 신경을 쓰고 있었다. 어느 날 그의 평생 친구인 하워드 빙엄Howard Bingham이 나에게 전화했다. 알리가 컬럼비아 픽처스로 직접 찾아와 우리 측 전문가들과 이야기를 나눠도 되겠느냐는 것이었다.

우리 측에서는 제작 책임자 존 바이치와 국내 영업 부문 사장 노먼 레비를 포함, 몇 안 되는 인원이 CEO 데이비드 베겔만의 사무실에 모여 있었다. 그런데 몇 차례 의례적인 인사말을 주고받자마자 모두 그의 호소에 흥미를 잃은 기색이 역력했다. 내 동료들은 아직 영화제작이 아주 초기 단계에 불과한데, 그가 왜 저렇게 걱정하는지 이해할 수 없었다. 그래서 다들 창밖을 내다보거나, 두리번거리며 펜을 찾거나, 그저 멍하니 챔피언을 바라보기만 했다.

갑자기 알리가 아무 말도 하지 않았다. 그러고는 작전을 바꿔 다시 시작했다.

"1973년에 제가 켄 노턴에게 진 다음 두 번째 시합에서 어떻게 이겼는지 한번 들어 보실래요?"

그 말은 곧바로 효과를 발휘해서 다들 그를 주목했다! 다음 순간 알리는 우리를 다 일으켜 세워 복싱 자세를 취해 보라고 했다. 그러고는 30분간 팔을 들고 몸을 흔들면서 있어 보라고 했다. 3분 10라운드, 총 30분간의 경기를 체험해 보라는 것이었다. 우리가 30분간 쉴 새 없이 몸을 움직이는 사이, 알리는 자신이 노턴과 벌인 두 차례의 경기에 관해 이야기했다.

그는 첫 번째 경기에서 졌다. 캘리포니아주 잉글우드의 실내경기장 더 포럼에서 첫 번째 시합이 열렸을 때 노턴은 신인이었다. 알리는 "그때 제 컨디션은 선수 생활 중 최악이었습니다"라고 말했다. 그는 노턴의 가격에 자신의 턱이 부러졌던 상황을 직접 동작으로 보여 주었다. 우리는 그를 따라 잽을 날렸고, 그는 이렇게 말했다. "어떤 상황이 닥칠지 모르니 미리 대비하고 있어야 합니다."

그리고 그는 1차전을 지고 6개월 후에 열린 두 번째 시합을 위해 자신이 어떻게 훈련했는지 설명하기 시작했다. 우리는 그의 지시에 따라 발바닥에 불이 나도록 제자리 달리기를 했다. "몸을 계속 움직여야 합니다." 그가 줄넘기 동작을 흉내 냈다. 그가 펀치를 날리면 우리는 몸을 숙여 흘려보냈다. 그가 말했다. "끊임없이 자신을 다스려야 합니다. 이길 수 있는 몸을 만들어야죠. 노턴과의 2차전이 열리던 날 아침, 제 몸무게는 96킬로그램이 나왔습니다. 링에 복귀한 후로 가장 가벼운 몸을 만든 겁니다."

알리는 1라운드 공이 울리자마자 빠르게 달려 나가, 발꿈치를 든 채 쉴새 없이 왼쪽으로 링을 돌았다고 말했다. 그가 계속해서 노턴의 몸에 기대고 목을 밀쳐 대다가 놀리듯이 강한 펀치를 날렸던 동작을 직접 보여 주었다. 그는 그런 식으로 상대를 점점 지치게 했다. "저는 밤새도록 뛰어다닐 준비가 되어 있었습니다. 5라운드까지 저는 시합을 완전히 장악했습니다. 노턴은 제 몸에 손도 못 댔습니다. 그 후로 제 발놀림은 느려졌고 노턴의 발도 저를 따라잡아, 펀치를 몇 방씩 꽂아 넣기 시작했죠. 하지만 저는 결국 그를 물리쳤습니다." 그가 펀치를 방어하는 동작을 선보이며 말했다.

"12라운드가 되어, 이제 마무리 지어야겠다고 생각했습니다." 알리는 노턴을 향해 소나기 펀치를 퍼붓는 동작을 취했다. 잠시 멈췄다가 다시 두 번째 소나기를 퍼부었다. 그리고 그것으로 마무리를 지었다. "저는 매너리즘에 빠진 저 자신을 이긴 겁니다." 그가 승리의 표시로 들어 올린 주먹이 전하는 메시지는 분명했다. 노턴과의 재시합을 승리로 이끈 비결이 철저한 준비였던 만큼이나, 그의 영화도 그래야 한다는 것이었다. 물론 그러기 위해서는 방 안에 있는 모두가 알리처럼 부지런히 일해야만 했다.

그 30분 동안 우리 모두 열심히 움직이고 웃다 보니 마지막에는 모두 지쳐 서로 부둥켜안을 지경이었다. 알리의 이야기 덕분에 우리는 권투 선수의 관점에 서서 간접 체험을 했고, 이기기 위해서는 단순한 펀치력 이상의 무언가가 필요하다는 것을 깨달았다. 간부들은 이제 링 위에서 그런 성과를 거두려면 얼마나 많은 인내와 훈련과 사전 준비가 필요한지 이해했다. 그 점을 깨닫고 나자, 영화에 대한 태도와 10라운드를 이끌어 갈 작전이 완전히 바뀌었다. 영화를 제작하고 판매하기까지의 전 과정을 새로운 관점으로 바라보게 된 것이다.

알리는 우리의 마음을 자신이 요구하는 마케팅 수준에 맞춰 버렸다. 그리고 우리 한 명 한 명과 겨루는 자세로 사진을 찍고는 거기에 사인을 해 주었다. 우리가 틀림없이 그 사진을 사무실에 걸어 놓으리라는 것을 알고 한 행동이었다. 그런 기념품이 눈에 띄는 곳에 있으면 분명히 오늘 있었던 일, 그리고 우리가 알리에 대해 품은 친밀함과 헌신을 떠올리게 될 것이다. 그가 철저하게 준비했던 이야기는 이후 내 성공의 초석이 되었다. 지금까지도 알리와 찍은 사진은 내 사무실 가장 눈에 띄는 곳에 걸려 있다. 그리고 나는 그가 그 사진으로 의도했던 뚜렷한 목적을 다른 사람들에게 자주 이야기한다.

이런 상호 소통 방식은 알리에게 큰 보상을 안겨 주었다. 그는 우리 같은 마케팅 전문가들의 무한한 헌신을 얻어 낸 덕분에, 자신의 캠페인을 펼치는 데 든든한 보디가드를 확보한 셈이었다. 그 결과 〈더 그레이티스트〉는 알리가 세계적인 명성을 얻는 데 크게 기여했다. 또한 그 사실은 그가 이야기꾼으로서도 명실상부한 챔피언에 올랐음을 증명해 준 셈이 되었다.

소품을 적절하게 사용하라

조직 스토리 분야의 컨설턴트 스티브 데닝은 '스프링보드 스토리Spring-board Story'라는 용어를 사용하는데 이는 다이빙의 도약판처럼 청중의 이해를 한 차원 높이고, 행동에 나서도록 독려한다. 그의 말에 따르면, 스프링보드 이야기는 대개 아주 짧고 진실한 내용이며, 긍정적인 결말을 보이는 경우가 많다. 이것은 최소한의 설명만 하고 나머지는 듣는 사람이 많은 부분을 채워 넣을 수 있도록 여백을 제공한다. 그래서 각자가 또 다른 사람에게 전할 수 있는 자신만의 이야기를 만들어 가는 것이다. 내가 로버트 멀로니 박사의 라식 수술 안과를 찾았을 때, 나는 스프링보드 스토리를 말해 줄 가장 효율적이고 강력한 방법은 바로 소품을 사용하는 것이라는 사실을 깨달았다.

멀로니 박사는 내 아내의 라식 수술을 성공적으로 집도해 준 적이 있었다. 아내는 수술 결과가 워낙 마음에 들었던지라, 나도 한번 상담해 보라고 이 병원에 보낸 것이었다. 비록 진단 결과 라식 수술로는 내 시력 문제를 해결할 수 없다는 것이 판명되긴 했지만, 그 과정에서 나는 호기심이 발동했다. 멀로니는 어떻게 환자들에게 자신의 말이 진실이며, 그로 인해 극적인 혜택을 얻을 수 있다는 것을 믿게 만드는 것일까? 환자 중에서도 이런 분야에 정통한 다른 의사를 알지 못하는 사람들은 특히 그런 믿음이 필요했으니 말이다.

멀로니는 방 한쪽 구석을 가리키며 딱 한 마디만 했다. "보세요." 그곳에는 두 의자 사이에 수많은 안경이 버려진 바구니가 하나 놓여 있었다.

나는 소품을 이용하는 그의 뛰어난 솜씨와 스프링보드 스토리의 엄청난 효율성에 깜짝 놀라고 말았다. 딱 한 마디였다. 얼마나 아름다운가! "보세요." 이 말은 '바구니 안을 좀 보세요. 그러면 아실 겁니다'라는 뜻이었다. 불안과 긴장에 사로잡힌 환자들에게 그 안경 더미는 또 다른 환자들이 누리는 혜택을 잘 보여 주는 완벽한 물리적 실체였다. 더 이상 안경을 끼지 않아도 된다! 안경 더미는 그 기적과도 같은 이야기를 그대로 보여 주고 있었다.

나는 소품이 스토리텔링에 필요한 길을 미리 준비하는 데도 유용하다는 것을 알게 되었다. 특히 다른 분야의 리더나 지명도 높은 분들과 만났을 때 소품은 어색한 분위기를 깨고 관계를 부드럽게 만드는 데 큰 도움이 된다. 예를 들어, 1992년 나는 로널드 레이건 전 미국 대통령 및 구소련 지도자 미하일 고르바초프와의 오찬에 초대받은 적이 있다. 나는 소니 엔터테인먼트의 CEO로서, 그 자리가 우리 로우스 극장 체인을 러시아에 펼치자는 이야기를 꺼낼 절호의 기회라고 생각했다. 당시만 해도 러시아야말로 가장 유망한 신흥 시장이었다. 그러나 내가 무슨 수로 고르바초프를 그런 일에 끌어들인단 말인가? 나는 그와 공통점이 전혀 없었다. 내 스토리를 전하려면 먼저 공감대부터 형성해야 했다.

나는 세 사람 모두 화제로 삼을 만한 눈에 띄는 선물을 들고 가야겠다고 생각했다. 그래서 티파니에서 특별히 제작된 순은 조각 스위스 아미 나이프를 세 개 사서 고르바초프와 레이건에게 하나씩 주고 나도 하나를 가졌다. 레이건이 어렸을 때 포켓 나이프를 써서 하는 놀이인 멈블티 페그 놀이를 즐겼다는 말을 들은 적이 있었다. 나는 고르바초프도 틀림없이 똑같은 놀이를 했을 거라고 생각했다. 따라서 이 소품은 우리 세 사람의 어렸을 적 공통의 기억을 떠올려 감정적 유대를 조성할 수 있을 것이었다(당시는 아직 신원 조사가 보편화되기도 한참 전이었고, 정말 순수한 선물로 보였을 것이다. 그러나 오늘날이라면 어림도 없는 일이다).

두 전직 지도자가 티파니 상자를 열고 나이프를 꺼내자, 당장 보안 요원들이 달려들었다. 그러나 레이건이 손짓으로 그들을 물러나게 했다. 그때 내가 말했다. "어렸을 때 멈블티 페그 놀이를 하신 기억이 나시지 않습니까?" 그러자 그는 당연히 기억난다는 듯이 자리에서 일어나 그 놀이를 하는 시늉을 했다. 고르바초프 역시 어렸을 때 러시아에서 바로 그 놀이를 했다고 통역을 통해 말했다. 거기에 나도 합세했고, 레이건 측

직원이 우리 세 사람의 사진을 찍어 주었다.

이 선물은 우리가 공유할 수 있는 일종의 감정적 놀이터이자 공통의 기준을 마련해 주었다. 그 놀이를 하는 과정에서 고르바초프의 딱딱한 태도도 점점 풀렸고, 결국 러시아에 로우스 극장이 진출하면 좋겠다는 나의 이야기를 더 열린 마음으로 들을 수 있게 되었다. 그는 그런 일을 도와줄 사람이 누군지 알려 주었을 뿐 아니라, 나중에 내가 그들을 만날 때 직접 보증을 서 주기까지 했다.

그러나 소품을 선택할 때는 말하는 사람의 진심이 담겨 있는 것을 신중하게 골라야 한다. 유능한 선거 전략가 수전 에스트리치Susan R. Estrich는 UCLA의 내 학생들을 상대로 한 강의에서, 정치가가 소품을 한번 잘못 선택하면, 그로 인해 부정적인 결과가 더욱 심각해질 수 있다고 말했다.

변호사, 교수, 작가, 페미니스트 운동가이자 폭스 뉴스의 해설가이기도 한 에스트리치는 1998년 마이클 듀카키스Michael Dukakis가 대통령 선거에 나섰을 때 여성으로는 최초로 선거 전략 책임자가 되었다. 현재 듀카키스는 UCLA 공공정책 대학원에서 방문 교수로 재직 중이다. 2008년에 에스트리치가 내 강좌에 초대되었던 바로 그날, 나는 캠퍼스에서 걸어가던 그와 우연히 마주치기도 했다. 나는 그를 보자마자 과거 선거 유세 기간에 있었던 한 장면이 머리에 떠올랐다. 작은 체구의 그가 머리에 잘 맞지도 않는 헬멧을 쓴 채 탱크에 올라타고 사진을 찍는 모습이었다. 안타깝게도 헬멧을 쓴 그 모습은 듀카키스에게 별로 도움이 되지 못했다. 그것은 어느 모로 보나 군인 흉내를 내는 어린아이였을 뿐, 곧 대통령이 될 사람에 걸맞은 모습이 결코 아니었기 때문이다.

나중에 수업에 참여한 수전 에스트리치와 이야기하던 중, 그 헬멧과 탱크에 얽힌 뒷이야기를 해 달라고 부탁했다. 그녀는 그때 일을 떠올리며 한숨을 내쉬었다. "그의 장점은 애초에 국방 분야가 아니었습니다. 마이클 듀카키스는 훌륭한 교육 정책을 가지고 있었죠. 건강보험 쪽도 물론이고요. 만약 그가 건강관리 분야의 공장을 방문해서 작은 마스크를 쓰다가 코가 삐져나온 모습을 보였다면 사람들은 아마 '약간 우스꽝스러운 모습이군. 하지만 그는 건강 분야에 관한 한 전문가잖아. 재미있네' 정도로 말했을 겁니다. 자신의 안방에서 토론해야 합니다. 그렇지 않습니까? 국방 분야로 넘어가서는 도저히 우리에게 승산이 없는 상황이었죠."

안타깝게도 듀카키스의 다른 선거 고문들은 그에게 국방 분야에도 강하다는 인상을 주어야 한다고 조언했다. 비록 그것이 사실이 아니라 해도 말이다. 에스트리치가 그때 일을 떠올렸다. "그래서 듀카키스는 탱크 공장으로 갔죠. 그리고 탱크에 올라타서, 헬멧을 뒤집어쓰고 끈을 조였습니다. 그는 '오토바이를 몬다고 생각하면 되겠지'라고 생각했죠. 그의 오해였습니다. 오토바이를 모는 것과는 완전히 다른 일이었습니다! 탱크를 조종하는 일이었으니까요. 탱크를 조종하면서 즐거운 시간을 기대하면 안 되는 거였죠!"

첫 번째 사진을 찍자마자, 강력한 군 통수권자가 된다는 자신의 스토리와 전혀 맞지 않는 일이 벌어지고 말았다. 그 사진은 자신을 향해 되돌아오는 부메랑에 로켓까지 달아 놓은 꼴이었다. 그 한 장의 사진이 그간 자신이 내세워 온 이야기와 어긋나는 바람에 듀카키스의 선거 캠페인 자체가 완전히 망가져 버렸다. 에스트리치는 그 사건 이후에는 그가 무슨 말을 하든 아무 소용이 없었다고 말했다. 그 사진을 들여다본 사람들은 누구나 '이 사람이 군 최고사령관이 된다고? 말도 안 돼. 그는 탱크 쪽과는 전혀 어울리지 않아'라고 생각했다.

여기서 핵심은 탱크라는 물건과 그 바보 같은 헬멧이 모든 후보에게 나쁜 영향을 미친다는 말이 아니다. 단지 당시 탱크라는 물건이 듀카키스가 평소에 말한 내용과 맞지 않았고, 그래서 선거를 망쳐 놓았다는 말이다. 에스트리치는 존 매케인의 경우 탱크를 이용한 스토리가 늘 먹혀들었던 이유는 그의 주력 분야가 바로 국방이었기 때문이라고 지적했다. 듀카키스의 전공 분야는 학교, 병원, 직업훈련 기관 등이었다. 에스트리치는 그가 만약 그 분야의 소품을 이용해 선거의 쟁점을 그쪽으로 몰아갔더라면 분명히 당선되었을 거라고 말했다.

적극적으로 경청하라

설득력 있게 이야기할 줄 아는 사람은 이야기가 독백이 아니라 대화가 되어야 한다는 사실을 잘 알고 있다. 말하는 사람이 성공을 거두려면 내 말의 내용보다 듣는 것이 훨씬 더 중요하다. 이것은 단지 상대방의 반응을 듣는 것만을 뜻하지는 않는다. 말하기 기술을 실행한다는 것은 모든 감각을 동원해서 청중이 보내는 신호에 귀 기울인다는 뜻이기도 하다. 즉, 그들의 감정과 관심, 흥미를 순간순간 가늠하는 것이다.

청중이 보내는 신호를 적극적으로 듣고 공감할수록, 그들을 내 이야기에 더욱 끌어들일 수 있다. 그리고 그들이 내 이야기에 깊이 빠져들수록 내가 촉구하는 행동에 대해서도 더 관심을 기울이게 된다. 적극적인 경청은 말하는 사람이 구사할 수 있는 강력한 도구다. 이런 태도를 통해 나는 청중에게 좀 더 가까이 다가가고, 그들은 더욱 존중받는다는 느낌을 받기 때문이다.

말하는 사람은 듣는 사람의 말을 단순히 듣기만 해서는 안 되고, 그가 (혹은 그들이) 어떤 경험을 하고 있는지 면밀하게 살펴야 한다. 청중의 눈과 몸짓에서 나오는 모든 측면을 살펴서 그들과의 공감대를 끊임없이 강력하게 유지해야 한다. 말하는 사람은 청중의 모든 반응을 예민하게 감지할 수 있어야 한다. 그래야 자신의 스토리를 조정해 청중의 혼동이나 조바심, 지루함을 미연에 방지할 수 있다. 말하는 사람에게 적극적인 경청을 동원해 달성해야 할 목표는, 청중에게 그들이 내 이야기에서 중요한 파트너라는 느낌을 안겨 주는 것이다.

저명한 자기 계발 강사이자 작가, 경영 혁신 전문가인 토니 로빈스는 내 오랜 친구이기도 하다. 그의 세미나에 처음 참석했던 때를 지금도 기억하고 있다. 그 세미나에는 거의 8천 명에 이르는 다양한 사람이 참석했다. 토니의 목표는 청중 한 사람 한 사람이 자신과 다른 사람에게 들려줄 새로운 스토리를 만들 기회를 그들에게 제공하는 것이었다. 즉, 사람들은 세미나를 통해 자신의 삶을 바꿔 놓을 의미를 발견하게 되는 것이다. 로빈스는 자원자가 자신의 문제를 이야기하면 사실상 그의 대변자가 되어 추가 질문을 던지며 그가 새로운 스토리를 만들 수 있게 도와준다. 그러기 위해 로빈스는 '매의 눈'으로 사람들의 행동과 심리를 모든 측면에서 파악한다. 그 와중에도 그는 청중들 전체가 이 스토리를 다 파악하고 있는지까지 확인한다.

내가 로빈스의 세미나에 참석했던 날에는, 열세 살짜리 소녀가 손을 들더니 자신이 두 번이나 자살을 시도했다고 이야기하는 것을 듣고 놀라 얼어붙을 뻔하기도 했다. 그중 한번은 목을 매달았다는 것이었다. 그 아이는 이후 한 시간 반이나 자신의 이야기를 쏟아 낸 다음, 로빈스의 도움으로 스토리의 내용을 바꿔 나갔다.

나중에 로빈스는 나에게 자신의 방법을 설명해 주었다. "각 사람을 상대로 질문하고 격려하며 예리한 감각을 동원해 경청하는 제 행동은, 마치 이야기를 빵 조각처럼 흘려 두는 것과 같습니다. 그들은 빵 조각을 하나씩 주우며 따라오다가 결국 자신의 스토리를 바꾸는 지점에까지 다다르는 겁니다."

그날 우리는 로빈스의 방법에 따라 소녀의 스토리를 모두 함께 들었다. 두 사람이 이야기를 주고받는 동안 객석은 쥐 죽은 듯이 조용하게 집중했다. 로빈스가 얼마나 뚜렷하고 적극적이면서도 투명하게 집중하는지, 우리 모두 그 이야기가 전혀 다른 모습으로 거듭나는 과정에 푹 빠져들었다. 로빈스는 소녀에게 이야기를 넘길 때마다 그녀가 열린 마음으로 마지막 대답을 해석하고, 다음 질문을 예상하게 만드는 것 같았다. 그 과정에서 자연스럽게 청중 전체도 그녀와 똑같은 과정을 따라가고 있었다.

로빈스가 형사처럼 예민하게 듣고 날카롭게 질문한 덕분에, 소녀는 완전히 새롭고 진정 어린 스토리를 자신에게 말하기 시작했다. 그리고 거기에는 새로운 의미가 담겨 있었다.

우선 로빈스는 그 소녀에게 왜 자살을 시도했느냐고 물었다. 소녀는 부모님이 자신을 이해해 주지 않았기 때문이라고 답했다. 그 말에서 그녀가 부모의 이해를 갈망한다는 사실이 드러났다. 그러자 로빈스는 아이의 손을 잡으며 신뢰를 형성한 다음, 부모님이 어땠기에 그런 생각을 하게 되었느냐고 물었다. 그는 성급히 답을 주거나 아이의 사정을 섣불리 짐작하려 하지 않고, 아이에게 시간을 주었다. 질문이 무슨 내용인지뿐만 아니라 그것을 통해 무엇을 말하려고 하는지까지 아이가 직접 생각해 보도록 해 준 셈이다. 아이는 마침내 이해했다는 듯, 부모님의 결혼 생활에 문제가 생겼었다고 말했다.

그러자 그가 앞으로 몸을 기울이며 마치 강연장 안에 그 아이밖에 없는 것처럼 집중했다. 그는 "그러니까 부모님이 이혼하실까 봐 두려웠다는 거지요?"라고 물었고, 아이가 고개를 끄덕이자 다시 이렇게 물었다. "부모님의 결혼 생활이 행복하지 않다면 어떻게 되는 거죠?"

아이가 대답했다. "엄마는 두 분 사이에 문제가 있다는 걸 알고 아빠에게 말하려고 하셨죠. 그런데 아빠는 도무지 들으려고도 하지 않았어요. 그래서 마음이 아플 때가 많았어요. 엄마가 저를 아빠에게서 떼어 놓으려고 했는데, 아빠는 그것 때문에 엄마를 더 미워하셨으니까요."

로빈스는 아이에게서 눈을 떼지 않은 채 계속 말을 걸었다. "부모님은 한 번도 행복하셨던 적이 없었나요?" 그 아이는 그분들이 결혼 17주년이 되기 전까지는 행복하게 지냈지만, 그 후에 자신이 태어났다고 말했다. 그는 아이가 가족에게 가장 바라는 점이 뭐냐고 물었다.

"가족이 계속 함께 지내는 거요."

순간 그 자리에 있는 모든 청중의 머리에는 그 소녀가 아마도 무의식 중에 부모님에게 더 큰 문제를 안겨 드려 함께 해결하게 만들려고 자살을 시도했을 수도 있다는 생각이 떠올랐다. 그러나 아이는 자신의 이야기가 무엇을 뜻하는지 아직 이해하지 못했다. 사실 그것을 이해하게 만드는 것이 로빈스의 목표였다. 그는 아이에게 자신이 자살을 시도했을 때 부모님이 어떤 마음이었을 것 같으냐고 물었다. 또 자신의 시도가 그분들이 불행한 결혼 생활을 이어 가는 데 어떤 영향을 미쳤다고 생각하느냐고도 물었다.

비로소 소녀는 자신의 스토리를 나머지 청중들의 생각과 같은 관점으로 바라보기 시작했다. 객관적인 태도로 진실과 의미를 찾아내려는 태도를 보인 것이다. 그리고 실제로 찾아냈다. 소녀는 자신에게 솔직하게 이야기하기로 마음먹었다. "엄마가 이야기해 주신 게 있어요. 두 분이 결혼하시기 전에 엄마가 임신하셨대요. 아빠는 아이를 정말정말 원하셨는데 엄마는 그렇지 않아서 결국 낙태를 하셨대요. 제 생각에는 아빠가 그 일을 엄마 책임으로 돌리셨나 봐요. 엄마도 자신 탓을 하셨고요."

아이는 자신의 예전의 아픈 이야기를 '듣는' 과정에서 틈을 드러냈고, 우리는 그 틈을 통해 이야기를 바꾸고자 하는 아이의 갈망을 엿보았다. 비록 로빈스가 아이의 생각을 거들고 질문도 던지며, 적극적인 경청으로 개입하기도 했지만, 그 아이는 자신의 스토리를 스스로 통제할 수 있었다. 이제 소녀는 진심을 말했고, 그 내용도 합리적이었다. 더구나 가족의 문제의 근원이 바로 자신이라는 식으로 말하지도 않았다. 아이는 방금 로빈스에게 그런 말을 할 수 있었다는 사실에 <u>스스로도</u> 놀라는 눈치였다. 무엇보다 자신의 말이 무엇을 뜻하는지 확실히 이해하고 책임질 생각이 있는 것 같았다. 아이가 말했다. "부모님은 제가 태어나기 전부터 불행하셨던 것 같아요."

로빈스는 자신의 '말'이 가져다준 교훈이 무엇인지 이야기했다. "우리가 스토리에 부여하는 의미는 전 생애를 좌우합니다. 큰 문제는 작은 생각에서 시작됩니다. 마찬가지로 커다란 업적도 작은 생각에서 비롯되죠."

소녀는 어딘가 깊이 빠져 있다가 마침내 깨어난 듯한 표정이었다. 로빈스는 새로운 스토리가 그 아이에게 얼마나 큰 영향을 미쳤는지 알아내기 위해 이것저것 캐묻기 시작했다. 그는 소녀에게 그 후로 또 자살을 시도해 본 적이 있느냐고 물었다. 아이는 고개를 내저었다. 그리고 깜짝 놀라면서 말했다. "아니요, 부모님의 문제가 제 책임은 아니니까요. 그분들의 잘못을 모두 제가 뒤집어써서는 안 될 것 같아요."

세미나가 끝난 후, 객석을 메운 모든 이의 마음속에는 로빈스의 방법을 집에 가서 적용해 봐야겠다는 생각이 들었다. 그래서 그의 책과 간행물을 파는 안내 데스크 앞에 수천 명이 장사진을 이뤘다. 그 수많은 인파를 지켜보면서, 실제로 그들이 소녀의 스토리가 아니라 바로 로빈스의 스토리를 사고 있다는 것을 깨닫고 감탄하지 않을 수 없었다. 그들은 사실 로빈스가 촉구하는 행동, 즉 각자의 스토리를 바꿈으로써 자신의 경험과 삶의 질에 변화를 일으킬 수 있다는 메시지에 반응한 것이었다.

로빈스의 '이야기'와 적극적인 경청이 불러온 변화가 얼마나 큰 호소력을 발휘했던지, 그의 베스트셀러 서적과 간행물을 사거나 세미나에 직접 참석한 인원이 전 세계 100여 국가의 5천만 명 이상에 달했다.

　나는 로빈스가 발휘하는 적극적인 경청의 힘을 비즈니스맨들이 완벽하게 배울 방법은 없을까 하는 생각이 떠올랐다. 한편으로는 그간 적극적인 경청은 비즈니스 도구로서뿐 아니라 비즈니스의 필수 과제로서도 너무나 외면받아 왔다는 생각도 들었다. 솔직히 말해 비즈니스맨들은 적극적으로 경청하거나 현명하게 질문하는 법을 전혀 모른다고 해도 과언이 아니다. 그들은 말을 너무 많이 하느라 그럴 시간이 없다. 대단히 사교적이고 활달한 성격인 나 역시 내가 하고 싶은 말만 떠들었지, 상대방의 말을 경청하지 못했고, 내 스토리를 개선할 기회를 번번이 놓쳐 온 것을 인정한다.

　로빈스의 의사소통 과정을 지켜보며 가장 크게 배운 점은 바로 이것이다. 내가 누군가를 설득하거나 뭔가를 팔려고 할 때, 상대방의 말을 더 많이 끌어낼수록(주로 그들의 이야기나 문제를 말해 달라고 할 경우) 그들의 요구 사항을 반영해 내 스토리를 다듬는 데 도움이 되었다는 사실이다. 과거와 달라진 점은 상대방의 관심을 끌려고 하기보다는 내가 먼저 그들에게 관심을 기울이게 되었다는 것이다. 그렇다고 내가 미리 준비하지 않는다는 말은 아니다. 단지 지금은 상대방의 말을 예리하게 포착해 내 스토리를 다듬는 데 써먹을 줄 알게 되었다는 말이다. 비유하자면 과거에는 과녁을 맞히는 데 급급했지만, 지금은 정곡을 몇 번이고 찌를 수 있게 되었다고나 할까.

언제라도 대본을 내려놓을 수 있어야 한다

청중의 마음은 이미 떠났는데, 전혀 아랑곳하지 않고 미리 준비한 원고만 계속 읊어 대는 연사를 본 적이 있는가? 그럴 때 어떤 느낌이 들었는지 기억하는가? 아마도 지루하거나, 짜증 나거나, 그것도 아니면 조마조마한 마음에 자리를 벗어나고 싶었을 것이다. 어느 쪽이든, 연사의 메시지가 전혀 귀에 들어오지 않았던 것만은 틀림없을 것이다.

말하는 사람이 '완벽한' 상태만 고집하는 이유는 미리 준비한 대본에서 벗어나면 전혀 예상치 못한 상황을 맞닥뜨릴까 봐 두렵기 때문이다. 아니면 원래 계획을 쉽사리 내던져 버리기에는 준비하는 데 너무 많은 시간과 돈을 들였다고 생각하는지도 모른다. 그러나 두 가지 변명 모두 떠나 버린 청중의 관심을 돌려놓는 데는 전혀 도움이 되지 않는다. 그들의 관심을 끌지 못한다면, 내 이야기를 아무리 해봐야 무슨 소용이 있겠는가?

다행인 점은, 사실 청중의 대다수는 연사가 자신의 관심을 다시 사로잡아 주기를 바라고 있다는 사실이다. 약간의 임기응변을 발휘할 수만 있다면, 그리고 어떤 종류의 에너지나 신호, 암시, 또는 방 안의 소품 등을 활용할 수 있다면, 언제든지 다시 이야기를 살려 낼 수 있다. 진실은 굳이 외울 필요가 없다는 점만 기억해도 큰 도움이 된다. 진심을 잃지만 않는다면 입에서 어떤 말이 저절로 나오든 청중은 내 진정성을 확인하게 될 것이고, 그 결과 나와 청중 사이에는 '대본에 얽매이는' 방식으로는 결코 불가능한 교감이 형성될 것이다. 훌륭한 연설의 또 다른 측면은 바로 뜻밖에 마주치는 행운을 믿어 보는 것이다. 내가 약 30년 전에 전혀 예상치 못한 청중을 맞이했을 때 겪은 것처럼.

내가 폴리그램의 CEO로 일하던 시절, 우리는 〈오션퀘스트〉라는 TV 시리즈를 시작했다. 초창기 리얼리티 쇼였던 이 시리즈는 프로듀서 알 기딩스의 지휘하에 전 세계의 전직 네이비실Navy SEALS 요원과 전문 다이버 및 과학자들을 총동원해 태평양 미크로네시아 제도의 추크 라군Truc Lagoon에서부터 남극의 빙하 해저에 이르는 지역까지 돌아다니며 촬영하는 일종의 해양 모험 다큐멘터리였다. 진행자는 미스 유니버스 출신의 숀 웨더리Sean Wetherly로, 전국 가정의 시청자들에게 심리적 유대감을 줄 수 있는 초보자였다.

그중에서도 아바나 항구의 금지 수역에 관한 이야기를 담는 중요한 코너가 하나 있었다. 그 코너는 먼 옛날 16세기 범선과 해적선들이 보물을 싣고 다니다가 난파해서 해저에 가라앉은 이야기를 다루려고 했다. 그런데 문제가 하나 있었다. 1980년대 초반이다 보니, 미국 정부나 피델 카스트로 공산 정권이나 미국 영화제작팀이 그곳에 들어가는 것을 모두 원치 않았다는 것이다. 나는 우리 작업이 순전히 과학적이고 평화적인 목적이라고 호소한 끝에, 닉슨 전 대통령 측을 통해 승인을 얻어 내는 데 성공했다. 그러나 쿠바 당국으로부터 아바나 항구 촬영 허가를 받아 내는 것은 전혀 다른 문제였다. 우리는 막대한 자금과 프로그램 전체의 명운이 한 치 앞을 내다볼 수 없는 상황에서 몇 주간이나 끙끙 앓기만 하다가, 일단 쿠바 땅을 밟아야만 무슨 일이든 벌어지겠다는 생각으로, 쿠바의 헤밍웨이 마리나에 정박한 다음 카스트로의 반응을 기다렸다.

드디어 해당 지역 담당자 한 사람이 나타나더니, 마침 카스트로도 스쿠버다이버라 우리 프로젝트에 관심이 있고, 그래서 우리 장비를 살펴보러 항구로 찾아오기로 했다고 전해 주었다. 명목상으로는 단지 개인적인 관심에 지나지 않는다는 것이었다. 나는 우리가 방문한 김에 그에게 항만 해저 촬영을 허락해 달라고 부탁해도 되느냐고 물었다. 담당자는 어깨를 으쓱하며 이렇게 말했다. "지도자 동지는 여기 딱 10분만 머무르실 겁니다. 촬영 허가를 요청하는 것은 상관없지만, 규칙을 엄수해 주십시오. 서명을 요청하거나 선물을 드리면 안 됩니다."

카스트로는 미국에서 이미 여러 명의 대통령을 거치는 동안에도 꿋꿋하게 권좌에 머물러 있었기에, 그의 말은 곧 법인 것이 이곳의 현실이었다. 그러나 나는 이번 기회를 꼭 잡아 보겠다고 마음먹었다. 그의 취미가 스쿠버다이빙이라니, 기딩스를 앞세워 우리 장비의 특징에 관해 10분짜리 이야기를 들려주어야겠다고 생각했다. 그러면 그가 허락해 줄 것 같았다.

우리는 당장 우리 스토리 준비에 들어갔다. 그리고 배 안의 가장 정교한 장비를 동원해 소품을 마련했다. 해저 차량, 다이빙복, 고성능 카메라를 비롯한 멋진 '장비'들을 갖춰 두었다. 우리가 이 모든 장비를 주갑판 위에 전시해 놓은 후, 카스트로가 수행원을 대동한 채 도착했다.

건널 판자에 붙어 있는 신발을 벗으라는 표지를 본 '지도자 동지'는 우리 배에 타기 전에 구두를 다 벗으라고 부하들에게 지시했다. 그런 다음 갑판 위를 거닐며 우리가 미리 준비해 둔 구경거리들을 돌아보았다. 그러나 그의 관심을 사로잡을 만한 것은 별로 없는 것 같았다. 기회가 날아가 버릴지도 모른다고 생각한 나는 곧바로 본론으로 들어갔다. 우리가 아바나 항구에서 찾아보고 싶은 데이터와 그 이유를 말하기 시작한 것이다. 카스트로가 시계를 흘끗 들여다봤다. 그러자 그가 이끌고 온 사람들 모두가 나란히 줄을 서서 건널 판자 쪽으로 향했다.

그때 카스트로의 태도가 갑자기 달라졌다. 숀 웨더리가 나타났기 때문이었다! 그녀는 촬영을 막 끝내고 여전히 수영복을 입은 채였다. 우리가 준비한 '장비' 중에서 지도자 동지의 애국심마저 이겨 낸 것은 바로 그녀밖에 없었던 셈이다.

그런데 그의 눈에 띈 또 다른 물건이 있었다. 웨더리의 손에는 자기 손바닥만 한 이빨이 하나 들려 있었다. 그것은 몸길이가 70미터도 넘는 선사 시대 거대 상어 메갈로돈의 이빨이었다. 오늘날 살아 있는 어떤 상어보다 열 배는 더 큰 이 생물체의 이빨에 쿠바 지도자가 관심을 보인 것이 틀림없었다. 웨더리가 그에게 이빨을 건네주었다. 나는 이 절호의 순간을 놓칠세라 즉각 메갈로돈 이야기로 넘어갔다.

지도자가 이 어마어마한 이빨을 어루만지는 동안, 나는 이 엄청난 약탈자가 한때 아바나 해저를 돌아다녔다는 이야기를 들려주었다. 나는 쿠바의 멀고 먼 고대 시절 이야기를 오늘로 끌고 와서, 우리가 찾아낸 아주 유명하고 논쟁적인 일화와 뒤섞어 버렸다. 그것은 모두 아바나 항구가 세계의 상업과 외교, 음모, 전쟁의 중심지였던 시절에 일어난 사건들이었다. 나는 나름대로 행동을 촉구하면서 이야기를 맺었다. 우리는 영화 제작자로서 쿠바의 역사적인 아바나 항구에 관한 스토리를 전 세계에 알릴 수 있는 영속적인 기록물을 만들고 싶다는 내용이었다.

원래 10분으로 예정되었던 만남은 결국 네 시간이나 이어졌다. 카스트로는 우리 이야기를 알아들었고, 오히려 우리가 만들고자 하는 영상 요소에 대해 새롭고 다양한 제안을 내놓기도 했다. 그는 우리가 항구 어디서든 촬영할 수 있는 포괄 허가를 내주었다. 내 아내가 부탁했던 대로 그는 티셔츠에서 잠수 장비에 이르는 거의 모든 곳에 자신의 사인을 해주었다. 그리고 나중에는 랍스터와 시가를 잔뜩 보내 오기도 했다. 이것만 봐도 성공적인 스토리는 결코 대본을 그대로 읽어서는 나올 수 없다는 것을 알 수 있다.

통제를 포기하고
이야기를 청중에게 넘겨주어라

조직 스토리텔링 전문가 스티븐 데닝이 우리 스토리 회의에서 핵심을 짚어 준 적이 있다. 그는 이야기를 전하는 사람이 해야 할 일은 결국 '넘겨주는 것'이라고 했다. "스토리텔링의 목적은 청중에게 자신의 이야기를 넘겨주는 것입니다. 내 이야기를 그들의 이야기로 만드는 것이죠. 그러면 그들은 또 새로운 이야기를 만들어 냅니다. 적응과 변화, 조정을 거쳐서요."

여기서 한 가지 알아야 할 일이 있다. 한번 이야기를 하고 나면, 청중이 그 이야기를 어떻게 받아들일지에 관해 내가 할 수 있는 일은 아무것도 없다는 사실이다.

스토리텔링 기술에서 가장 불편한 진실은 인간사의 아주 간단한 원리, 즉 그 누구든 다른 사람을 통제할 수 없다는 사실이다. 더 나아가 남으로부터 지시를 받거나, 괴롭힘을 당하거나, 속고 싶은 사람은 아무도 없다. 따라서 누군가를 통제하려고 했다가는 번번이 격렬한 저항에 부딪힐 것이다.

내가 할 수 있는 일은 오직 준비하고 갖춘 다음, 이야기하는 것뿐이다. 실제로 청중의 반응은 수많은 변수에 좌우될 뿐, 나와는 아무런 상관이 없는지도 모른다. 그러나 그들이 내 이야기를 자신의 것으로 여기면 여길수록, 그 스토리대로 행동할 가능성이 커진다는 것은 분명하다. 그러므로 내가 할 이야기를 마친 후에는 그들이 어떻게 받아들이든 일부러라도 신경 쓰지 않는 편이 낫다.

그 이야기를 '내 것'으로 여기기보다 '우리' 이야기라고 생각하는 것이 도움이 될지도 모른다. '우리' 이야기를 전하는 것은, 청중이 화자와 청자를 구분 짓는 벽을 허물고 한발 가까이 다가서서 함께 그 스토리를 공유하도록 그들을 초청하는 행동이다. 실제로 그렇게 될 수만 있다면, 이제 그 스토리는 청중에게 공감을 발휘한다고 생각해도 좋다. 그리고 공감을 발휘한다면, '우리' 스토리는 충분히 그들의 가슴에 울림을 줄 수 있다.

모든 직업을 통틀어 통제를 포기하는 일을 가장 어려워하는 사람은 바로 영화감독이라고 생각할 수 있다. 그러나 사실은 전혀 그렇지 않다. 영화제작은 너무나 복잡한 일이기 때문에 작가, 디자이너, 제작자, 배우, 엔지니어들이 영화에 관한 아이디어를 실제로 구현할 수 있도록 감독이 양보하지 않고서는 도저히 완성할 수가 없다. 그러나 비록 감독은 양보하더라도, 다른 사람이 공유할 수 있게 스토리의 틀을 짬으로써 자신의 비전을 고스란히 보존한다.

예컨대 커티스 핸슨 감독은 UCLA의 '서사의 세계 탐구' 강좌를 듣는 내 대학원생들에게, 자신은 〈LA 컨피덴셜〉에 관한 자신의 비전 스토리를 팀원들에게 말해 줄 때 1930년대 로스앤젤레스의 이미지와 조형물을 모아서 만든 자료를 사용했다고 말했다. 핸슨이 직접 이 사진을 모은 이유는 영화의 이미지와 느낌에 독특한 콘셉트를 부여하기 위해서였지만, 이것을 배우와 의상 담당자, 무대 디자이너, 조명, 카메라, 음향 담당자들에게 나눠 준 것은 그들 모두가 각자의 재능과 에너지를 발휘해 공동의 스토리를 만들어 낼 것이라는 믿음이 있었기 때문이다. 핸슨은 마치 자신이 교향악단 지휘자가 되어 단원 전체가 '악보의 같은 페이지를 보면서 연주하게' 이끄는 것처럼 생각했다. 그러면서도 한편으로는 그들 모두 저마다의 독특한 기술과 재능을 발휘해 연주하게 만들어야 했다. 그의 목표는 자신이 원래 제시했던 것보다 훨씬 더 풍부한 스토리를 그들이 함께 만들어 내도록 하는 것이었다. 그의 전략은 완벽히 들어맞았고, 그 결과 〈LA 컨피덴셜〉은 무려 아홉 개 부문의 아카데미상 후보에 올랐다. 핸슨은 아카데미 각색상을 받았다.

모든 종류의 협력 프로세스에는 이것과 똑같은 종류의 긴장 관계가 존재한다. 즉, 말하는 사람은 자신의 뚜렷한 비전과 다른 참가자들을 향한 통제 욕구를 포기하는 것 사이에서 균형을 잡아야 한다. 우리 회사에 이 문제를 적용하면, 나는 각 기업의 핵심 비전을 설정하려고 애쓰지만, 그러면서도 각 프로젝트에 참여하는 모든 사람이 자신을 우주의 중심으로 여길 수 있게 만들어야 한다.

케빈 플랭크는 자신도 언더 아머를 운영하면서 똑같은 태도로 임한다고 말했다. 그는 직원들이 '내가 없으면 회사가 무너져 버릴 거야'라고 생각하도록 독려했다. 직원들은 그런 주인의식이 있었기에 회사에 나와서 열정을 가지고 신나게 일할 수 있었다. 그러나 플랭크는 비록 일상 업무를 일일이 통제하는 것은 포기했지만, 한편으로는 여전히 이렇게 말했다. "제가 할 일은 직원들이 공통의 비전과 목표를 바라볼 수 있게 해주는 겁니다."

이런 종류의 협업은 주요 광고 캠페인에도 영향을 미친다. 원래 이런 광고는 마케팅팀 내부 인원이 직접 말로 공유하는 스토리에서 시작되었다가 나중에 외부로 확산되는 패턴을 보인다. 이런 캠페인의 핵심은 스토리에 내재된 개방성이다. 즉, 청중은 그 내용을 다른 사람에게 알리는 과정에서 자신의 스토리로 삼게 되는 것이다.

미디어 커뮤니케이션 전문가 밥 디크먼은 이렇게 말했다. "사업을 운영하다 보면 빈칸을 모두 메워야 한다는 충동을 느끼게 되는데, 이는 우리가 해답을 빨리 알수록 얻는 보상이 크기 때문입니다. 그러나 사실은 오히려 빈칸이나 모호한 상태를 더 많이 만들어야 합니다. 사업에서는 모든 것을 아는 것보다 핵심을 파악하는 게 더 중요하니까요."

JWT J. Walter Thomson 의 젊은 마케팅 책임자들의 스토리에서 시작된 주요 광고 캠페인에 바로 이런 원칙이 적용된 적이 있다. 이 캠페인은 세계 최대 다이아몬드 광산업 회사 드비어스De Beers의 한 세기가 넘는 역사에서 가장 성공적인 상품 출시로 이어졌다.

JWT 노스아메리카의 COO이자 JWT 인사이드의 CEO인 롭 퀴시

Rob Quish가 뉴욕 본사를 방문한 나에게 이 캠페인이 어떻게 전개되는지 말해 주었다. 먼저 그는 미국 최대의 광고 회사이자 세계에서 네 번째로 큰 종합 마케팅 회사인 JWT 내에 드비어스를 전담하는 마케팅 그룹이 있다고 설명했다. 드비어스를 비롯한 다이아몬드 업계는 아주 작은 다이아몬드의 판매 방법을 찾는 데 골머리를 앓고 있었다. 퀴시가 말했다. "작은 크기의 다이아몬드는 사실 별로 가치가 없습니다. 작은 다이아몬드에 가치를 부여하는 것이 이 업계의 가장 큰 당면 과제였죠."

JWT 팀에는 앤과 콜비, 세라, 테드, 데이비드가 있었다. 그들은 미국 전역을 누비며 사랑에 빠진 남녀들의 스토리, 즉 그들이 지금까지 걸어온 길과 장래에 대한 희망에 귀 기울였다. 그들은 클리블랜드에서 커플들이 자신의 장래를 바라보는 관점을 살펴봤고 그들의 희망과 낙관주의를 새로운 관점에서 드러냈다. 커플들은 자신들의 관계가 시간이 지날수록 공고해질 것이라 믿었고, 앞으로 다가올 모든 좋은 일과 나쁜 일도 그런 믿음을 바탕으로 함께 헤쳐 나갈 수 있다고 생각했다.

다음 날 아침, 자신들이 구사할 콘셉트로 무장한 JWT 팀은 텍사스주 오스틴행 비행기에 올랐다. 그곳은 창의적인 사고로 충만한 사람들이 모여 사는 역동적인 지역으로, JWT 팀이 제품 디자인에 필요한 아이디어를 얻기에 충분했다.

다음 날 저녁, 그 팀과 오스틴에 사는 몇몇 커플이 소그룹으로 모여 디자인 아이디어를 내기 위한 브레인스토밍 작업을 했다. 그리고 밤이 깊어서야 결과가 나왔다. 한 사람이 말했다. "우리는 인생과 미래의 상징이 될 수 있는 것이 뭘까 생각해 봤습니다. 그것은 시작은 미미하지만 점점 커지는 것이겠지요." 그는 일곱 개의 동그란 다이아몬드가 박힌 팔찌가 그려진 그림을 들어 올렸다. 팔찌에 박힌 다이아몬드는 크기가 작은 것에서부터 점점 커지는 것으로 묘사되어 있었다. "크기가 달라지는 것은 인생을 살아가면서 서로에 대한 사랑이 점점 자라나는 것을 상징합니다. 마지막 보석이 제일 큰 것은 서로에 대한 사랑이 과거 어느 때보다 지금 가장 강하다는 것을 나타냅니다. 여기 보시는 이건 다이아몬드 다섯 개가 매달린 펜던트입니다. 희망찬 미래를 향해 펼쳐 나가듯이 다이아몬드가 점점 커지는 디자인이죠." 그는 잠시 말을 멈췄다가 다시 이어 나갔다. "그런데 우리는 이것을 단지 희망이라고만 생각하지 않습니다. 이것은 시간이 흐를수록 점점 더 견고해지는 둘 사이의 약속이기도 합니다."

그 순간, 모든 일이 앞뒤가 맞아떨어졌다. 크기가 점점 달라지는 다이아몬드는 커플들의 사랑이 점점 자라나는 것을 상징하는 데 사용할 수 있다. 이것이 의미하는 것은 단지 희망만이 아니었다. 그 다이아몬드는 한 커플이 지난 세월을 돌아보며 그들의 사랑이 어떻게 성장해 왔는지 기념하는 데 사용할 수 있었다. 한편으로는 앞날을 바라보면서도 그들이 여러 가지 일을 함께 경험하면서 더욱 강한 사랑을 맺어 가는 동안, 서로가 더 가까워질 것을 확신할 수 있는 장치였다.

그리고 그들은 스토리의 핵심을 이렇게 요약했다. "인생길을 걸어가는 한 걸음 한 걸음마다 사랑은 더욱 커진다."

그 한 마디에 방 안에 있던 모든 사람이 그 의미를 알아들었고, 또 느꼈다. 인생 여정에 빗댄 이 스토리는 하나의 전형이 될 것이다. 그리고 모든 고객이 이를 바탕으로 자신만의 독특한 러브 스토리에 의미를 부여할 것이다!

그러나 이제 JWT는 그 스토리를 고객에게 양보할 방법을 알아내야만 했다. 그저 그 보석이 인생 여정을 상징한다고 고객에게 말한다고 되는 일이 아니었으니 말이다. 퀴시는 이렇게 말했다. "스토리의 틀을 마련해 주는 장치는 '여정'입니다. 그리고 거기에는 변화라는 의미가 들어 있죠." 그러나 이 스토리는 고객의 관점에서 새롭게 조명되어야 했으므로, 마케팅팀은 이제 말하는 사람의 입장에서 벗어나 개인적 스토리를 끌어내는 조력자가 되었다고 가정하고 생각해 보았다. 그들은 기쁨과 역경, 헌신, 욕망, 열정 등 때로는 말로 표현할 수도 없는(특히 남성들로서는) 정서를 이야기로 풀어 냈다. 퀴시가 다시 말했다. "여성들이라면 누구나 남편이 자신의 감정을 분명히 말해 주기를 바랍니다. 다행히 다이아몬드는 이 점에서 남성들에게 큰 도움이 되죠. 다이아몬드만큼 확실한 러브 스토리도 없으니까요."

그러나 JWT가 수집한 이야기들은 일관된 내용이 아니었다. 그래서 그들은 인생 여정을 상징하는 보석은 각 커플의 독특한 여정을 두루 반영할 수 있게 다양한 모양으로 디자인되어야 함을 깨달았다. S자 곡선, 동그란 모양, 하트 또는 지그재그 형태 등 말이다. 완벽했다! 드비어스는 이렇게 다양한 형태의 다이아몬드 디자인으로 이 업계가 안고 있던 고질적인 문제를 해결했다. 즉, 캐럿으로 환산할 정도도 안 되는 작은 다이아몬드를 팔 수 있게 되었을 뿐 아니라, 제조업체와 유통업자들이 기존 고객층에게 제시할 새로운 제품을 만들어 인생 여정 스토리를 전할 수 있게 된 것이다.

2006년 말 광고와 간행물, TV, 온라인 공세를 통해 이른바 저니 다이아몬드 주얼리Journey Diamond Jewelry가 출시되었다. 이 단계의 목표는 보석을 판매하는 사람들이 이 스토리를 숙지해 고객에게 전달할 수 있게 하는 것이었다. 퀴시는 이렇게 말해 주었다. "우리는 어떤 사람이 자신 없는 태도로 우물쭈물하면서 보석 가게에 들어서는 장면을 상상할 수 있습니다. 그는 결혼 20주년을 맞아 아내에게 줄 선물을 찾고 있다고 영업사원에게 말할 겁니다. 그러면 영업사원은 고객이 자신의 이야기라고 느낄 만한 스토리를 말해 줘야겠죠." 이 대목에서 JWT는 영업사원에게 이렇게 말하라고 제시할 수 있다. "저니 다이아몬드 주얼리는 아내분을 향한 당신의 사랑이 시간이 흐를수록 자라난다는 점을 상징합니다. 다이아몬드 크기가 점점 커지는 모습은 앞으로 다가올 모든 일과 우여곡절 속에서도 귀하의 사랑이 점점 더 공고해지고, 두 분의 사랑이 시간이 흘러도 계속 더 깊어진다는 점을 나타내지요." 즉, 영업사원이 스토리를 고객에게 넘겨주면, 고객은 그 스토리를 아내에게(보석에 담아) 전해 준다는 것이다.

1차 캠페인을 펼치는 동안 사랑의 '여정'이라는 스토리 덕분에 다이아몬드의 휴일 판매량이 9.4퍼센트 증가했다. 이 스토리는 2007년 말까지 총 20억 달러 이상의 소매 판매고를 올리는 데 결정적인 역할을 했다.

이 캠페인이 그토록 대단한 성공을 거둔 이유가 무엇이냐는 내 질문에 퀴시는 이렇게 대답했다. "이 캠페인 덕분에 영업사원들이 소비자가 자신의 스토리를 말하도록 도와줄 수 있었습니다. 사실 그 스토리가 항상 완벽하지는 않았습니다. 다만 진실하고, 감정적이며, 도전적이었던 것만은 분명합니다. 이 콘셉트는 사람들에게 비록 인생과 인간관계가 불완전하더라도 자신의 강점을 마음속에 간직하도록 도움을 주었습니다. 그들이 어떤 일을 겪든, 어떤 힘겨운 시간을 보내든, 그들의 스토리는 끊어지지 않고 미래로 이어질 겁니다. 사람들이 정말로 원하는 것은 바로 이런 것이죠."

Chapter 8

끝없는 이야기

어떤 이야기가 40년이 넘도록 이어진다면 그 원동력은 과연 무엇일까? 이것은 2008년 내가 진행하던 TV 쇼 〈숏아웃〉에 스티븐 스필버그를 초대해 인터뷰하던 중 그로 인해 떠올린 질문이었다. 우리는 둘 다 관여했던 몇 편의 영화에 관해 추억담을 나누고 있었다. 그중에는 1970년대 작품인 〈미지와의 조우〉와 〈이너스페이스〉, 〈후크〉, 〈컬러 퍼플〉 등이 있었다. 그때 갑자기 그가 나를 돌아보며 이렇게 말했다. "기억하실는지 모르지만, 저는 영화를 시작할 때마다 컬럼비아의 당신 사무실을 찾아가곤 했었지요." 나도 분명히 기억하고 있었다. 컬럼비아에서 일하던 초창기에 나는 젊고 창의적인 실력자들을 사무실에 많이 초대했다. 그중에서도 스필버그는 뚜렷이 눈에 띄는 인물이었다. 그는 지난날을 이렇게 회고했다. "당신은 우리에게 영화 만드는 법을 가르쳐 주셨어요. 사무실 벽에는 온갖 자료들이 걸려 있었고, 거기에는 전 세계 영화감독들의 계획이 포함되어 있었습니다. 기억나세요? 할리우드에서 진행되는 모든 영화의 개발 및 제작 계획이 총망라되어 있었죠. 그리고 우리는 그 사무실에 앉아서 당신이 우리에게 이 업계의 정보를 어떻게 다뤄야 하는지 이야기하는 것을 듣곤 했습니다."

스필버그는 무려 40년이 지났는데도 당시 내 사무실의 '게시판 이사회'를 기억하고 있었다! 인터뷰가 끝난 후에도 이 질문은 좀처럼 뇌리에서 떠나지 않았다. 어째서 그 정보는 그에게 그토록 강렬한 인상을 주었던 것일까? 그러다가 갑자기, 다른 친구나 동료들도 당시 내 사무실 벽에 걸려 있던 그 커다란 코르크 게시판을 오랫동안 이야기했던 것이 떠올랐다. 실제로 그 게시판은 오늘날의 나를 만든 '끝나지 않는 이야기'의 일부였다! 그러나 그것이 그토록 오랫동안 사람들의 기억에 남고, 또 공감을 주었던 이유는 무엇일까?

이야기는 1968년으로 거슬러 올라간다. 당시 나는 뉴욕 대학교 경영대학원에서 MBA 과정을 밟다가 막 할리우드에 들어온 새내기였다. 베트남전이 한창이던 시절이었다. 파리와 뉴욕, 로마, 시카고는 학생들의 시위가 연일 거리를 메우고 있었다. 데니스 호퍼는 〈이지 라이더〉의 사전 작업을 진행하고 있었고, 바야흐로 대전환의 시대가 찾아왔다는 사실을 밥 딜런을 비롯한 수많은 사람이 눈치채고 있었다. 그러나 한편 바브라 스트라이샌드는 결코 혁명적이라고 볼 수 없는 〈화니 걸〉 촬영을 컬럼비아의 사운드 스테이지에서 완성했고, 파라마운트 길 건너편에서는 클린트 이스트우드의 〈더티 해리〉가 나오기 직전의 정통 복고풍 서부극 〈페인트 유어 웨건〉의 곡이 울려 퍼지고 있었다.

가워 스트리트와 선셋 대로가 만나는 이른바 가워 계곡Gower Gulch(그 교차로의 별명 – 옮긴이)에 자리한 우리 회사에서 내가 처음에 했던 일은 컬럼비아 픽처스의 최고경영진 회의에 필요한 문서를 배달하는 업무였다. 그때마다 회의실 탁자를 둘러보면서 이 10여 명의 나이 든 양반들이 아직도 이 엄청난 회사의 절대적인 실권을 틀어쥐고 있구나 하는 생각이 들곤 했었다.

1920년대에 해리 콘Harry Cohn이 창립한 이래 컬럼비아는 프랭크 캐프라의 〈어느 날 밤에 생긴 일〉, 프레드 진네만의 〈지상에서 영원으로〉, 엘리아 카잔의 〈워터프런트〉, 스탠리 큐브릭의 〈닥터 스트레인지러브〉 등 주옥같은 명작을 만들어 왔다. 물론 여기에는 데이비드 린의 〈아라비아의 로렌스〉도 포함되어 있었다.

그 회의실에 앉아 있던 사람 중에는 그 영화들이 처음 나올 때부터 일해 온 사람도 있었는데, 그들은 지금 바깥세상이 어떻게 변하는지 전혀 감도 잡지 못하는 것 같았다. 시대에 뒤떨어진 것은 그들뿐만이 아니라 그들이 운영하는 사업 방식도 마찬가지였다. 내가 비록 회의실 안에서 가장 어린 사람이었지만, 약 15~20년 후에는 저 사람들이 앉아 있는 자리에 나도 앉을 수 있겠다는 생각이 들었다. 물론 그들이 물러날 때까지 가만히 기다릴 생각은 없었다. 그것이 바로 내 문제이기도 했다.

당시 내가 있던 소위 '사무실'은 아주 기다란 벽장을 개조해서 만든 곳으로, 대탈출을 묘사한 영화에 나오는 유치장에 딱 어울리는 장소였다. 머지않아 나도 그런 대탈출을 감행해야겠다는 생각이 들었다.

나는 어쩔 수 없이 이 창업 공신들이 의사결정을 내리는 방식을 눈여겨보게 되었다. 나는 경영대학원에서 경영진은 최적의 위험-이익 비율을 구축하기 위한 엄격한 규약을 마련한다고 배웠다. 법학 대학원에서 배운 사례연구는 장차 일어날 잘못된 의사결정을 예방해 줄 생생한 사례로 가득 차 있었다. 컬럼비아가 이런 교육을 받은 나를 채용했으니만큼, 이 위대한 기업의 경영자들 역시 엄청난 예산이 들어가는 영화를 만들 제작자를 선정하는 데에도 그만큼의 지적 비중을 부여할 것이 틀림없다고 생각했다. 그러나 내 생각은 완전히 잘못된 것이었다!

나는 밥 웨이트만Bob Weitman의 사무실에 불려가 거기서 열린 제작 회의 내용을 받아적는 일을 한 적이 있다. 그는 MGM의 최고경영자를 역임한 후 당시는 컬럼비아의 사장을 맡고 있었다. 그의 최측근들은 대공황 시대의 죄수를 그린 영화 〈풀스 퍼레이드〉의 감독 후보 이름을 아무렇게나 내뱉고 있었다. 그 영화는 그 시대의 톰 행크스라고 할 정도의 제임스 스튜어트가 주연을 맡았고, 아주 젊은 커트 러셀도 출연할 예정이었다. 스튜어트는 〈스미스 씨 워싱턴에 가다〉, 〈필라델피아 스토리〉, 〈멋진 인생〉, 〈하비〉, 〈이창〉, 〈살인의 해부〉 등 수많은 기념비적 영화에 출연했다. 그래서 나는 경영진이 이런 슈퍼스타에 걸맞은 거장 감독을 모실 것으로 생각했다.

웨이트만이 말했다. "어디 보자, 지난번에 앤디 맥라글렌Andy McLaglen 감독하고 참치 샌드위치를 같이 먹었는데, 그 양반이 관심 있을지도 모르지. 거기 한번 알아봐야겠군."

그 말을 듣고 처음에는 어이가 없었다. 지미 스튜어트가 나오는 이 중요한 영화를 감독하는 것과 참치 샌드위치가 도대체 무슨 상관이란 말인가? 그렇게 따지면 스테이크 샌드위치나 샐러드를 같이 먹었으면 어떻게 된다는 말인가? 속으로 웃지 않을 수 없었다. 감독이 채식주의자면 어떡할 텐가? 감독 후보 명단 같은 건 아예 없는 것이 틀림없었다.

그러자 해리 콘 시대부터 줄곧 자리를 지켜 온 조니 탭스Jonie Taps가 말했다. "그의 에이전트가 아마 조지 체이슨George Chasin인 것 같은데······ 그 친구 좋은 사람이지."

또 한 명의 창업 공신이며 당시에는 캐스팅 책임자를 맡고 있던 빌리 고든Billy Gordon이 끼어들었다. "앤디 맥라글렌은 지금 하는 일이 별로 없을걸. 아마 이 일을 할 수 있을 거야."

"좋은 생각이에요!" 다른 사람들도 모두 동의했다.

거기 앉아 있던 나는 어안이 벙벙할 뿐이었다. 하는 일이 없는 상태가 언제부터 중요한 영화를 감독할 자격이 되었단 말인가? 영화에서 가장 중요한 일은 바로 감독이 한다는 것쯤은 나 같은 풋내기도 아는 일이었다. 영화사의 모든 부문을 조율하고, 제작팀에 지시를 내리며, 스토리를 개발하고 안내하며, 영화의 배역을 최종 책임지는 사람이다. 아울러 사전 제작부터 사후 작업까지 영화의 예술적 실무 사항을 총괄 운영한다. 감독은 비전을 관리하는 사람이다. 도대체 이 영화사의 경영진은 어떻게 참치 샌드위치라는 말만 듣고 올바른 감독을 선택할 수 있단 말인가? 내가 만약 더 나은 의사결정 방법을 내놓을 수 있다면 평판이 높아지는 것은 물론이고 경력 문제도 단번에 해결할 수 있을 것이다.

몇 주 후 앤디 맥라글렌이 〈폴스 퍼레이드〉의 감독으로 선정되었다는 소식이 들렸다. 나는 속으로 그가 참치 로토에 당첨됐다고 생각했다. 내가 앤디 맥라글렌을 반대할 이유는 하나도 없었지만, 그런 의사결정 방식만큼은 분명히 개선되어야 했다. 그래서 나는 길고 좁은 내 둥지로 돌아와서 바닥부터 천장까지 전체 벽에 흰색 코르크판을 붙여 놓았다. 그리고 여러 색깔(빨강, 파랑, 오렌지, 노랑, 녹색)로 된 압정을 몇 통 사고 접착식 라벨을 찍어 내는 작은 기계를 마련했다.

당시는 월드와이드웹은 나타날 기미도 안 보이던 때였다. 정보화가 도래하기 전 시대, 즉 인터넷 영화 데이터베이스가 아직 출현하기 전의 일이었다. 우리는 '컴퓨터'라는 기계를 도입하자고 요청했다. 그러나 나는 정보가 곧 돈이라는 의식이 있었고, 할리우드 감독에 관한 모든 데이터를 내가 만든 게시판에 모아놓고 의사결정권자들이 거기에 보태기도 하고, 또 필요할 때는 찾아 쓰게 하고 싶었다.

나는 중역실을 오갈 때마다 유용한 정보가 있나 유심히 들은 다음, 데이터를 유형별로 게시판에 분류해 놓았다. 그런 다음 데이터별로 소속 에이전시와 특별히 강한 장르를 색깔로 표시해 두었다. 예컨대 코미디, 가족, 드라마, 액션, 뮤지컬, 모험, 서부극, SF 같은 식이었다. 나는 현재 작품을 진행 중인 감독과 쉬고 있는 감독을 구분했다. 그들이 관리하는 예산의 규모에 따라, 또 본인이 예산에 참여했는지 여부에 따라서도 분류했다. 그리고 감독별로 주로 함께 작업하는 스타들을 연결해 놓았다. 나는 그 게시판에 매일매일 입수하는 모든 정보를 수시로 반영해 가장 최근 상태로 유지했다.

오다가다 내 사무실에 들러 본 사람들은 처음에는 다들 내가 미쳤다고 생각했다. 하지만 시간이 지날수록 흥미로워했다. 내가 꾸린 나만의 '게시판 이사회'가 점점 형태를 갖춰 갈수록 업계 전체에 걸쳐 의뢰할 수 있는 영화 제작사가 어디이며, 그들의 강점과 약점이 무엇인지 한눈에 보이기 시작했다. 이제 내 방을 방문한 사람들은 이 건물 안에 있는 제작자들과 다른 창의적인 인재들에게 이 내용을 이야기하기 시작했다. 그들은 내 방을 찾아 게시판을 확인했고, 때로는 생각보다 훨씬 오랜 시간 머물러 있기도 했다. 그들이 내 '게시판 이사회'를 수정하고, 첨가하고, 편집해 나가면서 게시판은 마치 생명을 불어넣은 듯 저절로 살아 움직이는 유기체가 되었다.

나는 미처 깨닫지도 못한 사이 내 경력의 발판을 마련한 셈이었다. 나만의 참치 샌드위치에 '아하!'의 순간을 불러올 메시지를 견고하게 다짐으로써 말이다. 그것은 내 방을 방문해 이 거대한 게시판이 어디에 쓰이는 것이냐고 묻는 모든 손님에게 전해 줄 이야기가 되었다. 그리고 그들 모두 그 이야기를 곧바로 알아들었다. 왜냐하면 그들도 지금까지 시의적절한 정보의 부재로 인해 이루어지는 말도 안 되는 의사결정을 두 눈으로 지켜봤기 때문이다. 심지어 그들 자신도 그런 결정을 내려 왔다. 이제 그들은 내 사무실에서 문제점에 관한 이야기를 들을 뿐 아니라 자신이 직접 여러 가지 해결책을 눈으로 보고 만질 수 있게 되었다.

때로는 내 방에 들른 사람이 그 노인들과 한편인 경우, 참치 일화를 들려주다가 그들의 화를 돋우는 일도 있었다. 기득권파들은 주로 이렇게 공격했다. "오호, 그럼 자네가 천재란 말이지?"

그러면 내가 대답했다. "아닙니다. 저는 전혀 똑똑한 사람이 아닙니다. 저는 어떤 의사결정도 하지 않습니다. 그건 당신의 몫이죠. 당신이 모든 일을 장악하고 있지 않습니까. 여기 보시는 건 단지 업계가 이렇게 굴러 간다는 현황입니다. 영화를 만들 때는 함께 일할 수 있는 사람이 누군지, 내 영화에 적합한 사람이 누군지, 또 그 이유는 무엇인지 알아야 하지 않 습니까. 이 정보는 의사결정을 더욱 효율적으로 내릴 수 있게 도와줍니 다." 그런 다음 내가 참치 샌드위치 이야기를 해 주면, 대개 무슨 말인지 알아듣곤 했다.

더구나 나의 설명에는 그 어떤 편견도 없다고 말해 주었다. "어떤 에 이전시를 방문하면 그들은 자신이 대변하는 인물을 소개해 주겠죠. 그 들은 데이터를 자신에게 유리한 쪽으로 보여 줄 수밖에 없습니다. 저는 다릅니다. 업계 전체가 담겨 있는 큰 그림을 보여 드리는 거죠. 어떤 관 점으로 보든, 그건 당신 몫입니다. 어떤 것을 원하시는지는 당신만 아시 겠죠. 저는 그저 정보를 체계화하는 데만 관심이 있습니다. 원하시는 대 로 마음껏 사용하실 수 있습니다."

나는 게시판의 사용법을 완전히 넘겨줌으로써 상대방이 그것을 받아 들이고 소유할 수 있게 만들었다. 한 사람이 다른 사람에게, 그가 또 다 른 사람에게 정보를 전달할수록 내 명성은 점점 더 높아졌다. 그러던 어 느 날, 누가 내 사무실에 찾아왔는지 아는가? 바로 시드니 포이티어가 내 방에 나타났다.

시드니 포이티어는 당시나 지금이나 나의 영원한 영웅이었다. 그보다 2년 전에 그는 스탠리 크레이머 감독의 〈초대받지 않은 손님〉에 주연으로 출연했다. 〈포기와 베스〉, 〈태양 속의 건포도〉, 〈푸른 하늘 아래서〉, 〈밤의 열기 속에서〉와 같은 고예산 영화에 할리우드에 만연한 피부색의 장벽을 깨고 주연으로 출연했다. 1959년 미시시피주에서 흑인 청년 맥 찰스 파커Mack Charles Parker가 군중으로부터 린치를 당한 바로 그 해에, 시드니 포이티어는 〈흑과 백〉으로 오스카 남우주연상 후보에 올랐다. 그리고 5년 후 드디어 〈들백합〉에서의 연기로 아카데미 남우주연상을 받았다. 이제 그 전설적인 젊은이가 내 사무실, 즉 정보의 현장에서 있었던 것이다.

그가 게시판을 죽 훑어보며 말했다. "이것 참 멋지네요. 지금 제가 구상하는 영화를 맡아 줄 훌륭한 제작자를 물색 중입니다만……" 그는 한 시간 이상이나 게시판 앞에서 감독 후보를 꼼꼼히 살폈다. 그러다가 어느 순간 이렇게 질문했다. "어떻게 이런 생각을 하게 되었습니까?" 나는 그에게 참치 샌드위치 이야기를 해 주었다. 그는 빙그레 웃으며 눈으로는 게시판의 압정을 계속 좇았다.

포이티어는 게시판을 다 살펴본 후 이렇게 말했다. "이것만 있으면 정말 일이 편해지겠어요." 그는 원하는 사람을 찾았다고 말했다. 그리고 나에게 고맙다고 했다. 그 후 그는 가는 곳마다 컬럼비아에는 자기만의 게시판 이사회를 가진 청년이 있다고 소문을 내고 다녔다. 그는 그 참치 샌드위치와 나의 미친 발명품 이야기를 동네방네 떠들었다. 그리고 몇 주가 지나자, 이 업계를 잘 모르는 사람도 가워 스트리트 북쪽 1438번 건물을 찾아올 정도가 되었다.

이 게시판은 할리우드의 수많은 중요한 결정에 앞서 반드시 참고하는 나침반이 되었다. 내 사무실 앞은 방문객들로 문전성시를 이뤘고 그들은 내가 만들어 가는 일의 일원이 되었다. 마치 캠프파이어에서 앞에 나가 이야기하는 사람에게 훈수를 두는 참가자들처럼 말이다. "아뇨, 아뇨, 아뇨, 루멧은 지금 그 영화 안 해요. 다른 사람에게 넘긴 지 좀 됐어요." 그런 다음 그들은 처음 들어 보는 한창 떠오르는 감독 이름을 추가해 달라고 알려 주거나, 최근에 누군가가 예산을 끔찍하게 초과했다고 말해 주기도 했다. 그 게시판은 마치 위키피디아의 전신과 같이 진화해 나갔다. 결국 나는 결과물에 대한 소유권은 넘겨줬지만, 원래 아이디어에 대한 소유권은 계속 유지할 수 있었다.

그 이야기가 번져 갈수록 나는 혁신가로서의 명성을 얻었고, 같은 사다리를 오르는 수많은 경쟁자 중에서 우뚝 돋보이게 되었다. 그 게시판을 만들고 그 뒷이야기를 전하기 전까지 나는 사다리의 맨 아래 단에 머물러 있었다. 그러나 다른 회사 사람들까지 나에게 정보를 문의하거나 벽장 같은 내 사무실로 특별 방문을 요청하는 등의 일이 이어지자 회사 내의 중역들도 도저히 외면할 수가 없게 되었다. 만약 정보가 돈이라면, 나는 그 돈을 스토리에 집어넣어 그것을 듣는 모든 이들이 더 현명하게 사용할 수 있는 방법을 찾아낸 셈이었다. 그리고 그들은 그렇게 할 때마다 나에 관한 직업적 스토리를 들려주었고, 그로 인해 내 경력은 더욱 추진력을 받았다.

지금 와서 생각해 보면 '게시판 이사회'를 통해 얻은 교훈은 다음과 같다. 내 스토리를 살리면서도 그것이 다른 사람에게 도움이 되는 방법을 찾아낸다면, 그들은 내 이야기를 더욱 퍼뜨림으로써 나에게 도움을 준다는 사실이다. 또 나 대신 다른 사람들이 전하는 이야기일수록 나 혼자 나를 위해 말하는 것보다 '끝없는 이야기'가 될 확률이 훨씬 더 높다. 특히 각자가 그 스토리의 주인공이며, 자신이 직접 그 이야기를 만들고 재미를 더했다고 생각할수록 더욱 그렇다.

멀티플라이어 효과

"거절이 오히려 축복일 수도 있지요." 낸시 트래버시Nancy Traversy가 말했다.

내가 물었다. "그래요? 어떤 경우에요?" 트래버시는 베어풋 북스Barefoot Books의 공동 창립자 겸 CEO로, 이 출판사에서 나온 300여 편의 책 중에는 내 아내가 지은 아동 도서도 포함되어 있었다. 우리는 마케팅과 유통 문제를 협의하려고 프랑스 남서부에 있는 그녀의 집을 방문했지만, 그녀는 주로 가내수공업 수준의 사업을 세계적 브랜드로 키워 낸 자신의 이야기를 할 생각을 하고 있었다.

트래버시가 말했다. "그때가 결정적인 순간이었습니다. 우리는 2005년이 될 때까지 12년 이상이나 수준 높은 삽화가 포함된 아동문학 작품의 디자인, 마케팅, 제작에 몰두해 왔습니다. 그때까지 우리 목표는 부모님들이 아이들에게 훌륭한 책을 읽어 줄 때 일어나는 감정적 유대와 관련된 라이프 스타일 브랜드로 입지를 굳힌다는 것이었죠. 그런데 이제 우리 브랜드를 포기하고 보더스 북Borders Book(미시간주 앤아버에 본점이 있는 세계적인 서점 체인 − 옮긴이)이라는 큰 틀 안에서 우리의 위치를 모색해야 하는 순간이 다가왔던 겁니다."

트래버시가 당시 상황을 떠올렸다. "2005년에 저는 보더스의 마케팅 담당 중역을 만났습니다. 저는 이렇게 말했습니다. '보더스 서점 아동 코너에 부모님들이 편안하게 아이들에게 이야기를 들려줄 수 있는 베어풋 부티크를 따로 만들어야 합니다. 우리 책만 한곳에 모아서 보여 주면 아동 코너에 이리저리 흩어 놓는 것보다 훨씬 매출이 높아질 수 있습니다. 그러나 베어풋 부티크라는 이름을 따로 내세워야 하는 더 중요한 이유는 우리 브랜드가 상징하는 메시지 때문입니다. 그것은 바로 부모와 자녀가 독서를 통해 서로 교감한다는 것입니다. 우리 브랜드는 바로 그 교감을 상징합니다. 물론 보더스도 그 상징을 공유할 자격이 충분하다고 생각합니다.'"

트래버시는 중역들에게 베어풋의 핵심 스토리를 이야기해 주었다. 그 이야기는 사실 트래버시와 그녀의 파트너 테사 스트리클런드Tessa Strickland의 개인사와 다름없었다. "요컨대 이 이야기는 두 엄마의 창업 분투기입니다. 글과 그림에 똑같은 비중을 두는 아동 도서 출판업이지요. 우리는 두 명의 여성이고 모두 합해 일곱 명의 자녀를 둔 엄마입니다. 즉, 이 사업을 운영하는 우리는 정장 차림의 남자들이 아니라는 말입니다. 우리는 집과 가족, 학교, 어린이들 사이를 간신히 오가며 일하는 현실 속의 사람입니다. 제가 일하는 사무실로 딸이 터벅터벅 걸어와 봉투에 뭔가를 쑤셔 넣고 있으면, 저는 그 아이에게 그림을 보여 주며 '어느

쪽이 더 나아 보여? 너 같으면 뭘 고를 것 같니?'라고 묻던 장면이 기억
납니다. 아침마다 화가들과 인쇄업자들이 찾아와서 카탈로그의 최종 승
인을 받아 가곤 했습니다. 그래서 아이들은 사업가적 분위기와 창의적
인 정신이 충만한 환경에서 자랄 수밖에 없었죠. 일과 나 자신, 가족을
별로 구분하지 않으며 살아왔어요. 맨발의barefoot 어린이가 엄마와 함께
우리가 만든 책을 읽으며 자신의 내면과 외부를 탐색하는 이야기 속에
우리의 사명 선언서가 함축되어 있습니다. 사람들은 맨발로 있을 때 자
기 자신과 이 땅, 그리고 세상과 더 밀접하게 연결됩니다. 자유롭고 자연
스러워지며 이 세상 그리고 이웃과 잘 지내게 됩니다. 우리는 회사를 시
작할 때부터 일과 가정 속에서 줄곧 이런 급진적인 이야기를 해 왔고, 또
그렇게 살아왔습니다." 그녀는 한숨을 지으며 보더스의 중역들이 보였
던 반응을 떠올렸다. "그들은 저를 물끄러미 보면서 말했습니다. '출판
사는 브랜드가 될 수 없습니다. 출판업에서 라이프 스타일 브랜드라니
도통 처음 듣는 이야기네요. 말도 안 됩니다.'"

내가 말했다. "말귀를 못 알아듣는 사람들한테 이야기하신 거네요."

"맞아요. 그들은 정장 차림의 남자들이었으니까요. 우리가 무슨 이야
기를 하는지 알아보려고도 하지 않았습니다. 그래서 제가 말했죠. '보더
스 체인을 떠나겠습니다. 앞으로 당신들과는 상대하지 않겠습니다.'" 트
래버시는 출판업계의 모든 이들이 그녀가 사업적으로 자살한 것이나
마찬가지라고 했다고 말했다. 원래부터 대형 서점 체인은 도서 유통망
을 장악하고 있었으므로, 그들의 지원 없이는 문을 닫는 수밖에 없다는
것이 상식으로 통했다.

그녀가 말했다. "그런데 사실은 그렇게 된 것이 우리에게 더할 나위 없이 좋은 일이었어요. 우리는 숨을 깊이 들이쉬며 문제 해결의 열쇠를 우리 이야기 속에서 찾아보려고 했습니다. 그 결과 우리는 유통과 마케팅에 관한 전혀 새로운 접근 방식을 찾아냈습니다."

베어풋 이야기는 이와 유사한 어떤 책의 이야기와도 달랐다고 트래버시가 강조했다. 그것은 겉으로 드러나지 않은 여성과 아이들에 관한 이야기였으며, 아이에게 책을 읽어 주고 그 책에 관한 이야기를 다른 엄마와 선생님, 도서관 담당자에게 전해 주는 모든 고객에 관한 이야기였다. 그 어머니와 아이들이 이야기를 전한다는 스토리야말로 이 브랜드에 진정성과 일관성을 부여해 주는 것이었다. 아울러 그것은 이 회사가 보더스와 결별한 후 맞이한 유통 위기에 결정적 해결책을 제공해 주었다.

트래버시는 이렇게 회고했다. "어머니들이 이메일, 서신, 쪽지, 감사 카드 등으로 이런 메시지를 보내 왔습니다. '세상에, 이렇게 훌륭한 아동 도서를 만드는 출판사도 있었군요. 아이들과 함께 책을 읽고 아름다운 그림을 보면서 교감하는 일에 신경을 써 주셔서 정말 감사합니다. 이런 출판사는 흔치 않거든요.' 그런 내용을 볼 때마다 그분들이 우리 이야기를 맞받아 공명해 주신다는 생각이 들었습니다. 그런 메아리 효과를 잘 엮어 낼 수만 있다면 우리 브랜드를 알리는 데 굳이 유통 체인의 힘을 빌릴 필요도 없을 것 같았습니다. 이 엄마들이 바로 우리의 마케팅과 유통을 책임질 네트워크였던 셈이죠! 그때가 바로 '살아 있는 베어풋'이라는 개념이 떠오른 순간이었습니다."

그녀가 설명한 '살아 있는 베어풋'이란, 보람찬 일과 가정이 서로 균형을 이룬 채 재택근무를 하는 모습이었다. 그것이 바로 그녀와 스트리클런드가 베어풋 북스를 시작할 때부터 몸소 체험하면서 전파해 온 스토리의 본질이기도 했다. 그런데 지금 그녀는 그 본질을 극대화할 방법을 찾아낸 것이다. "살아 있는 베어풋이 의미하는 바는 사람마다 모두 다릅니다. 그러나 그것은 모두 교감, 공동체, 독서, 나눔, 창의성, 자각이라는 가치를 중심으로 이루어집니다." 트래버시는 이 엄마 네트워크가 베어풋 북스에 관한 자신의 이야기를 친구와 이웃에게 전파하도록 도와주면, 회사의 핵심 스토리와 완전히 부합하는 방향으로 브랜드를 성장시킬 수 있다는 사실을 깨달았다. 사실 방문판매야말로 출판사를 처음 시작할 때부터 집에서 구상하고 제작했던 이 브랜드를 유통하는 가장 합리적인 방법이었다.

트래버시가 고객들을 '베어풋 대사Barefoot Ambassadors'로 위촉하기 시작하자, "곧바로 풀뿌리 입소문의 진원지가 형성되었습니다. 그들은 직접 체험한 우리 스토리를 밖에 나가 전하게 된 것을 너무나 좋아했습니다. 그래서 자신의 신나는 마음을 더더욱 즉각적이고 생생하게 전달할 수 있었고, 이 일에 합류하는 사람도 점점 더 많아지게 되었죠."

베어풋 이야기의 변치 않는 핵심 요소는 원래 부모와 아이들 사이의 교감이었다. 그런 의미에서 그들은 베어풋의 파트너였다. 이제 트래버시는 교감의 의미를 모든 베어풋 대사까지로 확장했다. 카탈로그 발송, 데이터베이스 관리, 개인 홈페이지를 통한 판매 등 어떤 일을 조언하든 그녀와 스트리클런드는 항상 그 자리에 있었다. 따라서 그들은 이 여성들이 작은 사업을 하면서 맞이하는 예상치 못한 상황을 모두 지원하고 안내해 줄 수 있었다. 그녀는 이 점을 강조했다. "제가 상대하는 분들은 전문적인 세일즈맨이 아닙니다. 우리가 그토록 우리의 스토리에 집중하고 모든 일에 분명하고 일관된 태도를 보이는 것도 바로 그 때문입니다. 그들은 자신이 말하는 대로 직접 경험하면서 사는 사람들입니다. 다른 물건을 팔지도 않습니다. 방문판매용 화장품을 취급해 본 적도 없습니다. 그들은 우리가 이야기하는 라이프 스타일을 직접 숨 쉬고 경험하면서도, 그것을 각자의 스토리를 통해 자신의 방식대로 전달합니다."

트래버시는 매년 베어풋 북스의 판매왕 상위 10여 명을 프랑스 가스코뉴에 있는 자신의 아름다운 집에 초대해서 교류하는 일을 매우 중요하게 여긴다. 우리가 방문한 곳도 바로 그곳이었다. 그러나 그들이 얻는 보상은 단지 그곳에서 멋진 휴가를 보내는 것만이 아니라, 베어풋 스토리를 확장하는 데 더 큰 역할을 할 수 있는 기회였다. "우리는 사나흘에 걸쳐 새로운 상품 개발에 관한 브레인스토밍을 합니다. 모인 사람들도 모두 좋아하고요. 그들의 집중력은 대단합니다. 저는 그런 소박한 분위기의 교류가 바로 베어풋 북스의 본질이라고 생각합니다."

보더스에 대한 복수로 보이는 일은 또 있었다. 바로 리빙 베어풋Living Barefoot이었다. 2008년 베어풋 북미 지사의 매출은 그 혹독한 경제 불황을 이겨내고 무려 40퍼센트 가까운 증가세를 기록했다. 현재 베어풋 북스가 발간한 책은 보스턴의 자체 플래그십 스토어를 비롯한 기타 독립 서점에서 판매되고 있으며, 다른 서점 체인들도 이 브랜드를 다시 취급하기에 이르렀다. 그러나 약 2천 명 이상의 베어풋 대사들이 여전히 이 출판사 매출의 20퍼센트 이상을 책임지고 있다. 이 새로운 이야기꾼들은 회사의 여러 부문 중 가장 급속한 성장세를 보이며, 베어풋 북스를 '끝없는 이야기'로 만드는 데 크게 기여하고 있다.

끝없는 이야기를 확립하고 유지하기 위한 열쇠는 원래 스토리의 핵심 요소를 보존해 줄 화자를 끊임없이 늘려 가는 것이다. 심지어 그들은 자신의 힘으로 그 이야기를 전달해 나간다. 내 스토리를 끝없는 이야기로 만들고자 한다면, 우선 그 속에 들어 있는 핵심 요소부터 찾아내야 한다. 귀를 크게 열고 내 이야기의 본질에 뚜렷하게 반응하는 청중을 찾아본다. 그리고 내 이야기를 그들의 목소리와 경험으로 전하도록 함으로써 그 메아리 효과를 증폭시켜야 한다. 그 방법이 방문판매든, 입소문이든, SNS 및 기타 IT 기술이든 상관없이 핵심은 언제나 변함이 없다. 즉, 내 스토리를 가장 열광적인 청중을 거쳐서 전파해야 한다는 사실이다.

역경을 견뎌 내라

나는 세상의 주인이 아니다. 내 스토리가 환경 변화에 적응하지 못한다면 아무리 입소문이 잘 퍼지는 시장을 확보했다고 해도 소용이 없다. 물론 모든 역경이 똑같지는 않다. 예컨대 어떤 정치가가 가족의 가치를 중시하는 스토리를 떠들어 왔는데 알고 보니 불륜을 저지른 사실이 드러났다면, 그는 큰 어려움을 겪을 것이다. 안전성과 순수함에 기반한 스토리를 내세워 온 회사의 제품 때문에 고객이 죽어 나가기 시작한다면, 그 스토리는 아무런 힘을 쓸

수 없다. 그러나 말하는 사람과 상관없이 찾아오는 역경이라면 문제
가 달라진다.

몇 년 전에 아내가 나에게 바보 같은 모습의 '제이크' 그림이 들어간
티셔츠를 준 적이 있다. 제이크는 선글라스에 베레모를 쓰고 활짝 웃는
얼굴을 한 캐릭터로, 아래쪽에는 '인생은 멋진 거야Life is good'라는 글귀가
적혀 있었다. 그때쯤 내가 사업상 어려운 일이 많다고 유난히 앓는 소리
를 하던 터라, 그런 티셔츠를 사 주면서 인생은 알고 보면 꽤 멋진 거라
고 말하고 싶었던 것이다. 그 후 다른 사람들 옷에 있는 '인생은 멋진 거
야'라는 문구가 눈에 들어오기 시작했다. 예컨대 헬스클럽에 들렀던 어
떤 날, 의족을 드러낸 채 러닝머신 위를 걷던 여성분도 그런 옷을 입고
있었다. 나는 가던 길을 멈추고 그녀의 셔츠를 가리키며 미소를 지었다.
그녀는 고개를 끄덕이며 말했다. "정말이에요."

나는 이 낙관적인 사고방식의 의류 회사가 과연 어느 정도 성적을 내
는지 살펴보다가 깜짝 놀라고 말았다. 이 브랜드가 미국을 비롯한 27개
국, 4,500여 개의 서로 다른 유통 매장에서 판매되고 있었던 것이다. 아
울러 이 회사는 1994년에 창업한 이래 '인생은 멋진 거야' 티셔츠를 2천
만 개 이상을 팔았고, 여기에 900여 종의 다른 상품을 추가해 왔다. 더욱
놀라운 것은 성장률이 매년 30퍼센트를 유지하다가 9·11 사태 이후 오
히려 더 높아졌다는 사실이다. 이런 일들이 모두 그들의 기분 좋은 스토
리를 가득 채웠을 것임을 짐작할 수 있었다. 나는 보스턴으로 가서 이 1
억 달러짜리 회사를 세운 '구태 타파'의 상징 버트Bert와 존 제이콥스John
Jacobs 형제를 만나보기로 했다. 그들은 어떻게 이야기를 계속해서 살려

왔는지 물어보고 싶었다.

낸시 트래버시와 마찬가지로 제이콥스 형제도 자신들의 스토리의 본질을 파악하고 고양하는 데 있어 가장 중요한 열쇠가 무엇인지 알려 주었다. 이 형제가 가장 중시하는 '인생은 멋진 거야'라는 스토리의 변함없는 본질은 바로 낙관적이고 포용적인 태도였다.

버트가 말했다. "우리는 예전부터 티셔츠를 직접 구상하고 그려서 입었습니다. '인생은 멋진 거야'가 나오기 전이던 1989~1994년 우리는 한번 집을 나서면 6주 정도 각 대학을 돌아다니며 이 셔츠를 팔았습니다. 이렇게 멀리 떠났다 돌아오면 샌드위치 가게 위층에 있던 우리 낡은 숙소에서 한바탕 맥주 파티를 열어 그간 있었던 일을 모두에게 떠들어 대곤 했었죠. 우리가 티셔츠용으로 그린 그림이 벽에 걸려 있는데 친구들이 찾아오면 그때마다 일종의 시장조사 그룹이 모이는 셈이었습니다. 우리는 맥주와 이야기를 제공하는 대신, 그들이 무엇을 좋아하고 싫어하는지 물어봤죠. 벽에 의견을 적어도 된다고 했습니다. 집주인도 싫어하지 않을 거라고 생각했고요."

여러 가지 재미있는 일도 있었지만, 이 형제는 처음부터 수많은 역경과 마주하게 된다. "어느 날 밤에는 남아 있는 돈이 78달러밖에 없다는 것을 알고 이제 포기할까 생각하기도 했습니다. 그때 존이 제이크Jake(이후 그들의 스토리를 담아내는 주요 캐릭터가 된다)를 그렸죠. 다음 날 우리는 정오가 돼서야 깼습니다. 그날 밤도 친구들을 불러서 엄청나게 퍼마셨거든요. 침대에서 빠져나와 비틀거리며 거실로 갔죠. 그랬더니 거실 벽에 그려 놓은 제이크 그림 옆에 어떤 여자애가 이런 글을 적어 둔 것이 보였습니다. '이 남자 애인 없지? 사귀고 싶다.' 남자들은 또 이렇게 써 두었습니다. '뭐 마시는 거지? 나도 저거 마시고 싶군.' 또 다른 여자가 쓴 글도 있었습니다. '이 남자는 인생을 해탈한 것 같은데.' 세상이 얼마나 엉망이 되었으면 이런 글들이 나오나 하는 생각이 들었습니다. 뉴스만 틀면 살인이니 폭력이니 하는 소식이 쏟아지는 것이 현실이니 말입니다. 그래서 제이크를 세상의 잘못된 점보다 좋은 점을 이야기하는 캐릭터로 삼으면 어떨까 하는 생각이 들었습니다. 우리와 비슷한 생각을 시도한 회사도 몇몇 있다는 것을 알았지만, 모두 별로 멋지게 보이지 않았던 것이 사실입니다. 그래서 존은 제이크에 그림자를 그려 넣었습니다. 또 베레모를 씌워서 개방적이고 창의적이며 예술적인 느낌을 줘 봤습니다. 세 번째는 미소였습니다. 예술가라고 하면 대부분 어둡고 화난 표정 일색이지만, 우리가 그린 예술가는 '행복'한 사람이었습니다. 마지막으로, 우리가 벽에 약 50개 정도의 문구를 써 놓고 살펴봤더니 그중에서도 '인생은 멋진 거야Life is Good'가 가장 눈에 띄었습니다. 한 친구가 이런 글을 써 놓았습니다. '단 세 마디일 뿐이지만…… 그 속에 모든 게 들어 있지.'"

그들은 그 티셔츠를 마흔여덟 장 찍어서 케임브리지 센트럴 스퀘어의 길거리 시장에 가지고 나갔다. 존이 말했다. "45분 만에 마흔여덟 장을 다 팔아 버렸습니다! 그때까지 그런 일은 구경도 못 해 봤습니다. 티셔츠를 산 사람도 놀랄 만큼 다양했지요. 고등학교 선생님부터 거구의 바이크족, 스케이트보드를 둘러멘 펑크족까지 똑같은 셔츠를 산 겁니다! 그들 중에는 '정말 그래요. 인생은 멋진 거 맞아요'라고 말하는 사람도 있었다니까요."

버트가 고개를 끄덕였다. "그래서 말했죠. '우리는 이 셔츠 때문에 그래요'라고요."

그리고 실제로 그랬다! 그들의 사업은 2000년까지 300만 달러 규모로 급성장했다. 그리고 9·11 테러가 터졌다. 이것은 이전과는 차원이 다른 문제를 불러왔다. 이 사건이 주는 공포와 그 규모는 회사의 존립을 뒤흔들 정도였다.

존이 말했다. "그런 상황에서 어떻게 낙관주의를 말할 수 있었겠습니까? 우리는 늘 우리 메시지가 끝없이 영원한 것이라고 말했습니다. 그런데 이런 말도 이제 끝이라는 생각이 들었죠."

그런데 생각해 보면 '인생은 멋진 거야'라는 중요한 스토리는 바로 역경에서 나온 것이었다. 그것은 친구들이 함께 모여 서로를 격려하며 창의성과 협력으로 문제를 풀어낸 이야기였다. 그래서 제이콥스 형제는 이번에 만난 문제도 이 이야기의 핵심 정신을 발휘해 돌파하기로 했다.

버트가 말했다. "우리는 벽에 커다란 제이크 그림을 내걸고 전사적으로 회의를 소집했습니다. 우리가 말했습니다. '그동안 기회 있을 때마다 문제의 해답은 저희 두 사람이 아니라 제이크가 가지고 있다고 말씀드려 왔습니다. 이건 어디까지나 제이크의 스토리니까요. 그럼 이번에는 제이크가 어떻게 할까요?"

회사에 들어온 지 얼마 안 되는 한 젊은 여직원이 손을 들고 말했다. "우리도 해결책을 찾는 데 동참해야 한다고 생각합니다. 피해 가족을 위해 모금 운동에 나서야죠."

버트가 활짝 미소를 지었다. "그때 우리는 이렇게 말했습니다. '할렐루야! 우리도 그렇게 생각합니다!'"

그들은 60일간 전국에 걸쳐 성조기 문양의 '멋진 인생' 티셔츠를 팔기로 결정했다. 그리고 수익금은 유나이티드 웨이 재단을 통해 9·11 희생자 가족에게 전액 기부하기로 했다. 그 티셔츠는 사람들에게 '이 스토리는 아직도 유효합니다. 인생은 멋진 겁니다'라는 메시지를 던진 셈이었다. 그 메시지는 오늘의 상황에 맞게 적극적으로 모습을 바꿨고, 나쁜 소식에 항복한 것이 아니라 정면으로 대응하는 스토리를 도입했다. 회사의 핵심 스토리가 서서히 빛을 보기 시작하자 사람들에게 훨씬 더 큰 울림을 주었고, 강력한 힘을 발휘하며 오래 지속되었다.

버트가 말했다. "많은 의류 업체들이 우리를 따라 했습니다. 그러나 그들은 수익의 10퍼센트나 25퍼센트 정도를 기부했을 뿐입니다. 우리는 옳다고 생각한 일을 했지요. 우리는 전액을 내놨습니다."

존이 형의 말에 덧붙였다. "물론 당시 우리에게 이렇게 말한 사람도 있습니다. '그거 하지 마세요. 모두가 그 셔츠를 사면 당신네 회사의 다른 제품은 누가 삽니까'라고 말이죠. 글쎄요, 우선 그 셔츠를 팔기 시작한 지 나흘 만에 24,000달러를 모금했습니다. 단일 품목으로는 우리 회사 매출 신기록이었죠. 그리고 기억하시겠지만, 당시 모든 사업이 거의 중단되다시피 했던 상황이었습니다. 그런데 사람들은 저마다 뭔가 도울 일을 찾았기 때문에 오히려 우리 매장들은 들뜬 분위기로 가득 찼습니다. 유통업체는 주문을 두 배로 늘렸고, 직원들은 2교대 근무를 자처하면서 추가 수당도 마다했습니다. 그들은 그저 자신도 도움이 되면 좋겠다고 생각했던 겁니다. 처음에 우리가 세웠던 목표액은 2만 달러였는데, 6일 만에 피해 가족들에게 드릴 돈을 수십만 달러나 모금했습니다!"

버트가 말했다. "존과 제가 가장 크게 깨달은 교훈이 있다면, 우리는 '회사의 주인은 우리니까 스토리도 우리가 정할 거야. 원래 그런 거야'라고 하지 않았다는 겁니다. 원래 그런 게 아니었던 겁니다! 우리는 회의를 했고, 제이크 그림을 벽에 걸었죠. 우리는 우리 스토리가 가장 중요하다는 원칙을 고수했습니다. 그렇다고 우리가 직원들에게 '모금 활동을 해야 한다'고 말한 것도 아닙니다. 우리가 장차 해야 할 일을 제이크가 알려 준 겁니다. 우리뿐만 아니라 직원, 고객, 미디어가 할 일까지 말이죠. 그랬더니 그 스토리가 가장 힘겨운 역경마저 이겨 낸 겁니다!"

스토리를 맨 앞에 내세워라

어느 쪽이 더 나은 선택인가? 스토리가 원래 목적을 달성하면 그것은 버리고 새로운 스토리를 다시 시작할 수도 있다. 아니면 원래 본질은 지키면서도 미래지향적으로 새롭게 각색해 끝없이 이어 가는 방법도 있다. 톰 워너Tom Werner는 이렇게 말했다. "저와 제 파트너 존 헨리John Henry와 래리 루키노Larry Lucchino가 2002년에 보스턴 레드삭스를 인수할 때 닥친 문제가 바로 이것이었습니다."

현재 레드삭스의 회장인 워너가 구단주 전용 좌석에서 나에게 이 이야기를 해 준 것은 2008년의 일이었다. 그래서 나는 그가 결국 이 구장을 그대로 쓰게 된다는 것을 알고 있었지만, 그는 그것이 결코 쉬운 결정이 아니었다고 말했다. "아시다시피 우리 구단은 메이저리그에서 가장 오랜 역사를 자랑합니다. 그리고 우리 펜웨이파크도 전국에서 가장 오래된 경기장이죠. 펜웨이파크가 너무 오래되어 쓸모가 없어졌으니 허물어야 한다는 압력이 즉각 쏟아져 들어왔습니다. 어쨌든 이 구장은 1912년에 건설되었으니 비좁고 답답한 게 사실이었죠. 회의를 열 때마다 사람들은 경기장을 허물어야 한다고 말했습니다. 물론 우리가 이 사업을 하는 이유는 어디까지나 돈을 벌려는 것이었습니다. 게다가 구단 인수비에 3억 8천만 달러라는 돈을 쏟아부은 뒤였습니다."

나는 어린 시절을 보스턴에서 보냈기 때문에 평생 레드삭스의 팬이었을 뿐 아니라 펜웨이파크와 관련한 추억도 많다. 그래서 이 구장의 역사를 잘 알고 있었다. 그 시절에는 겨우 외야석에나 앉는 형편이었다. 거기에 비하면 지금 앉아 있는 홈플레이트 바로 뒤쪽 초호화 관람석에는 마음껏 먹을 수 있는 뷔페 음식과 크고 안락한 소파가 마련되어 있었다. 나는 이런 곳에서 5월의 서늘한 저녁에 펼쳐지는 레드삭스와 캔자스시티 로열스의 경기를 한눈에 내려다보고 있었다. 마치 꿈을 꾸는 것 같았다. 나로서는 그가 이 경기장을 계속 운영하겠다고 결정해 줘서 기쁠 뿐이었다. 그러나 한편으로는 나도 여러 팀을 인수하고 많은 경기장을 건설해 온 사람으로서, 스포츠 비즈니스의 관점으로는 '경기장을 지으면 사람들이 몰려온다'는 쪽의 입장을 충분히 이해했다.

워너가 말했다. "구단의 자산은 레드삭스와 펜웨이파크, 산하 마이너리그 팀, 케이블 방송 NESN, 그리고 브랜드 상품 등이 있었습니다. 그래서 경기장을 새로 지어 수만 명의 유료 관중을 추가로 유치한다면 더 비싼 티켓을 더 많이 팔 수 있다는 점 말고도 여러 가지 상품, 음식, 광고비 그리고 고가의 특별석까지 더 팔리기 때문에 전체 매출이 엄청나게 증대되는 효과가 있었습니다." 워너는 아직 기업명 사용권 수익은 언급하지도 않았다. 코카콜라와 휴스턴 애스트로스가 맺은 미닛메이드파크 명칭 사용권 계약을 기준으로 본다면, 이 금액은 무려 1억 6,100만 달러에 달하는 것이었다.

워너가 말했다. "보스턴 셀틱스(NBA 농구팀 – 옮긴이)와 보스턴 브루인스(NHL 아이스하키팀 – 옮긴이)가 오래도록 홈구장으로 써 온 보스턴 가든을 허물고 시내 중심가에 플릿 센터를 세워서 엄청난 성공을 거둔 사례도 있었죠."

내가 말했다. "쉽지 않은 일이었겠군요."

그가 대답했다. "말도 마십시오. 새 경기장을 지어야 한다는 압박에는, 주요 스포츠 구단들이 중심가의 낡은 경기장을 떠나 최신식 복합 위락 시설로 옮겨 가는 최근 추세도 한몫 단단히 했습니다."

나도 거들었다. "보스턴 패트리어트(NFL 미식축구팀 – 옮긴이)가 보스턴을 떠나 폭스보로에 질레트 스타디움이라는 새 경기장을 짓고 뉴잉글랜드 패트리어트로 이름을 바꾼 다음 큰돈을 벌기도 했죠."

워너가 말했다. "맞습니다. 예를 들어 뉴잉글랜드 레드삭스라고 해봅시다. 어떤 느낌이 드십니까?"

"별로군요. 도대체 어떻게 결단을 내리신 겁니까?"

워너가 웃으면서 말했다. "아주 신중하게요!" 나는 그가 1990년대에 샌디에이고 파드리스를 잠깐 맡았다가 대실패를 경험한 일을 떠올리고 있다는 것을 알았다. 샌디에이고 팬들은 그를 '할리우드 톰'이라고 불렀다. 카시-워너 컴퍼니Carsey-Werner Company의 공동 창립자로 〈코스비 가족 만세〉, 〈로잔느 아줌마〉 같은 인기 시리즈물을 만든 주인공이 바로 그였기 때문이다. 그는 두 분야의 시너지를 꾀한다며 로잔느 아줌마를 파드리스 경기에 초대해 국가를 직접 부르게 한 적도 있다. 그녀는 웃긴답시고 국가를 부르다가 음정을 놓치는가 하면 가랑이를 부여잡고 홈플레이트에 침을 뱉기도 했다. 그러나 의도와는 달리 관중석의 모든 이들은 그녀의 행동을 불쾌하게 여길 뿐이었다. 워너가 회장으로 있던 4년간 파드리스 경기의 입장객 수는 30퍼센트나 감소했다.

그는 그때 일을 생각하면서 이렇게 말했다. "제가 샌디에이고에서 했던 실수는 청중의 관심사가 무엇인지 자세히 살펴보지도 않고 변화를 시도했다는 것입니다. 그래서 보스턴에 왔을 때는 감정 면에서 주의 의무를 다하는 것을 최우선 과제로 삼았습니다."

펜웨이파크를 떠나 다른 곳으로 갈 것이 거의 확실시될수록 워너는 마음 한쪽이 계속 꺼림칙해지는 것을 느꼈다. 세대를 불문한 수많은 사람이 경고하기를, 펜웨이파크를 없애면 이 구단의 고유한 스토리마저 사라질 거라고 했다.

워너에게 한 가지 질문이 생겼다. 도대체 스토리란 무엇인가? 연세가 지긋하신 어른들은 베이브 루스가 펜웨이파크에서 투수로 활약하던 모습을 이야기해 주었다. 1919년에 그가 양키스로 트레이드된 후 저 유명한 '밤비노(베이브 루스의 별명 – 옮긴이)의 저주'가 시작되었다. 이 도시의 시민이라면 누구나 이후 80년이 넘도록 레드삭스가 월드시리즈에서 우승하지 못하는 것이 다 그 저주 탓이라고 믿고 있었다. 워너는 이런 극심한 침체기가 이어지는 가운데 회장으로 부임했다. 그는 지미 피어살Jimmy Piersall이 외야 가운데 담장을 뛰어 올라간 일과 테드 윌리엄스Ted Williams가 은퇴 경기 마지막 이닝 마지막 타석에서 홈런을 날린 이야기를 들었다. 그뿐만 아니라 빌 버크너Bill Buckner의 다리 사이로 볼이 빠져나가는 바람에 레드삭스가 1986년 월드시리즈를 놓친 통한의 스토리도 들었다. 사람들은 이구동성으로 '그 자리에 나도 있었다'고 말했고, 이때 그 자리란 바로 펜웨이파크였다. 그들은 모두 펜웨이에서 있었던 이야기를 경기장 밖에 가지고 나가 친구들과 가족, 동료에게 전했고, 그것은 세대와 지역을 넘어 끝없이 이어졌다.

워너가 말했다. "아주 먼 곳으로 이주한 사람들조차 펜웨이파크를 홈 구장으로 여긴다는 이야기를 들었습니다."

내가 말했다. "맞습니다. 저도 그중의 한 명이니까요!" 나는 펜웨이에서 일어났던 이야기를 들었던 일, 또 그것을 남에게 전했던 일이 모두 떠올랐다. 어린 시절 11미터 높이의 외야 좌측 담장의 별명인 그린몬스터 밖에 서서 홈런볼이 날아오면 잡으려고 기다렸던 일이 기억났다. 나는 펜웨이에 얽힌 내 스토리를 평생토록 입소문으로 전하며 살아왔다.

내가 말했다. "어쩌면 '경기장을 지으면 사람들이 몰려온다'라는 속설이 '경기장을 허물면 아무도 오지 않는다'로 바뀔지도 모르죠."

워너가 계속 말을 이어 갔다. "저는 우리가 만약 경기장을 허물어 버린다면 100년이나 이어 온 우리 스토리의 본질도 경기장과 함께 사라지고 말 것이라는 사실을 깨달았습니다. 모든 일을 처음부터 시작해야 하는데, 그 새 이야기는 원래 이야기의 가치와 호흡, 깊이를 전혀 담지 못할 것입니다. 이 경기장은 레드삭스 스토리에서 가장 소중하고 핵심적인 요소입니다. 우리를 살려줄 것은 오로지 이 경기장뿐입니다. 우리가 잘 보살펴 주는 한 말입니다. 저는 제가 할 일이 펜웨이의 불꽃을 지키고 다시 살려 냄으로써 우리의 핵심 스토리를 영원히 이어 가는 것임을 깨달았습니다."

"결국 '경기장을 지으면 사람들이 몰려온다'는 것은 해답이 아니었죠." 내가 말했다.

"맞습니다. '경기장을 확충하면 사람들이 계속 온다'가 답이었습니다!" 워너가 일어서서 구단주석을 빠져나가면서 나에게 따라오라고 손짓했다. 경기는 5이닝이 진행되는 중이었지만, 나도 어차피 경기에 집중하지는 않고 있었다. 이 양반이 어떻게 문제를 해결했는지가 훨씬 더 궁금했다.

워너는 스토리를 없애는 것이 아니라 소중히 여기는 것이 해결책이라는 것을 깨달았다고 나와 함께 걸어가면서 말했다. "보스턴에서 펜웨이 파크는 오래도록 지속될 스타입니다. 감독이나 팬들도 왔다 가고 선수들도 이리저리 트레이드되지만, 이 경기장만큼은 마치 불꽃처럼 구단의 스토리를 지키는 역할을 합니다." 그러나 경기장을 보수하고 개조하는 데는 시간과 돈이 든다. 워너가 말했다. "개보수가 진행되는 동안에 자칫 그 불꽃이 흔들릴 위험도 생각하지 않을 수 없었습니다. 그래서 재건

축을 시작하기 전에 먼저 펜웨이파크의 변치 않는 가치를 드높이고, 나아가 더 많은 스토리를 촉발할 방법을 찾아봤습니다. 보스턴 시민들이 펜웨이파크에 애착을 보이는 이유 중 한 가지는 가족과 함께한 경험을 계속 이야기하기 때문입니다. 제가 펜웨이파크에 처음 갔던 것도 할아버지와 함께였습니다. 아버지와는 셀 수도 없이 많이 갔고요. 그래서 우리는 그런 유대감에 호소해 이 경기장의 인기를 다시금 촉발할 방법이 없나 열심히 찾았습니다."

예를 들어, 워너는 자신이 맞이한 첫 시즌의 '아버지의 날' 주간 일정을 살펴보고 레드삭스가 원정 경기를 떠난다는 사실을 알았다. 그래서 그는 팬들을 펜웨이파크에 초청해서 자녀들과 캐치볼을 할 수 있게 해주었다. "신청자가 무려 25,000명이나 되어 마감해야 할 정도였습니다! 그들 모두 펜웨이파크 필드에 들어선 적은 한 번도 없었죠. 단지 그 땅을 밟는 것만으로 그들은 무척이나 행복해했습니다. 그들이 그린몬스터를 만지는 모습은 통곡의 벽 앞에 선 유대인들과 같았습니다. 또 잔디 조각을 조금씩 주워서는 마치 월석이라도 되는 듯이 주머니에 집어넣는 사람도 있었습니다! 그 순간 펜웨이파크가 레드삭스팀뿐만 아니라 보스턴 전체의 진정한 상징이라는 생각이 불현듯 떠올랐습니다. 이 구장을 허문다는 것은 거의 신성모독에 해당하는 행동이었던 겁니다."

나는 워너의 기발한 발상에 감탄했다. 아버지의 날에 펜웨이파크를 찾았던 모든 사람은 새로운 스토리를 한 아름 안고 경기장을 나가 자신이 아는 모든 사람에게 떠들고 다닐 것이 뻔했다. '펜웨이파크에 들어가 봤어. 그린몬스터도 직접 만졌고 마운드 위에서 투구도 해봤다니까.' 내가 말했다. "그게 바로 당신이 스토리를 퍼뜨린 방식이었군요."

워너도 동의했다. "맞습니다. 그저 향수를 불러일으키는 것만이 아니라, 특별한 경험을 창출하려는 시도였습니다. 그래야 간혹 팀이 졌을 때조차(그가 미소를 지었다) 사람들이 여전히 그 특별한 경험을 간직할 수 있을 테니까요."

물리적인 보수 작업도, 그저 펜웨이파크의 보존에 그칠 것이 아니라 바로 이 특별한 매력을 드높이는 쪽으로 방향을 잡았다. 또 펜웨이파크가 변모하는 단계마다 팬들이 참여할 수 있도록 특별한 장치를 마련했다. "사상 최초로 그린몬스터 위에 좌석도 설치했습니다." 워너가 이렇게 말하는 바람에 나는 직접 가서 체험해 볼 수밖에 없었다. 그리고 그 유명한 외야 담장 높은 곳에 자리를 마련한 것 때문에 왜 사람들이 그토록 놀랐는지 알 수 있었다. 막대기를 가로로 걸쳐 놓은 형태에 자리 수도 250석뿐이었지만 전에 없던 훌륭한 조망을 새로 누릴 수 있게 된 셈이었으므로, 거기에 앉으면 펜웨이파크 역사의 특별한 일원이 된 것 같은 느낌을 맛볼 수 있었다.

구단주 전용석으로 돌아오는 길에 워너가 말했다. "야구경기장은 미식축구 경기장과 달리 구장마다 구조가 다 다릅니다. 그래서 자기 구장의 독특한 특징을 활용해 스토리를 차별화할 수 있지요. 2차 보수공사를 할 때는 우측 외야에 데크석을 만들어, 경기가 시작되기 전에 일찍 가면 파티를 즐길 수 있도록 했습니다. 다음으로는 경기가 시작되기 두 시간 전에 야구장 앞길인 요키 웨이Yawkey Way를 폐쇄해서 일종의 축제 분위기를 조성했습니다. 요즘 펜웨이파크를 찾는 사람들은 과연 어떤 스토리가 펼쳐질지를 기대하며 두 시간 전에 옵니다. 그렇게 함으로써 고객들도 좋지만, 우리도 특별 할인 티켓을 두 시간 전에 판매할 수 있죠."

워너가 도입한 특별 상품 중에는 '누구나 나쁜 한 세기를 맞이할 수 있다'라는 문구가 들어간 티셔츠도 있었다. 그리고 워너는 새로운 인기 선수를 차근차근 끌어모으기 시작했다. 그들은 승리를 안겨 주는 것은 물론이고 펜웨이파크의 끝없는 이야기 속에서 베이브 루스에 필적할 만한 전설적인 존재가 되어야만 했다.

워너가 말했다. "사람들은 영웅을 동경하기 때문에, 우리는 카리스마 넘치는 인물을 찾아야 했습니다. 커트 실링Curt Schilling이라는 선수가 있었습니다. 그는 하루는 잘 던지다가 다음 날은 완전히 망치는 식으로 기복이 심했지만, 일주일에 딱 하루는 정말 눈부신 투구를 보여 주곤 했습니다. 그래서 우리는 꾹 참고 그를 지켜보고 있었죠. 그러다가 2004년에 우리가 챔피언 시리즈에 진출했을 때, 그는 이전 경기에서 당한 부상으로 수술을 했습니다. 평소였다면 최소 3개월 정도는 경기에 나서지 못할 상황이었죠. 그러나 그는 한 번만 더 던져 보겠다는 결정을 내렸습니다. 경기 내내 그의 양말에서 피가 흥건하게 배어 나오는 모습을 관중들이 지켜보는 중에도 그는 불굴의 의지를 발휘했습니다. 그의 행동은 단지 한 경기를 투구하는 것을 넘어 위대한 스토리가 되었습니다."

2004년 레드삭스는 커트 실링, 페드로 마르티네스Pedro Martinez, 데이비드 오티즈David Ortiz 등의 선수들과 함께 1918년 이후 처음으로 월드시리즈 우승을 차지했다. 그리고 2007년에 다시 한번 우승 트로피를 들어 올렸다. 또한 2008년까지 펜웨이파크에서 열린 홈경기는 388경기 연속으로 표가 매진되어, 야구 역사상 두 번째로 긴 기록이 되었다. 거의 한 세기에 이르도록 펜웨이파크를 괴롭혔던 밤비노의 저주가 마침내 깨진 것이다.

안락한 구단주 전용석으로 돌아오는 동안 워너가 계속 말을 이어 갔다. "펜웨이파크 스토리를 새롭게 재탄생시키려 할 때 맞이했던 어려움은 이미 자리를 확고히 잡은 유명 상품이나 대기업이 안고 있는 문제와도 크게 다르지 않습니다. 우리는 지금 최고로 강력한 스토리조차 살아남으려면 변화할 수밖에 없는 격동의 시대를 살고 있습니다." 그리고 대기업일수록 이 변화의 과정에 개입해 이야기를 전하는 사람은 더 많아질 수밖에 없다. 아메리카 원주민 속담에 "하나의 이야기를 말하는 데 수천 명의 목소리가 필요하다"는 말이 있다. 그중에는 고통을 호소하는 목소리도 있고 영광을 노래하는 목소리도 있겠지만, 그 모두가 펜웨이파크에서 개인의 삶과 감정에 미친 더 큰 스토리의 영향을 말하고 있는 점에서는 똑같다. 워너는 여느 최고경영자와 마찬가지로, 자신의 역할이 끝없는 이야기의 불꽃에 새로운 연료를 채워 기존의 화자나 새로운 화자를 모두 끌어들이는 것이라고 말했다. "본질적인 요소를 지키면서도 끊임없이 변화에 적응해야 합니다. 그러기 위해서는 분명하면서도 부담 없는 모습으로 다가가는 것이 중요합니다."

내가 끼어들었다. "그렇습니다. 스토리를 너무 단단히 쥐다 보면 우연히 찾아오는 행운이라는 소중한 요소를 놓칠 수도 있지요."

갑자기 관중석에서 함성이 들려왔다. 워너는 50년 이상이나 변함없이 작동해 온 작은 구식 전광판을 가리켰다. 점수판에는 굵은 글씨로 0이

죽 이어져 있었다. 경기는 7회에 접어들었고 그날 경기 내내 던진 존 레스터Jon Lester가 100구를 훌쩍 넘긴 투구 수에도 여전히 마운드에 올라 있었다. 워너가 몸을 앞으로 기울이며 말했다. "레스터는 재작년에 림프종 진단을 받았죠. 우리는 그를 잃어버리는 줄 알고 걱정을 많이 했습니다. 그러나 그는 2007년 월드시리즈에서 결정적인 경기를 이겼고, 그 덕분에 우리가 우승할 수 있었죠."

"그리고 오늘은 노히트노런 기록을 세울 기세군요!" 내가 말했다. 이 스물네 살 좌완 투수의 공은 회를 거듭할수록 더 빨라졌고, 로열스 타자들은 그 총알 같은 공에 연신 헛방망이를 돌리고 있었다.

워너가 말했다. "이번에 성공하면 레스터는 레드삭스 역사상 열여덟 번째, 좌완 투수로는 다섯 번째로 노히트노런을 기록하게 됩니다."

레스터가 마운드에서 불같은 강속구를 뿌림에 따라 우리는 더욱 경기에 집중할 수밖에 없었다. 알베르토 카야스포Alberto Callaspo가 타석에 들어설 때까지도 구속은 시속 151킬로미터를 찍고 있었다. 로열스의 마지막 타자는 최고조에 달한 경기장 분위기 탓에 제대로 힘을 내지도 못했다.

레스터가 130구째를 던진 후 경기장은 한바탕 아수라장으로 변했다. 그는 카야스포를 원 볼 투 스트라이크 카운트에서 삼진으로 잡아 내며 노히트노런을 달성했고, 레드삭스는 로열스를 7 대 0으로 이겼다. 포수석에 앉아 있던 제이슨 배리텍Jason Varitek이 마운드로 뛰어나가 레스터를 안아 올렸다. 그리고 곧 둘 다 홈팀 선수들에 둘러싸여 흥분의 도가니에 빠져들었다. 마치 월드시리즈에서 우승한 듯한 분위기였다!

레스터가 영웅으로 떠오르는 동안 하늘을 찌를 듯한 환희가 경기장에

넘쳤다. 펜웨이파크의 모든 관중이 그의 승리를 축하했고, 나도 예외가 아니었다. 한바탕 소리를 지르며 워너를 끌어안는 소동을 끝낸 후, 나는 그날 경기장에 있던 모든 사람과 똑같은 행동을 했다. 아이들에게 전화를 걸어 방금 내가 보고 듣고 경험한 이야기를 모두 떠들어 댔다.

나는 펜웨이파크에서 일어나는 새로운 역사를 두 눈으로 직접 지켜봤다! 내 가슴을 뛰게 만들었던 이 장면이 바로 끝없는 이야기가 발휘하는 위력이었다.

Chapter 9

스토리텔링의 미래

스토리텔링의 미래가 어떤 모습인지 미리 살펴보자. 앞서 이야기했듯이 나는 먹히는 스토리의 비법을 찾아다녔던 초창기, 뉴기니에 간 적이 있다. 그 부족들은 대개 문자언어를 가지고 있지 않았기 때문에 기록된 스토리도 당연히 없을 것이라고 생각했다. 그런데도 그들은 수천 년이나 이어져 오는 스토리를 가지고 있었다! 더구나 그들은 신화와 전설의 세부 사항을 수 세대에 걸쳐 생생하게 전달하는 능력을 바탕으로 자신의 부족 문화를 지켜 내고 있었다. 그들은 어떻게 책이나 기록물 같은 매체의 도움도 없이 그렇게 할 수 있었을까?

나는 와기 계곡Waghi Valley 상류에 자리한 하겐 산Mount Hagen 꼭대기에서 열리는 부족의 연례행사 싱싱sing-sing에 가 보고 그 해답을 찾았다. 마치 산업박람회에 참가하는 기업들처럼, 수백여 부족들은 그 행사에 대표단을 보내 자신들이 최근에 만든 가면과 가발, 타투 등을 선보였고 노래와 춤, 이야기 실력을 자랑했다. 몇 세대 전만 해도 서로를 살육하던 씨족집단들이 이제는 다 한데 모여 서로의 기량과 힘을 과시하고 있었다. 나는 속으로 웃으며 파푸아뉴기니에서 보는 이 광경이 아이다호주 선밸리에서 매년 열리는 앨런 앤드 컴퍼니Allen & Company의 거물급 회의와 본질상 똑같다는 생각이 들었다.

나는 이 왁자지껄한 난장판을 돌아다니다가 어린아이들 몇 명이 어떤 남자의 노래를 넋이 빠진 듯 듣고 있는 광경과 마주쳤다. 그 남자는 주요 부위만 가린 채 거의 벌거벗은 모습이었다. 그 남자도 어떤 부족의 추장이라고 가이드가 말해 주었다. "그는 지금 자신의 부족을 지탱하는 규칙과 가치를 이야기로 전수해 주고 있는 겁니다."

내가 말했다. "제가 그들의 언어를 안다면 기록으로 남겼을 텐데, 참 아쉽군요."

그러자 가이드가 그 사람들 옆에 서 있는 커다란 나무판을 가리켰다. "그럴 필요 없습니다. 사고 싶은 의향이 있으시면 추장이 스토리보드를 건네줄 겁니다."

스토리보드라고? 할리우드에서 스토리보드란 영화의 한 장면을 찍을 때 카메라가 움직이는 각도를 자세하게 보여 주는 사전 제작 계획서를 말한다. 대본을 그림으로 나타낸 일종의 지도로서, 스토리를 영화로 재해석해 주는 도구가 바로 이것이다. 나는 스토리보드가 영화 산업에서 발명된 것으로 알고 있었다! 그런데 지금 이 부족의 입회식에 관한 원시적인 그림을 담고 있는 나무판이 영화보다 몇 세기나 앞서는 것 같았다.

가만히 지켜보니 그 부족 원로 역시 수시로 그 나무판의 그림을 확인하며 말하고 있었다. 자신이 공식적인 줄거리와 일치하는 이야기를 하는지 확인하는 모습이 마치 영화감독 같았다! 그래서 스토리보드는 어디를 가나 똑같은 문제를 해결하기 위해 나타난 도구라는 생각이 들었다. 즉, 말하는 사람마다 스토리의 내용이 달라지는 문제 말이다.

그렇다면 다양성도 어느 정도는 좋은 것으로 볼 수 있다. 사실 그것은 인간의 기본적인 욕구다. 청중은 새롭고 다양한 이야기를 기대하며 호기심을 품는다. 그러나 스토리를 바꾸는 정도가 너무 심하면 핵심 메시지를 망가뜨려 의도한 대로의 영향력을 발휘할 수 없게 된다. 이때 스토리보드와 같은 보조 도구를 활용하면 말하는 사람이 스토리의 핵심 요소와 그 의미를 떠올림으로써 중요한 부분을 놓치지 않고 말할 수 있다.

뉴기니에서도 스토리보드는 할리우드와 마찬가지로 오직 보조 도구로만 사용된다. 이것이 구전 스토리를 대신해서 사용된 적은 한 번도 없다. 마치 감독이 참고하는 스토리보드가 실제로 감독이 영화를 촬영하는 과정 자체를 대체할 수 없는 것과 같다(그 점에서는 대본도 마찬가지다). 추장이 나에게 스토리보드를 기꺼이 팔 수 있다고 하는 것도 바로 그런 이유 때문이다. 그가 생각하기에 진정한 가치는 스토리 자체에, 또 자신의 마음속에 들어 있는 것이다.

그 추장이 나에게 판 파푸아뉴기니산 스토리보드는 지금 내 집에서 가장 눈에 띄는 자리를 차지하고 있다. 그리고 내가 먹히는 스토리에 대해 더 많이 조사할수록, 이 나무 그림판이야말로 구전 스토리를 존중하는 원시 기술의 생생한 사례로 보인다. 그러나 기술이 먹히는 스토리를 뒷받침해 줄 수 있다면, 언젠가는 스토리를 대체하는 기술이 출현할 수도 있지 않을까?

나는 브랜 페런Bran Ferren이 UCLA의 내 대학원 강좌에 초빙되어 왔을 때 그에게 이 질문을 던져 보았다. 페런은 디즈니 이매지니어링의 전문 위원이 구성되기 전부터 활약해 온 초창기의 마술 같은 인물로, 현재는 메인프레임 컴퓨팅 기술의 개척자 대니 힐리스Danny Hillis와 파트너십을 맺고 디자인 및 기술 혁신 기업 어플라이드 마인드Applied Minds의 사장을 맡고 있다. 페런은 뉴미디어 기술과 그 환경을 너무나 잘 아는 전문가일 뿐 아니라 인간 역사 전반에 미친 기술의 자연스러운 영향력에 관해서도 해박한 이해를 지니고 있다.

원주민의 스토리보드가 원시시대의 미디어였던 것 같다는 내 이야기를 듣고 그는 이렇게 말했다. "스토리텔링이라는 전통은 우리가 생각을 기록할 줄 알게 되기 전부터 창안되었지요. 그 후에 그림, 즉 상형문자가 나왔어요. 그리고 오랜 시간이 흐른 다음에야 글이 출현했습니다. 읽고 쓰기 위해서는 추상적인 사고가 필요했기 때문입니다. 그러나 사람들이 스토리를 영원히 보존하고 시간적·공간적으로 멀리 떨어져 있는 사람에게까지 자세한 내용을 전하기 위해서는 글이 꼭 필요했습니다. 그리고 또 오랜 시간이 흘러 일련의 기술 발전 단계를 거친 후에 비로소 글이 책으로 거듭났습니다. 인류 최초로 유통할 수 있는 매체가 탄생한 거죠. 오늘날 사람들은 모두 컴퓨터 혁명을 대단한 것으로 생각합니다. 그러나 책을 발명하기까지 얼마나 오랜 시간이 걸렸는지 한번 생각해 보시기 바랍니다! 우리는 지금 디지털 시대의 문턱에 막 들어섰을 뿐입니다. 우리가 미래에 얼마나 의사소통을 잘하게 될지는 모르지만, 지금은 걸음마를 배우는 인형 신세일 뿐이라는 겁니다. 이 혁명의 종착지가 어디인지 말하기에는 아직 너무 이르다고 생각합니다. 그러나 글이 그랬듯이, 디지털 혁명 또한 인간의 모든 행동에 영향을 미칠 것만큼은 틀림없습니다. 우리가 스토리를 서로 주고받는 것도 물론 포함해서요."

나는 페런에게 구체적인 사례를 하나만 들어 달라고 부탁했다.

그가 대답했다. "인간의 두뇌와 직접 교신하는 방법에 관해서는 이미 많은 물리학적 기초와 개념적 기술을 확보하고 있습니다. 청력을 잃은 분들의 귀에 보청기를 삽입하듯이, 시각 보조 기기도 이미 선을 보이고 있습니다. 예컨대 제가 아는 지름길에 관한 시각 정보를 당신 두뇌의 시각 피질에 곧바로 보내 생생히 보여 드린다면 어떻겠습니까?"

페런의 말은 상상도 해 보지 못했던 이야기였다. 우리에게 깊은 영향을 주는 사람은 사실 불과 몇 명 되지 않는다. 우리의 가슴에 감동을 주고 마음을 활짝 열어젖힐 정도로 뛰어난 스토리텔러는 많지 않기 때문이다. 그런 훌륭한 스토리텔러들이 자신의 웹사이트를 클릭하는 모든 사람에게 마치 한방에 있는 것 같은, 아니 그 사람의 마음속에 들어간 것처럼 생생한 경험을 안겨 줄 수 있다면 어떨까? 이른바 가상현실 기술이 지향하는 목적지가 바로 이런 모습일까? 이 기술은 설득력 있는 이야기를 어떻게 바꿔 놓을까? 다른 과학자와 뉴미디어 전문가들에게 이런 아이디어에 관해 물어봐야겠다는 생각이 들었다.

2009년에 나는 로스앤젤레스에서 열린 트위스트업 디지털 콘퍼런스 Twiistup Digital Conference에 모인 기업가 및 뉴미디어 경영자들 앞에서, 소셜 미디어의 시대를 연 개척자 브라이언 솔리스Brian Solis에게 시스코의 눈부신 원격현실 기술에 관한 그의 생각을 들려 달라고 부탁했다. 나는 이렇게 말했다. "원격현실 기술이 구현된 장소에 앉아 있으면, 우리가 실제로 한곳에 모이지 않고도 사실상 함께 있는 것과 마찬가지 상태가 됩니다. 마치 한방에서 얼굴을 마주 보는 것같이 느낄 수 있으니 굳이 가지 않아도 그곳에 있는 것이나 다름없지요. 이 얼마나 효율적입니까! 원격현실을 통해 이야기를 전할 때는, 먹히는 이야기를 구성하는 거의 모든 요소가 중요해지고 또 그것을 구사할 수 있습니다."

솔리스는 디지털 애널리스트이자 사회학자, 미래학자로서 현재는 브라이언솔리스닷컴BrianSolis.com에서 마케팅과 커뮤니케이션, 출판물이 통합되는 현상에 뉴미디어가 미치는 영향을 추적하고 있다. 그는 이 첨단 기술에 대해 나만큼 놀라는 것 같지 않았다. 그가 말했다. "원격현실에는 아직 마음과 정신을 이어 주는 결정적인 요소가 빠져 있지요. 마음과 정신 사이의 거리는 20센티미터라는 말이 있습니다. 즉, 그 둘은 서로 아주 가깝게 연결되어 있다는 뜻입니다. 화상회의, 웹비디오, 소셜 미디어 활동 등은 모두 사람들이 같은 공간에서 서로 대면할 때 마음과 정신에서 발생하는 결정적인 에너지를 촉발하지 못합니다. 실제로 우리는 그런 즉각적인 에너지가 생기느냐에 따라 어떤 사람과 인간관계를 맺을지를 판단하는데 말이지요."

나사NASA의 최고기술책임자 크리스 켐프Chris Kemp는 이런 진심 어린

관계는 미세한 동작이나 대인관계의 미묘한 뉘앙스에 따라 좌우되는데, 오늘날의 기술로는 그것을 포착하거나 전달할 수 없다고 말했다. "저해상도 영상이 아직 보편화되지 못하는 이유도, 그 정도로는 아직 눈빛과 표정, 냄새, 소리 등 상세한 신호를 전달할 수 없기 때문입니다. 사람을 직접 만났을 때는 직감적으로 반응할 수 있습니다. 그때는 우리의 신경 체계 전체가 가동하기 때문에 상대방이 어떤 사람인지 본능적으로 알 수 있습니다. 이것은 아주 먼 옛날 조상으로부터 우리가 대대로 물려받은 능력입니다. 그들은 낯선 사람과 마주쳤을 때 그가 믿을 수 있는 사람인지, 맞서 싸워야 하는지, 살기 위해 도망가야 하는지를 즉각 판단해야 했습니다. 기술 제품을 통해서는 이런 반응을 파악할 수 없습니다. 내가 화면을 들여다보고 있다는 것을 이미 몸이 알고 있기 때문입니다. 실제로 사람과 만나 어울리는 것과 똑같은 느낌을 기술이 만들어 낼 수 있다면, 그 순간이 바로 결정적 변화의 계기가 될 것입니다."

캔자스 대학교의 문화인류학자이자 《와이어드》 매거진이 '설명자'라는 별명을 붙여 준 마이클 웨시는 우리 집에서 열린 행사에 왔다가 인간의 이런 내적 반응 체계를 더욱 상세하게 설명해 준 적이 있다. 웨시는 우리 인간은 항상 서로의 '미세한 표현'을 읽는 본능을 지니고 있다고 했다. 상대방이 억지로 짓는 표정을 불과 0.04초 만에 알아챌 수 있다는 것이다. 이런 미세한 표정으로부터 일곱 가지 보편적인 감정을 파악할 수 있다. 즉 혐오, 분노, 두려움, 슬픔, 행복, 놀람, 경멸이다. 이런 감정은 얼굴 근육에 각인되어 있기 때문에 이를 감춘다는 것은 불가능하지는 않겠지만 매우 어려운 일이다. 따라서 우리는 비즈니스 협상과 같이 매우 중요한 상황에서는 상대방의 표정에 크게 의존할 수밖에 없다.

웨시는 계속해서 말했다. "미묘한 표정은 공감을 일으키는 데 결정적인 역할을 합니다. 그것은 인간의 본능입니다. 얼굴은 총 4천 가지 이상의 표정을 지을 수 있습니다. 우리는 무의식적으로 그것을 읽고 반응하기 때문에 매우 미묘하고 중요합니다. 마음이나 정신이나 모두 이 신호를 읽을 수 있지만, 현대 기술로는 아직 그것을 완벽하게 전달하거나 복제하지 못하고 있습니다."

나는 비즈니스 스토리조차 사람을 직접 만나서 이야기하지 못할 때는 스카이프, 보이스메일, 이메일, 문자 메시지, 블로그, 우편 메일을 통해 전해야 할 때가 있다. 그리고 설득력 있는 메시지를 전하는 수단은 그 매체가 무엇이든 모두 소중하다는 것을 늘 깨닫는다. 그러나 청중과 멀리 떨어져 있다는 것은 어쨌든 불리한 조건일 수밖에 없다는 것도 알고 있다. 바로 그것 때문에 꼭 필요할 때는 직원과 주주, 투자자, 고객, 비즈니스 파트너를 직접 만나기 위해 걸어가거나, 자동차를 몰거나, 비행기라도 타고 가는 것이다.

웨시가 말한 미묘한 표현, 즉 상대방을 직접 만났을 때 전달되는 침묵, 눈길, 몸짓, 제스처 등은 현존하는 기술을 통해 멀리 전달될 때는 불가피하게 그 강도가 사라지거나 최소한 줄어들 수밖에 없다. 예컨대 유튜브를 활용하면 문자로는 불가능한 강력한 표현을 전달할 수 있지만, 그런 유튜브조차 사람과 직접 만났을 때와 같은 직접적인 효과를 얻기에는 아직 몇 걸음이나 더 발전해야 하는 것이 사실이다.

우리가 청중에게 바라는 것은 그로부터 '당신에게 투자하겠소. 무슨 말인지 알아들었소'라는 반응을 끌어내는 것이다. 어떻게 하면 그들이 나에게 호의를 품게 할 수 있을까? 그것은 바로 그들의 공감을 불러일으키고 흥미를 유발하는 것이다. 그리고 그러기 위해서는 역시 직접 만나는 것이 가장 좋은 방법이다.

온라인 블로그를 열렬히 지지하는 사람들은 동의하지 않을 것으로 생각할 수도 있다. 그래서 나는 아리아나 허핑턴을 만나 이야기를 전할 때 심금을 울리는 방식과 최첨단 기술을 사용하는 방법 중 어느 쪽을 선호하느냐고 물어보았다. 그녀는 오늘날 최고의 조회 수와 링크 수, 그리고 인용도를 자랑하는 인터넷 미디어 〈허핑턴 포스트〉의 공동 창립자이자 편집장이다. 아이러니하게도 그런 그녀조차 사람과 직접 만나 주고받는 대화를 온라인 기술이 대체하는 일은 결코 없을 것이라고 보고 있었다. 그녀 역시 UCLA의 내 강좌에 참여한 적이 있다. "우리는 컴퓨터 화면 앞에서 보내는 시간이 많을수록 사람과의 만남을 더욱 갈망합니다. 저는 IT 기술이 널리 보급될수록 우리의 야망과 목표, 꿈을 실현하기 위해서는 사람과 만나 이야기하는 인적 교류가 더 중요해질 것으로 보고 있습니다." 그녀는 최소한 비즈니스에서만큼은 사람과의 직접적인 만남이 소홀해지는 것이 아니라 더 중요해질 것이라고 내다보았다. 특히 파트너나 고객의 성격을 판단할 때는 더욱 그럴 것이라고 했다. "모든 일을 할 때마다 꼭 사람과 직접 만나야만 결정을 내릴 수 있다는 것은 아니지만, 대단히 중요한 요소에 따라 모든 일의 결정이 좌우되는 경우라면, 당연히 직접 사람을 만나야 합니다."

휴렛패커드의 최고기술책임자 필 매키니도 이 말에 전적으로 동의했다. 매키니는 샌프란시스코 슈퍼노바 콘퍼런스에서 나와 만나 이렇게 말했다. "기술은 그저 보조적인 역할을 할 뿐입니다. 이야기를 전할 때 감정적인 반응을 읽고 느끼며, 그 피드백 메커니즘을 이해하는 것이 매우 중요한 능력이라는 것을 저는 굳게 믿습니다. 온라인 기술은 사람과 사람이 직접 만나서 얻는 것만큼의 가치를 창출하기에는 아직 멀었습니다."

그러나 한편으로 브랜 페런은 자신의 또 다른 믿음을 단호히 주장했다. "인터넷은 언어가 발달해 온 이래 가장 놀라운 스토리텔링 기술임에는 의심의 여지가 없습니다. 설득력을 발휘한다는 점에서 인터넷은 읽기와 쓰기보다 훨씬 더 중요한 도구입니다. 이야기로 할 수 있는 모든 것은 인터넷으로도 가능합니다."

나 또한 한동안 살펴본 결과 설득력 있게 먹히는 스토리의 중요한 요소인 신뢰성과 진정성이 소셜 그래프나 블로그 세상, 전자 게시판 등의 온라인 활동을 통해 더욱 강화된다는 사실을 알게 되었다. 그러나 최근까지도 내가 잘 알 수 없는 것은 우리가 자신과 관련된 근황, 게시물, 트윗, 링크, 프로필, 블로그, 웹사이트 등을 통해 얼마나 많은 디지털 자본을 축적하는가 하는 점이다. 이제 온라인에서 획득한 사회적 자본은 오프라인 세계로 옮겨져 말하는 사람과 듣는 사람 사이의 소통과 반응에 영향을 미칠 정도가 되었다. 온라인상에서 나의 영향력과 연결도를 측정하는 도구를 사용해 내가 가진 사회적 자본을 정량화할 수 있다면 청중은 나를 만나기도 전에 나의 진정성을 판단할 수 있을 것이다. 청중은 실제로 나를 알지 못하더라도 페이스북에서 나와 친구를 맺거나 트위터에서 나를 팔로잉하고 나면 굉장히 친숙하다는 느낌을 받는다. 반면 청중이 나의 영향력을 낮게 평가하거나 온라인으로 연결된 사이가 아니라고 판단하면, 그들은 나를 별로 신뢰하지 않아 내가 개인적인 스토리를 전하더라도 귀를 기울이지 않을 가능성이 크다.

현실과 가상세계가 교차하는 지점에 그런 희미한 부분이 존재하는 사례는 분명히 많을 것이다. 기술 발전에 따라 우리가 서로 더욱 가까워질수록 온라인상의 경험은 오프라인에서의 삶에 점점 더 큰 영향을 미친다. 가장 좋은 대처 방안은 이른바 양손잡이가 되는 것이다. 그래서 양쪽 세계에서 모두 살아가고 즐기며 배우고 성공할 수 있도록 설득력 있는 스토리텔링 기술을 익혀야 한다. 역사가 미래에 대한 믿을 만한 지침서라면 아무리 최신 IT 기술이 등장하더라도 가슴을 울리는 스토리텔링을 대체하는 일은 결코 없을 것이다. 쉽게 말해 '먹히는 스토리'가 발휘하는 힘은 앞으로도 영원히 유효하다.

엔딩 크레디트

오스카 굿맨 : 라스베이거스 시장

리처드 뱅스 : 익스피디아닷컴 창업 멤버

로버트 로즌 : UCLA 필름스쿨 교수, 전 학장

대니얼 시겔 : 신경과학자, UCLA 마인드 사이트 연구소 공동 연구소장

수전 페니거 : 보더 그릴, 시우다드, 스트리트 등을 창업한 식당 경영자, 푸드네트워크
　　의 인기 프로그램 〈투 핫 타말레Too Hot Tamales〉 공동 운영자

스테이시 스나이더 : 드림웍스 스튜디오 공동 회장 겸 CEO

마이클 잭슨 : 이 시대 연예계의 우상

찰스 콜리어 : AMC 네트워크 회장 겸 총괄 관리자

스티븐 데닝 : 컨설턴트, 전 세계은행 지식 경영 책임자, 《스토리텔링으로 성공하라》
　　의 저자

매직 존슨 : NBA 올스타, 매직 존슨 엔터프라이즈 회장 겸 CEO

켄 롬바드 : 카프리 캐피털 파트너스 회장 겸 파트너, 전 존슨 디벨로프먼트 공동 설립
　　자, 파트너, 회장. 전 스타벅스 엔터테인먼트 대표

채드 헐리 : 유튜브 공동 창립자 겸 CEO

크리스 앤더슨 : 《와이어드》 매거진 편집장, 《프리》《롱테일 경제학》 등의 저자

젠트리 리 : 제트 추진 연구소 태양계 탐사국 수석 엔지니어

마르코 야코보니 : UCLA 정신의학 및 생물행동학 교수

마이클 웨시 : 캔자스 대학교 문화인류학 교수, 정보기술 전문가

리처드 로젠블랫 : 디맨드 미디어 회장, CEO 및 공동 창업자, 전 마이스페이스닷컴 회장

볼프강 퍽 : 스파고, 커트, 시누아 등의 식당 경영자, 기업가, 셰프

노마 카말리 : OMOOn my own 대표, 소유주, 디자이너

푸미폰 아둔야뎃 : 태국 국왕

오가 노리오 : 전 소니 코퍼레이션 CEO

디팩 초프라 : 베스트셀러 작가, 내분비학자, 초프라 행복 센터 창립자

존 폴 디조리아 : 존 폴 미첼 시스템스 공동 창업자, 회장 및 CEO, 패트론 스피리츠 컴
퍼니 공동 창업자 겸 회장, 존 폴 펫 공동 창업자 겸 회장

진 시먼스 : 전설적인 록스타, KISS의 리더

앨리스 워커 : 퓰리처상 수상작 《컬러 퍼플》 작가

스콧 샌더스 : 스콧 샌더스 프로덕션 대표 겸 CEO, 토니상 수상 뮤지컬 〈컬러 퍼플〉 공
동 제작자

래리 킹 : 〈래리 킹 라이브〉 진행자

데이비드 베겔만 : 전 컬럼비아 픽처스 회장

빌 사이먼 : 콘 페리 인터내셔널 미디어 엔터테인먼트 부문 글로벌 경영 파트너

테리 슈워츠 : UCLA 필름스쿨 학장

린다 레스닉 : 롤 인터내셔널 부회장, 텔레플로라, 피지 워터, 폼 원더풀, 원더풀 피스타
치오, 큐티스 등의 공동 소유주 겸 마케팅 책임자

팻 라일리 : NBA 마이애미 히트 감독 및 구단 대표, NBA 우승

롭 파르도 : 블리자드 엔터테인먼트 게임 디자인 부사장

월리 아모스 : 페이머스 아모스 쿠키 창립자

넬슨 만델라 : 전 남아프리카공화국 대통령

조디 거버 : 기업가, 디자이너, 아이 엠 비욘드 창립자

로버트 멀로니 박사 : 유명 라식 수술의, 멀로니 비전 연구소 이사

가렙 셰이머스 : 위저드 엔터테인먼트 회장 겸 CEO, 기크 식 데일리 닷컴 공동 창립자

팀 버턴 : 영화감독, 〈이상한 나라의 앨리스〉〈배트맨〉〈비틀 주스〉 등

마이클 밀컨 : 금융업자, 자선사업가, 밀컨 인스티튜트 회장

제이슨 빈 : 니치 미디어 창립자 겸 CEO

빌 클린턴 : 미국 제42대 대통령

밥 디크먼 : 커뮤니케이션 컨설턴트, 《설득의 기초》 공동 저자, 퍼스트 보이스 창립자

배리 레빈슨 : 영화감독, 〈레인맨〉으로 아카데미상 수상

톰 크루즈 : 영화배우, 제작자, 유나이티드 아티스트

제14대 달라이 라마 : 티베트의 영적 리더

빌 하버 : 세이브 더 칠드런 창립자, 대표

케빈 플랭크 : 언더 아머 창립자 겸 CEO

피터 로위 : 웨스트필드 그룹 전무이사

티나 시내트라 : 프랭크 시내트라 엔터프라이즈 이사

조지 로페즈 : 배우, 코미디언, 제작자

안 글림처 : 페이스 갤러리 창립자, 영화 제작자, 작가

잭 워너 : 워너 브러더스 창립자

댄 로젠스위그 : 액티비전 블리자드의 자회사 기타 히로의 전 CEO 겸 대표, 현 체그닷
컴Chegg.com 대표 겸 CEO

윌 라이트 : 〈심스〉〈스포어〉 등의 크리에이터 및 개발자, 스투피드 펀 클럽 CEO

셜리 폼포니 : 플로리다 애틀랜틱 대학교 하버 브랜치 해양 연구소 상임 이사

노라 로버츠 : 베스트셀러 작가, 인 분스보로 Inn BoonsBoro 소유자

베서니 해밀턴 : 서핑 챔피언

커크 커코리언 : 기업가, 전 MGM 소유주

앤더슨 쿠퍼 : CNN 베테랑 뉴스 진행자

알 기딩스 : 해저 촬영 전문가, 〈디프〉 〈타이타닉〉 등

마크 셔피로 : 전 식스 플래그 대표 겸 CEO, 전 ESPN 프로그램 및 제작 부문 부사장

테리 세멜 : 전 야후 및 워너브러더스 회장 겸 CEO, 현 원저 미디어 회장 겸 CEO

조지 E. 마커스 : 윌리엄스 대학 정치학 교수

제리 와이즈먼 : 파워 프레젠테이션 창립자

마크 버넷 : 에미상 수상 경력의 TV 프로그램 제작자, 〈서바이버〉 〈어프렌티스〉 〈당신은 5학년보다 똑똑합니까?〉 〈MTV 어워드〉 외 다수

키이스 페라지 : 인맥 관리 전문가, 《혼자 밥 먹지 마라》 《혼자 일하지 마라》의 저자, 페라지 그린라이트 CEO 겸 창립자

스티브 티시 : 뉴욕 자이언츠 공동 소유자, 빈스 롬바르디 트로피 수상자, 아카데미상 수상 경력의 〈포레스트 검프〉 제작자, 이스케이프 아티스트 파트너

마크 빅터 한센 : 《영혼을 위한 닭고기 수프》 시리즈 공동 저자

네드 타넨 : 전 유니버설 픽처스 대표

데이비드 카퍼필드 : 유명 마술사

칼 세이건 : 천문학자, 퓰리처상 수상 작가, NASA 고문

무하마드 알리 : 복싱 헤비급 세계 챔피언

수전 에스트리치 : 서던 캘리포니아 대학교 법학 교수, 미국 최초의 대통령 선거 전략가, 변호사, 폭스 뉴스 해설가

토니 로빈스 : 자기 계발 강사, 작가, 경영 혁신 전문가

피델 카스트로 : 전 쿠바 대통령

커티스 핸슨 : 아카데미상 수상 작가 겸 영화감독, 〈LA 컨피덴셜〉

롭 퀴시 : JWT 노스아메리카 COO, JWT 인사이드 CEO

스티븐 스필버그 : 유명 영화 제작자, 드림웍스 스튜디오 공동 회장, 아카데미상 수상

감독 겸 제작자

시드니 포이티어 : 영화감독, 아카데미상 수상 배우

낸시 트래버시 : 베어풋 북스 소유주 겸 CEO

버트와 존 제이콥스 형제 : '인생은 멋진 거야' 티셔츠 시리즈 공동 창립자

톰 워너 : 보스턴 레드삭스 회장, 카시 워너 공동 창립자, 굿휴머 TV 소유주

브랜 페런 : 어플라이드 마인드 공동 창립자, 전 월트디즈니 이매지니어링 연구개발

부문 대표

브라이언 솔리스 : 브라이언솔리스닷컴에서 디지털 애널리스트, 사회학자, 미래학자

로 출판 활동 중

크리스 켐프 : NASA 최고기술책임자

아리아나 허핑턴 : 〈허핑턴 포스트〉 공동 창립자 겸 편집장

필 맥키니 : 휴렛팩커드 부사장 겸 최고기술책임자

감사의 글

이 책은 수많은 분의 조언과 보살핌, 참여 그리고 경청에 힘입어 형성된 이야기이며, 그것이 약속하는 비밀을 드러내기 위해 함께 땀 흘려 얻은 통찰의 결과다. 즉, 먹히는 스토리야말로 성공을 안겨 주는 가장 훌륭한 도구라는 사실 말이다. 필자의 심사숙고와 노동을 위해 자신의 재능과 시간, 에너지를 기꺼이 제공해 주신 릭 호건, 에이미 류, 힐러리 테텐바움, 니콜 영, 스티브 한셀만에게 깊은 감사를 드린다. 물론 내 아내 테라와 가족에게도 더없는 감사를 바친다.

스토리의 기술

초판 1쇄 발행 2021년 12월 15일
초판 2쇄 발행 2022년 11월 10일

지은이 | 피터 거버
옮긴이 | 김동규

펴낸이 | 정상우
편집주간 | 주정림
디자인 | 석운디자인
교정·교열 | 이숙
인쇄·제본 | 두성 P&L
용지 | (주)이에스페이퍼
펴낸곳 | (주)라이팅하우스
출판신고 | 제2014-000184호(2012년 5월 23일)
주소 | 서울시 마포구 잔다리로 109 이지스빌딩 302호
주문전화 | 070-7542-8070 팩스 | 0505-116-8965
이메일 | book@writinghouse.co.kr
홈페이지 | www.writinghouse.co.kr

한국어출판권 ⓒ 라이팅하우스, 2021
ISBN 978-89-98075-92-7   (03320)